# A TAREFA DO CRÍTICO

# FUNDAÇÃO EDITORA DA UNESP

*Presidente do Conselho Curador*
Herman Jacobus Cornelis Voorwald

*Diretor-Presidente*
José Castilho Marques Neto

*Editor-Executivo*
Jézio Hernani Bomfim Gutierre

*Assessor Editorial*
Antonio Celso Ferreira

*Conselho Editorial Acadêmico*
Alberto Tsuyoshi Ikeda
Célia Aparecida Ferreira Tolentino
Eda Maria Góes
Elisabeth Criscuolo Urbinati
Ildeberto Muniz de Almeida
Luiz Gonzaga Marchezan
Nilson Ghirardello
Paulo César Corrêa Borges
Sérgio Vicente Motta
Vicente Pleitez

*Editores-Assistentes*
Anderson Nobara
Arlete Zebber
Ligia Cosmo Cantarelli

TERRY EAGLETON E MATTHEW BEAUMONT

# A TAREFA DO CRÍTICO
### Diálogos com Terry Eagleton

Tradução
Matheus Corrêa

editora
unesp

© 2010 Editora UNESP
© 2009 Verso – Primeira publicação
© 2009 Terry Eagleton
© 2009 Matthew Beaumont – Comentário e introdução
© 2010 da tradução brasileira

Título original: *The Task of the Critic*
Direitos de publicação reservados à:
Fundação Editora da UNESP (FEU)
Praça da Sé, 108
01001-900 – São Paulo – SP
Tel.: (0xx11) 3242-7171
Fax: (0xx11) 3242-7172
www.editoraunesp.com.br
www.livrariaunesp.com.br
feu@editora.unesp.br

CIP – Brasil. Catalogação na fonte
Sindicato Nacional dos Editores de Livros, RJ

E11t

Eagleton, Terry, 1943-
A tarefa do crítico: diálogos com Terry Eagleton/Terry Eagleton; tradução Matheus Corrêa. – São Paulo: Editora UNESP, 2010.
430p.

Tradução de: The Task of the Critic
ISBN 978-85-393-0049-5

1. Eagleton, Terry, 1943-. 2. Eagleton, Terry, 1943- – Entrevistas. 3. Críticos – Grã-Bretanha – Biografia. I. Beaumont, Matthew, 1972- II. Título.

10-2839.                                         CDD: 928.41
                                          CDU: 929:821.133.1(410)

Editora afiliada:

Para
Alice, desejando suas palavras
(T. E.)
e para
Jordan e Aleem
(M. B.)

# SUMÁRIO

*Agradecimentos*   9
*Introdução* por Matthew Beaumont   11

1 Salford/Cambridge   27
2 Nova esquerda/Igreja   57
3 Indivíduo/Sociedade   93
4 Política/Estética   129
5 Crítica/Ideologia   159
6 Marxismo/Feminismo   189
7 Teoria/Prática   219
8 Oxford/Dublin   247
9 Cultura/Civilização   275
10 Morte/Amor   305
  Conclusão   335

Referências bibliográficas   345
Índice remissivo   361

# AGRADECIMENTOS

As entrevistas, como Peter Osborne observou, são "ficções cuidadosas, evocando a promessa do real a partir dos signos do presente"; "Criaturas do contexto e da ocasião, elas são contudo essencialmente produtos da edição habilidosa". Quase todo o material reunido e editado para *A tarefa do crítico* vem de discussões que realizei com Terry Eagleton em Londres, Manchester e Oxford ao longo de aproximadamente nove meses em 2008 e 2009. Em certas ocasiões, porém, suplementei esse material com declarações feitas por Eagleton em entrevistas que apareceram em outras publicações, geralmente especializadas, que relacionei nas referências bibliográficas. Essas declarações foram revisadas e atualizadas pelo próprio Eagleton. Portanto, sob esse aspecto, se não sob outros, este livro é uma ficção cuidadosa. Agradeço, em primeiro lugar, ao próprio Terry Eagleton pela consideração, generosidade e bom humor com os quais discutiu sua biografia intelectual e leu e corrigiu o manuscrito. Este evoluiu a partir de transcrições, que por sua vez surgiram de gravações às vezes incipientes, e fico extremamente agradecido a Natalie Howe por tê-las produzido com tanta eficiência e destreza. Também agradeço, pelo incentivo ou apoio de um tipo ou de outro, a Tariq Ali, Joanna Beaumont, Michael Beaumont, Tony Pinkney, Mark Martin, Stephen Regan, Jane Shallice, Natasha Shallice, Susan Watkins e Tony Wood. Agradecimentos especiais vão para Sebastian Budgen.

M. B.

# INTRODUÇÃO

*A seção "A tarefa do crítico" incluirá uma crítica*
*das grandes figuras de hoje, uma crítica das diferentes*
*escolas. Crítica fisiognomônica. Crítica estratégica.*
*Crítica dialética: a avaliação e os eventos dentro da*
*própria obra.*

Walter Benjamin, "A tarefa do crítico"

Nos primeiros meses de 1930, Walter Benjamin planejou uma coletânea de ensaios sobre literatura com o objetivo de "recriar a crítica como gênero". Um contrato de publicação, rascunhado em abril, menciona treze ensaios, incorporando tanto composições que ainda não haviam sido escritas quanto artigos já publicados (como "Surrealism" [Surrealismo] e "The task of the translator" [A tarefa do tradutor]). Para sua decepção, o livro nunca se materializou; e assim como seu projeto sobre as passagens parisienses também esboçado em 1930, a obra foi considerada por ele uma das "derrotas em grande escala" de sua vida. Entretanto, sobreviveram resíduos vitais da sua tentativa de recriar a crítica da época. Seu "Programme for literary criticism" [Programa para crítica literária], por exemplo, cristaliza suas reflexões sobre a importância das citações para a boa crítica; e "Criticism as the fundamental discipline of literary history" [A crítica como disciplina fundamental da história literária] afirma que a "distinção entre a história literária e a crítica deve ser rejeitada" (Benjamin, 1999, p.415).

Em meio a esse brilhante repositório do início dos anos 1930, estão anotações para um ensaio sobre "A tarefa do crítico", um dos artigos que Benjamin planejava incluir na coletânea não publicada sobre literatura. O segundo parágrafo desse provocante fragmento menciona "a terrível e errônea ideia de que a 'opinião própria' é a qualidade indispensável ao verdadeiro crítico". Benjamin enfatiza que "quanto mais importante é o crítico, mais ele evitará afirmar suas opiniões categoricamente" e "mais os seus *insights* incorporarão suas opiniões":

> Em vez de oferecer sua opinião, um grande crítico permite que os outros formem suas *próprias* opiniões com base na análise crítica que ele produz. Além disso, essa definição da figura do crítico não deve ser um assunto particular, mas, na medida do possível, um assunto objetivo e estratégico. O que devemos saber sobre um crítico são os valores que ele defende. Ele deve nos dar essa informação. (Benjamin, 1999, p.548)

Ao contrário do que ocorre com grande parte dos seus contemporâneos, ainda sabemos o que Terry Eagleton defende. Diferente daqueles seduzidos por oportunidades intelectuais indefinidas, apresentadas pelo pós-modernismo a uma geração de críticos decepcionada pelas derrotas políticas da era que sucedeu o final dos anos 1960, Eagleton não permitiu que seu engajamento vacilasse. De forma ainda mais fundamental, em meio às tentações do pós-marxismo, e particularmente à tentadora promessa dos pós-estruturalistas de transpor as energias revoltosas dos *soixante-huitards* das ruas para a escrita, ele continuou sendo marxista. Ele tem afirmado suas convicções repetidamente, como Benjamin sustenta que um crítico deve fazer, em uma grande variedade de registros, em resposta a uma série de situações históricas ou ideológicas diferentes. Ocasionalmente, isso gera uma falta de compreensão quase cômica em alguns dos seus interlocutores. Assim, em uma entrevista por vezes obtusa para um livro de 1993 sobre Lukács, Eva L. Corredor parece estar positivamente perplexa com a maneira com que Eagleton reitera seu compromisso com um marxismo simultaneamente ortodoxo e heterodoxo. "Você é um crítico de esquerda e um sociocrítico", ela insiste, "mas se é marxista, você está escrevendo seu próprio marxismo". Eagleton, por sua vez, parece estar perplexo da mesma maneira com a concepção grosseiramente monolítica de marxismo expressa por Corredor. Ele insiste tanto que "o marxismo é um texto, aberto a muitos significados e leituras diferentes" quanto que "deve haver limites viáveis para o que se entende pela palavra marxismo". Corredor aparentemente não consegue conciliar essa atitude dialética com sua mentalidade rigidamente pós-moderna. Ela permanece incrédula enquanto ele insiste na importância de defender e reinventar, simultaneamente, conceitos como o da totalidade. "Estou surpreso com a sua surpresa", Eagleton finalmente diz em tom de exasperação educada, "porque nem eu, nem a maioria dos meus críticos, já tivemos alguma dúvida de que o meu pensamento é marxista em algum sentido importante, nem de que continuo a ser marxista após o recente colapso do stalinismo" (Corredor, 1997, p.135-136).

Ao longo de mais de quarenta anos como crítico, Eagleton tem reexaminado incessantemente o significado de continuar sendo marxista. Ele tem, de maneira pertinente, peneirado as afirmações de teorias rivais, assim como de práticas políticas concorrentes, sobretudo do feminismo, para buscar oportunidades de reafirmar o marxismo. Talvez de forma ainda mais provocadora, no início dos anos 1980, um período excepcionalmente prolífico mesmo para seus padrões, Eagleton apropriou-se de alguns dos *insights* mais profundos do próprio pós-estruturalismo, mas não comprometeu sua aderência ao materialismo histórico em nenhum momento. Em *The rape of Clarissa* [O estupro de Clarissa] (1982), por exemplo, que se apodera do grande romance de Samuel Richardson no espírito irreverente de Brecht, resgatando-o de forma surpreendente para o público contemporâneo, talvez até para o público não acadêmico, Eagleton é inflexível quanto ao fato de que, apesar do seu método crítico ter sido influenciado pelos modelos psicanalítico e feminista, esses modelos não suplantam a tradição marxista na qual seu pensamento está tão profundamente enraizado. "A sexualidade", ele insiste, "longe de ser algum tipo de deslocamento do conflito de classes, é o próprio meio pelo qual esse conflito é conduzido" (Eagleton, 1982, p.88). Portanto, o uso de conceitos lacanianos nesse livro resiste à lógica do suplemento, que exaure ou esvazia aquilo ao qual ele é adicionado. Eagleton frequentemente negocia o marxismo por meio de outras hermenêuticas, testando seus limites, reformulando e transformando seus conceitos, mas nunca o substituindo.

Pensar que o projeto crítico de Eagleton possa ser separado, mesmo que parcialmente, do seu engajamento com o marxismo é o equivalente a presumir que, devido ao fato de *Literary Theory: An Introduction* [Teoria da literatura: uma introdução] (1983), sua publicação mais famosa, não conter uma seção sobre a crítica marxista, ele por conseguinte deixou de se identificar como marxista – sem dúvida porque é um conspirador ou tergiversador. Naturalmente, um crítico liberal escrupuloso insistiria na inclusão de uma seção sobre marxismo em um livro desse tipo, como prova da sua suposta neutralidade ou desinteresse. A ausência do pensamento marxista no livro de Eagleton, ao contrário, é sinal da sua presença generalizada e do compromisso partidário do autor. Como a massa nos poemas de Baudelaire, de acordo com Benjamin, ele é um zumbido de fundo insistente. Infiltrando as teorias explicadas como métodos discretos e semidiscretos, na forma de uma crítica imanente, ele continua assim resistente à reificação. "Não há dúvida de que em breve veremos a crítica marxista confortavelmente alojada entre as abordagens freudiana e mitológica na literatura", Eagleton prognosticou em 1976, "como mais uma 'abordagem' acadêmica estimulante, mais um campo de pesquisa bem arado para os estudantes pisarem" (1976, p.vii). Em *Teoria da literatura*, Eagleton recusou-se a apresentar o marxismo como se ele fosse uma metodologia organizada. "Qualquer leitor que esteja ansiando uma teoria marxista obviamente não tem lido este livro com a devida atenção," ele observa duramente na conclusão da obra. O objetivo não é simplesmente explicar ou interpretar o campo da teoria literária, mas desafiá-lo e modificá-lo. "Faço oposição às teorias apresentadas neste livro não com uma teoria *literária*, mas com um tipo diferente de discurso", ele acrescenta; um discurso "que incluiria os objetos ('literatura') com os quais as outras teorias lidam, mas que os transformaria ao defini-los em um contexto mais amplo" (1983, p.204-205). E esse discurso, no fim das contas, é o marxismo; não um marxismo acadêmico, deve-se acrescentar, mas um marxismo inseparável dos movimentos socialista e feminista.

O título do último capítulo de *Teoria da literatura*, "Conclusão: Crítica política", é deliberadamente tautológico. Eagleton argumenta ao longo do livro que toda crítica é em algum sentido política, tanto porque ela é moldada pelas condições ideológicas nas quais suas várias correntes emergem, quanto porque, não importa o quão escrupulosamente se postula apolítica, ela desempenha um papel estratégico na disseminação e na interpretação da cultura que possui implicações políticas inevitáveis. O socialismo e o feminismo, em contraste com as numerosas tendências do humanismo liberal, cumprem esse papel de modo conscientemente estratégico. Sob esse aspecto, eles radicalizam o humanismo liberal e acabam por criticá-lo fatalmente, em vez de rejeitá-lo de forma grosseira. "Os críticos humanistas liberais não buscam simplesmente uma descrição mais completa da literatura; eles desejam discutir a literatura de forma a aprofundar, enriquecer e ampliar as nossas vidas", escreve Eagleton. "Os críticos socialistas e feministas concordam com isso: a diferença é que eles desejam indicar que tal aprofundamento, que tal enriquecimento, implica a transformação de uma sociedade dividida em classes e gêneros" (1983, p.210). Os humanistas liberais oferecem suporte à cultura contra o colapso da civilização. Os socialistas e feministas, em contraste, atuam sob a suposição de que não há registros culturais que não sejam também registros de barbarismo, e que consequentemente resgatar a literatura das condições de exploração que tornam a sua produção e consumo possíveis implica a abolição do capitalismo. Empregando outra distinção proposta por Benjamin, o crítico marxista lê a literatura por intermédio dos olhos dos nossos ancestrais escravizados, em nome dos nossos netos livres. O marxismo é ao mesmo tempo uma hermenêutica de desconfiança e de redenção.

Em sua recente introdução crítica à obra de Eagleton, James Smith (2008, p.2) comenta que "apesar de muitos críticos falarem da influência da produção de Eagleton em suas áreas, seria difícil identificar qualquer prática ou teoria 'eagletoniana' que possa ser reduzida a uma metodologia clara, ou apontar quaisquer escolas ou

16 TERRY EAGLETON E MATTHEW BEAUMONT

discípulos que citem Eagleton como seu fundador, ao contrário de muitos dos outros nomes que ascenderam à proeminência durante a explosão da teoria literária e cultural que atingiu o meio acadêmico nos anos 1970 e 1980".[1] O argumento de Smith, nessa monografia receptiva e reveladora, é que o pensamento de Eagleton nunca se estabeleceu como método estático porque ele tem respondido de maneira tão persistente, tão inventiva, aos avanços intelectuais contemporâneos. Eagleton, de acordo com Smith, "tem ocupado um terreno mais acidentado, com sua posição se adaptando, reagindo e evoluindo ao longo da sua carreira, com suas publicações frequentemente se situando como contribuições polêmicas em debates já existentes, exibindo uma habilidade incomum de calcular e antecipar movimentos e correntes intelectuais, assim como de enfocar e tornar acessíveis áreas de aguçada sensibilidade e importância". Essa continuidade em seu "aparentemente difuso leque de posições", Smith argumenta, é um compromisso com a exploração da maneira "como a crítica pode ser levada a novos engajamentos sociais e intelectuais, e [da] responsabilidade do crítico em relação ao cumprimento de uma função política na sociedade" (2008, p.2).

Smith está correto em realçar o consistente compromisso de Eagleton com a rearticulação da tarefa do crítico. Ao longo das últimas quatro décadas, ele tem questionado repetidamente o papel da elite intelectual na sociedade capitalista, reconstituindo a arqueologia do intelectual tradicional e escavando as possibilidades políticas abertas ao intelectual orgânico. *The Function of Criticism* [A função da crítica] (1984), uma sutil (mas atrativamente clara) crítica histórica da ideologia do desinteresse que tem sustentado as ambições criptopolíticas da crítica europeia moderna, talvez seja sua publicação mais importante nesse sentido. Ela desconstrói a sinto-

---

1 Willy Maley definiu "eagletonismo" de maneira maldosa, em termos puramente retóricos, como "um instrumento polêmico flexível que toma a forma de um floreio retórico projetado para desmascarar uma imagem de alta cultura, por intermédio de um gesto em direção a uma 'realidade' bruta, bizarra ou banal". Cf. "Brother Tel: The Politics of Eagletonism", *Year's Work in Critical and Cultural Theory*, 2001, 1:1, p.273.

mática alegação de T. S. Eliot, em um ensaio também chamado "A função da crítica" (1923), de que a tarefa do crítico é, de maneira geral, "o desinteressado exercício da inteligência" e, de forma específica, "a elucidação das obras de arte e a correção do gosto" (1975, p.69). Em inúmeras outras publicações, Eagleton tem investigado as responsabilidades ético-políticas de santos, acadêmicos e rebeldes, avaliando suas respectivas contribuições à crítica do capitalismo e reconcebendo o papel exemplar do crítico radical, pode-se especular, em termos de uma combinação instável desses arquétipos. Smith também está correto em celebrar as habilidades polêmicas de Eagleton, sua capacidade de enfocar e tornar acessíveis áreas de "aguçada sensibilidade e importância" e, por conseguinte, associar a prática da crítica radical à sua teoria. Pois, como Benjamin recomenda, as polêmicas de Eagleton "abordam um livro tão carinhosamente como um canibal tempera um bebê" (1999, p.460). Um bom e recente exemplo disso é *Reason, Faith, and Revolution* [Razão, fé e revolução] (2009), seu delicioso ataque à produção intelectual dos fundamentalistas do Iluminismo, como Richard Dawkins e Christopher Hitchens, que desprezam sumariamente toda a história da religião como simples falsa consciência. Assim como Slavoj Žižek, outro grande polemista contemporâneo, Eagleton acredita que o marxismo e uma forma específica de cristianismo devem "lutar do mesmo lado da barricada contra o violento ataque dos novos espiritualismos" e que "o autêntico legado cristão é precioso demais para ser deixado nas mãos das aberrações fundamentalistas" (Žižek, 2008, p.xxix).

No espírito de Ernst Bloch – um filósofo com quem, lamentavelmente, ele adiou um encontro, apesar dos seus compromissos em comum – Eagleton insiste, em *Reason, Faith, and Revolution*, que são os materialistas que devem assumir a importante e eminente dialética tarefa de resgatar o núcleo crítico-utópico do cristianismo a partir das suas formas ideológicas.[2] Ele argumenta, por exemplo, em favor de um entendimento dialético da relação entre a fé e o

---

2 Consulte, por exemplo, BLOCH, Ernst. *Atheism in Christianity*. London: Verso, 2009.

conhecimento, em um contexto cotidiano, que é derivado da ortodoxia cristã; e ele o faz, surpreendentemente, com referência à "alegação de Vladimir Lênin de que a teoria revolucionária só pode ser consumada com base em um movimento revolucionário de massa": "O conhecimento é adquirido por meio do engajamento ativo, e este implica a presença da fé" (Eagleton, 2009, p.121). Assim, foi libertando e resgatando certos princípios fundamentais cristãos das mãos de liberais e conservadores, teístas e ateus, em um estilo retórico simultaneamente lúdico e mortal, que ele alcançou o maior número de pessoas na sua carreira como intelectual público. Ele apresentou influentes argumentações polêmicas tanto em publicações como o *Guardian* e a *London Review of Books* quanto em livros de peso como *After Theory* [Depois da teoria] (2003). Mais notoriamente, sua crítica injuriosa aos estarrecedores ataques racistas de Martin Amis contra a comunidade islâmica no Reino Unido gerou certa controvérsia em 2007.[3]

Nesse clima polêmico, como que para relembrar os velhos tempos, Eagleton foi atacado por ser leninista. (Há muito tempo, em sua mais significativa afirmação teológica no final dos anos 1960, Eagleton anunciou, mais do que um pouco escandalosamente, e sem consciência dos debates contemporâneos na América Latina sobre a teologia da libertação, "que o padre é mais bem entendido como um líder revolucionário no modelo leninista" [1970, p.76].) De maneira magnífica, o sucessor de Eagleton como Professor Thomas Warton de Literatura Inglesa em Oxford, David Womersley (2009), recentemente criticou *Teoria da literatura*, que foi reeditado em sua terceira edição em 2008, como "uma tentativa leninista de corromper a credibilidade intelectual dos estudos literários". Sem dúvida alguma, Womersley ficaria escandalizado, e possivelmente também satisfeito, em descobrir que, como outras figuras da esquerda, há pouco tempo Eagleton reexaminou o próprio Lênin, pro-

---

3 Para experimentar o sabor amargo desse episódio, consulte Geoffrey Levey, "Spicier than a Novel: The Literary Feud Raging between the Amis Dynasty and the Marxist Critic", *MailOnline*, 11 de outubro de 2007, www.dailymail.co.uk.

movendo-o, ainda que não de forma indiscriminada, como um ativista e intelectual revolucionário que se tornou mais (e não menos) relevante na era do pós-modernismo.[4] Um ideólogo cada dia mais estridente da direita ressurgente no Reino Unido, Womersley não consegue tolerar o fato de seu predecessor estar, nas palavras de Smith, "cumprindo sua função política na sociedade" – apesar disso ser, é claro, precisamente o que ele mesmo está fazendo.

A obra de Eagleton responde, polemicamente, aos avanços intelectuais contemporâneos; porém, a ênfase dada por Smith a essa característica pragmática e reativa acaba por minimizar o caráter sistemático da sua obra. Pois, além de ser um estrategista intelectual supremamente combativo e energético, como os artigos reunidos em *Figures of Dissent* [Figuras da dissensão] (2003) ilustram brilhantemente, Eagleton é também um pensador estratégico. "O crítico", Benjamin (1999, p.460) insiste, "é o estrategista na batalha literária". Em relação ao primeiro caso, tenho em mente sua tentativa inquietamente inovadora e obstinada, desde pelo menos o início dos anos 1970, de demonstrar que os críticos materialistas históricos são os melhores leitores minuciosos (*close readers*) de literatura, porque (e não apesar de que), como explicado na introdução de *Myths of Power* [Mitos de poder] (1975), eles interpretam as "palavras na página" como os "signos opacos porém decifráveis" da própria história. Em uma linguagem aparentemente antiquada, ele afirmou que o objetivo da "crítica histórica" é "apoderar-se da obra mais profundamente" (Eagleton, 2005, p.13-14). Desde então, tanto em publicações especializadas quanto populares, Eagleton tem reafirmado de maneira incessante o seu compromisso com a promoção da análise textual minuciosa das palavras na página, que é sempre baseada em um profundo entendimento investigativo da ideologia da forma em seu desenvolvimento histórico.[5] Sob a pers-

---

4 Consulte BUDGEN, S. B.; KOUVELAKIS, S.; ŽIŽEK, S. (eds.) "Lenin in the Postmodern Age". In: *Lenin Reloaded: Towards a Politics of Truth*. Durham: Duke University Press, 2007, p.42-58.

5 Para ler uma análise recente da política da forma em geral, consulte EAGLETON, T. "Capitalism and Form". *New Left Review* 2:14, 2002, p.119-31.

pectiva de Eagleton, a crítica literária não é uma disciplina insignificante, apesar do seu status marginal na sociedade capitalista. "A língua é o meio no qual tanto a Cultura quanto a cultura – a arte literária e a sociedade humana – tornam-se conscientes", ele recentemente argumentou; "e assim a crítica literária é sensível à densidade e à complexidade do meio que nos torna quem somos". Se por um lado a análise literária possui uma vocação crítica importante, por outro ela também possui um dimensão utópica: "Lidar com a sensação e a forma das palavras significa recusar-se a tratá-las de formar puramente instrumental, e portanto recusar um mundo no qual a linguagem é desgastada pelo comércio e pela burocracia até ficar tênue como papel" (Eagleton, 2007, p.9-10). Sua gratuidade pode dramatizar ou destilar um certo tipo de virtude.

No segundo caso, e em termos filosóficos, tenho em mente o seu esforço cumulativo, desde o final dos anos 1960, em formular uma explicação materialista das relações dialéticas entre a ética e a estética, que provenha do corpo trabalhador oprimido sob o capitalismo, mas que ao mesmo tempo indique suas possibilidades redentoras sob o comunismo. Eagleton iniciou esse projeto crítico-utópico já em 1970, com *The Body as Language* [O corpo como linguagem]. Nesse livro, ele insiste que o marxismo começou, nos *Manuscritos econômico-filosóficos* de 1844, "com uma discussão sobre alienação ao mesmo tempo sociológica, centrada nas contradições inumanas do capitalismo, e fenomenológica, analisando a natureza da subjetividade, objetivação, objetificação etc. humana" (1970, p.107). Os registros sociológicos e fenomenológicos que moldaram os primeiros trabalhos teológicos de Eagleton subsequentemente evoluíram e transformaram-se em um discurso materialista histórico consumado. Suas preocupações permaneceram praticamente as mesmas, desde suas primeiras celebrações da promessa utópica de libertação coletiva em termos da noção cristã de graça, como em *The New Left Church* [A nova igreja de esquerda] (1966), até suas mais recentes celebrações do que ele caracterizou como "amor político", como em *Trouble with Strangers* [Confusão com estranhos] (2008). E Cristo continuou a atuar em seu pensamento, mais ou menos abertamente, como uma imagem sacramental do corpo humano fragmentado que, em uma autêntica sociedade comunista, poderia por fim ser curado e unificado. Para Eagleton, em termos metafóricos, a mão crucificada de Cristo ganha a forma do punho de Lênin – como em um cartão-postal lenticular intensamente colorido. O sinal de opressão é também o sinal de redenção, exatamente como para o satânico-angélico Roy Batty, no clímax do filme de Ridley Scott, *Blade Runner*, o prego atravessado na palma de sua mão torna-se um estilete que funciona como o instrumento letal do seu *ressentimento*. De acordo com Eagleton (2003, p.279), o bode expiatório político ou *pharmakós* "carrega as sementes da ação revolucionária em sua absoluta passividade". A comunidade estigmatizada ou excluída, como o proletariado para Marx, é o agente para a mudança militante.

*The Ideology of the Aesthetic* [A ideologia da estética] (1990) e *Trouble with Strangers*, até certo ponto obras complementares, são provavelmente até hoje as mais significativas contribuições a esse projeto em andamento, essa ética do corpo alienado e desalienado. Na conclusão do primeiro livro, Eagleton argumenta que "uma ética materialista é 'estética' no sentido de que ela começa com uma particularidade concreta, tomando como ponto de partida as necessidades e os desejos reais dos seres humanos" (1990, p.413). São essas necessidades não idênticas que tornam o indivíduo aberto ao coletivo em todas as suas contradições. A política radical é assim a tentativa de respeitá-las e supri-las tanto no nível universal quanto no individual, de modo que (na formulação de Marx) o desenvolvimento de cada um seja a condição para o desenvolvimento de todos. A ética é assim inseparável da política. Ela não representa automaticamente a destituição desta, como Fredric Jameson presume, de acordo com Eagleton, quando ele sustenta que seu aparecimento "é o sinal de uma intenção de mistificar", um sintoma do pensamento apenas moral em contraste com o pensamento devidamente dialético (Jameson, 1979, p.56). Ética e política, como argumenta Eagleton em *Trouble with Strangers*, "não são esferas separadas, mas pontos de vista diferentes do mesmo objeto – a primeira investigando assuntos como necessidades, desejos, qualidades e valores, e a última, as convenções, formas de poder, instituições e relações sociais dentro das quais tais coisas sozinhas são inteligíveis" (2008, p.316). Talvez haja uma leve tendência idealista nessa frase, mas

Eagleton é energeticamente leal à ideia de que, em sua relação dialética uns com os outros, esses "pontos de vista" possuem implicações sociais revolucionárias. "Compreender a nossa própria natureza de maneiras que deem oportunidades para que os outros façam o mesmo", como ele resume sua ética em certo momento, implica, em termos práticos, a transformação política completa da sociedade de classes (Eagleton, 2008, p.308). *A ideologia da estética* formula esse argumento em oposição à política particularista do pós-modernismo, insistindo que "a diferença deve passar pela identidade para que ela realize seu potencial" (Eagleton, 1990, p.414). *Trouble with Strangers*, por sua vez, formula-o em oposição à "ética do real" lacaniana que recentemente tem sido promovida por Badiou, Žižek e outros, e assim define uma ética do amor, no seu sentido político bem como interpessoal, em contraste com uma ética do desejo. Mas esses são aspectos diferentes de uma iniciativa crítica unificada.

A conclusão de Smith de que não há uma prática ou teoria crítica distintivamente "eagletoniana", para retornar às implicações dessa afirmação, faz concessões demais aos oponentes de Eagleton. Pois estes argumentaram, de modo solente, como se estivessem articulando uma lógica incontestável, que devido ao fato de não haver uma escola de eagletonianos, como há uma escola de derrideanos ou lacanianos, ele portanto não pode ser um pensador original ou sistemático. Fazer essa afirmação estranhamente sectária é, enfim, interpretar mal o seu compromisso com o marxismo, em suas numerosas e às vezes contraditórias tradições, como a gramática que informa seu pensamento. Se não há eagletonianos, isso ocorre porque seus acólitos, assim como aqueles de Engels, por exemplo, na Inglaterra de 1880, geralmente denominam-se marxistas. Suspeita-se, a propósito, que os críticos que se denominam "jamesonianos", para usar um exemplo próximo, são aqueles que têm esperanças, mais ou menos secretamente, de que as interpretações de Jameson sobre o pós-modernismo possam ser entendidas à parte de sua dialética marxista. O pensamento de Eagleton, assim como o de Jameson, não pode ser abstraído da tradição do materialismo histórico para a qual ele próprio é uma contribuição tão vital e em constante evolução. "Nós marxistas vivemos na tradição", Trotsky anunciou em *Literatura e revolução* – uma afirmação que Eagleton tem repetido com gosto, quase como um *slogan*, em face da prolongada tentativa pós-modernista de simplesmente descreditar a ideia de tradição. Emular tanto Eagleton quanto Jameson no campo da teoria literária e cultural implica a necessidade de aceitar essa tradição irredutivelmente marxista, sua crítica totalizadora da história da sociedade de classes e sua narrativa viva das tentativas revolucionárias de derrubar o capitalismo. Essa tradição materialista de modo tão rigoroso deve, de qualquer forma, ficar devidamente receosa quanto aos efeitos reificadores da criação de rótulos convenientes a partir dos nomes de intelectuais influentes. Depositar demasiada confiança em uma teoria divorciada da prática histórica ou política é o mesmo que render-se ao idealismo que Eagleton (1999, p.8) certa vez identificou como "a ideologia espontânea da vida intelectual". Pode-se dizer, em resumo, que se o termo "eagletoniano" tivesse alguma preponderância, isso seria evidência do fracasso de seu projeto.

Há pouco tempo, em uma introdução previsivelmente penetrante de uma coletânea de entrevistas publicadas, Jameson recordou sua carreira como intelectual e caracterizou-a em termos das suas várias tentativas obstinadas, em inúmeras publicações, de compreender novas linguagens com as quais pudesse reformular e elucidar antigos problemas epistemológicos. É uma questão, segundo ele, de aprender e reaprender diferentes códigos. "A influência", como Jameson desdenhosamente afirma, "é uma das maneiras mais tolas de falar sobre isso, que deve antes ser virada às avessas e descrita em termos de necessidade e, de fato, da necessidade de uma nova linguagem":

> Uma filosofia prende nossa atenção porque, inesperadamente, ela apresenta respostas para nossas perguntas e soluções para os nossos problemas: mas isso é de menor importância, e as respostas e soluções tornam-se antiquadas rapidamente. O que nos entusiasma não é tanto elas, mas antes a nova linguagem na qual as necessidades – as perguntas e os problemas – de repente tornam-se visíveis aos nossos olhos. Abruptamente, a sintaxe dessa nova linguagem faz com que seja possível pensar novos pensamentos e observar o panorama de uma nova situação, como se as brumas dos antigos lugares-comuns tivessem começado a ser consumidas.

Jameson relaciona algumas das linguagens que ele tem em mente, desde o estruturalismo e a "dialética da Escola de Frankfurt" até o heideggerianismo e o deleuzianismo, admitindo que ele considera interessantes as entrevistas a partir das quais ele constrói essa visão geral da sua carreira "quando elas o colocam no rumo de uma certa unidade em meio a todos esses interesses, sejam eles flertes intelectuais e estéticos ou paixões e compromissos mais profundos" (Jameson, 2007, p.1-3). A mesma avaliação pode ser feita de forma proveitosa da biografia intelectual de Eagleton, que em seu distinto contexto nacional e cultural foi agitada por uma sucessão de "conversões de linguagem". Ao longo de um período de quase meio século, ele adotou uma série de discursos teóricos – existencialista, feminista, pós-estruturalista e lacaniano, entre outros – e adaptou-os de maneira habilidosa à sua tentativa ininterrupta de renovar e redefinir o poder explanatório do marxismo.

As entrevistas que constituem *A tarefa do crítico* são evidências dessas aventuras no marxismo – adotando o título do livro de Marshall Berman (1999). Seguindo uma abordagem cronológica, esta obra representa uma retrospectiva completa da evolução do pensamento de Eagleton com respeito às forças biográficas, políticas e intelectuais que o moldaram. *A tarefa do crítico* detalha seus embates conceituais com alguns dos mais importantes teóricos do século passado, incluindo Williams, Wittgenstein, Lukács, Goldmann, Althusser, Benjamin, Brecht, Adorno, Lacan, Jameson e Žižek; e explora suas reações pessoais e políticas a alguns dos eventos históricos mais importantes para a esquerda nos últimos cinquenta anos. O livro começa, no primeiro capítulo, com uma discussão detalhada sobre a comunidade católica irlandesa de classe trabalhadora de onde Eagleton surgiu, e sobre a experiência profundamente disjuntiva, ao mesmo tempo emancipatória e opressiva, de se mudar para Cambridge a fim de cursar a graduação em literatura inglesa. O segundo capítulo concentra-se em seu relacionamento formativo, quando estava na casa dos vinte e poucos anos, com Raymond Williams, seu ponto de referência mais duradouro, e com a cultura herética da esquerda católica nos anos 1960. A partir desse capítulo, o diálogo é estruturado nas publicações mais importantes de Eagleton em ordem de lançamento, desde *The New Left Church* até

*Trouble with Strangers*, incluindo seus escritos literários. Em cada um dos capítulos do livro, uma problemática diferente é explorada, geralmente em termos de oposições binárias indicadas pelos títulos dos capítulos – oposições binárias que, provavelmente não precisamos salientar, o pensamento de Eagleton desconstrói de forma espontânea ou estratégica. A conclusão, na qual com obviedade nada é concluído, revisita alguns dos temas que parecem ser mais urgentes no presente momento, incluindo o papel da teologia em seu pensamento atual. Do começo ao fim, acho que é possível compreender ao mesmo tempo tanto o exame crítico dos vários códigos e linguagens teóricas com os quais ele se depara, quanto a "unidade interna em meio a todos esses interesses".

Nas anotações de Benjamin sobre a tarefa do crítico, como já indicado, ele enfatiza que "um grande crítico permite que os outros formem suas *próprias* opiniões com base na análise crítica que ele produz". Esperamos que este livro exemplifique essa máxima em relação a Eagleton, em especial porque, como Stuart Hall observa, "a forma interrogativa" de um livro de entrevistas, pelo menos potencialmente, "convida o leitor a participar de algo que é, em todo caso, um diálogo". O comentário de Hall foi feito em relação a *Politics and Letters* [Política e cartas] (1979), a monumental e consistentemente brilhante coletânea de entrevistas que alguns dos representantes da *New Left Review* realizaram com Raymond Williams no fim dos anos 1970. Apesar de ser inspirado por esse exemplo, *A tarefa do crítico* não o imita. Ainda assim, este livro é baseado na convicção de que, como Hall afirma em relação a Williams, a autorreflexão exigida por essa forma de entrevista extensiva adapta-se bem a Eagleton. Assim como seu principal mentor, Eagleton demonstra uma capacidade exemplar de "simplesmente *continuar a pensar*, de continuar a se desenvolver e mudar em resposta a novos desafios intelectuais" (Hall, 1989, p.54-56). *A tarefa do crítico*, um livro no qual os *insights* do crítico incorporam suas opiniões sem qualquer esforço, é uma tentativa de dramatizar tanto a qualidade dialógica do pensamento de Eagleton quanto sua importância estratégica.

Matthew Beaumont

# CAPÍTULO UM
*Salford/Cambridge*

*Posso começar pedindo que você fale um pouco sobre seu histórico familiar? Você nasceu em Salford em 1943...*

Eu nasci em Salford, em uma das poucas áreas agradáveis da cidade, em uma casa na beira de uma charneca onde os cartistas de Manchester costumavam fazer reuniões no século anterior. Mas a casa era alugada e decadente, o proprietário era um tirano que queria que saíssemos de lá, e nós éramos muito pobres. Havia ar fresco e uma vista agradável, mas não tínhamos dinheiro algum, em contraste com nossos parentes que moravam mais próximos ao centro da cidade, que não tinham nem a vista nem o dinheiro. Meus pais eram ingleses de primeira geração com descendência irlandesa. Em outras palavras, meus avós eram todos irlandeses, dois deles de onde hoje é a república e os outros dois de Ulster. A família irlandesa do lado da minha mãe era bastante republicana politicamente. Eu conhecia canções rebeldes irlandesas aos 7 anos de idade, por exemplo, e certa vez minha mãe me impediu de cantar uma delas dentro do ônibus com minha inocente vozinha – uma leve impressão de que aquilo não era bem algo que se fazia. Meu pai era filho de uma família de doze, uma típica família irlandesa daqueles tempos. Os pais da minha mãe haviam imigrado primeiramente para os municípios algodoeiros de Lancashire, onde minha mãe nasceu; e imagino que nos anos 1930, durante a Depressão, eles foram atraídos em direção à cidade. Minha avó materna era garçonete, meu avô trabalhava em uma fábrica de gás. Coincidentemente, meu outro avô também. Mas a família do meu pai era de classe trabalhadora bem baixa e era desprezada pela família da minha mãe, que era uma turma bem esnobe.

Tanto meu pai quanto minha mãe tinham anseios de ascensão social, com a clássica ambição da classe trabalhadora em relação aos filhos; por isso, eles estavam desesperados para que nós obtivéssemos uma educação secundária – éramos obviamente a primeira geração com tais perspectivas. Frequentei uma escola primária muito severa. Era uma situação quase como a de Charles Dickens, a condição da fábrica de graxa de sapatos. Eu sabia que tinha que passar no exame *Eleven plus* para sair daquele lugar, e se não passasse – tudo dependia disso – eu ficaria naquela vida para sempre. Assim, quando o diretor me contou que eu havia sido admitido na *grammar school* católica local, aquele foi um dos grandes momentos libertadores da minha vida.* Já naquela época eu tinha consciência do que estava em jogo, assim como das implicações sociais daquilo tudo.

Meu pai abandonou a escola aos 15 anos. O boato na família era que ele havia ingressado na escola secundária, mas não havia sido possível arcar com os seus estudos – naquela época isso era necessário – e assim ele não pôde prosseguir. Ele era de fato um homem muito inteligente. Entrou naquela que era a maior fábrica de engenharia da Grã-Bretanha: a Metropolitan-Vickers, em Old Trafford, Manchester. Começou como trabalhador braçal, apesar de nunca ter conversado muito sobre o assunto. Depois disso, quando eu ainda era criança, ele foi promovido a amanuense, um baixo car-

---

* Parte do sistema tripartido de educação, as *grammar schools* eram consideradas as melhores escolas públicas para alunos entre 12 e 16 anos de idade. A admissão dependia dos resultados do exame *Eleven plus*. Os alunos com as piores notas eram relegados às negligenciadas escolas secundárias modernas, pois a terceira base do sistema tripartido – a escola secundária técnica – era praticamente inexistente. (N.T.)

go administrativo. Ele sempre havia desejado, em suas próprias palavras, ser seu próprio feitor, seu próprio chefe. E correndo um grande risco, retirou um pouco do seu dinheiro de pensão, talvez algumas centenas de libras, e comprou uma loja de bebidas em uma área pobre de Salford. Essa área não só não existe há muito tempo, como também estava – se não me engano – prestes a ser demolida mesmo naquela época. De qualquer maneira, ele trabalhou muito, feliz em ser seu próprio chefe pelo menos uma vez na vida. Ele era um homem empreendedor, um homem de iniciativa e desenvoltura. Em termos de classe social, suponho que ele tenha praticamente alcançado a *petite bourgeoisie*. Mas ele só sobreviveu por um ano, pois morreu de câncer um ano após assumir a loja. Isso aconteceu quando eu estava indo para Cambridge. Minha mãe perseverou na loja por algum tempo antes conseguir vendê-la. Ela teve um colapso nervoso bastante sério. Acho que isso ocorreu sobretudo porque foi obrigada a cuidar da loja e não teve tempo de lamentar a morte do meu pai. Ela voltou do funeral e abriu a loja. Não houve tempo para que pudesse superar a dor e a solidão.

*Seu pai tinha algum envolvimento com o sindicalismo?*

Não, acho que não. Mas creio que a família dele possuía certos legados políticos. Eu sei muito pouco sobre os Eagletons – apesar de ter um tipo de genealogista pessoal na Irlanda que me fornece informações sobre a família –, mas eles eram em sua maioria rebeldes no fim no século XIX. Há um gene radical. Um dos meus antepassados, um sacerdote, o padre Mark Eagleton, denunciou um proprietário de terras local no altar e foi transferido pelo bispo. E acabei descobrindo que esse proprietário, para acrescentar um capricho deliciosamente irônico à história, tinha sido da família de Aisling Foster, a esposa do historiador antirrepublicano Roy Foster, um dos meus antigos colegas de discussões. Assim a história repetiu-se, embora espere que não tenha sido como uma farsa. Também havia um dr. John Eagleton, que morreu de febre tifoide claramente associada à fome, quando cuidava dos pobres por volta de seus 20 anos de idade. Ele foi rejeitado para a cadeira de Medicina na University College, em Galway, por motivos palpavelmente sectários, pois não era protestante. Minha própria cadeira em Galway é uma agradável vingança em nome do dr. John.

Assim, apesar do meu pai não ter sido politicamente ativo, os Eagletons possuíam um histórico político radical. E meu pai às vezes conversava comigo sobre política. Ele costumava dizer: "acho que Jesus Cristo era socialista". Naqueles tempos, quando o catolicismo era bastante autocrático – e meu pai não era nada menos que um católico absolutamente ortodoxo – isso era algo bem surpreendente de se dizer. Ele era um homem quieto e ponderado, que refletia muito sobre a injustiça social, penso eu, mas que tinha grandes dificuldades em se expressar. Ele odiava cada segundo do seu trabalho na fábrica.

*E os seus irmãos e irmãs? Em suas memórias,* The Gatekeeper *[O porteiro] [2001], você fala sobre aqueles que morreram quando bebês, mas não menciona os outros.*

Tenho duas irmãs, uma mais velha e uma mais nova. Minha irmã mais velha, Annie, foi a primeira na família a frequentar a universidade. Ela foi para Liverpool estudar inglês, mas quando meu pai morreu, minha mãe precisou dela para ajudar na loja, então ela teve que se transferir para a Manchester University, onde só permitiam que ela obtivesse uma formação geral. É uma mulher intensa e brilhantemente inteligente, uma grande humorista, imitadora e contadora de histórias, que com facilidade poderia ter sido uma romancista ou um grande talento literário; mas, infelizmente, não havia meios para dar vazão a isso. O dever foi então passado à minha irmã mais nova, Mary, uma crítica feminista, que hoje é professora na Leeds Metropolitan University. Então todos nós acabamos virando figuras literárias. Isso foi um pouco surpreendente, pois meu pai não tinha nenhum entendimento, nem sequer compreensão, em relação a essas coisas. Isso gerou um certo conflito entre nós dois quando cheguei à adolescência. E acho que o fato de ele ter falecido tão prematuramente significou que esse conflito nunca foi resolvido, que eu não pude lidar com o problema.

*Então você poderia descrever a cultura doméstica que produziu essas três crianças altamente cultas? Havia muitos livros ou jornais em casa?*

Não. Eu me lembro de um livro com o título bastante sinistro, *Catholic Marriage, by a Priest and a Doctor* [Casamento católico, por um padre e um médico]. Esse foi o auge da nossa cultura literária. Só Deus sabe de onde veio esse livro. Eu conto uma história em *The Gatekeeper* de quando convenci minha mãe a comprar uma antologia de Dickens usada, que ela adquiriu em prestações. Não sei de onde tirei aquela ideia.

*É estranho o quão pouco há sobre a leitura em* The Gatekeeper. *Não fica muito claro de onde surgiu esse impulso de ler.*

Por algum motivo, havia um livro muito antigo e surrado, uma espécie de história da literatura inglesa, que ninguém lia. Não me lembro de onde ele tinha vindo. Eu li o livro; lembro-me de tê-lo lido inteiro. Havia seções sobre Thackeray e Dickens. Lembro-me de pensar que esses eram nomes importantes. Então suponho que foi esse o impulso por trás da compra da coleção de Dickens.

Eu era uma criança de saúde frágil. Sofri de um caso bastante grave de asma dos 3 até os 14 anos de idade, na época em que realmente não havia paliativos. Eu era motivo de preocupação constante para os meus pais. Eles não sabiam mais o que fazer. Imagino que cheguei a estar às portas da morte algumas vezes sem saber. Isso significa que passei longas temporadas fora da escola, e eu era um anjinho tão consciencioso que pedia para meus pobres pais buscarem meus livros na escola. Creio que tenha sido tudo parte da minha saída daquela situação. Estava fazendo planos para o futuro. Assim, costumava ler muito na cama, e lia todas as páginas de toda espécie de livros que eu praticamente não entendia, como *Martin Chuzzlewit*. Peguei o sabor da literatura, creio eu, em vez da substância.

*Você consegue se lembrar do que gostava na obra de Dickens?*

Lembro-me de ter gostado de sua eloquência e energia, apesar de isso também ter sido uma barreira para o meu entendimento. Eu apreciava a elaboração da linguagem. Também conseguia captar uma boa parte do humor. Eu não entendia os enredos, mas gostava da caracterização. Creio que Dickens tenha sido minha introdução à literatura. Considerava-o um intelectual extraordinário, capaz de utilizar todas aquelas palavras difíceis. Só mais tarde fui perceber como ele era tão ostentosamente anti-intelectual.

*E você consegue se lembrar do que leu após seu contato com Dickens?*

Minha mãe lembra-se de eu dizer: "acho que Thackeray é melhor romancista que Dickens". Eu a) estava enganado e b) era revoltantemente precoce! Então devo ter lido alguma obra de Thackeray, provavelmente *A feira das vaidades*, apesar de não me lembrar de nada. Não sei como aquele livro chegou às minhas mãos – não pela biblioteca local, que era absolutamente imprestável. Uma vez, quando tinha mais ou menos 8 anos, o bibliotecário me repreendeu porque devolvi um livro no mesmo dia que o peguei emprestado. Ele disse que não era possível que eu já tivesse lido tudo.

*Você tinha parentes que possuíam mais livros em casa do que a sua família?*

Não, de forma alguma; eles todos juntos provavelmente não possuíam mais de dois livros. Mas alguns dos meus parentes do lado da minha mãe eram representantes de uma cultura oral típica da Irlanda. Eles eram animadores, atores, cantores, comediantes, contadores de histórias – não todos, mas alguns. E, em retrospecto, sempre associei meus modestos talentos àquela cultura em vez das minhas leituras dos clássicos. Eles tinham um jeito para a comunicação, para o humor, para a fantasia, que lembro ter apreciado muito na época. Um salto crucial para mim, como escritor, ocorreu quando descobri maneiras de incorporar isso à minha escrita, o que levou bastante tempo.

*Alguns desses parentes mais cênicos estavam envolvidos com a Igreja? Havia algum padre?*

Na verdade, a família não produziu muitos padres, apesar de um primo meu ter se tornado padre, e de certamente ter havido um ou dois padres no lado do meu pai. Um dos aspectos mais onerosos da minha infância foi minha clara consciência de que meus pais tinham um grande desejo de que eu me tornasse padre. Eu sabia que não queria isso, apesar de não saber o motivo. Eu era uma criança muito devota, coroinha e tudo mais; e apesar do entendimento, ou até mesmo da expectativa, de que eu deveria me tornar padre, eu não queria. Primeiro porque eu não achava que era virtuoso o bastante. Em segundo lugar, acho que percebi que os padres não eram muito intelectuais. Se havia algo que eu queria ser, era intelectual – não que eu conhecesse essa palavra. Talvez eu tenha me tornado um padre secular. E não demorou muito para que eu percebesse que era um tanto equivocada a minha ideia de que os padres eram pessoas extremamente pias. Como disse em minhas memórias, eu até aceitei uma oferta de avaliação, mais ou menos em consignação, para um período no seminário de uma ordem religiosa muito tediosa e medíocre. Não foi ruim, mas a experiência simplesmente confirmou minha convicção de que não queria seguir aquele caminho. Isso aconteceu quando tinha 14 anos. Fiquei lá por uma semana e então saí desse arame farpado espiritual.

*Então, se o padre não era o paradigma do intelectual na comunidade em que você cresceu, quem era?*

Não havia nenhum. Não havia um modelo de verdade nesse sentido.

*Mas você tinha consciência dessa categoria, ou do conceito, de intelectual?*

Sim, creio que tinha consciência do que quer que Dickens representava – o ato de escrever, de pensar. Então, quando entrei na escola secundária, certos professores – particularmente meu professor de inglês, com quem ainda tenho contato – criaram bases para minhas aspirações. Eles abriram um mundo novo para mim, como às vezes os professores fazem. Mas não, não havia um modelo de intelectual. Veja bem, em um lugar como Salford naquela época, não existia nem uma classe média. Havia o médico e o padre, mas não existia

# 34 TERRY EAGLETON E MATTHEW BEAUMONT

uma classe média de verdade. Assim, eu não fui exposto a nenhuma experiência além daquela específica à minha própria classe. Ainda assim, a partir dos 15 anos de idade, eu sabia que não queria ser um maquinista, mas sim um intelectual de esquerda. Naquela altura, eu já tinha familiaridade com a expressão. Talvez esse seja o lugar adequado para dizer que quando você faz essa jornada e alcança seu objetivo, obtendo alguma fama ou notoriedade ao longo do processo, você não consegue aproveitá-la de maneira plena porque sente que ela não é verdadeira, que você não está realmente no seu devido lugar. É como se tudo estivesse acontecendo com outra pessoa.

*Quais outras culturas estavam disponíveis na comunidade católica em Salford nos anos 1940 e 1950?*

Meus pais não tinham vida social nenhuma. Eles eram muito isolados; muito, devo dizer, autoisoladores. Ambos tinham uma profunda consciência da sua falta de escolaridade; eles eram muito inseguros socialmente, de uma forma que foi transmitida a mim por muito tempo. Eu nunca fui inseguro intelectualmente, mas com certeza era inseguro socialmente. Quase nunca havia visitas em casa. Meus pais me levaram algumas vezes ao Salford Palace e ao Manchester Palace para assistir a artistas performáticos e mágicos, os herdeiros da tradição do teatro de variedades. Eu ficava bastante fascinado, apesar de não ter sido o caso de ter sentido o cheiro da maquiagem dos artistas e sonhado em ir para a Rada.* Albert Finney, que morava perto de mim, fez precisamente isso. Ele era um pouco mais velho que eu, um rapaz que frequentava a Salford Grammar School, filho do agenciador de apostas – acho que minha mãe havia saído com o seu tio. Albert conseguiu ingressar na Rada e isso foi um grande acontecimento. Ele voltou a Manchester para interpretar Lutero na peça de John Osborne desse mesmo nome, e eu fui assistir. Também conhecia Ben Kingsley um pouco, outro ator que surgiu em Salford, apesar do nome dele não ser Ben Kingsley na época. De qualquer maneira, consigo me lembrar de duas ou três ocasiões nas

---

\* Royal Academy of Dramatic Arts (Academia Real de Artes Dramáticas). (N.T.)

quais meus pais me levaram ao teatro – possivelmente porque meu pai trabalhava com um cara que nas horas vagas tocava trombone na banda da casa de espetáculos. E lembro-me de ter ficado muito fascinado, sobretudo por coisas como mágica e ilusionismo. Talvez o fato de ser católico tenha feito de mim uma alminha excepcionalmente crédula.

*Então quando foi que a falta de confiança social que você mencionou finalmente desapareceu?*

Isso não aconteceu até a meia-idade; e uma certa timidez, cada vez mais bem disfarçada, ainda faz parte de mim.

*Você imita bem uma pessoa que superou isso há muito tempo...*

Bem, a situação foi complicada pela experiência um tanto negativa que tive em Cambridge, que por sua vez, agora consigo perceber, foi muito influenciada pela morte do meu pai. Ele morreu quando eu estava fazendo a prova de seleção, em um momento deveras simbólico. Foi uma conjuntura muito infeliz. Além disso, a Cambridge daqueles tempos era um lugar aristocrático em demasia, e sob a minha perspectiva, opressivo socialmente.

Eu diria que inconscientemente, quando criança, escapei de um ambiente de classe trabalhadora bastante adverso para dentro da minha cabeça, por meio da literatura e das ideias, lendo e pensando. Então tive sucesso em sair daquele ambiente e entrar em Cambridge, mas meu desenvolvimento social e emocional ficou defasado. Intelectualmente, saí daquela situação; mas sentia que tinha poucos recursos, sobretudo em relação a habilidades sociais. Eu fui muito tímido – por muito tempo, por toda minha juventude. Eu tinha consciência da discrepância entre aquilo que eu podia ser com os outros e aquilo que eu era. Meu frio histórico familiar não havia oferecido os recursos emocionais necessários para lidar com a vida intelectual que minha família tinha desejado para mim, com todas as suas pressões públicas. De fato, suspeito que desenvolvi uma vida intelectual tão rica, solitária e íntima em parte como defesa contra um ambiente indiferente emocionalmente. Meu intelecto projetou-me a um tipo de proeminência com a qual eu não estava preparado para lidar, o que acabou se tornando uma fonte de problemas psicológicos mais tarde.

*Talvez essa seja uma fantasia humanística, mas poderíamos supor que, devido às suas leituras, você na verdade tenha se tornado bastante sofisticado emocionalmente, mesmo que essa característica tenha permanecido algo impossível de se articular.*

Sim, apesar de ter sido de uma forma cerebral. Meus pais, que Deus lhes ajude (quer dizer, não foi culpa deles), simplesmente não conseguiam lidar com a vida emocional. Essa era uma questão em parte relacionada à classe trabalhadora. A suposição era de que "o mundo lá fora é difícil e você precisa enrijecê-los". Os sentimentos eram somente para aqueles que podiam arcar com eles.

*Mas essa mentalidade não chegou a incluir uma proibição à literatura?*

Não. Eles apenas ficavam perplexos, assim como vagamente temerosos por mim. Mas havia um medo de demonstrar as emoções. Fui criado em um ambiente prático austero, produto de uma espécie de benthamismo da classe trabalhadora. Nada que não fosse funcional, que não fosse útil para a sobrevivência em mundo precário, tinha algum valor – motivo pelo qual a literatura era atividade de menor importância. Portanto, apesar de ter me rebelado contra aquela privação emocional, eu sofri inibições sociais e emocionais por causa disso. E demorou muito para que eu pudesse superar o problema. Nesse meio tempo, porém, escrevi uma peça sobre Oscar Wilde, o mais extravagante não funcional entre os irlandeses. Suspeito que meu interesse pela arte e pela estética, pelas coisas feitas como fins em si mesmas, tem muito a ver com o fato de ter crescido em uma situação na qual não podíamos nem sonhar em colocar um pôster na parede – exceto talvez por uma imagem do Sagrado Coração de Jesus.

*Falando dessa funcionalidade austera, a guerra teve um papel importante em sua infância? Isso não é algo que você discute em* The Gatekeeper*.*

Não, o papel foi muito marginal, na verdade. Eu fui um dos filhos da guerra, mas nasci quando ela já chegava ao fim. Meu pai – possivelmente pelo fato de participar de trabalhos relacionados à guerra na fábrica de engenharia – não foi recrutado e tornou-se vigilante da defesa aérea. Lembro-me dos resquícios da guerra – as ocasionais máscaras contra gases, abrigos antiaéreos e assim por diante. Também me lembro da austeridade; mas por outro lado era difícil dissociar a austeridade dos tempos de guerra da austeridade de modo geral.

*Quero voltar à importância da política na sua infância. Você já falou sobre o legado político da sua família, mas quando foi que você começou a se interessar pela política? Você tinha conhecimento dos eventos internacionais na década de 1950, como a crise de Suez ou a morte de Stalin?*

Sim, tinha. Eu discuti Suez impetuosamente com amigos conservadores na escola. Eu ouvia e lia sobre todas essas coisas no rádio e nos jornais. Meu avô, o pai da minha mãe, era analfabeto, e eu tinha que ler o *Daily Express* para ele todos os dias. Ele dizia: "Como estou indo no mercado financeiro?" Ele não fazia ideia do que isso significava, e eu menos ainda. Quando era adolescente, fui muito influenciado pelos Jovens Irados, como assim eram chamados – todos eles hoje mortos, velhos ou de direita. O que me interessava era apenas a interseção entre arte, política e dissidência. Comecei a me imaginar um pouco como um boêmio, apesar de ser na verdade um bom menino católico. Eles foram praticamente os únicos modelos que eu tive antes de ir para Cambridge.

Mas minha primeira influência política foi sem dúvida o republicanismo irlandês. Como disse antes, eu já tinha a clara consciência disso aos 7 anos de idade. Lembro-me de escrever execráveis canções republicanas irlandesas, cheias de sentimentos heroicos que envergonhariam qualquer historiador irlandês. Até me lembro de colocar letras em melodias irlandesas que conhecia; também me recordo de cantá-las – apesar de não saber exatamente para quem. Assim, a princípio a noção de descontentamento político apareceu não de uma situação de classe, mas da questão irlandesa. Acho que isso então cristalizou as questões mais abrangentes de classe para mim.

*E você visitou a Irlanda quando criança?*

Não. Era aquela velha situação dos emigrantes que se recordam da antiga e querida pátria, mas que nunca fazem nada drástico como colocar os pés no lugar de verdade. Nenhum dos meus parentes fez isso. Na verdade, eu já tinha 21 anos quando visitei a Irlanda pela primeira vez; e fiz isso naquele momento para falar sobre a esquerda católica, na Aristotelian Society of Trinity College, em Dublin.

*E a política socialista? Quando você se tornou socialista?*

Bem, eu me denominava socialista quando tinha 14 ou 15 anos. Quando tinha mais ou menos 16 anos, juntei-me aos Stockport Young Socialists – não aos Salford Young Socialists – porque tinha um amigo de Stockport. Seu nome era Bernard Regan, que mais tarde se tornou uma figura eminente e absolutamente indispensável na esquerda britânica. Nós dois, que estávamos juntos na escola, íamos às reuniões. Esse foi o meu primeiro encontro com o que poderíamos chamar de extrema-esquerda, e eu a achei muito fascinante. Ouvi discursos de conselheiros locais da esquerda do Partido Trabalhista, e participei de um ou dois debates. Porém, tive dificuldades em conciliar aquilo com o catolicismo, pois existia uma longa tradição de ensinamentos papais contra o socialismo, até mesmo o moderado. Eu era um católico demasiadamente consciencioso. Os católicos são famosos por sofrerem de escrúpulos, o que sempre soa a mim como algum tipo de doença penosa. Então fui puxado em duas direções: nunca duvidei que o que eu estava escutando era o que eu queria politicamente, mas não conseguia ver como poderia aceitar aquilo como católico. Bernard tinha muito bom senso para se preocupar dessa maneira. E então eu passei por uma enorme libertação – essa é uma fase posterior da história – quando fui para Cambridge e encontrei católicos que diziam: "O que você está falando? É claro que você pode ser de esquerda, o tanto quanto quiser!".

*Então não havia nenhum ativista que poderia tê-lo ajudado a resolver essa contradição quando você estava envolvido com os Young Socialists?*

Não. Eu costumava escrever cartas de esquerda absurdas, no estilo dos Jovens Irados, para a imprensa católica de direita (se isso não fosse uma tautologia, nada seria). Elas tratavam de vários assuntos, mas eram focadas sobretudo na questão nuclear. Quando tinha mais ou menos 16 anos, encontrei alguns problemas ao usar um emblema da CND* tanto na escola quanto na paróquia local, e lembro-me de um padre ter me mandado tirá-lo. O diretor pediu ao capelão da escola que tivesse uma conversa séria comigo; mas como esse capelão era o então jovem P. Herbert McCabe, teólogo radical e firme defensor da CND, a conversa não surtiu o efeito esperado. Eu também tinha uma vaga noção, mesmo com 16 anos, de que havia um grupo de teólogos e filósofos católicos que faziam oposição à bomba, apesar de não ter conhecimento de como entrar em contato com eles. Mais tarde, em Cambridge, conheci alguns deles.

*E os encontros dos Young Socialists que frequentou deram a você confiança, política e intelectualmente? Você mencionou que às vezes participava de debates. Isso era debilitante socialmente?*

Não, não. É aquela velha história da pessoa tímida que se transforma instantaneamente no palco. Já encontrei vários atores desse jeito, pessoas que são bem dimidentes quando converso com elas e que despertam repentinamente na frente do público. Não, eu era um orador impetuoso – e, é claro, sendo católico, também altamente dogmático. Esmague seus oponentes no chão! Havia uma competição de debates bem medíocre entre as *grammar schools* de Salford, uma tentativa de imitar as *public schools;*** e em um dos anos, quando eu fazia parte da equipe, nós vencemos. Isso aconteceu quando eu estava começando a ser influenciado pelos Jovens Irados; fiz um

---

\* Campaign for Nuclear Disarmament (Campanha pelo Desarmamento Nuclear). (N.T.)

\** Literalmente "escolas públicas", as *public schools* na verdade são escolas privadas de educação secundária. O termo surgiu no século XVIII, quando as escolas começaram a atrair estudantes de lugares mais distantes, tornando-se "públicas" em contraste com "locais". (N.T.)

discurso apropriadamente impaciente, mas não tenho certeza sobre qual assunto. Assim, debater era uma forma de compensar o fato de ser um cidadão de segunda classe. Também era um meio aceitável de dar vazão a uma raiva fomentada socialmente, o que talvez possa ser dito sobre meu polemismo hoje. Era um meio de o indivíduo se reafirmar em uma situação controlada. T. S. Eliot uma vez se referiu à "prepotência do homem gentil, seguramente entrincheirado por trás da sua máquina de escrever" – frase que tem ressonância comigo. Escrever, discursar e agitar obviamente eram atos importantes em si mesmos, mas também eram maneiras de compensar algo que havia sido negado a mim. Eram maneiras de ser alguém.

*Como você encontrou os Jovens Irados? Quando era adolescente, você lia obras de ficção da classe trabalhadora assim como assistia a peças de teatro?*

Eu tinha muita familiaridade com Shelagh Delaney porque ela nasceu em Salford. Eu conhecia pessoas que a conheciam. E minha mãe tinha conhecido Walter Greenwood ligeiramente. Após *Love on the Dole* [Amor no auxílio-desemprego] [1933], ele começou a comprar carros luxuosos, e então se transferiu para Londres, para a "Grande Fumaça". Minha mãe também se lembra de ver L. S. Lowry fazendo esboços à beira da estrada em Salford – não tenho certeza se as pessoas mantinham distância dele porque ele era artista ou porque era cobrador de aluguel. Eu na verdade não conhecia Ewan MacColl, que hoje em dia obviamente me interessa muito. Salford tinha uma cultura de classe trabalhadora de considerável importância. Havia um grupo de teatro de *agitprop* (agitação e propaganda) bem conhecido nos anos 1930, por exemplo. Hoje, tenho orgulho de ser um Amigo da Working-Class Movement Library, uma biblioteca mundialmente conhecida localizada em Salford.

*E Alan Sillitoe, por exemplo?*

Eu conhecia Sillitoe, em parte porque Albert Finney – uma espécie de alter ego salfordiano mais insolente do que eu – estrelou no filme *Saturday Night and Sunday Morning* [Noite de sábado e manhã de domingo] (1960). Ao mesmo tempo, cometi o equívoco, assim como a maioria das pessoas, de pensar que John Osborne era uma grande voz na causa radical. Também conhecia Arnold Wesker e Kingsley Amis e todo aquele pessoal. E, de algum modo, acabei encontrando um livro chamado *Declaration* [Declaração] (1959), editado por Tom Maschler, que cristalizou de forma absoluta algo que eu precisava. Era uma coletânea de declarações de pessoas como Osborne, Lindsay Anderson, Doris Lessing e Kenneth Tynan. Esse livro deve ter pertencido à Biblioteca de Salford, apesar de isso parecer muito estranho. Sem dúvida, um dos primeiros livros que comprei na vida foi *The Outsider* [O estrangeiro] (1956), que eu mal entendia, mas que me impressionou profundamente. Hoje em dia, eu o entendo, mas ele não me impressiona.

*Você poderia falar mais sobre a cultura intelectual na sua escola secundária, a De La Salle College? Você disse que havia um professor com quem manteve contato.*

Havia oportunidade para debates e teatro, e me dediquei a ambos. E acima de tudo havia o fato de que, pela primeira vez, eu estava em uma situação na qual as realizações intelectuais contavam para alguma coisa. Antes elas tinham sido muito rebaixadas, não tanto pela minha família, mas pelo ambiente de classe trabalhadora de forma geral. Sofri muito na minha escola primária por ser intelectual e ter saúde frágil – um debilitado, um *nerd*. Na escola secundária, eu estava em um ambiente onde os talentos que eu tinha eram considerados. Eles inspiravam respeito, ao passo que antes o efeito havia sido oposto. Por outro lado, eu não diria que lá havia uma cultura intelectual vibrante de maneira geral. Pelo contrário, aquele era um estabelecimento religioso autocrático e filisteu, dedicado a nos elevar à classe média inglesa (em vez de irlandesa), além de colocar um ou outro garoto em Cambridge. A escola era eficiente nesse sentido. Mas de uma maneira tipicamente católica, similar a grande parte do meu ambiente de origem, ela era estéril em termos emocionais. A escola tinha excelente qualidade acadêmica e era absolutamente despersonalizada. Assim, eu estava bastante isolado com o meu interesse nos Jovens Irados. Mas eu também tinha um certo gosto pela situação, pois ela oferecia algo contra o qual eu podia me revoltar.

Alguns professores personificavam algo que eu podia aspirar. O mais importante foi meu professor de inglês, um homem chamado Peter Grant, com quem eu ainda mantenho contato, como já mencionei, e que era um leavisista* de esquerda, como mais tarde acabei percebendo. Essa foi a maneira como fui ensinado as matérias de inglês dos níveis normal e avançado – apesar de não ter nenhum conhecimento sobre o que aquilo representava. Ele era um esquerdista de classe trabalhadora que havia estudado em Sheffield sob a orientação de William Empson. Ele era meu modelo, pode-se dizer assim.

*E você acha que, por conta de a escola ser católica, havia um respeito escolástico pelas ideias em algum nível institucional? Afinal, não é como se qualquer escola secundária daquela época pudesse ter criado o espaço necessário para que uma pessoa com sua ambição intelectual se desenvolvesse.*

Ah, sim, havia. Esse era o aspecto positivo dela. Por ser uma instituição católica, com todas as deficiências que acompanham esse fato, a escola era, contudo, um lugar que tinha grande respeito pela análise racional. Sempre enxerguei isso como uma relação entre o catolicismo e a esquerda. Éramos muito encorajados a pensar e discutir rigorosamente; éramos encorajados a acreditar que a verdade era importante e que tinha uma importância mais do que abstrata. Creio que tive também minha introdução à tradição do pensamento social católico, e lá havia uma cultura bastante rica nesse sentido. Eu valorizava o catolicismo até naquela época, e certamente hoje, como uma cultura – com todos os tipos de imperfeições e horrores, deve-se admitir. Mas aquele era um mundo onde as ideias e as instituições eram levadas a sério. Isto é, éramos ensinados quase instintivamente a pensar em termos institucionais, a acreditar que a vida humana era institucional. E isso significou que, mais

---

* Seguidor de Frank Raymond Leavis (1895-1978), crítico inglês. (N.T.)

tarde em minha vida, quando encontrei o humanismo liberal ou individualismo liberal, eu realmente o achei estranho. Isso, porém, foi tanto uma perda quanto um ganho.

*Então você identificou o humanismo liberal como uma ideologia em vez de um efeito simplesmente atmosférico?*

Com certeza. Nunca estive dentro daquele *ethos*. Lembro-me de Raymond Williams falando sobre os problemas que ele teve quando encontrou certas ideias do individualismo pela primeira vez. Tive exatamente a mesma experiência. Encontrei-o pelo lado de fora. Você era criado em um ambiente no qual o corporativo, o institucional e a crença comum eram vitais para a sua identidade – mesmo se eles fossem, com frequência, empurrados aos extremos autocráticos ou totalitários. Quando cheguei a Cambridge, percebi que o *ethos* prevalente – no qual a maioria dos meus colegas estudantes havia sido criada – era saturado pelo individualismo ou humanismo liberais desde o início. Não era algo que fazia parte da minha constituição para que eu pudesse entendê-lo. Mais tarde eu acabei aprendendo muito sobre o valor do liberalismo, sobretudo como marxista, mas tive que chegar até ele pelo lado de fora.

*Quando você fala sobre a importância da verdade em relação à sua educação, você está se referindo no fundo à verdade espiritual, a formas seculares de verdade ou a uma combinação do religioso e do secular?*

Era algo essencialmente religioso, mas transbordava, como costumo dizer, para uma certa abordagem intelectual que valorizava o analítico. Por exemplo, essa abordagem não presumia – e isso é Aquino puro, apesar de não saber disso na época – que há limites para a investigação racional, mesmo em questões misteriosas. De certa maneira, o zelo religioso estendia-se aos afazeres seculares. Veja bem, isso andava com uma atitude altamente defensiva sobre o que eles chamavam de "o mundo" – o mundo secular. Se não tivesse frequentado uma escola católica, por exemplo, meus pais teriam sido excomungados. Mas eles não tinham medo do intelecto secular, medo nenhum. Houve um ou dois momentos complicados, como quando eu deveria ganhar alguns livros como prêmio pelos meus resultados nos exames de *O-Level*. Na época havia uma série de livros de filosofia da Penguin, incluindo Hume e outros filósofos, e pedi alguns deles. Disseram-me que, infelizmente, eles estavam no *Index*, a lista de livros proibidos pela Igreja Católica, e deram-me um livro de um jesuíta no lugar. Mas isso não era algo típico. Eles fizeram aquilo com mais pesar do que agressividade. Eles estavam bem preparados para permitir que você perambulasse, desde que no final as verdades do catolicismo fossem salvaguardadas.

*Que literatura você estudava na escola secundária?*

Estudamos uma gama de clássicos bem familiares para o *O-Level*, incluindo Shakespeare e Milton. Lembro-me do professor de inglês ser muito anti-Milton, o que agora posso atribuir ao seu histórico leavisista. Li um pouco de Thomas Gray e adquiri alguma noção de Wordsworth. Mas, ao mesmo tempo, Peter era tão esclarecido que contrabandeava textos como *Esperando Godot*, assim como peças de Auden e Isherwood, esse tipo de coisa – supostamente convencendo o diretor assaz autocrático de que eles eram necessários ou valiosos. Lembro-me de uma ocasião na qual estávamos ensaiando uma montagem de *Júlio César* – eu era Marco Antônio – e alguns dos textos encontravam-se nos bastidores, então começamos a lê--los em grupo espontaneamente. Lemos *Esperando Godot* em voz alta, de improviso, e então Peter apareceu e participou. Eu estava fervorosamente convencido de que a cultura tinha importância crucial e de que ela era tudo o que eu queria.

*Posso lhe perguntar sobre o seu trabalho quando era adolescente? Como foi sua experiência no emprego?*

Trabalhei, acho, em três ou quatro lugares diferentes. Trabalhei em uma empresa de contabilidade de Manchester como *office boy*. Recebia algo como 2,50 libras por semana – uma quantia generosa! E no meu último ano em Cambridge, trabalhei na Marks and Spencer em Manchester, limpando o chão e fazendo tarefas de armazém.

Como disse em minhas memórias, estava lendo ferozmente para o exame final sobre tragédia naquela época, e os outros funcionários ficavam estupefatos pelo fato de alguém conseguir ler tantos livros. Também trabalhei por um tempo na fábrica de sabão da Cussons, em Salford. O emprego mais interessante foi o de professor, por quase um ano antes de ir para Cambridge, em uma escola secundária moderna local bastante complicada. Eu dava aula para a turma mais avançada e gastava um bocado do meu tempo tentando esconder o fato de que eu era só um ano mais velho do que eles. Foi minha primeira experiência de ensino, e percebi que tinha jeito para torná-la divertida. Resquícios do Salford Palace, talvez...

*Então como você concebia sua relação com a classe trabalhadora – como uma entidade corporativa, por assim dizer – na época em que você saiu de casa e foi para Cambridge?*

Era uma relação complexa, porque naquela altura todas as minhas afinidades políticas encontravam-se naquela direção; mas ao mesmo tempo eu era um caso típico de um garoto com bolsa de estudos, que havia investido muita energia na tentativa de se desprender do seu ambiente social de origem. Quando li a excelente biografia de Raymond Williams escrita por Dai Smith, um fato sobre Raymond que eu não conhecia chamou-me a atenção: seu pai não só era uma figura bastante idealizada para ele, mas também era alguém com quem ele discutia muito, porque Raymond sentia que seu pai estava empurrando-o para fora de casa. Eu tive a mesma experiência. Há aqui uma clássica sobreposição de uma contradição social com uma ambivalência edipiana. As coisas eram muito parecidas no meu caso, que se tornou mais complicado com a morte precoce do meu pai e, consequentemente, com a falta de resolução desses conflitos. Era muito estranho saber que havia forças no centro da família que tentavam me afastar. Paul Morel tem o mesmo problema em *Filhos e amantes*. Não era só uma questão de tentar me libertar. Durante o processo de libertação, eu também estava tentando ser obediente, tentando me conformar, tentando personificar alguns dos valores da família. Era isso o que você tinha que fazer: partir. É difícil lidar com esses paradoxos em termos psicológicos. Imagino que parte da minha experiência drasticamente negativa em Cambridge deveu--se muito a isso. É uma situação psíquica impossível – não somente para mim, mas para Raymond e muitos outros – de investir sua identidade e defender as pessoas que você está ao mesmo tempo deixando para trás, e que estão pedindo que você vá para o bem delas e para o seu.

*Sem dúvida, a narrativa da vida de Williams parece mais ambígua como resultado do relato no livro de Dai Smith; mas, apesar disso, a impressão que fica é que, vindo de um ambiente de classe trabalhadora rural, ele foi moldado por uma situação social menos complexa e contraditória que a sua.*

Não tenho certeza se foi menos complexa, mas foi diferente. Raymond veio de um ambiente de classe trabalhadora apoiador e compatível emocionalmente, o que não foi o meu caso. Assim, eu tinha razões emocionais para que me desligasse, enquanto no contexto de Raymond os laços emocionais eram muito fortes. Mas agora parece que realmente havia complexidades das quais eu não tinha consciência. Há a falta da figura da mãe em Williams, por exemplo. Mas eu sempre pensei que o ambiente peculiarmente privilegiado de Raymond – em um sentido específico da palavra – deu-lhe uma espécie de estabilidade, uma autoconfiança e um enraizamento profundo, uma autoridade quase magistral, que faltavam no meu caso. Talvez isso seja parte da minha própria idealização da figura do pai, algo que Raymond certamente foi para mim. Mas também acho que seja verdade.

*Gostaria de saber mais detalhes sobre o momento em que você viajou para Cambridge para fazer o exame de admissão e foi informado pelo tutor de inglês na Trinity que seu pai havia morrido. Deve ter sido uma experiência bastante disjuntiva, emocional e intelectualmente.*

Sim, a experiência de ter que vir sozinho para Cambridge por uma semana, orientar-me nas faculdades e fazer as provas já era intimidante – não só para mim como para as outras pessoas que lá encontrei. E, além disso, havia a entrevista com o tutor. De certo modo, o baque foi amenizado pelo fato de já esperar a morte do meu pai. Eu tinha esperança de que ele não morresse enquanto eu estivesse longe, mas sabia que aconteceria mais cedo ou mais tarde. O impacto também foi atenuado pela minha consciência do quão desagradável foi para o meu tutor ter que me contar sobre o ocorrido. Ele não era um homem acostumado com aquele tipo de coisa. De fato, com as suas impecáveis maneiras da classe alta inglesa, ele fez meus pais parecerem uns esbanjadores emocionais. Eu não senti nenhuma emoção violenta imediata. O que aconteceu foi que algo com o qual eu precisava lidar foi decisivamente interrompido, e eu teria que sofrer as consequências disso mais tarde.

Então eu tive que voltar para o funeral. Como contei nas minhas memórias, agredi meu diretor verbalmente nos fundos da igreja. Eu estava com raiva de uma maneira desgrenhada e generalizada, e precisava descontar em alguém. Ele foi a pessoa que teve a iniciativa de me trazer de volta para casa. Minha mãe não tinha condições de tomar uma decisão. Eu ainda acho que ele estava errado. Parecia-me terrivelmente irônico que ele estava privando meu pai da educação universitária que ele havia desejado para mim, já que eu não havia terminado os exames. Então acho que apenas sobrevivi em um estado de limbo até receber a informação de que havia conseguido uma vaga na Trinity. Eu fiquei bastante surpreso. Acho que só tinha feito dois exames de seis ou sete, e pensei, você sabe, que o tutor não era o tipo de homem que correria esse risco – e, de fato, ele normalmente não era.

*E você sentiu que estava abandonando sua mãe quando foi para Cambridge?*

De certo modo, sim. Foi um momento ruim nesse sentido, pois ela estava lutando para manter a loja, em uma área que rapidamente estava se tornando despovoada. Impossibilitada de lamentar, adiando o seu luto, ela ficou cheia de dor e ansiedade. Foi uma situação ruim sob todos os aspectos. Mas eu fiquei suspenso entre duas vidas. Havia virado as costas para a família, de certo modo; e, ainda assim, sentia-me profundamente alienado de Cambridge. Não tinha uma base de identidade. Acho que o motivo do meu envolvimento com a esquerda católica, que ocorreu pouco depois disso, foi que de certo modo ela abarcava ambos os mundos. Era uma versão intelectual daquilo com o qual eu fui criado.

*Antes de chegar a Cambridge, qual era a sua concepção da classe dominante?*

Era mesmo apenas uma imagem, pois, como eu disse, não havia nem uma classe média em Salford. Eu era profundamente oposto à classe dominante mesmo antes de encontrar qualquer um dos seus representantes. Encontrá-los apenas reforçou meus preconceitos. Até mesmo quando a situação era razoavelmente abstrata, quando eu estava nos meus dois últimos anos da escola secundária, tinha quase um sentimento de injustiça pessoal.

*Um ressentimento?*

Sim, definitivamente. Isso então se tornou uma oposição um pouco mais racional quando comecei a entender mais sobre a sociedade de classes. Mas com certeza eu tinha instintos de classe ardorosos e razoavelmente primitivos quando cheguei a Cambridge. A razão só intensificou meu antagonismo – apesar de essa não ser exatamente a versão liberal da razão.

*Você obviamente ficou aberto a influências intelectuais, políticas e religiosas mais sofisticadas em Cambridge, mas supõe-se que esses sentimentos viscerais de classe continuaram a moldar o seu caráter.*

Acho que sim, ainda hoje. Sempre tive interesse no fato de o mesmo ter acontecido com Raymond, apesar de achar que ele não estaria tão disposto a admitir isso. Raymond tinha a clara consciência de que, para ser convincente ao argumentar contra a ordem estabelecida, ele precisava de toda a complexidade racional que pudesse reunir. Mas a questão não era só que ele exprimia o que eu sentia em um nível muito mais sofisticado. Ele também sentia o que eu sentia em um nível bastante bruto. Acho que, até certo ponto, ele mascarava esse fato. Ele era bastante sagaz, e era um sobrevivente. Mas eu ficava satisfeito em ver, em vários momentos sin-

A TAREFA DO CRÍTICO    49

gulares de revelação, que esses sentimentos poderiam sobreviver em alguém que para mim parecia muito velho. Ele era absolutamente irreconciliado – a diferença é que era mais difícil ver isso nele do que em mim.

*Stuart Hall uma vez falou sobre como se identificou com a situação de Williams em Cambridge. Ele referiu-se à experiência do que ele chamava de "aquela maneira como um jovem inteligente da 'periferia', chegando a Oxbridge como o apogeu idealizado de um caminho intelectual, experimenta pela primeira vez o choque social de descobrir que Oxbridge não só é o ápice da cultura intelectual inglesa oficial, como também o centro cultural do sistema de classes". Williams frequentou Cambridge nos anos 1940; Hall frequentou Oxford na década de 1950; e você frequentou Cambridge no início dos anos 1960. Você também descreveria suas experiências iniciais do lugar dessa maneira?*

Sim, a descrição é bastante adequada. Mas, em termos dessa pequena narrativa, talvez minha época tenha sido a última na qual isso tudo foi tão óbvio. Mais tarde, quando permaneci em Oxbridge como tutor, experimentei uma democratização gradual e superficial, de modo que o espírito do lugar foi alterado consideravelmente. Antigos etonianos* de repente apareciam com brincos no nariz e vogais de Liverpool. Eu entrei praticamente na parte final da predominância aristocrática que Stuart e Raymond também experimentaram. Acabei ingressando na Trinity, o que não ajudou, pois ela é uma das faculdades mais aristocráticas. As escadarias da Trinity eram cheias de "honoráveis". Até o Clube Trabalhista – com o qual eu tinha algum envolvimento, mas não muito – era dominado por socialistas de *public schools*, alguns dos quais pareciam ser carreiristas descarados. Havia uma porcentagem irrisória de estudantes de classe trabalhadora na faculdade. Agíamos de forma muito defensiva e andávamos juntos como se houvesse uma espécie de clube exclusivo.

---

* Alunos da Eton College, uma *public school* para garotos no sul da Inglaterra. (N.T.)

*Mas estudar inglês lá era muito mais estimulante do que em Oxford, por exemplo?*

Era muito mais empolgante que Oxford, a qual na época era dominada pelo estudo medieval. Na verdade, pode ser que a desconfiança com a qual fui recebido quando me mudei para Oxford, que pensei ser relacionada ao meu marxismo, tenha ocorrido devido ao fato de eu ter vindo de Cambridge. Eles haviam ouvido falar naquele homenzinho sórdido chamado Leavis, e com certeza não acolheriam nenhum dos seus discípulos, que era provavelmente a maneira como me enxergavam. Quando era aluno de graduação em Cambridge, e mais tarde pesquisador, havia Williams, Denis Donoghue, George Steiner, Jeremy Prynne, Donald Davie, Tony Tanner e a parte posterior do leavisismo. L. C. Knights chegou não muito mais tarde. Havia uma reunião brilhante de indivíduos, e eles estavam ocupados demarcando posições e defendendo seus argumentos. Era um clima abrasivo, mas empolgante.

*Então não era simplesmente o caso de você e um pequeno grupo de alunos de classe trabalhadora estarem na Trinity, sentindo-se como se estivessem em um campo de batalha. Havia uma cultura intelectual razoavelmente vibrante na qual vocês tinham a possibilidade de participar.*

Havia sim. A abrasividade da situação combinava bem com o meu lado partidário e polêmico. Os dogmas de Cambridge refletiam os dogmas católicos no meu caso. Em parte, creio eu, apanhei-os de lá; mas em parte eu também já os tinha. Havia uma profunda convicção de que a literatura e a cultura eram importantes. Havia naturalmente um enaltecimento dessa convicção, sobretudo com os leavisistas. O romancista Howard Jacobson, que também tinha vindo de Salford, era um leavisista que pregava com fervor. Lembro-me de quando ele saiu no soco com alguém na Downing College, possivelmente por conta de uma discussão sobre os méritos relativos de Jane Austen e George Eliot. Esse era o tipo de *ethos* vigente: tudo era muito solene, intenso e idealista. Eu e meus amigos nunca chegamos a pregar os nossos pontos de vista, mas com certeza eu me interessava por Leavis. Mesmo assim, havia uma noção de que existia algo importante ali – algo que, como Perry Anderson observou, talvez substituísse certos compromissos políticos ausentes.

*O homem que o informou sobre a morte do seu pai, e que subsequentemente se tornou seu tutor, foi Theodore Redpath. Que tipo de papel intelectual ele assumiu na sua vida como estudante? Suspeito que não foi completamente desprezível...*

Não, não diria isso de maneira alguma. Ele era um tipo surreal de figura. Tinha desejado ser parlamentar do partido conservador, e imagino que teria sido um bem de direita. Acho que ele havia sido advogado. Mas ele também foi um membro periférico do círculo de Wittgenstein. A última coisa que escreveu foram suas memórias de Wittgenstein. A única menção que Wittgenstein fez de Redpath foi uma hipótese que envolvia o cozimento de sua cabeça, o que talvez ilustre a alegação de que qualquer publicidade seja melhor que publicidade nenhuma. Bem tarde na vida, ele repentinamente casou-se com uma pintora e teve filhos. Ele também se tornou vendedor de vinhos; assim, pequenas vans com o nome "Redpath e Thackeray" circulavam em Cambridge. Era tudo meio estranho. Até o seu sócio tinha conhecimento literário. Aprendi muito com ele, apesar de isso não ter ocorrido em termos doutrinários.

Passávamos nossas sessões de orientação discutindo tudo e qualquer coisa. Era um caso clássico de seguir o argumento aonde quer que ele fosse, e de ser jubilosamente livre para fazê-lo – pois nenhum argumento seria capaz de estremecer as paredes da Trinity. Discutimos Lênin, discutimos religião, discutimos filosofia. Ele parecia conhecer tudo; não tinha ideia do que fazer com aquele conhecimento, mas ele sabia tudo. Ele foi uma introdução muito valiosa àquele tipo de mentalidade acadêmica de classe alta. Por exemplo, eu pressupunha que os relacionamentos humanos eram a coisa mais importante, e descobri que ele não tomava esse fato como verdade. De maneira alguma: ele pensava que aquilo era uma presunção grosseira da minha parte. Então perguntei a ele, "Senhor, o que é importante?", e ele disse, "Bem, objetos, ideias". Acho que ele até murmurou algo sobre bordaduras herbáceas. Esse tipo de coisa foi uma revelação para mim. Foi engraçado e significativo ao mesmo tempo. Um dia ele me disse que acreditava na ditadura benevolente. Era algo muito distante dos Stockport Young Socialists.

*Supostamente ele não sabia o que fazer com todo aquele conhecimento porque não precisava fazer nada com ele.*

Não, não precisava. Acho que o pai dele tinha sido um dos grandes engenheiros do império, um grande construtor de pontes. Redpath havia frequentado uma das *public schools* de Cambridge – ironicamente, a mesma de Leavis, o qual ele conhecia. Mas Redpath não precisava fazer nada com o seu conhecimento por estar tão supremamente seguro em sua posição. Eu podia lançar qualquer coisa contra ele, e ele nem recuava. Então por um lado havia um alto grau de liberalismo intelectual. Essencialmente, sua atitude em relação às ideias era como a de um provador de vinhos, o que foi mais ou menos o que ele se tornou de verdade mais tarde. Ele podia experimentar um grande número de ideias sem enxergar a necessidade de fazer distinções apressadas ou criar hierarquias. Tenho certeza de que isso era o que ele tinha contra Leavis. Mas, por outro lado, esse *laissez-faire* intelectual era combinado com a mais extraordinária meticulosidade em termos de comportamentos reais. Foi publicado no *Independent* um obituário dele escrito por Adrian Pool, no qual recorda que em certos momentos Redpath se recusava a apertar sua mão porque estava no período de aulas, ou não falava com alguém se a pessoa não estivesse vestindo uma beca. Ele era patologicamente compromissado com a ordem social – quase ao ponto da insanidade. Lembro-me de discutir com ele sobre as ridículas proporções em Cambridge de estudantes vindos de *public schools* em comparação com as *grammar schools*, e ele disse: "Bem, parece-me praticamente perfeito". Ser ensinado por ele foi um aprendizado, mas não no sentido comum da palavra.

*Ironicamente, seus interesses intelectuais e os de Redpath coincidiam parcialmente: ele havia escrito sobre Shakespeare e você publicou dois livros sobre Shakespeare; ele havia escrito sobre Wittgenstein e você discutiu-o em diversos livros e artigos, além de colaborar no filme de Derek Jarman sobre ele; ele havia escrito sobre a tragédia e você discutiu o assunto extensiva-*

*mente, tanto em seus trabalhos teológicos quanto na sua monografia posterior sobre o assunto,* Sweet Violence *[Doce violência] [2003]. Houve um sentido em que, inconscientemente, você travou uma batalha edipiana com ele, no território que ele próprio havia demarcado?*

Não havia pensado nisso, mas é notável. O interesse em Wittgenstein talvez seja coincidência, porque minha introdução a ele veio da ordem dominicana e dos intelectuais católicos. Mas Redpath deve ter conhecido pessoas como Elizabeth Anscombe e Peter Geach, que eram wittgensteinianos católicos. A tragédia era um objeto de controvérsia. Eu não escrevi meu livro de tragédia contra Redpath de maneira consciente, mas partes da ideologia que ele representava foram incluídas. Nós conversávamos sobre a tragédia, e havíamos nos encontrado em meio às consequências de uma.

O que tínhamos mesmo em comum era um interesse em ideias. Por exemplo, ele foi meu professor no assim chamado "curso dos moralistas". Lembro-me de ter estudado tudo com ele, desde Santo Agostinho até John Stuart Mill, e ele tinha um tremendo conhecimento sobre o assunto, apesar de não adotar nenhuma posição. Uma vez ele me contou sobre alguns amigos muito ricos dele – ele não estava, naturalmente, contando vantagem, pois jamais faria isso – e acrescentou, para minha surpresa, que "você, Terence", como ele me chamava, "achá-los-ia um tanto predatórios". Só Deus sabe como eles eram se até ele usava essa palavra para descrevê-los. "Mas", ele disse, "há momentos em que penso comigo mesmo: bem, este é um vigoroso floreio da vida...". Essa ideia um tanto pateriana* era crucial para ele – a ideia de que era bom ser cercado por uma profusão de vida, sem questionar muito quais partes dela poderiam ser justificadas. Então compartilhávamos um interesse em ideias. E – quase lembrando Raymond – tínhamos conversas sobre Ibsen em particular. Uma vez escrevi para ele um ensaio sobre Ibsen que deve ter sido baseado em vinte peças, e ele devolveu-o dizendo "parece que você não leu todas elas". Tente fazer isso hoje em dia! Então em todos esses níveis nós éramos, de uma forma curiosa, bem adap-

---

\* Relativa a Walter Horatio Pater (1839-1894), crítico inglês. (N.T.)

54    TERRY EAGLETON E MATTHEW BEAUMONT

tados um ao outro. Ele provavelmente achava provocante discutir com um proletário truculento como eu, e eu sentia o mesmo tipo de alarme e fascinação que sentiria se conversasse com um extraterrestre – apesar de não ter o fedor de enxofre.

*A propósito, quando foi que "Terence Eagleton", o nome com o qual você foi publicado pela primeira vez, tornou-se Terry Eagleton?*

Quando publiquei *The New Left Church* (1966), ridiculamente usei o nome Terence, pois era o nome que constava no contrato. Tinha apenas vinte e poucos anos e achava que tinha que fazer aquilo. Eu havia sido chamado de "Terence" pela minha família talvez até o início da adolescência, e naquele momento decidi que queria adotar o nome "Terry" – e assim o fiz. Meu segundo nome é o nome do meu pai, Francis, porque os católicos naquela época tinham que ter um nome de santo e não se tem certeza de que existiu um Santo Terence. "Terence", na Irlanda, onde o nome é mais comum, é "Turlough", que também significa um daqueles laguinhos que se evaporam de vez em quando. Faço essa observação para qualquer pessoa ávida por conhecimentos completamente inúteis.

*Além de Redpath – e é claro Williams, que quero discutir em mais detalhes – houve algum outro professor que influenciou o seu desenvolvimento intelectual?*

Na verdade, não fui orientado inteiramente por Redpath até o meu terceiro ano, momento no qual eu já estava sob a influência de Williams. Redpath não gostou nada daquilo. Antes disso, fui ensinado por um grupo heterogêneo de pessoas menos interessantes. Minha experiência geral de estudar inglês em Cambridge foi a de saber que tinha capacidade, mas sem saber o que estava fazendo, nem o que deveria estar fazendo. Assim, quando consegui o primeiro lugar nos exames preliminares no final do primeiro ano, fiquei obviamente muito satisfeito; mas também fiquei surpreso, em parte porque no sistema tutelar não tínhamos noção de como estávamos indo em comparação com os outros. Creio que foi quando encontrei Williams que comecei a levantar questões como "Qual é o significado disto?" e "O que devo fazer aqui?". Ele permitiu que eu fizesse algumas metaperguntas, por assim dizer.

## Leituras

ANDERSON, P. Components of the National Culture. In: *English Questions*. London: Verso, 1992, p.96-103.

EAGLETON, T. *The New left Church*. Londres: Sheed & Ward, 1966.

EAGLETON, T. *The Gatekeeper*: A Memoir. London: Allen Lane, 2001.

EAGLETON, T. Roy Foster. In: *Figures of Dissent*: Critical Essays on Fish, Spivak, Žižek, and Others. London: Verso, 2003, p.230-3.

ELIOT, T. S. *To Criticize the Critic and Other Writings*. London: Faber & Faber, 1965.

HALL, S. Politics and Letters. In: *Raymond Williams*: Critical Perspectives. Cambridge: Polity Press, 1989, p. 54-66.

REDPATH, T. *Ludwig Wittgenstein*: a Student's Memoir. Londres: Duckworth, 1990.

SMITH, D. *Raymond Williams*: a Warrior's Tale. Cardigan: Parthian, 2008.

# CAPÍTULO DOIS
## *Nova esquerda/Igreja*

*Quando você encontrou Raymond Williams pela primeira vez, e em qual contexto?*

Chegamos a Cambridge no mesmo ano, 1961, mas eu provavelmente não frequentei suas aulas até o segundo ano. Tendo passado pelas mesmas dificuldades que eu, ele lecionava sobre uma grande variedade de matérias – os moralistas, a tragédia e assim por diante –, mas essas aulas eram bem periféricas para a faculdade, em termos físicos, já que eram espalhadas por prédios diferentes. Lembro-me de uma fascinante série de aulas que ele deu sobre o século XVII, que não é um período normalmente associado a ele, abordando temas como a mudança linguística e sua conexão com a mudança social. Eu até assisti a uma de suas aulas sobre o drama no período da Restauração.

Foi uma experiência estranha para mim. Lá estava alguém empregando uma linguagem que eu sabia ser de vital importância, que eu nunca havia ouvido antes; uma linguagem para a qual eu estava intelectualmente preparado, mas que ainda assim foi de difícil compreensão. Isso ocorreu em parte por causa das peculiares abstrações e obliquidades de Williams, mas também porque isso fazia parte da natureza daquela linguagem. E assim, com alguns outros discípulos, eu frequentei todas as suas aulas fielmente. Acho que na verdade aquilo até se tornou uma piada – ele sempre nos via no fundo da sala, como fãs já conhecidos em um show de rock, e dava uma piscadela.

*E quem eram esses discípulos?*

Além de mim, havia John Barrell, hoje um eminente pesquisador do século XVIII, que foi meu colega de sessão de orientação por algum tempo, e alguns rapazes de classe trabalhadora. No nosso terceiro ano, John abordou Raymond e perguntou se poderíamos ser ouvintes em um seminário sobre romance que ele estava conduzindo para seus alunos de pós-graduação. Assim, alguns de nós, incluindo a pesquisadora pré-rafaelita Jan Marsh, frequentamos as aulas. Aquela foi uma experiência muito importante para mim, porque pude, como um simples aluno no terceiro ano da graduação, presenciar discussões altamente sofisticadas sobre literatura e sociedade. Apenas escutávamos, já que não tínhamos coragem de dizer nada, mas Raymond era muito gentil e batia papo com a gente. Mas, apesar de haver um respeito geral por ele, Raymond não tinha muitos seguidores quando eu ainda estava na graduação. Afinal, ele era bastante novo, e os leavisistas ainda eram poderosos. Alguns anos mais tarde, quando eu era um jovem pesquisador na Jesus College, já havia uma série de renegados ao redor dele: Stephen Heath, Stan Smith, Bernard Sharratt, Pat Parrinder, Pat Rogers, Charles Swann e Gareth Jenkins (hoje um proeminente ativista de esquerda). Havia também Mike Long, filho de um representante sindical em Londres. Ele fazia parte do Partido Comunista, mas deslizou para a direita e se tornou membro do corpo docente da Churchill College (uma distância não muito grande para percorrer, diriam alguns). No final das contas, o grupo cresceu até possuir provavelmente dez ou doze pessoas, mas não existia uma coerência interna deliberada. Éramos, entretanto, todos homens.

Naquela altura o *Slant*, um movimento da esquerda católica, já estava na ativa. Pedi a Raymond que escrevesse uma nota introdutória para a primeira edição do periódico *Slant*, e ele o fez. Achamos, compreensivelmente, que a nota era muito cautelosa; Raymond achou que ela era ousada e generosa. Naquela época, ele era o correspondente inglês da revista nova-iorquina *The Nation*, e o editor lhe pediu que escrevesse um artigo sobre um notável teólogo católico chamado Charles Davis que havia causado uma grande comoção por abandonar a Igreja. Assim, Raymond conversou conosco, os slanteritas, sobre o assunto. Também pedimos que ele fizesse uma apresentação para um grupo universitário chamado The Aquinas Society, cujo controle havíamos assumido efetivamente. Não me lembro muito bem do que ele falou, mas disse que tinha consciência de que a religião era uma ausência ou omissão em seu trabalho. Ele tinha muito interesse em possuir uma espécie de aliança conosco. Escreveu uma longa resenha de um livro que organizamos, chamado *The Slant Manifesto*. Após aquele breve contato, ele me chamou ao seu escritório após os exames finais e me ofereceu uma bolsa de pesquisa na Jesus College. Eu não o conhecia muito bem, mas havia uma vaga disponível e ele tinha decidido que eu era a pessoa certa para dar aulas aos seus alunos de graduação. Dessa maneira, comecei a lecionar na universidade quando tinha 21 anos.

*Stephen Heath uma vez comentou que, para sua satisfação, os superiores na Trinity detestavam você. Ele também disse que, devido ao desejo de Williams de se distanciar do ensino na graduação, você se tornou o principal professor de inglês na Jesus. Isso está correto?*

Além dele, eu era o único professor de inglês principal, então dei uma quantidade razoável de aulas. Não era que Raymond jogava a responsabilidade de todas ou até mesmo da maioria das suas aulas para cima de mim – ele nem poderia fazer isso, pois tinha que cumprir uma cota – mas ele não tinha muito interesse pelas aulas. Então me vi tentando remediar a situação. A certa altura, uma delegação de estudantes bastante zangada veio até a mim e exigiu que Raymond fosse o professor deles. Defendendo sua relutância, Raymond uma vez disse – e ele não era um homem que admitia seus defeitos facilmente – que se eles soubessem como ele era um mau professor, não teriam se mostrado tão ávidos. Lembro-me de Stephen atormentando Raymond em uma festa porque ele havia decidido dar aulas em grupo em vez de individualmente, e Stephen vinha ansiando algum contato mais direto. Raymond não lidava bem com situações acadêmicas individuais. Ele era muito melhor como palestrante ou líder de seminários, e como figura pública.

*Há uma anedota que eu gostaria de invocar neste contexto. Em Politics and Letters (1979), Williams foi perguntando sobre a gênese de* The English Novel from Dickens to Lawrence *[O romance inglês de Dickens a Lawrence] [1971], que havia surgido como um curso expositivo em 1960. Em sua resposta, ele enfatiza que muitas das ideias para o livro vieram à sua mente no processo de dar aula. E ele diz: "Lembro-me, por exemplo, do momento em que fiz a ligação entre a composição analítica de* Middlemarch *e a perda da perspectiva social que George Eliot antes tinha – uma relação que não havia percebido até então. Terry Eagleton, que estava na primeira fileira, levantou-se na carteira porque estava tão por dentro do argumento – nós conversávamos o tempo todo – que ele pôde ver imediatamente a mudança de julgamento que havia acabado de surgir a partir da lógica do argumento". Você se lembra desse incidente?*

Lembro-me que Raymond escreveu isso, mas não me recordo do acontecimento. Fico pensando se essa não é uma memória fantasma. Eu não me sentava na primeira fileira; ficava à espreita no fundo da sala. Com certeza não me lembro do argumento sobre George Eliot, e seria exagero dizer que conversávamos o tempo todo sobre tais assuntos. Raymond não era um homem de ter discussões intensas até as altas horas da noite. De maneira geral, ele era melhor em monólogos do que em diálogos.

*Mas mesmo assim havia um diálogo bem próximo entre vocês naquele período, intelectual e politicamente. E supõe-se que ele não o teria ajudado a obter o cargo na Jesus College se esse não tivesse sido o caso.*

Você está certo. Lembro-me de Raymond insinuando, quando ele me pediu para aceitar o emprego, que sabia que haveria alguns aspectos negativos para mim. Ele sentia-se um pouco responsável por isso. Quando esses aspectos negativos apareceram – *grosso modo*, quando eu não estava dedicando tempo suficiente à Mesa

Alta* ou contribuindo com o Comitê de Vinhos – ele sentiu-se mal. Mas ele tornou o início da minha carreira possível, e era notavelmente paciente com minhas dificuldades pessoais na época.

*E o que havia de inspirador nas aulas que ele dava, em contraste com as sessões tutoriais e de orientação?*

Havia uma sensação tanto de uma aventura intelectual estrênua quanto de uma grande sutileza. Ele combinava abstrações desagradáveis com um estilo – "genial" talvez seja uma palavra muito forte – amigável, humano e coloquial. Ele tinha uma maneira de falar bastante lenta, cadenciada, talvez levemente ponderada; mas era o estilo de alguém falando com uma voz humana – uma expressão que Raymond com frequência usava – e conversando com as pessoas. Era uma performance que chamava bastante atenção. Ele falava de seu modo costumeiro, abstrato e um pouco convoluto, mas ainda assim tinha um toque humano e uma intensidade emocional sutil. O seu estilo de dar aulas personificava uma combinação de compromisso moral e investigação racional, apropriadamente partidária e ao mesmo tempo admiravelmente criteriosa. Suas ideias soavam eminentemente razoáveis e calmamente subversivas.

*Parece que as aulas eram um pouco como sessões de orientação, com certa sensação de intimidade – apesar de que, ao fazer essa suposição, eu esteja sem dúvida sendo influenciado pela falsa memória de Williams sobre você na aula sobre MiddleMarch.*

Ele era uma figura pública que se sentia confortável em uma plataforma pública, e essa plataforma enfatizava seus formidáveis recursos retóricos. Até sua presença pessoal tinha uma dimensão pública implícita. Quando digo que ele falava com uma voz humana,

---

\* Em Oxford, Cambridge e outras universidades tradicionais, a Mesa Alta é uma mesa disposta em uma plataforma elevada, onde o corpo docente e seus convidados fazem as refeições. (N.T.)

talvez "íntima" não seja a palavra certa para descrevê-la. Raymond era descontraído, amigável, afável; mas ele sempre possuiu uma autoridade distante e impessoal, que era, de um modo estranho, parte daquilo que atraía as pessoas. Ele era imponente, mas de maneira nenhuma pomposo. Seu humor não era exatamente wildiano, mas havia nele um toque levemente sardônico.

*Você tinha algum tipo de relação social com ele e Joy Williams?*

Sim, tinha; ao menos após me juntar a ele na Jesus College. Ele era bom em dar festas para seus alunos de graduação. Ele me convidou para ir à sua casa de campo várias vezes. Às vezes eu era o único que ele levava; outras vezes Charles Swann, um dos seus alunos na Jesus College, também estava lá. Ele nos levava ao *pub* logo em frente; e com extrema hesitação e um ar de alarme, nos oferecia um copo de cerveja amarga, nos monitorando preocupadamente como se estivéssemos a ponto de cair. Em ambos os nossos casos, isso era irônico. Ocasionalmente, ele dava uma festa para os esquerdistas de Cambridge: Bob Rowthorn, Martin Bernal, Brian Jackson, Joan Robinson, pessoas desse tipo. Então cheguei a conhecer algumas pessoas desse jeito.

Também durante meu período na Jesus, ele formou um grupo chamado The Tawney Group. Seu propósito era simplesmente reunir vários professores radicais, e havia reuniões dirigidas por pessoas como Isaac Deutscher. Lembro-me de um grande momento em que o jovem Noam Chomsky, vindo diretamente do movimento antiguerra, discursou para o Tawney Group. Sem recorrer a nenhuma anotação, ele falou por uma hora e meia sobre a situação dos Estados Unidos e sobre o quão importante ele considerava o movimento estudantil para acabar com a guerra, que estava quase no fim. Tínhamos uma profunda consciência dos acontecimentos nos Estados Unidos.

*Você leu Marx, Lênin e Trotsky quando era estudante?*

Provavelmente só cheguei a Trotsky mais tarde, quando me mudei para Oxford. Devo ter lido alguma coisa de Marx como aluno de graduação, pois tive discussões sobre ele com Redpath. Em seguida devo ter lido Marx de forma mais exaustiva, em parte como base para o meu trabalho de doutorado sobre Edward Carpenter. Acho que também dei aulas sobre Marx no curso dos moralistas. Eu havia lido Lênin, e tinha começado a ler as obras do marxismo ocidental.

Naqueles anos, também estabelecemos o Cambridge Left Forum, uma instituição pouco conhecida, mas muito interessante na minha opinião. Bob Rowthorn, alguns outros economistas de esquerda e eu estabelecemos uma espécie de conexão cidade–universidade. Organizávamos reuniões na cidade e os participantes incluíam alguns representantes sindicais. Conseguimos reunir alguns que vinham trabalhando isolados uns dos outros. Então essa foi provavelmente minha primeira experiência com atividades políticas envolvendo a cidade e a universidade. Fiz o mesmo quando entrei na Workers' Socialist League em Oxford, porque o grupo era muito ativo nas questões da fábrica e nos problemas da comunidade. Eu tinha a convicção de que deveria haver algum tipo de ligação entre a universidade e a cidade, em vez de termos pessoas como eu trabalhando em isolamento de um lado, e o líder sindical de uma fábrica automotiva do outro.

*Relembrando aquele período, na sua opinião, que tipo de impacto intelectual Williams teve em você e nas outras pessoas? E em que medida esse impacto continuou e foi ampliado? No discurso de homenagem que você fez após a morte de Williams, subsequentemente publicado na* New Left Review, *você usa a frase "Ele havia chegado lá antes de nós novamente"; e em um artigo recente no* Guardian, *no décimo aniversário de sua morte, você insinuou que ele havia criado um novo horizonte para você e para outras pessoas de esquerda. Entendo "horizonte" aqui no sentido usado por Roland Barthes, significando tanto um limite, mesmo que possa ser excedido, quanto uma espécie de perspectiva.*

Em retrospecto, acho que as realizações de Raymond foram muito espantosas, e não tenho certeza se eu tinha plena consciência disso na época. Sempre enfatizei a maneira como seu empreendimento intelectual era solitário. Quer dizer, Raymond tinha muito pouco a seu favor – um marxismo stalinizado, um leavisismo cada vez mais reacionário e elitista – então eu ainda fico maravilhado com a maneira como ele tirou tanto das suas próprias entranhas, em um momento no qual aquilo era vital. É óbvio que aquele não era apenas um empreendimento isolado – ele tinha contato com uma multiplicidade de forças que participaram dos estágios iniciais da nova esquerda. Mas ele era uma figura notavelmente inventiva, autossuficiente e pioneira. Leavis nunca esteve mais errado do que quando, desdenhosamente, comentou o trabalho de Raymond: "Queenie fez tudo isso nos anos 1930". De maneira alguma. Em Cambridge, naquela época, Raymond parecia ser central intelectualmente; e ao mesmo tempo, sob a ótica da maioria das pessoas na universidade, um tanto periférico e deslocado. Eles não sabiam de fato o que ele estava tramando; ele era muito isolado. Mas Raymond estava acostumado com o esse isolamento. Além disso, alguns de nós estávamos ao seu redor, o que era suficiente para que ele continuasse, devido à enorme autossuficiência que ele exibia. Talvez o isolamento combinasse bem com seu temperamento.

Agora percebo que o próprio Raymond tinha consciência do seu isolamento. Ele deixou isso claro nas entrevistas em *Politics and Letters*. Isso foi em grande parte consequência do modo como uma esfera contrapública acabou não se materializando. Surpreendeu-me a maneira como, em *Culture and Society* [Cultura e sociedade] (1958), falou sobre sua obra anterior em termos distanciadores, porque ele identificava o momento político como muito negativo para ele. O que aconteceu, à medida que os anos 1960 e 1970 se passaram, foi a emergência de novas manifestações políticas nas quais ele estava envolvido. Com certeza fizeram parte disso o ressurgimento da nova esquerda em torno do movimento pacifista e os vários tipos de intervenção durante o período do governo trabalhista nos anos 1960. Então ele tinha esse histórico de envolvimento, mas acho que a sensação da dissociação anterior permaneceu, tornando-se algo que ele nunca realmente conseguiu deixar para trás. Mesmo assim, acho interessante formular o problema não só psicologicamente, mas também em termos da não emergência das condições materiais que teriam tornado Williams uma figura ainda mais influente do que ele foi.

## A TAREFA DO CRÍTICO

*O Raymond Williams revelado em* Politics and Letters *te surpreendeu?*

Parte do isolamento político de Raymond, assim como do seu isolamento no meio acadêmico, foi resultado do que poderíamos chamar educadamente de um discurso bizantino ou enigmático. Ele era alguém que falava, e que por muito tempo foi forçado a falar, uma linguagem que não era popular, que podia ser facilmente mal interpretada e que era até certo ponto uma linguagem de autoproteção. Como insinuei na minha crítica a ele em *Criticism and Ideology* [Crítica e ideologia] [1976], havia relações entre o seu estilo de discurso e aquele isolamento. Assim, surpreendeu-me que, de todos os seus livros, *Politics and Letters* tenha sido justo aquele no qual Raymond foi mais franco – no qual, ao lado de seus companheiros, por assim dizer, ele falou mais abertamente sobre sua carreira.

Acho que é um equívoco procurar, como muitas pessoas já fizeram, por uma pessoa privada por trás da imagem pública, porque ele sempre foi alguém que via sua vida em termos históricos e muitas vezes de forma distanciadora. Se por um lado havia perdas naquilo, por outro também havia ganhos. Williams foi capaz de resolver ou negociar certos problemas ao enxergá-los como necessidades históricas, sem nunca ser fatalista. Uma das características importantes da sua obra como um todo é que, apesar de ela frequentemente apresentar um grave realismo, Williams nunca sucumbiu às várias ondas de pessimismo pós-marxistas que de tempos em tempos circundam nossas sociedades. Em um sentido mais profundo, ele possuía esperança – que naturalmente não deve ser confundida com um otimismo frágil ou progressismo doutrinário.

*Desde a sua morte, a reputação de Williams talvez não tenha sido revivida o tanto quanto era de esperar, dada a variedade de interesses que ele possuía. Sua atração pela ecologia social, para tomar um único exemplo, poderia bem ter levado sua obra a ser popularizada de uma maneira que ela simplesmente não foi.*

Você está certo, isso não ocorreu. Pode acontecer ainda, mas é um tanto quanto desanimador que ele tenha recuado ao passado na forma de uma eminência parda. Ele é respeitado, mas é visto como parte de uma era anterior – e há certa verdade nisso, como insinuei, pois a situação política mudou muito desde a publicação da sua obra. Mas isso não a torna menos relevante. Na verdade, quase todos os problemas que ele abordou com sua sabedoria política pioraram desde então.

Eu diria que houve uma época, na década de 1970, em que sua influência era considerável – não só em Cambridge, mas de maneira mais geral. Mas isso mudou. Antes de ter escrito o artigo no *Guardian* ao qual você se referiu, alguém no jornal me perguntou se eu tinha alguma ideia sobre o que poderia escrever. Então eu disse: "Bem, o aniversário da morte de Raymond Williams". Após uma breve pausa, ele respondeu: "Fale um pouco mais sobre ele..." Esse jornalista não era um literato, mas era um tipo de esquerdista. É claro, politicamente falando, os tempos mudaram em passo acelerado após o auge de Raymond – e também depois de sua morte. Ele tinha, por exemplo, apenas recentemente reconhecido o termo "pós-modernismo".

*Você disse, em um artigo sobre Williams publicado na* New Left Review *após a sua morte, que o primeiro e mais persistente interesse dele se encontrava na escrita. Em certo sentido, essa afirmação também se aplica a você. Você herdou esse compromisso com a escrita, pelo menos em parte, de Williams?*

Não, ele antecede Williams. Uma das coisas que mais causam impacto sobre mim quando leio a biografia de Dai é que Raymond passava a maior parte do tempo escrevendo rascunhos de romances, revisando-os ou descartando-os, publicando-os ou abandonando-os. Aquele livro revela como a escrita era de central importância para ele, algo que eu não havia percebido. Sempre soube que a ficção que ele escrevia tinha um grande significado pessoal, mas agora posso ver que ele a usava para negociar conflitos para os quais ela era a única forma apropriada. A ficção era a forma necessária para que ele articulasse suas experiências – assim como Richard Hoggart, em *The Uses of Literacy* [As utilizações da cultura] [1957], vira-se para a ficção, para a literatura, ao trazer à vida certas cenas da classe trabalhadora. Por outro lado, acho que Raymond e eu éramos muito parecidos – você está bem certo – no sentido de que éramos ambos basicamente escritores. Mas a ficção de Raymond não era tão vital ou valiosa para mim como era para ele. Não era o que eu mais valorizava nele.

Como escritor eu sou mais promíscuo, por assim dizer, do que ele era. Eu escrevo – e gosto de escrever – em uma variedade de gêneros. Raymond não era tão difuso ou oportunista. Ele não era um jornalista ou popularizador particularmente competente. Barthes usa o termo *écriture*, em oposição a *écrivance*, para caracterizar o ato de escrever como fim em si mesmo; e eu certamente sinto há muito tempo que o que eu escrevo é provavelmente menos importante que o fato de eu escrever. Na época do meu primeiro encontro com Raymond, isso tomava a forma de poesia. Uma das minhas poucas conquistas em Cambridge, em uma situação na qual eu me sentia oprimido e intimidado, foi a de publicar alguns poemas. Publiquei poesia em *Granta* e andei com alguns literatos de esquerda – acho que poderíamos chamá-los assim. Aquilo foi bastante importante para mim. Mas, ao mesmo tempo, sempre tive muita dificuldade para escrever poesia. Descobri que escrever críticas era algo igualmente criativo, porém mais fácil. Por vinte anos ou mais, com frequência escrevi resenhas de poemas para a revista de Jon Silkin, *Stand*, e constatei que era o tipo de escrita mais difícil que já fiz.

*Então que tipo de poesia você publicou? Quais foram suas influências?*

Ela era sub-Thom Gunn. Era confinada ao iambo e tinha uma qualidade bastante austera, um pouco seca e taciturna. Em retrospecto, posso ver que ela se preocupava muito em fugir das restrições – apesar de eu não ter absolutamente nenhuma consciência disso na época – e com as consequentes perdas e ganhos dessa fuga. Espreitava ali a ideia de que havia limitações que, apesar de tudo, eram criativas; e essa ideia manifestou-se mais tarde na minha obra. Muitas das minhas preocupações atuais podem ser remontadas àquela época; elas são simplesmente rearticuladas agora. Há transições na minha obra, mas nenhuma ruptura dramática.

*Mas, formalmente, os poemas eram comedidos?*

Eles eram muito convencionais, como de fato eu mesmo era. Mas havia algo se esforçando para sair. E ao mesmo tempo havia uma valorização da forma, ou do estabelecimento, ou dos limites; além da recorrência do tema "medo da liberdade".

*Esteticamente, você se definia em oposição ao (ou distanciando-se do) realismo de Williams?*

Bem, não de forma deliberada; e de qualquer maneira, eu havia escrito e publicado poesia antes de vir para Cambridge. Mas ainda assim havia essas diferenças entre nós. A poesia não era o gênero de Raymond, e ele notoriamente a trata como uma forma de documentação em livros como *The Country and the City* [O campo e a cidade] [1973]. Porém, durante a leitura de *Politics and Letters*, fiquei muito surpreso ao perceber que seus primeiros interesses quando era estudante em Cambridge não eram primariamente realistas. Eles eram vanguardistas, bolchevistas e experimentais. Aquilo não se encaixava no homem que eu conhecia. Meus interesses na época eram mais parecidos com os antigos interesses de Raymond, e acho que eu sentia mais entusiasmo pelo modernismo do que ele. Lembro-me que um dos seminários mais interessantes que ele deu, em sua série sobre romances, foi sobre Lukács, mais especificamente sobre *A Történelmi Regény* [O romance histórico] [1937]. Naquela altura, Raymond considerava essa estética realista muito compatível com ele. Acho que sua obra tinha, inconscientemente, seguido certos padrões lukacsianos. Quanto a mim, aquela foi a primeira vez que ouvi o nome desse crítico. Ele foi minha introdução à crítica marxista.

*Gostaria de voltar a Lukács em relação a* Exiles and émigrés *[Exilados e refugiados] (1970) mais adiante. Por agora, queria seguir adiante e perguntar sobre o* Slant. *Naturalmente, desde a sua recente virada "metafísica" ou "teológica", como você a chama em* Holy Terror *[Terror sagrado] [2005], isso não é mais de interesse meramente histórico. Então talvez você possa começar falando alguma coisa sobre suas origens e sobre a emergência do December Group, no clima do Concílio Vaticano II.*

Já disse que, em retrospecto, posso ver que o movimento *Slant* era exatamente o que eu precisava para unir minha formação ao meu novo mundo intelectual. Nesse sentido, aquele foi outro momento extraordinário de libertação. A ideia de que alguém poderia continuar sendo cristão e se tornar socialista, um socialista de esquerda, era fascinante para mim. E naturalmente essa era também uma maneira cifrada de falar sobre deixar um mundo para entrar em outro novo, porém sem abandonar o antigo completamente.

O December Group foi fundado originalmente por Neil Middleton, que administrava a editora católica Sheed & Ward. Aquele era um grupo casual de católicos esquerdistas que, antes do Concílio Vaticano, pareciam peixes fora d'água na Igreja. Então, logo após o Concílio, o grupo finalmente engrenou. Aquele era o nosso momento, efêmero porém eufórico. O periódico *Slant*, que a Sheed & Ward publicava, também fazia parte desse momento. Ele começou, quase fortuitamente, em um *pub* em Cambridge. Alguns de nós, a maioria católicos de origem trabalhadora, tínhamos consciência de que o Concílio Vaticano, apesar de todos os avanços, era basicamente um fenômeno liberal-progressivo de classe média. Vimos que havia a necessidade de politizar aquilo. Isso aconteceu antes da teologia da libertação, portanto não tínhamos muita base para trabalhar. Também antecedeu – por muito pouco – o período de conflito na Irlanda do Norte conhecido como *The Troubles*, que poderia ter dado um contexto mais prático a esse projeto de cunho predominantemente cerebral. A figura fundamental na época era Laurence Bright, um teólogo dominicano. Ele e Raymond eram fundamentais na minha vida naquela época. Laurence chegou à Igreja a partir de uma posição ateística (ele tinha sido físico nuclear em Oxford), e ainda era uma espécie de intruso. Também houve um enorme choque de estilos culturais entre nós dois, já que ele parecia um personagem saído de *Memórias de Brideshead*. Ele não só era aristocrata, lânguido e afetado, sem mencionar o fato de ser padre dominicano, como também era alguém que dizia que podíamos ser o tão esquerdistas quanto quiséssemos. Ele tinha muita consciência do seu papel como mentor nesse sentido. Foi quando descobri pela primeira vez uma forma de crença cristã intelectualmente respeitável e politicamente capaz.

Assim, o *Slant* começou como um periódico local em Cambridge. Depois a Sheed & Ward interveio e tomou o controle. Acho que ele deve ter então alcançado mil assinantes. Mas ele teve uma importância quase tão grande como fenômeno – não só um periódico para ser lido, como também um assunto sobre a qual as pessoas liam – pois ele firmou uma possibilidade que muitos vislumbravam com esperança. E ele floresceu como movimento ao longo dos anos 1960. Tínhamos uma rede com grupos de leitores do *Slant*, seguindo os moldes dos clubes da Nova Esquerda. Organizamos muitas reuniões, lutamos por reformas, panfletamos em igrejas, criamos um abaixo-assinado contra a Guerra do Vietnã e assumimos o controle do December Group.

*Em um editorial para o* Slant*, você descreveu o December Group como uma "contracultura", em um aceno deliberado para a política cultural do final da década de 1960. Mas ele não era mais parecido com uma esfera contrapública?*

Sim, era de fato uma esfera contrapública; e ainda assim era um lugar do qual eu podia fazer parte, em uma época na qual eu não pertencia a lugar nenhum, porque eu estava dividido entre dois ambientes socais diferentes. Uma das origens do *Slant* era a CND católica, que marchou sob sua própria bandeira nas marchas de Aldermaston, e da qual alguns de nós haviam sido membros. Também havia uma tradição católica anarquista ou libertária de onde vieram indivíduos como Dorothy Day, especificamente o Catholic Workers' Movement nos Estados Unidos. Assim, havia uma mistura de diferentes origens. Mas estávamos cientes na época de que éramos parte da efervescência dos anos 1960 – isso não é apenas uma leitura retrospectiva dos acontecimentos. Tínhamos consciência na época de que estávamos tentando formar uma ala ou dimensão daquele movimento social. Assim, quando o May Day Manifesto Group ou outra organização desse tipo realizava uma reunião, eles diziam: "Temos que trazer o pessoal do *Slant*". Viemos a ocupar um certo nicho. A expressão "pessoal do *Slant*" soava um pouco pervertida, e de fato o nome acabou sendo roubado por uma revista pornográfica. Creio que essa já era a maneira como alguns católicos de direita nos viam.

*Outra figura importante nesse contexto foi Herbert McCabe, que morreu há pouco tempo. Você pode dizer algo sobre ele?*

Herbert andava pelas margens do movimento *Slant*; ele não foi um dos seus arquitetos como Laurence Bright foi. Ele era, porém, provavelmente o teólogo mais criativo da época, e eu aprendi muito com ele. Havia também semelhanças – nas nossas histórias de vida e nos nossos temperamentos – que tornaram Herbert um grande amigo meu. Ele foi um dos meus amigos mais íntimos ao longo da sua vida. O temperamento de Herbert era compatível com o meu, e havia estranhas semelhanças de estilo entre nós. Eu admirava a ousadia e a paradoxalidade de suas ideias; e também o fato de ele não estar na moda: ele era radical porque era tradicionalista. Ele era incisivamente inteligente, ultrajante, ferozmente satírico, firmemente comprometido e hilariamente espirituoso.

Durante esse período, Herbert McCabe foi temporariamente suspenso como padre e demitido da cadeira editorial de um periódico dominicano chamado *New Blackfriars* por escrever que a Igreja era corrupta. Isso era um pouco como ser demitido do cargo de professor de inglês por anunciar que D. H. Lawrence era sexista. Houve um tremendo furor, no qual eu estava envolvido de maneira ativa, e Herbert afinal foi reempossado após alguns anos de abandono. Ele começou o editorial seguinte com as palavras "Como eu estava dizendo antes de ser tão estranhamente interrompido...".

*E quais eram as influências teológicas dele e de Laurence Bright? De onde eles vinham?*

Eles vinham da ordem dominicana – que, não insignificantemente, havia sido a dissidente intelectual da Igreja Católica por algum tempo. Os dominicanos não eram caracterizados pela *sancta simplicitas* dos franciscanos ou pelo ascetismo requintado dos beneditinos. E eles não eram a elite intelectual sofisticada da ordem estabelecida, como eram os jesuítas. Quase poderíamos dizer que os jesuítas eram os intelectuais tradicionais e que os dominicanos eram os orgânicos, apesar de isso ser um pouco de exagero. Sua diretriz – desde Aquino, creio eu, seu mais importante membro – era a de interpre-

## 72 TERRY EAGLETON E MATTHEW BEAUMONT

tar o evangelho à luz da experiência contemporânea, de trazer ao evangelho ideias contemporâneas relevantes. Aquino aplicou ideias aristotélicas e platônicas. Mas, na década de 1940, vários dominicanos eram junguianos, e havia também alguns dominicanos freudianos. Eles também tinham alguns contatos importantes com Wittgenstein: o mentor de Herbert e Laurence, Cornelius Ernst, havia sido pupilo de Wittgenstein. Então, nos anos 1960, os dominicanos ficaram interessados em Marx. Alguns deles também se interessaram por Marcuse e pela contracultura. Apesar disso tudo, como sempre digo, eles não eram de maneira alguma vítimas da moda. De maneira geral, eram homens absolutamente dedicados.

*Na introdução do* The Slant Manifesto, *publicado em 1966, Neil Middleton diz que foi "mais por acaso do que planejamento" que as pessoas envolvidas com o* Slant *e com o* December Group *eram católicas romanas. Ele então menciona uma dívida intelectual significativa com a* New Left Review. *Foi mais por acaso do que planejamento? Isso não me parece plausível.*

Não, realmente não foi por acaso. Certamente o December Group, que se encontrava em um mosteiro dominicano, era mais ou menos exclusivamente católico. Ambos os grupos viam a si mesmos como a ala radical do catolicismo. Ao mesmo tempo, havia membros de ambas as organizações que não eram católicos. Mas eu diria que de modo geral as duas eram organizações católicas radicais.

*Como foi a recepção crítica de* The Slant Manifesto, *entre os católicos de um lado e os socialistas do outro?*

Sempre fomos uma fonte tanto de esperança quanto de horror para os católicos. Na Holanda ou na Alemanha, onde os avanços teológicos mais radicais estavam acontecendo após o Concílio Vaticano II, o manifesto provavelmente não teria causado tanta comoção. Mas, na Grã-Bretanha, os editores da imprensa oficial católica deram ordens para que nós não fôssemos nem mencionados. Escutávamos boatos vagos e distantes de que os bispos estavam trêmulos e agitados; mas devido ao fato de constituirmos uma iniciativa leiga, eles não podiam nos tocar. Os membros clericais tinham que se manter discretos nesse sentido, caso fossem denunciados. Por outro lado, havia esperança. Para muitos cristãos, era encorajador o fato de que era possível assumir uma posição como essa – mesmo que eles tivessem muito pouco contato direto com ela. A reação da esquerda não cristã foi surpreendentemente acolhedora, apesar de haver também certa estupefação.

*Você poderia descrever o simpósio* Slant *de 1967? A nova esquerda teve uma presença importante nesse evento: Stuart Hall e Charles Taylor apresentaram artigos, e Williams fez uma contribuição ao livro.*

Acho que David Cooper também estava lá, apesar de talvez não ter feito uma apresentação. Esse evento foi o nosso modesto equivalente papista de "A dialética da libertação", o famoso encontro na London Roundhouse com Ernest Mandel, R. D. Laing e Stokely Carmichael. Ele com certeza surgiu daquele momento histórico específico. Entre outras coisas, foi uma tentativa de nos aproximar da esquerda não cristã. Chuck Taylor foi criado católico, e mais tarde ele retornou à Igreja, mas na época ele não era tinha uma relação próxima a ela. Havia várias outras pessoas, como Cooper, que não eram cristãs. Foi um momento histórico. Esperava-se que Raymond discursasse para os presentes, mas ele cancelou no último minuto, o que acabou sendo uma fonte de decepção. Seus hábitos estavam se tornando um tanto quanto sedentários, mas ele foi gentil o suficiente para conceder uma entrevista comigo que resultou no livro. Seu artigo quase não precisou ser editado, pois ele sempre falava com a sintaxe perfeita. Foi um momento que marcou a chegada do *Slant* como um grupo relativamente sério e que se tornou conhecido por grupos não cristãos. Mas apenas três anos mais tarde nós nos desintegramos. Não poderíamos ter imaginado que isso ocorreria naquela época.

*Por que o grupo se desintegrou em 1970?*

Isso ocorreu por uma série de motivos. Estávamos todos conseguindo empregos em universidades de lugares diferentes, portanto a coerência do grupo acabou. Éramos um fardo financeiro para a Sheed & Ward, e os auditores afirmaram categoricamente que ela deveria se livrar de nós – na verdade, ela só nos publicava por solidariedade política. Não havia mais um consenso sobre o que estávamos fazendo, e isso ocorreu parcialmente porque não estávamos fazendo avanços políticos. De qualquer maneira, as marés do Vaticano II estavam vazando com rapidez, deixando-nos praticamente encalhados. O periódico saiu de circulação sem muita amargura. Sentíamos que havíamos feito um trabalho específico e que o fim de um ciclo havia chegado.

*Os trabalhos do simpósio* Slant *acabaram no livro* From Culture to Revolution *[Da cultura à revolução] [1968], uma antologia que você e Brian Wicker editaram. Um deles, "A note on violent revolution" [Uma nota sobre revoluções violentas], de Middleton, começa argumentando que, ao contrário do que dizem as habituais suposições políticas, não é necessariamente verdade que uma insurreição violenta nunca ocorrerá na Grã-Bretanha. Quando o artigo foi finalmente publicado, os acontecimentos de maio de 1968 já haviam ocorrido por toda a Europa. Assim, por um lado, o artigo foi presciente; mas, por outro, ele pareceu ter sido deixado para trás pelos avanços históricos. Qual era a relação do* Slant *com a contracultura, e mais especificamente com a extrema-esquerda, no final da década de 1960?*

Eu diria que no fim dos anos 1960, lá pela altura do encerramento do *Slant*, nós nos considerávamos revolucionários políticos. De fato, mais ou menos um ano após o fim do *Slant*, um ou dois companheiros juntaram-se ao International Marxist Group (IMG).[1] Eu deixei o *Slant* e associei-me aos International Socialists (IS).[2] Al-

---

1 Seção britânica da Quarta Internacional Trotskista, fundada em 1968; seus líderes incluíam Tariq Ali, Robin Blackburn e Peter Gowan.

2 Corrente trotskista formada por Tony Cliff em 1962, depois que o Socialist Review Group foi expulso da Quarta Internacional. Seus líderes, além de Cliff, incluíam Chris Harman, Nigel Harris e Mike Kidron. Em 1977, seu nome mudou para Socialist Workers Party.

guns membros permaneceram na Igreja, alguns foram para a política secular, e outros passaram a viver uma existência crepuscular entre as duas. Uma das perguntas que fazíamos a nós mesmos – e que não conseguíamos responder – era: ser cristão fazia alguma diferença quando o assunto era ser esquerdista? Quando o *Slant* acabou e cada membro seguiu uma direção diferente, alguns de nós – Neil, eu e alguns outros – embarcamos na atividade política secular. Outros continuaram a participar das atividades radicais da Igreja de uma forma ou de outra. Devido ao fato de termos almejado um nível muito alto de abstração, foi difícil manter aquela síntese unida. Então houve uma espécie de despedida. Como diz o velho lugar-comum, estávamos no lugar errado na hora errada. Se estivéssemos na Irlanda do Norte, e certamente na América Latina, tudo teria ficado muito mais claro.

*Posso voltar um pouco à relação de Williams com o* Slant*? Há algo um pouco evasivo no editorial que ele escreveu para a primeira edição desse periódico. Ele elogia "a seriedade e o empenho da exploração cristã da política contemporânea". Então no fim, em um tom ligeiramente desanimado, ele afirma que "se não pudermos aprender com isso, podemos pelo menos adotar sua coragem e seu sentimento de solidariedade". Havia alguma tensão entre o ateísmo de Williams e o seu catolicismo?*

"Aqueles entre nós que não são ou não podem ser cristãos..." é outra frase que ele usa no texto. Sim, ele agia de forma devidamente cautelosa conosco, em parte talvez porque não sabia que o *Slant* sobreviveria por mais de uma edição, como muitos outros periódicos estudantis. Por outro lado, como sempre digo, ele era muito generoso com seu tempo, apesar da sua prudência. Ele contribuiu com uma nota para *From Culture to Revolution*, e escreveu sobre o movimento *Slant* em sua coluna na revista *The Nation*. Como já indiquei em outras publicações, ele acreditava profundamente na diversidade e na pluralidade muito antes dessas palavras entrarem na moda, e ele deve ter visto seu relacionamento conosco como parte disso. Estava preocupado em ser tachado de fã dos cristãos; mas nós tentamos não comprometê-lo dessa maneira, e acho que tudo terminou bem.

*Você acha que ele repensou a tradição "Cultura e Sociedade" à luz do diálogo que teve com o Slant? Afinal, ele reconheceu que havia negligenciado a dimensão religiosa daquela tradição.*

Em grande parte, aquela foi uma concessão apenas simbólica. Acho que o *Slant* abriu os seus olhos para o fato de que poderia haver algo interessante e compatível com ele no pensamento cristão, mas não acho que houve qualquer outro tipo de influência. Naturalmente, na época da publicação do livro *From Culture to Revolution*, ele mesmo já havia se distanciado de *Cultura e sociedade*.

*Você poderia dizer algo sobre o papel teológico da liturgia para o December Group? Para mim, uma pessoa que não tem nenhuma formação teológica, a ênfase dada à liturgia no Slant e nas publicações associadas a ele fica extremamente evidente. Em um livro chamado* Culture and Liturgy *[Cultura e liturgia] [1963], Brian Wicker estabelece uma interessante, porém na minha opinião ligeiramente tênue, relação entre a literatura e o litúrgico, ambos os quais parecem exercer para ele a função de rituais mediadores entre o ordinário e o transcendente. Que tipo de papel simbólico a liturgia exercia para você?*

Quando Raymond deu a palestra para a Aquinas Society em Cambridge, pedimos que falasse sobre o livro de Brian, e ele expôs uma espécie de crítica dele em andamento. Uma das origens do Vaticano II foi a reforma litúrgica, e isso estava muito no ar. Era uma questão de converter a missa de uma cerimônia um tanto bizantina, ministrada por alguém de costas para você, em algo que se realizava mais como um evento comunal. Assim, de certo modo, a liturgia era uma maneira de elaborar na prática muitas das ideias que vínhamos discutindo – ideias de comunidade, solidariedade e assim por diante.

*Então foi em termos da reforma litúrgica que você estabeleceu um diálogo com os católicos que não eram explicitamente de esquerda?*

Exato: era uma questão que possibilitava a criação de uma ponte para o diálogo com a brigada progressiva, com os liberais, com os

"Vaticano II-nitas". Essa era mesmo a nossa intenção, e o nosso papel foi o de deduzir certas implicações políticas daquilo. Aquela era ao mesmo tempo uma questão teórica (ou teológica) e uma questão prática, que estava no centro das preocupações dos liberais católicos. Naturalmente, essa questão também causou muito conflito – por exemplo, em torno da vernacularização da missa.

*Mas qualquer tentativa de democratizar ou comunalizar o ritual litúrgico certamente depara-se com hierarquias e estruturas institucionais arraigadas, que o levam a questionar a Igreja ou a própria religião institucionalizada...*

Sim, ou a uma coexistência ou conciliação apreensiva – a qual o *Slant* realmente incorporava. Essa foi a posição que acabou sendo imposta ao movimento católico radical de maneira geral. Como era de se esperar, foram feitas reformas na liturgia, para o horror dos reacionários. Certas questões, como a substituição do latim pelo vernáculo, eram verdadeiras batatas-quentes – acho que várias pessoas deixaram a Igreja por causa disso. Mas tornou-se bastante claro que a conjuntura mais ampla do poder não estava mudando, e que nós não estávamos vencendo o debate. Para nós, a liturgia só fazia sentido em termos da Igreja como um movimento radical no mundo.

*No final da década de 1960, você era menos cristão do que tinha sido no início?*

Sim, apesar de não saber que tipo de cristão eu era mesmo durante o período do *Slant*. Em retrospecto, o que mais me chama a atenção é que o *Slant* realmente era uma iniciativa intelectual muito impressionante. Era uma coisa muito energética, que com frequência produzia materiais muito originais. Nosso trabalho ia diretamente contra o pensamento convencional. Mas agora também me chama a atenção um certo tipo de imaturidade, um certo desenvolvimento intelectual excessivo. Não sei se algum de nós naquela época, aos vinte e poucos anos de idade, possuía experiência o suficiente, em termos de vivências comuns, para resgatar algumas daquelas ideias para uso no mundo real. Então, de certo modo, eu era uma espécie cerebral de cristão, porque tudo era tão empolgante intelectualmente. Mas no final dos anos 1960 e no início da década seguinte eu já estava bastante desiludido. A iniciativa do *Slant* parecia ter sido um fracasso, apesar de eu ter aprendido muito com ela. Minha associação aos International Socialists foi provavelmente um sinal de que eu estava dando as costas para aquilo tudo. E eu diria que foi na minha fase althusseriana que estive o mais distante do cristianismo. Foi nessa época que encerrei meu envolvimento ativo na Igreja. Mantive um interesse no cristianismo, como atesta a minha obra recente; mas foi naquele momento que parei de me denominar católico romano, apesar de continuar a valorizar aspectos daquela tradição e daquele contexto cultural. Como disse George Steiner sobre o judaísmo, não é um clube do qual você possa facilmente renunciar em termos culturais.

*Sem dúvida esta é uma pergunta ingênua, mas o quão importante era Deus para você em meados da década de 1970?*

Bem, creio que Deus era o fulcro do projeto inteiro; mas, ao mesmo tempo, não sei se Deus era importante para mim de alguma forma pessoal. É difícil dizer, pois estava herdando um catolicismo no qual a ideia do pessoal era vista com desconfiança – no qual toda a ideia de experiência pessoal era problemática e, na pior das hipóteses, protestante! Já falei sobre a impessoalidade, a falta de emoção, que esteve presente em toda a minha formação. Isso pode ter sido, em primeiro lugar, um utilitarismo de classe trabalhadora, mas era certamente sublinhado pelo catolicismo. Então questões de crença pessoal – tão vitais para Kierkegaard, por exemplo – não eram fundamentais para nós. Em vez disso, estávamos engajados em um projeto político e intelectual de grande entusiasmo.

*Quero perguntar sobre o relacionamento entre o* Slant *e o humanismo socialista, que foi um fenômeno importante naquela época. Em um simpósio internacional sobre ele em 1965, participaram Ernst Bloch, Erich Fromm, Lucien Goldmann, Herbert Marcuse e Galvano della Volpe. Você estava ciente dos debates que estavam ocorrendo na Europa?*

A TAREFA DO CRÍTICO    79

Sim, diria que sim. Tínhamos consciência da Escola de Frankfurt, da contracultura internacional, de Gramsci e assim por diante. E acho que o humanismo foi uma ponte para o nosso diálogo com Williams, e através dele com a esquerda de modo mais amplo, pois ao passo que era mais natural associar a ideia de socialismo ao humanismo, era muito menos aceitável desenvolver uma espécie de humanismo cristão. Humanismo não era exatamente o termo que associavam ao cristianismo ortodoxo. Assim, o humanismo era uma ideia bem mais explosiva no contexto cristão do que em outros lugares. Havia conotações bem mais radicais. Levávamos a sério o fato de Cristo ter sido um homem.

*Então como você teria se identificado naquela época? Jürgen Moltmann descreveu Ernst Bloch como "um marxista com uma Bíblia na mão". Você via a si mesmo como um marxista com uma Bíblia na mão, ou como um cristão com o Manifesto Comunista na mão? Ou formular essa pergunta nesses termos é um erro de categoria?*

Não, acho que não, porque essa era uma pergunta que nos era feita com frequência, a questão de como nos designávamos. Creio que às vezes usávamos expressões como "marxista cristão" ou "marxista católico" – apesar de aquilo soar como um número incrível de crenças, um inegável excesso de fé. Acho que, na época em que o grupo se extinguiu, concebíamos o *Slant* como parte de um projeto marxista. Por outro lado, certamente havia membros do *Slant* que estavam mais próximos da tradição anarquista, e outros eram socialistas de esquerda. Essas pessoas provavelmente não teriam aceitado o rótulo de marxista, mas acho que de modo geral era um termo de uso corrente. Acho que a linha de pensamento era – e isso novamente era algo muito presente na tradição dominicana – que em todas as épocas o evangelho tinha de ser explicitado em termos humanamente inteligíveis, que seu caráter revolucionário tinha de ser traduzido e reconstruído na linguagem e nas atividades contemporâneas. Na nossa situação, o marxismo e as outras formas de esquerdismo eram a linguagem adequada para isso.

*Aproximadamente na mesma época, Erich Fromm argumentou que "o marxismo autêntico talvez fosse o mais forte movimento espiritual de natureza aberta e não teísta na Europa do século XIX". Havia algum sentido no qual, nos anos 1960, o marxismo também era um movimento espiritual não teísta para você? Ou o atrativo do marxismo era, em parte, precisamente que ele recusava o espiritual?*

Bem, ele "ressituou" o espiritual em termos mundanos e materiais. Lembro-me de um membro do *Slant* escrevendo que não havia nada na crítica marxista de Deus com o qual um cristão não devesse concordar. Acho que havia uma posição compartilhada de que a noção idolátrica ou satânica de Deus precisava ser desmistificada. Acho que para alguém que foi criado com uma ideia católica de espiritualidade, ou com o que hoje eu chamaria de ideia de Deus judaico-cristã, a espiritualidade não é um domínio separado ou lacrado, mas uma forma específica de conduta. É um tipo específico de relação, envolvendo um tipo específico de corpo.

*É um tipo de ética, em outras palavras?*

Sim, esse é o ensinamento católico tradicional. A tradição católica é obviamente permeada por concepções espúrias de espiritualidade, nas quais esta é um domínio reificado em si mesmo; mas a tradição católica predominante poderia reconhecer-se na concepção humanista marxista de espiritualidade, simplesmente como sentidos, valores, diálogos e relacionamentos cotidianos. Havia uma característica mundana, creio eu, em ambas as ideias. As duas consideravam a espiritualidade inerentemente relacional e institucional.

*Gostaria de perguntar sobre o papel do humor naquela época. O humor não é algo característico do Slant; e minha impressão é de que também não é algo muito associado a Raymond Williams. Mas no Festschrift que Stephen Regan editou para o seu aniversário de cinquenta anos, na edição inaugural de The Year's Work in Critical and Cultural Theory [O trabalho do ano em teoria crítica e cultural] [1991], Adrian Cunningham diz que "trabalhando dentro de uma hegemonia religiosa em um mundo dominado pelo capitalismo, fomos frequentemente salvos do abatimento ou da arrogância pela pura improbabilidade, se não pelo ridículo, da nossa iniciativa". Essa noção de ridículo não é bem expressa nos artigos publicados no* Slant...

O periódico era plenamente apropriado para paródias. Quando David Lodge fala do *Slant* em seu romance *How Far Can You Go?* [Até onde você pode ir?] [1980], ele não faz o tipo de paródia que poderia ter feito – não que fale dele de modo aprovador. Sim, de certo modo era uma iniciativa ridícula, como "místicos trotskistas" ou "leninistas em prol de Santa Teresa". Havia algo um tanto amalucado por ali. De certo modo, era parte daquela loucura inspirada da cultura do fim da década de 1960. Mas você está certo: não é possível adivinhar nada disso a partir do tom solene, característico de intelectuais do sexo masculino, do *Slant*. Eu tentei, todavia, inserir um pouco de sátira. Escrevi uma sátira do movimento antipsiquiatria, que chamei de "antimedicina", no *Slant*. Ela tratava só dos efeitos emancipadores das doenças. Porém, esse tipo de coisa era raro. Tínhamos uma única coluna dedicada a citar exemplos de absurdos tirados de fontes católicas, mas não tínhamos consciência do quão absurdos nós mesmos aparentávamos ser.

*O outro lado da moeda era uma sofisticação intelectual impressionantemente precoce.*

Nós éramos muito espertos – com todas as vantagens e limites da palavra "esperto". Simplesmente não tínhamos vivências suficientes.

*Você publicou* The New Left Church *[1966] quando tinha vinte e poucos anos. Como o título sugere, o livro tenta unir o catolicismo radical ao socialismo humanista, ideologicamente falando. Em termos metodológicos, ele combina teologia e crítica literária. Você planejou fazer a síntese desses discursos, ou fez isso sem ter que pensar no assunto?*

Era algo que eu estava fazendo de maneira espontânea na época. O livro surgiu das aulas e palestras dadas a vários grupos associados ao *Slant*, portanto ele não foi planejado como um todo. Não foi tanto uma síntese deliberada, mas um reflexo da maneira como eu pensava naquele período. Comecei a falar em público quando tinha 21 anos e ainda não calei a boca.

*Há um óbvio interesse pela ética nesse livro, e isso é algo que sempre esteve presente em todos os seus trabalhos. Mas esse interesse reapareceu há pouco tempo de forma particularmente vigorosa, sobretudo em* Trouble with Strangers *[2008]. Um exemplo disso é o seu interesse pela tragédia em* The New Left Church. *Seu argumento, influenciado de maneira evidente pela concepção de Williams em* Modern Tragedy *[Tragédia moderna], também publicado em 1966, é que a tragédia é ordinária. Você a concebe nesse livro, como faz em* Sweet Violence *[2003], em termos dos conflitos cotidianos nas condições da modernidade – entre a ideia de vida comum e da ideia de intensidade, como você a chama, entre coletividades e indivíduos, entre o exterior e o interior, entre sujeito e objeto.*

Isso é interessante porque, apesar de os livros terem sido publicados no mesmo ano, o meu deve ter antecedido o de Raymond. Não tenho lembranças de tê-lo lido naquela época. Ele não foi influenciado pelo *Modern Tragedy* propriamente dito, mas foi quase influenciado pelas aulas de Raymond e por conversas com ele. A tragédia foi minha primeira maneira de pensar sobre o problema do comum e do especial. Charles Taylor afirma em *Sources of the Self* [Fontes do eu] [1989] que o cristianismo inventou a ideia da vida cotidiana, a ideia de que o cotidiano é uma esfera vital. Mas o cristianismo também gira, é claro, em torno da tragédia, no sentido de seus eventos extraordinários. Então talvez o que eu estivesse buscando fosse a ideia de que o cristianismo envolve um interessante realinhamento do ordinário e do extraordinário. Uma maneira de expressar isso seria afirmar que o Novo Testamento apresenta Jesus como uma figura trágica, com toda a intensidade que isso envolve, mas não como uma figura heroica. De fato, ele é um documento anti-heroico de diversas maneiras. Já na época de *The New Left Church*, eu mostrava interesse na reconciliação de espécie de intensidade ou autenticidade pessoal com as relações sociais. É uma ideia que também se encontra nas raízes de *Shakespeare and Society* [Shakespeare e a sociedade] [1967]. Havia conotações existencialistas na discussão daquela época – Sartre era uma figura fundamental para mim – mas acho que a questão sobrevive àquele contexto específico.

*Uma das coisas que acho interessantes em* The New Left Church *é a sua discussão de "imprudência" ou de "não se preocupar com o ônus", como você diz. Você efetivamente defende uma ética de valor de uso. O que você se refere como "uma espontânea vida de graça" depende de uma rejeição do valor de troca; a categoria teológica é baseada na lógica do valor. E assim a graça é transmutada em gratuidade. Você acha que ainda há algo atrativo nisso?*

Sim, esse assunto corre como um fio pela minha obra; e ele voltou em parte devido ao livro sobre a tragédia, em parte devido ao livro sobre a ética. Também está no meu trabalho sobre Shakespeare, porque ele nitidamente também se preocupava com a ideia de misericórdia ou perdão como algo gratuito, como prodigalidade, como a ruptura do ciclo do valor de troca. Ele também tinha a clara consciência de uma forma potencialmente perigosa de excesso. Há um tipo criativo de excesso e outro um tanto mais negativo. Há a imprudência que consiste em simplesmente não ligar para droga nenhuma, e uma imprudência que é profundamente alinhada com o cinismo, na qual qualquer valor pode ser permeado por qualquer outro valor porque eles são todos basicamente falidos. Mas em *The New Left Church* eu estava tentando explorar a ideia de uma espécie de imprudência criativa. É uma ética "anticontadores", como creio ter expressado em *Trouble with Strangers*. Em *Reason, Faith, and Revolution* [1989], eu falo sobre o exagero deliberado da ética do Novo Testamento, da sua qualidade esbanjadora e extravagante. Tendo dito isso, ocorreu-me agora que isso também está presente na peça que escrevi sobre Oscar Wilde, *Saint Oscar* [Santo Oscar] [1989]. Wilde era todo voltado para o desperdício criativo, para o antiutilitarismo. Não quero ser muito reducionista aqui, biograficamente falando, mas é provável que isso venha do ambiente funcional brutal em que vivi durante a infância, e contra o qual reagi de maneira muito forte. Acho que sinto atração – não em minha vida, mas em pensamento – por noções de gratuidade, de não retaliação, de coisas feitas só por prazer. Nada em minha infância foi feito só por prazer.

# 84    TERRY EAGLETON E MATTHEW BEAUMONT

*Pensar na relação entre sua biografia e esse assunto faz-me lembrar de uma passagem em* The New Left Church, *na qual você faz uma comparação quase parabólica entre dois locais de trabalho, duas empresas, para ilustrar a diferença entre dois tipos de administração capitalista. O primeiro é um modelo tradicional, que efetivamente usa métodos coercivos para oprimir os trabalhadores; o outro é um modelo de administração "modernizado", que usa métodos consensuais para cooptá-los. Você então contrasta os dois modelos com uma fábrica socialista. Você poderia dizer algo sobre essa parábola e sobre as experiências por trás dela?*

O primeiro local é quase como eu imaginava a fábrica do meu pai, apesar de nunca tê-la visitado. O local paternalista e falsamente liberal deve ter sido a Marks and Spencer, onde trabalhei quando estudante. Creio que parte da crítica católica ao liberalismo foi dirigida contra um certo tipo de paternalismo liberal que estava entrando na moda após o Concílio Vaticano. Eu reagi com bastante força contra isso; e aprendi muito com Raymond, creio eu, sobre como combatê-lo. Pode-se encontrar um excelente material na conclusão de *Cultura e sociedade*, que ainda considero um dos documentos mais magníficos que ele escreveu, e que é muito subestimado. Ele acerta um golpe direto no processo por meio do qual o Estado tenta incorporar seus cidadãos mas não propicia nenhum poder real. Raymond sempre estava maravilhosamente alerta a esse tipo de tapeação. Mas havia algo naquele ambiente católico antiliberal que também me tornou sensível a isso. Há, em resumo, maneiras boas e ruins de ser hostil ao liberalismo. O *Slant* havia herdado do catolicismo o que era de modo geral uma maneira ruim, mas tentou fazer bom uso político dela.

*Sempre quis perguntar a você sobre a gama de influências culturais em* The New Left Church, *que parece ter uma extensão bastante considerável. Em uma era de crescente especialização acadêmica, seus livros parecem bem diversificados em aspectos culturais; mas esse livro, talvez de maneira irônica, parece ser o mais pluralista de todos. Além de interpretações detalhadas de Wordsworth e de outros participantes da tradição "Cultura e Sociedade", há muitas alusões ao teatro e à poesia. E há também referências a formas mais estritamente populares de cultura: há uma discussão, ainda que curta, sobre o cinema moderno, em especial sobre* L'avventura *[A aventura] [1960], de Antonioni, e* The Pumpkin Eater *[O comedor de abóboras] [1964], de Clayton; e há uma referência aos Beatles, às políticas administrativas da banda e à indústria fonográfica que a produziu.*

Isso me surpreende, porque minha lembrança do meu estoque intelectual, por assim dizer, é de que ele era um tanto restrito naquela época, de uma maneira típica a Cambridge – apesar de talvez não ser tão limitado quanto a pauta leavisista. O alcance de Raymond também era um tanto limitado e, exceto pelo teatro, não há muita variedade cosmopolita em sua obra. Nesse sentido, ele é muito diferente de Fredric Jameson, por exemplo.

Falando dos Beatles, o primeiro artigo que publiquei discutia o grupo. Ele foi publicado no *New Blackfriars*, que tinha uma coluna especial sobre as artes visuais – uma área na qual eu nunca tive muito talento. Eu só achava que, sociologicamente falando, os Beatles eram interessantes no início de carreira, na época de "Love Me Do". Então discuti a transição entre eles e o estilo anterior do rock, que era mais agressivo e intenso. O artigo termina com uma frase imortal: "Um membro do grupo já está exibindo um cinismo incipiente" – referia-me a John Lennon – "e é possível que vejamos o fim da banda no fim do ano". Isso foi em 1963 ou 1964! Assim, minha carreira de publicações foi inaugurada com um erro de cálculo estrondoso. Alguns diriam que ela permaneceu assim desde então.

*Você escreveu alguma crítica desse tipo desde então?*

Não muitas, apesar de que no início dos anos 1990 eu escrevi algumas resenhas de peças de teatro para o *TLS (Times Literary Supplement)*, e até um pouco de cinema e televisão. É uma crítica padrão da minha obra que não dou atenção suficiente à cultura popular. Escrevi muito pouco sobre as artes visuais. Por um lado, sinto (sem dúvida de forma irracional) que qualquer pessoa minimamente inteligente pode ser crítico de cinema ou televisão – que é algo deveras muito fácil – mas, por outro lado, eu me sinto muito cauteloso em relação ao assunto. Quando Raymond fazia resenhas para o *Guardian*, o editor de teatro precisava de alguém para escrever críticas regularmente em Cambridge, e Raymond sugeriu o meu nome. Mas era uma tarefa de arrepiar os cabelos, porque naquela época você tinha que passar a resenha por telefone logo após o espetáculo, e eu me acovardei. Com frequência me arrependo disso, mas eu simplesmente não possuía confiança em mim mesmo. Com a exceção do teatro e do roteiro de *Wittgenstein*, de Derek Jarman, creio que não tive envolvimento com nenhum meio visual.

*As referências cinematográficas em* The New Left Church *chamam muita atenção, pois posteriormente você parece não ter discutido cinema em nenhuma publicação.*

Tenho sido muito relutante em relação ao cinema, por motivos que não entendo muito bem. Novamente, sinto que escrever sobre cinema e televisão é muito fácil, mas não sobre Rafael ou Courbet. Admiro profundamente o trabalho de T. J. Clark, e considero-o um dos melhores estilistas da língua inglesa hoje, com sua voz agravável e elegante.

*Isso soa como uma desconfiança adorniana* em relação à cultura popular. *A ideologia das formas culturais populares não o interessa?*

Não, não é uma aversão olímpica ao popular. Por exemplo, eu tive um envolvimento ativo por muitos anos com a música tradicional irlandesa. Ainda gosto de cantá-la e ouvi-la.

*Você continuou a ver filmes?*

Moderadamente, apesar de assistir a cada vez mais coisas como *Harry Potter* com crianças pequenas. Dizem que os irlandeses têm pouquíssima sensibilidade visual, então essa pode ser uma explicação bastante infame para isso. Ou talvez sejam só os britânicos que dizem isso – quer dizer, as pessoas que também dizem que eles são preguiçosos e fedorentos. As artes visuais na Irlanda eram muito

---

* Relativo a Theodor W. Adorno (1903-1969), filósofo alemão. (N.T.)

pouco desenvolvidas, em parte porque elas precisam de muita infraestrutura, e o país não era rico o suficiente para oferecê-la, e em parte porque, quando os irlandeses olhavam para uma bela paisagem, eles viam pobreza e política. Os irlandeses normalmente são considerados bons escritores e músicos, mas não tanto artistas visuais. Então aqui está minha autodefesa etnicamente essencialista... naturalmente, essa é a Irlanda tradicional; a Irlanda pós-moderna é um local muito visual.

*Apesar da referência a Antonioni, os compromissos estéticos de* The New Left Church, *se posso chamá-los assim, parecem ser estritamente realistas...*

É provável que haja um traço de Williams nessa tendência realista. Havia certamente um traço do que eu chamaria de moralismo de Cambridge em parte das minhas primeiras obras. Um exemplo posterior disso aparece em *The Rape of Clarissa* [1982], quando repreendo Lovelace por ser "imaturo emocionalmente" – ou alguma outra expressão terrível de professor de escola. Essa provavelmente é uma combinação letal de catolicismo e leavisismo.

*Há uma passagem um tanto quanto moralista em* The New Left Church *na qual, intrigantemente, você critica Lewis Carroll por reificar a linguagem. Você compara a reificação da linguagem à fetichização dos sacramentos pelos católicos romanos de uma certa estirpe: "Quando a ideia da presença real torna-se demasiadamente física, o dano causado aos sacramentos é paralelo ao dano causado à linguagem nos versos sem sentido de Lewis Carroll".*

Uma das características interessantes em *The New Left Church* é a presença da semiótica, mais ou mesmo *avant la lettre*. Isso porque alguns aspectos da teologia do sacramento que indivíduos como Herbert McCabe estavam desenvolvendo pertenciam a uma tradição semiótica ou fenomenológica wittgensteiniana. Essa foi uma das maneiras pelas quais o *Slant* entrou nas discussões sobre teoria da literatura: eu havia sido preparado para elas ao seguir um caminho bastante incomum até assunto. "Sacramento" não significa "sagrado", significa "signo".

*Como o título claramente indica,* The Body as Language *[1970] é protossemiótico quanto às suas preocupações.*

Eu sempre mantenho que os cultistas do corpo pós-modernos subiram todos no meu bonde. É preciso ter a palavra "corpo" no título para ser publicado hoje em dia. Na minha época era "dialética". Mas os pós-modernistas são muito seletos em relação aos seus corpos – os sexuais são apropriados; os doentes, sofredores ou trabalhadores não estão muito na moda.

*Você mencionou que o existencialismo tinha ampla circulação em Cambridge, mas você já desprezou muito sua influência em outros contextos. Tanto em* The Gatekeeper *quanto em* Reason, Faith, and Revolution, *você diz que era um mero flerte, uma maneira "ontologicamente imponente" de dizer que você era um adolescente tardio deprimido; mas, em* The New Left Church, *você cita* O ser e o nada *e lida com as ideias de Sartre muito seriamente.*

Sim, é muito insincero dizer que era só uma maneira de me sentir triste, e que mais tarde essa atitude veio a ser chamada de pósestruturalismo. Uma certa insinceridade ou jocosidade é um defeito comum na minha obra. Acho que eu havia esquecido – ou minimizado na minha própria mente – a influência do existencialismo sobre mim mesmo naquela época. Era bastante forte. Certamente havia em Cambridge estudantes que estavam conduzindo algum tipo de síntese entre o existencialismo e o marxismo. Fiquei enamorado com a ideia de que viver era uma questão de autodefinição constante, talvez porque eu não aparentava ter muita definição. Li muito Sartre naquela época. Também me lembro de ter ficado muito empolgado com *Ser e tempo*, de Heidegger. Era uma influência forte, mas que pareceu ter desaparecido muito rapidamente – algo que também aconteceu na cultura de maneira geral. Mas em Cambridge, no início dos anos 1960, o existencialismo era certamente uma linguagem importante. Até chegaram a afirmar que a revolução cubana, que tinha ocorrido havia pouco tempo, era uma revolução "existencialista". Não sei o que Castro teria pensado disso.

*E Sartre oferecia um modelo de atitude, por assim dizer, para o intelectual comprometissado politicamente?*

Creio que sim. Ele era importante como uma figura híbrida que combinava literatura, política e filosofia, e sua filosofia fazia bem mais sentido político do que a de J. L. Austin.

*A outra coisa que chama a atenção, voltando a* The New Left Church, *é o seu estilo de prosa. Poderíamos esperar que ele fosse tipificado pelo discurso piamente sério do intelectual aspirante do sexo masculino, do qual você tem zombado desde o fim dos anos 1970, mas aspectos importantes do seu estilo posterior já eram aparentes. Há uma frase, por exemplo, na qual você invoca Sartre e Sade, em uma comparação característicamente aliterativa. Em outra, você conjuga a alta e a baixa culturas em uma alusão a "Kierkegaard e os Kinks". Você tinha consciência de estar tentando desenvolver um estilo retórico singular naquela época?*

Não, não tinha, apesar de que talvez haja algo significativo no fato de *The New Left Church* ser estilisticamente distinto da escrita típica do *Slant* e de meus textos mais técnicos, os quais as pessoas achavam muito mais desagradáveis. Uma vez, um dos nossos leitores disse: "Não leio o *Slant*, estudo-o". Pelo que me lembro, em comparação, *The New Left Church* é razoavelmente lúcido, talvez por ter vindo primariamente de aulas e palestras no circuito católico de esquerda. De certo modo, é o que poderíamos chamar de estilo dos anos 1960: insistente, vulnerável, animado e deliberadamente despretensioso.

*Uma das omissões em* The New Left Church, *sob o meu ponto de vista, diz respeito à crítica marxista da religião. Apesar de você estar obviamente imerso nela – e de dizer que o pessoal do* Slant *a considerava uma dimensão importante da desfetichização dos sacramentos – você não faz uma abordagem específica da questão. Você menciona a discussão de Marx sobre a alienação em certo momento e até cita passagens que usam Feuerbach para fundamentar a discussão, mas parece não reconhecer que Marx também está criticando a religião.*

Essa foi inteiramente uma questão de tomar a crítica como certa. Acho que, naqueles círculos teológicos, presumia-se que todos concordavam com a crítica da religião feita por Marx e que não era necessário insistir mais no assunto. A religião havia fracassado na sua missão transformativa e a política havia ocupado seu lugar. Mais tarde, quando o sentimento fosse de que a política havia também falhado, algo chamado cultura aproveitaria a brecha orgulhosamente.

*Tenho uma última pergunta sobre* The New Left Church. *Tanto nesse livro quanto em* Shakespeare and Society *[1967], você critica John Stuart Mill, como um representante da tradição liberal, por não conseguir reconciliar o benthamismo, que abrange o mundo, e o romantismo coleridgeano, que abrange o eu. Analogamente, gostaria de saber como você evitou replicar esse mesmo tipo de ruptura entre o marxismo, como um modo de compreender a vida material, e o cristianismo, como um modo de compreender a vida espiritual. Talvez essa seja uma pergunta equivocada porque minha concepção de cristianismo é inconscientemente protestante...*

O catolicismo certamente não significava interioridade pessoal para nós, então por vários motivos errados eu não acho que esse tenha sido um problema. Enxergávamos tanto o marxismo quanto o cristianismo em termos práticos, institucionais e transformadores. Porém, tratei o grande Mill com demasiada dureza. Nós éramos parciais demais em relação ao antiliberalismo, porque os liberais, sobretudo os liberais cristãos, eram o público ao qual nós nos dirigíamos e eram também o inimigo. Era aquela familiar síndrome jovem-radical, e mais tarde passei a apreciar as grandes riquezas da tradição liberal. A outra crítica é que nós próprios éramos, ao contrário, excessivamente antidualistas, compulsivamente monistas. Estávamos buscando sínteses. E por causa da influência extraordinariamente danosa do dualismo cartesiano no cristianismo, "dualismo" era uma palavra de baixo calão nos círculos teológicos. Acho que isso fez que nós, com um certo sentimento triunfante característico dos jovens, quiséssemos unificar e anular os inevitáveis conflitos entre as coisas. O irreconciliável não era parte do nosso vocabulário. Não há motivo algum para que,

A TAREFA DO CRÍTICO    91

quando encontramos uma antítese, devamos procurar resolvê-la; mas não enxergávamos isso.

## Leituras

BARTHES, R. Outcomes of the Text. In: *The Rustle of Language*. Berkeley: University of California Press, 1989, p.238-49.

CUNNINGHAM, A. The December Group: Terry Eagleton and the New Left Church. In: *The Year's Work in Critical and Cultural Theory 1:1*. S.l.: s.n., 1991, p.210-5.

CUNNINGHAM, A.; EAGLETON, T. (eds.). *Slant Manifesto*: Catholics and the Left. London: Sheed & Ward, 1966.

EAGLETON, T. New Bearings: The Beatles. *New Blackfriars*, 45, p.175-8, 1964.

EAGLETON, T. *The New Left Church*. London: Sheed & Ward, 1966.

EAGLETON, T. *From Culture to Revolution*: The Slant Symposium 1967. London: Sheed & Ward, 1968.

EAGLETON, T. *Criticism and Ideology*: A Study in Marxist Literary Theory. London: New Left Books, 1976.

EAGLETON, T. Interview with Terry Eagleton (com Andrew Martin e Patrice Petro). *Social Text*, 13/14, inverno/primavera 1986, p.83-99.

EAGLETON, T. Resources for a Journey of Hope: The Significance of Raymond Williams. *New Left Review*, 1:168, mar.-abr. 1988, p.3-11.

EAGLETON, T. Resenha de *The Plough and the Stars*, de Sean O'Casey (The Young Vic). *Time Literary Supplement*, 17 maio 1991, p.16.

EAGLETON, T. Resenha de *Resistible Rise of Arturo Ui*, de Bertolt Brecht (Olivier Theatre). *Times Literary Supplement*, 16 ago. 1991, p.19.

EAGLETON, T. Resenha de *Party Time*, de Harold Pinter (Almeida Theatre). *Times Literary Supplement*, 15 nov. 1991, p.20.

EAGLETON, T. Resenha de *A Murder of Quality*, de John Le Carré (Thames Television). *Times Literary Supplement*, 12 abr. 1991, p.16.

EAGLETON, T. Resenha de *Black Robe*, de Bruce Beresford. *Times Literary Supplement*, 31 jan. 1992, p.20.

EAGLETON, T. *The Gatekeeper*: A Memoir. London: Allen Lane, 2001.

EAGLETON, T. For Pat Hanrahan. *New Blackfiars*, 83, jul. 2002, p.346.

EAGLETON, T. Irony and the Eucharist. *New Blackfriars*, 83, nov. 2002, p.51-17.

EAGLETON, T. *Holy Terror*. Oxford: Oxford University Press, 2005.

EAGLETON, T. Culture Conundrum. *The Guardian*, 21 maio 2008. Disponível em: http://www.guardian.co.uk/commentisfree/2008/may/21/1?gurc=rss&feed=networkfront.

EAGLETON, T. *Reason, Faith, and Revolution*: Reflections on the God Debate. Yale: Yale University Press, 2009.

FROMM, E. (ed.). *Socialist Humanism*: An International Symposium. London: Allen Lane, 1967.

MOLTMANN, J. *Religion, Revolution, and the Future*. New York: Scribner, 1969.

SMITH, D. *Raymond Williams*: A Warrior's Tale. Cardigan: Parthian, 2008.

STEINER, G. *The Death of Tragedy*. London: Faber & Faber, 1961.

TAYLOR, C. *Sources of the Self*: The Making of the Modern Identity. Cambridge: Cambridge University Press, 1989.

WICKER, B. *Culture and Liturgy*. London: Sheed & Ward, 1963.

WILLIAMS, R. *Culture and Society 1780-1950*. London: Chatto & Windus, 1958.

WILLIAMS, R. *Modern Tragedy*. London: Chatto & Windus, 1966.

WILLIAMS, R. *Politics and Letters*: Interviews with *New Left Review*. London: New Left Books, 1979.

# CAPÍTULO TRÊS
## Indivíduo/Sociedade

Shakespeare and Society *foi publicado em 1967, um ano após* The New Left Church. *Ele enfoca as relações entre o indivíduo e a comunidade, o eu como sujeito e o eu como objeto; e tenta, como você afirma na introdução, "mostrar a tensão em algumas peças de Shakespeare entre o eu como ele aparenta ser para o homem em introspecção profunda, e como ele aparenta ser em atividade, para os outros, como parte integrante de (e responsável por) uma sociedade como um todo". Nesse sentido, ele parece dar continuidade a* The New Left Church. *Ele é, sob certos aspectos, um livro "leavisista de esquerda", para usar a expressão que você mais tarde formulou em sua crítica a Raymond Williams? Como você se relacionava com o leavisismo naquela época?*

Eu não pensava no livro necessariamente nesses termos. Mesmo na época da graduação, quando eu e alguns dos meus amigos às vezes frequentávamos as aulas de Leavis, tínhamos uma visão equilibrada e bem válida dele. Aprendemos muito com a análise rigorosa, com a leitura minuciosa, com o polemicismo, com as preocupações sociais abrangentes, e também com os aspectos *anti-establishment* genuinamente liberais de Leavis. Fico consternado com a maneira como uma certa esquerda cultural de hoje em dia tem usado Leavis como bode expiatório. Ele é um homem que uma vez disse ser a favor de alguma forma de comunismo, que recusou um emprego de verdade, e que era odiado por toda a ordem estabelecida. Ele foi até interrogado pela polícia de Cambridge por possuir uma cópia de *Ulisses* – isso não teria ocorrido com lorde David Cecil. Mas ao mesmo tempo nós enxergávamos bem o seu elitismo. Vimos isso não só intelectualmente, mas na prática – o círculo de favoritismo centrado na Downing College, a bajulação, a ortodoxia heterodoxa, e a exclusão de tantas das questões que Williams defendia. Acho que Raymond teve que lidar com isso tudo porque aquele era o principal recurso disponível a ele. Ele desbravou o caminho até uma posição leavisista de esquerda e então foi além. Assim, de certo modo, nós não precisamos fazer isso, pois ele já havia feito.

*Nos agradecimentos de Shakespeare and Society, que é dedicado a Williams, você afirma que oferece o livro como "uma extensão das explorações dele", o que é ligeiramente ambíguo. Em certo sentido, o livro obviamente expande a tradição "Cultura e Sociedade" ao passado, de modo a abarcar Shakespeare. E em suas aspirações, na examinação das relações do indivíduo e da sociedade "para ver como as qualidades da vida espontânea que agora estão disponíveis a nós podem ser traduzidas sem perdas em termos de uma cultura como um todo", o livro tem uma grande dívida intelectual com Williams. Você acha que ele expandiu a obra de Williams também em termos metodológicos?*

Bem, nesse sentido eu não acho que esse é um livro que ele teria escrito. É uma obra que se inspira profundamente no seu trabalho – que com certeza aproveita suas ideias sobre o indivíduo e a sociedade –, mas não acho que Williams teria pego uma ideia como essa e dado a ela tantos detalhes. Ele teria escrito em termos mais gerais. Então essa foi uma ruptura com ele. *Shakespeare and Society* é para mim um livro de uma ideia só. Mas é uma ideia relativamente original, creio eu, e o livro é capaz de iluminá-la a partir de ângulos diferentes. Eu pensei – e não acho que isso tenha sido apenas euforia da juventude – que havia sido capaz de ver algo em Shakespeare que não havia sido visto antes. Por outro lado, o argumento sofre de um antidualismo excessivo ao estilo *Slant*. As tensões, as contradições entre um indivíduo e a sociedade, sem falar de todas as mediações entre eles, estão realmente ausentes. Além disso, o livro não analisa o teatro. Como alguns críticos destacaram, sobretudo aqueles que eram contrários politicamente, Shakespeare foi revistado em busca de ideias – o pior tipo de crítica esquerdista. Foram os primórdios de um interesse duradouro que mais tarde foi expresso em outro livro, *William Shakespeare* [1986]. Ele se apoiava na convicção de que as ideias que eu estava aprendendo com Williams e com os outros não eram de maneira alguma apenas contemporâneas, e que era possível construir uma genealogia delas.

*O conceito de "sociedade" do livro é abstrato, concebido quase inteiramente em termos da relação do indivíduo com a comunidade.*

Sim, ele continua sendo um conceito abstrato, e não tem muitas nuanças mesmo dessa maneira.

*Na época, você tinha consciência da falta de contexto histórico do conceito?*

Não especificamente, mas chamaram minha atenção para isso bem rápido. A mesma acusação foi feita contra o outro livro sobre Shakespeare, que eu considero mais interessante, e que não é uma obra de uma ideia só. O que me interessa em Shakespeare são as ideias que podemos encontrar na cultura contemporânea, assim como em sua situação histórica específica. Ele é extraordinariamente proléptico. Acho que isso é verdade porque ele vive em um momento histórico no qual, por conta do que poderíamos chamar abreviadamente de emergência inicial da sociedade burguesa, as ideias de valor, sentido, linguagem, diálogo, relativismo, normas, identidade e assim por diante foram lançadas em uma grande crise. É nesse sentido que ele é "contemporâneo", não só em virtude de projetarmos nele algumas ideias modernas. Linguagem, valor e significado são parte de suas mercadorias como dramaturgo trabalhador, e isso penetra sua própria escrita – tanto em forma como em conteúdo. E esse – sem nenhuma idolatria – é o motivo que faz com que ele pareça ter acabado de ler Marx, Hegel, Wittgenstein e assim por diante. Na verdade, os adoradores de Shakespeare não aprovariam tal leitura de maneira alguma.

*Mas você poderia ter dado uma base histórica a essas continuidades, em termos das origens do capitalismo.*

Poderia. Um dos motivos pelos quais não o fiz, além de não ter conhecimentos históricos suficientes, foi que escrevi *Shakespeare and Society* enquanto redigia minha tese de doutorado sobre Edward Carpenter, e eu sabia que não conseguiria passar o livro como uma tese. Era uma questão de divisão de trabalho cuidadosamente calculada. Decidi que escreveria a tese com uma mão, o que não demandou tanto esforço, e o livro com a outra. Tratei o Ph.D. de forma puramente instrumental, como um exercício acadêmico, o que talvez seja a melhor maneira de fazê-lo – com frequência tenho que dizer aos meus alunos de doutorado que eles estão vendo a tese muito como um fetiche, que eles não devem se esquecer que ela é só um passaporte. Eu poderia ter passado quatro anos tentando desenvolver a tese sobre Shakespeare, mas tenho sérias dúvidas se teria conseguido passar com ela. Eu já estava sendo perseguido em Cambridge de maneira sutil por ser um seguidor de Williams. Ele era dominante demais para ser derrubado, mas estavam atirando em vários dos seus discípulos. Eles fizeram isso mais tarde com Francis Mulhern, cuja admirável tese sobre *Scrutiny* foi inicialmente rejeitada. Ele recebeu o diploma no final, mas somente após muitas manobras políticas. Eles então fizeram quase a mesma coisa com Colin MacCabe, que foi vergonhosamente rejeitado para o cargo de professor. Eu também fui rejeitado alguns anos antes, como já disse, e o cargo foi dado a um homem a quem dei aulas a partir do seu primeiro ano de graduação – um esplêndido e brilhante homem, devo dizer.

*Uma das passagens de que mais gosto no livro é a discussão de* Macbeth*, que efetivamente revisita a ideia de imprudência e sua relação com o valor de uso. Você discute o mal – "a área de feitos sem nome", como você o chama – em termos da ausência de sentido. O próprio* Macbeth *nesse relato não é uma espécie de anti-herói prometeico, mas um animal monstruoso, menos que humano em vez de mais que humano. Ao mesmo tempo, há uma sensação de que você admira a "gratuidade" dele e de Lady Macbeth, e de que percebe criatividade em seu autodispêndio gratuito no fim da peça.*

Acho que digo, sem cerimônias, que Lady Macbeth é existencialista, mas talvez isso esteja no segundo livro sobre Shakespeare. Ela acredita na autorrealização perpétua sem limites inerentes. Macbeth pensa que o indivíduo tem que respeitar limites para ser ele mesmo. Isso remonta à minha obsessão poética pela interação entre a contenção e a liberdade. Assim, pode haver um elemento biográfico ali também. Mas talvez essa tenha sido a primeira vez em que escrevi sobre um assunto sobre o qual tenho refletido cada vez mais em minha obra recente, especificamente o choque entre o finito, o mortal, o necessariamente limitado, e a arrogância. Macbeth, quando "ultrapassando no salto a sela, vai cair sobre outrem", é de caráter arrogante. A ressonância política desse mito faustiano, a crença letal no infinito – que está se desdobrando na política externa americana enquanto conversamos – pode mais uma vez voltar à distinção entre o valor de uso e o valor de troca. O valor de uso é limitado e específico, ao passo que o valor de troca é potencialmente infinito. Hoje, de maneira bem alarmante, com o trabalho de Deleuze, Badiou, Žižek e outros, a noção de infinito está sendo reabilitada – naturalmente não como no Sonho Americano, mas mesmo assim, creio eu, de modo desencaminhado.

*O herói de* Shakespeare and Society *é Próspero, que, de acordo com você, personifica a graça em sua "fusão de espontaneidade e responsabilidade consciente". Ele parece atuar como a solução para todas as contradições entre o indivíduo e a sociedade que você discute no livro, apesar de você se mostrar, em* William Shakespeare, *muito mais cético em relação à sua capacidade resolver o conflito.*

Havia me esquecido disso. Não muito mais tarde, os críticos esquerdistas passaram a vê-lo como um colonialista odioso! A frase que eu provavelmente deveria ter usado para Próspero seria a solução imaginária de contradições reais, da qual eu já estava um pouco mais próximo no segundo livro sobre Shakespeare. Curiosamente, a única vez que encontrei R. D. Laing na vida foi quando eu estava escrevendo o livro sobre Shakespeare – acho que ele até se ofereceu para publicá-lo pela Tavistock Press. De modo ingênuo, eu expliquei minhas ideias sobre *The Tempest* [A tempestade] para ele, especificamente a ideia da reconciliação pessoal agindo como símbolo para uma reconciliação mais geral. Ele disse algo impassivelmente escocês, como: "Você não resolveria o problema soviético-americano nem se casasse a filha de Khrushchev com o filho de Kennedy". Ele desinflou a ideia, mas ela merecia isso. Na época, eu não tinha o comando do conceito de utopia, que talvez devesse ter sido o conceito a ser usado a respeito dessa ficção habilitadora.

*Eu ia mesmo perguntar sobre Laing, pois, nos agradecimentos de* Shakespeare and Society, *você expressa uma dívida intelectual com ele, apesar de dizer que você só descobriu a obra dele há pouco tempo. Essa dívida é evidentemente com* The Divided Self *[O ser dividido] [1965]. Você se encontrou com ele também, não foi?*

Encontrei-me com ele por intermédio de Neil Middleton, em uma reunião dos slanteritas. Enviei a ele uma cópia de *Shakespeare and Society*, que tem uma dívida, como você disse, com a idea do "eu dividido". A parte de Laing com a qual eu me sentia mais seguro era a obra antidualista do início da sua carreira. Eu estava costurando a sociabilidade e a individualidade muito rapidamente, ao passo que Laing partia cada vez mais para o interior, por assim dizer, e deixava esses problemas para trás. Quando lhe enviei o livro, ele já havia prosseguido para ideias mais estranhas, e respondeu com uma carta divagante e excêntrica que não foi muito útil. Ele perguntou "O que você pensa sobre sonhos dentro de sonhos dentro de sonhos?" e outras questões que não tinham muita relevância a *Coriolano*. Porém, Laing com certeza foi uma influência importante no *Slant*, notavelmente com as fusões de fenomenologia e dissidência política da suas primeiras obras.

*A conclusão de* Shakespeare and Society, *que pula para o final do século XIX, fica posicionada de forma um pouco desconfortável no fim do livro. Mas ela é bastante provocante, porque tenta, como você diz, "não só mostrar como os mesmos problemas permaneceram conosco, como também tornar completamente compreensível o estudo de Shakespeare conduzido até agora, por meio de uma explicação da experiência contemporânea em termos daquilo que é escrito". O quão bem-sucedida você acha que essa conclusão foi?*

É o único trabalho que fiz que eu preferia tomar veneno a ler novamente. Não sei por que escrevi aquilo, na verdade. Talvez tenha sido um conselho de Raymond, com quem discuti muito o livro, incluindo seu título; pode ter sido a Chatto & Windus, que queria algo sobre a relevância da tese para os dias de hoje. Suspeito que não teria escrito o capítulo se não houvesse certas pressões, apesar de ser verdade que eu tinha interesse em "Shakespeare, nosso contemporâneo", por assim dizer, assim como tinha no outro livro sobre Shakespeare. Mas aquilo foi executado de uma maneira tão incongruente, mais como um apêndice do que como uma conclusão – o livro poderia beneficiar-se de uma apendicectomia.

*Impressiona-me o fato de que a Chatto & Windus estava disposta a publicar um livro polêmico sobre Shakespeare escrito por um acadêmico tão jovem.*

Eu mesmo fiquei surpreso que a Chatto, formada por *gentlemen publishers*[*] da velha guarda como Ian Parsons e Cecil Day Lewis, aceitou o livro tão rapidamente. Eles responderam quase imediatamente e disseram que o publicariam, em parte porque acharam que a escrita era clara e sem muitos jargões, em parte (creio eu) porque eles eram os editores de Raymond, apesar de ele não ter se esforçado muito para promover meu livro na Chatto. Realmente me pareceu estranho ver o livro em uma lista de textos canônicos da crítica literária. Nunca entendi muito bem a opinião que tinham do argumento ou o que pensavam dele. Acho que Day Lewis incluiu alguns pontos-e-vírgulas, pelos quais, suponho, devo estar grato. Mais tarde eles recusaram outro livro meu, e estavam bem certos em fazer isso. Era um rascunho meio convoluto e obscuro do que mais tarde se tornaria o meu segundo livro sobre Shakespeare.

*Como* Shakespeare and Society *foi recebido?*

---

[*] *Gentlemen publishers,* ou editores cavalheiros, eram aqueles que se propunham a ter relações mais pessoais com os autores, incorporando valores como confiança, afeição, lealdade e a valorização da arte acima dos ganhos comerciais.

Ele recebeu um grande número de resenhas, o que me surpreendeu um pouco, mas elas não foram todas favoráveis. Alguns críticos apontaram aquilo que perceberam como sendo a originalidade da obra. Lembro-me de um Denis Donoghue mais jovem escrevendo no *Guardian* sobre meu estilo sem espírito, o que foi doloroso, mas também verdadeiro. Eu não tinha autoconfiança o suficiente para escrever de forma mais ambiciosa e elaborada. Com *The New Left Church*, senti que estava escrevendo para uma comunidade reconhecível, ao passo que aquela foi minha primeira incursão nas trevas crítico-literárias. Então havia algo anêmico e inibido no seu estilo. Mas ele foi um daqueles livros em que você pensa "há algo importante por aqui" – apenas isso.

*A propósito, você e Williams discutiram títulos alternativos para o livro?*

O título que eu queria, "The Free Dependent" [O dependente voluntário], que também discuti com Charles Swann, veio de *Measure for Measure*: "Sou seu dependente voluntariamente". Isso teria capturado precisamente o paradoxo que eu estava investigando entre a liberdade e a relacionalidade. A Chatto disse que o título era muito paradoxal, o que é algo típico da falta de imaginação e do autoritarismo das editoras. Fico surpreso de *Madame Bovary* não ter sido publicado em inglês como *Senhora Bovary*. (Até a Blackwell, quando falei que queria chamar meu livro mais recente sobre a tragédia de *Sweet Violence*, fitou os catálogos pesarosamente e disse: "Então o título não é simplesmente *Tragedy* [Tragédia]?".) A Chatto não sabia o que "dependente voluntário" significava. "Shakespeare and Society" era o subtítulo do livro, e fiquei com bastante vergonha quando essa expressão insípida tornou-se o título.

*Na conclusão, você faz referência ao ensaio "A alma do homem sob o socialismo", de Oscar Wilde – mas não de forma particularmente favorável. Você argumenta que ele tenta acabar com a distância entre a cultura e a sociedade, mas falha porque, quando insiste que o estado deve fazer produtos mais úteis e que os indivíduos devem fazer produtos mais bonitos, ele está efetivamente ratificando essa distância. Quando você começou a enxergar Wilde de forma mais positiva?*

O dramaturgo David Hare, que foi um dos meus primeiros alunos em Cambridge, escreveu em algum lugar que uma vez me perguntou se ele poderia escrever sobre Wilde em uma minitese de graduação, e eu respondi que Wilde era um escritor menor. "Aí ele vai e escreve uma peça sobre a porcaria do cara!", Hare acrescentou com uma exasperação compreensível. Eu havia me esquecido completamente desse incidente, mas imagino que naquela época eu tinha uma atitude um pouco leavisista em relação a Wilde. Não tinha noção da sua "irlandidade"*, uma das principais características que me levaram a ele mais tarde. Suspeito que Hare também não tinha. Porém, sempre fui fascinado por "A alma do homem sob o socialismo", mesmo que tenha sido estranhamente denegridor naquele livro. Essa era a parte de Wilde que eu conhecia e apreciava, em contraste com o drama. Era novamente a prodigalidade, a gratuidade e o façamos-isto-porque-gostamos. Foi só nos anos 1980 que eu me interessei por Wilde como irlandês, e naquela altura parecia inevitável que eu escrevesse algo substancial sobre um socialista e proto-pós-estruturalista irlandês que havia frequentado Oxford.

*A ausência mais marcante na conclusão de* Shakespeare and Society, *sob o meu ponto de vista, é Williams Morris. Nas suas primeiras obras, com frequência você insinua que ele é uma figura exemplar da tradição* Cultura e sociedade, *porque ele tenta dissolver as diferenças entre a sociedade e o indivíduo por meio de uma fusão entre a arte e o trabalho. É certamente Morris quem, no século XIX, mais se esforça para implantar um compromisso marxista de autoemancipação do proletariado em uma crítica anticapitalista do industrialismo que se origina no romantismo. Mas você não o discute em nenhum detalhe. Por que você acha que isso ocorreu?*

Não sei. Fui profundamente influenciado pelo livro de Edward Thompson sobre Morris – que o próprio Thompson, por acaso, desprezou em minha presença como sua "antiga obra polêmica". Achei-o extremamente útil no meu trabalho sobre Carpenter, sobretudo porque Thompson entendia de Carpenter, o que era raro

---

\* Termo com sentido análogo a "brasilidade". (N.T.)

naquela época. Seu livro sobre Morris foi-me útil para situar Carpenter em um contexto histórico. Eu não sei por que Morris não aparece naquela conclusão – possivelmente porque eu não tinha nada muito interessante a dizer sobre ele, mesmo sendo um grande fã do seu trabalho. É provável que eu tenha perdido um emprego de professor em Cambridge por dizer na entrevista que Morris "não era só um medievalista". Percebi, ao estilo *Lucky Jim*, que o venerável professor de literatura medieval inglesa anotou algo agourento em seu bloco de notas.

*Uma figura de importância explícita na sua obra desse período é D. H. Lawrence, que parece ser um resquício muito atrativo da tradição* Cultura e sociedade *para você. "Lawrence expõe o problema para nós em nossa própria época", você afirma em certo momento. Às vezes você até parece falar dele como se estivesse vivo. Por que você acha que o seu legado parecia ser tão crucial?*

Eu havia lido Lawrence no colégio, mas ele tornou-se muito importante para mim em Cambridge. No entanto, nunca fui parte do culto leavisista de Lawrence. Havia um sentimento naquela época de que Lawrence ofuscava todos os demais, que toda a sabedoria estava cristalizada nele – isso, naturalmente, antes do feminismo – mas eu nunca caí nessa. Minha atitude mudou quando percebi que tanto Leavis quanto Williams estavam, em certos aspectos importantes, lendo Lawrence de maneira equivocada como um humanista, e, no caso de Raymond, encaixando-o no fim da linhagem humanista radical de *Cultura e sociedade*. Eu havia lido alguns dos seus textos em prosa notavelmente iliberais, e fiquei cada vez mais convencido de que, apesar do rótulo de "humanista" estar correto em alguns sentidos – ele nos dá uma maravilhosa noção das possibilidades humanas –, isso certamente não era o caso em outros sentidos. Escrevi sobre isso em um ensaio pouco conhecido para um livro chamado *The Prose for God* [A prosa para Deus] [1973], uma coletânea de ensaios católicos esquerdistas sobre escritores, e ainda acho que minha contribuição sobre Lawrence é bastante útil. Tentei mostrar as maneiras como Lawrence não era humanista, mas – pelo contrário – alguém profundamente determinista que não deixava muito espaço para a agência individual. Argumentei que ele era uma espécie de libertário romântico. A distinção vital para Lawrence não é entre humano e não humano, mas entre realização e não realização. Nesse sentido, um lagarto pode ser ontologicamente superior a um minerador de carvão.

*A parte interessante da sua abordagem na década de 1960 é que você trata Lawrence como um problema. Você não busca neutralizar sua recalcitrância.*

Não, ao passo que a abordagem de Lawrence feita por Raymond em *Cultura e sociedade*, com a qual aprendi muito, é altamente seletiva. Ele edita Lawrence para encaixá-lo em uma tradição humanística. Mas Lawrence é muito mais estranho, selvagem e censurável do que isso. Aliás, todos que começam a estudar Edward Carpenter percebem nas primeiras semanas que ele provavelmente teve uma influência imensa em Lawrence. A segunda coisa que você percebe é que não pode provar isso. Alguns dos aspectos não respeitáveis de Carpenter são passados a Lawrence, mas Lawrence era competente em esconder suas fontes, portanto isso não fica imediatamente óbvio. Por um breve momento, pensei em pesquisar Carpenter e Lawrence após terminar o meu Ph.D., mas como quase todos os alunos de doutorado, a única coisa que queria fazer com minha tese após a conclusão era esquecê-la.

*Essa tese de doutorado, que foi examinada em 1968, foi intitulada "Nature and Spirit: A Study of Edward Carpenter in his Intellectual Context" [Natureza e espírito: um estudo de Edward Carpenter em seu contexto intelectual]. Você já descreveu o processo "ambidestro" por meio do qual escreveu sua tese para cumprir requerimentos profissionais, e o livro sobre Shakespeare para satisfazer propósitos menos acadêmicos. Você poderia explicar por que decidiu estudar Carpenter?*

Não foi uma iniciativa inteiramente cínica, pois eu já tinha interesse em Carpenter. Pelo mais fortuito acaso, encontrei uma longa nota de rodapé sobre ele em algum livro de história da literatura inglesa, que o descrevia como místico, anarquista, reformista homossexual pioneiro, whitmanita e assim por diante. Então descobri que havia em Sheffield uma biblioteca inteira com seus materiais – a Carpenter Collection – e que não havia sido muito pesquisada. Mas o que me atraiu foi sobretudo o fato de ele ter tantas conexões naquele período – Morris e Tolstoi e Kropotkin – de maneira que ele oferecia um maravilhoso meio de acesso àquela contracultura de *fin de siècle*. Ele foi uma daquelas figuras menores que eram, não obstante, típicas da sua época em virtude da sua condição menor, marginal, e de sua capacidade de fazer de tudo um pouco. Em 1920, as pessoas diziam que as duas maiores figuras do movimento trabalhista eram George Bernard Shaw e Edward Carpenter. Uma geração mais tarde, elas só mencionavam George Bernard Shaw. O que aconteceu com Carpenter? Talvez ele tenha sido tão completa e absolutamente parte da sua época que, quando ela passou, ele partiu com ela, até que as teorias feministas e gays chegaram para ressuscitá-lo algumas décadas mais tarde.

Quando eu propus o tópico para Redpath, ele deixou transparecer que, de maneira estranha, mas não atípica, conhecia Carpenter. "Ah, o Tolstoi inglês!", ele disse, o que é um pouco de exagero. Redpath havia escrito um livro curto e muito ruim sobre Tolstoi. O dramaturgo Simon Gray, que estava um ano na minha frente, observou que era como uma pulga nas costas de elefante dizendo "Hmmm! Parece haver muita vida aqui em cima!". Então uma pessoa ou outra sabia quem era Carpenter. Ele era um clássico dos sebos: adquiri a maioria dos meus livros de Carpenter na Charing Cross Road.

*Williams, que foi o orientador da sua tese, havia lido muito Carpenter?*

Não; ele havia ouvido falar de Carpenter, mas não tinha lido muito do que ele escreveu. Acho que é verdade dizer que nós não tínhamos nem sessões de orientação. Ele deixou que eu prosseguisse com o trabalho, e então eu simplesmente lhe passei o manuscrito da tese. Ele fez talvez três marcações nas margens e pronto. Ele não era um orientador de pós-graduação muito dinâmico, em contraste com sua presença carismática na sala de aula.

*Quem examinou a tese?*

Edward Thompson foi o examinador externo e Graham Hough, o interno. Eles eram completamente diferentes. Hough era uma espécie de esteta moderno desencantado. A mais brilhante observação crítica que ele já fez foi que, quando você está em um campo de prisioneiros de guerra japonês com disenteria e uma antologia de Yeats, algo que realmente havia acontecido com ele, você descobre com rapidez quais são os poemas mais valiosos. Em relação a Thompson, eu já o conhecia de passagem, pois havíamos nos encontrado no quarto de Raymond na Jesus College durante o *May Day Manifesto*. Sua primeira pergunta para mim foi: "Você sabe quem tem as correspondências entre Carpenter e fulano de tal?". A resposta era que ele tinha. Não foi um começo dos mais auspiciosos. Tive um pouco de dificuldade com Thompson, pois a tese não era realmente um relato histórico de Carpenter. Ele achou que eu não tinha procurado manuscritos originais o suficiente. Eu estava mais interessado nas ideias, e achava que a Carpenter Collection era completa o suficiente para o meu trabalho. Mas a interação foi razoavelmente cordial.

*Você manteve contato com Thompson?*

Bem, Thompson tratava Carpenter com certo desdém, o que pode ser percebido também no livro sobre Morris, então ele não tinha muito interesse em conversar comigo sobre o assunto. E não muito mais tarde ele me identificou como um dos terríveis althusserianos. Encontrei-me com ele em uma reunião política realizada, por incrível que pareça, justo na All Souls College, quando ele veio dar uma palestra sobre Marx mais ou menos na época do lançamento de *The Poverty of Theory* [A pobreza da teoria] [1978]. Naquela ocasião, suas polêmicas contra Althusser transformaram-se em uma polêmica contra Eagleton. Ele tinha um público vastamente apreciador. Levantei-me e fiz uma pergunta a Thompson – nem me lembro do que perguntei – e naturalmente ele usou a seguinte frase em resposta: "Devemos nos opor a Terry Eagleton!". Acho que naquela época ele estava em sua fase mais antimarxista.

Então escrevi uma resenha bem negativa de *The Poverty of Theory* em *Literature and History* [Literatura e história]. Na realidade, eu achei que alguns dos argumentos na sua polêmica eram bem fundados, mas esse livro não era o tipo de coisa que Thompson fazia melhor. Era um pouco como Derrida defendendo Paul de Man – era melhor deixar aquilo em paz, pois não era algo que trazia à luz suas qualidades. Na resenha, fiz referência à fotografia na capa do livro, que era de Thompson com um gato em seu ombro. Escrevi sobre a semiótica da fotografia. Ele tem a cabeça enterrada nas próprias mãos, uma grande cabeleira grisalha e um pequeno gato fitando a câmera em seu lugar. Para minha surpresa, ele me enviou um cartão-postal que dizia: "Meu gato não é pequeno: preste atenção no outro ombro". Esse foi o último diálogo altamente intelectual que tivemos. Porém, ele acrescentou que deveríamos conversar sobre os românticos algum dia, que para ele parecia ser o principal motivo de controvérsia entre nós. Escrevi uma resenha do seu livro sobre Blake após sua morte e indiquei que, apesar de parecer ser alérgico ao jargão althusseriano, Thompson não aparentava ficar de maneira alguma desconcertado com as conversas altamente abstrusas dos muggletonianos e das outras facções cristãs heterodoxas da época de Blake.

*A recente biografia de Sheila Rowbotham confirma a suspeita de que, se Carpenter não tivesse existido, teria sido necessário inventá-lo no final da década de 1960. Seu socialismo, seu ativismo sexual, seu vegetarianismo, seu misticismo, seu vitalismo, sua "política de estilo de vida" – tudo isso faz com que ele pareça ser, em retrospecto, o padroeiro da contracultura contemporânea. Você tinha consciência dessa ressonância no desenrolar da pesquisa da sua tese?*

Esse nunca foi o lado de Carpenter que mais me interessou. Quando fiz minha pesquisa, para mim ele era uma figura puramente histórica com quase nenhuma ressonância contemporânea. Carpenter com certeza não era popular quando trabalhei com ele, e comecei a tese antes dos anos 1960 terem decolado. De fato, um dos motivos que me levou a estudá-lo, como eu sempre digo, foi o de descobrir a razão do seu desaparecimento. Após a tese ter sido aprovada, sentia que não queria mais pensar em Carpenter pelo resto da minha vida. Mas as ironias da história são tais que, justo naquele momento, em parte devido à emergência do movimento pelos direitos dos homossexuais, ele começou a se tornar novamente uma espécie de ícone. Sheila e vários outros ficaram interessados nele, e Carpenter de repente virou moda. Ele se tornou uma figura contemporânea. Várias pequenas editoras gays até pediram para publicar minha tese, mas eu não queria infligi-la ao mundo. Não havia sentido em permitir que ela entediasse outras pessoas além de mim mesmo.

*Em que tipo de ativismo político você estava envolvido no final da década de 1960?*

Grande parte do meu ativismo consistia de atividades do *Slant*, que tomavam muito tempo devido a todos os pedidos para falarmos a diversos grupos progressistas católicos. Continuei envolvido com o Cambridge Left Forum, em especial com a tentativa de formar um comitê local de representantes sindicais. Também era membro do Partido Trabalhista, ao qual me associei em meados da década de 1960. Frequentei as reuniões do partido em Cambridge e trabalhei nas eleições para eles. Eu fui mais ou menos diretamente do Partido Trabalhista para os International Socialists [IS] quando cheguei a Oxford em 1969.

Mas como muitas das pessoas na tradição trotskista, eu vi a abertura de um novo movimento no Partido Trabalhista e me associei a ele novamente no fim dos anos 1970. Fui aceito por um fio. Fui rejeitado pelo Partido Trabalhista na minha primeira inscrição, e então, após uma série de entrevistas razoavelmente conturbadas, consegui entrar por dois ou três votos. Permaneci no Partido Trabalhista de Oxford até a parte final dos anos 1980, e descobri que ele era um espaço político significativo não tanto em si mesmo, mas devido aos tipos de conexões, campanhas por causas específicas e fóruns que ele oferecia. Em um período relativamente lúgubre, o Partido Trabalhista de vários locais – e Oxford por acaso era um deles – apresentava tais oportunidades. Eu era, por exemplo, membro do Labour Committee on Ireland, um grupo dentro do

## 108 TERRY EAGLETON E MATTHEW BEAUMONT

Partido Trabalhista nacional que buscava quebrar a política bipartidária na Irlanda. Acho que o diretório local do Partido Trabalhista em East Oxford era o maior de todo o país, e provavelmente um dos mais militantes.

*Você se recorda do impacto dos* événements *em Paris em 1968?*

Muito bem. Os acontecimentos de Paris acabaram respingando em Cambridge naquela época, e eu estive moderadamente envolvido nesses eventos. Lembro-me de uma manifestação enorme em Cambridge contra Harold Wilson e o governo trabalhista, que foi em parte uma tentativa de recriar a situação parisiense – pessoas gritando "Lembre-se de Che!" e assim por diante. Essa era, naturalmente, a época em que todos estavam fazendo ocupações e protestos. Acho que o *Slant* até ocupou a capelania católica de Cambridge por um motivo ou por outro – uma exigência por mais ganchos de pendurar casacos ou alguma coisa do gênero – apesar do fato de que provavelmente poderíamos ter falado com o capelão sobre o assunto com facilidade. Mas naquela época você não levava em consideração essas táticas de pequeno burguês – você ocupava. Se quisesse que a sua senhoria lhe desse algumas toalhas extras, você ocupava a sua banheira, de preferência vestindo uma capa impermeável, até que ela cedesse. Acho que minha primeira experiência em Oxford, quando ainda vivia em Cambridge, foi a de falar em um megafone nos degraus da Claredon Building, onde havia uma ocupação. Lembro-me dos supervisores saindo e rejeitando com desprezo uma petição que havia sido entregue a eles. Depois, quando me mudei para Oxford em 1969, a demanda política mais urgente, de forma levemente cômica, era por um diretório acadêmico que não fosse o Oxford Union. Isso evoluiu rapidamente para uma ocupação. A Schools Building foi tomada e a ocupação durou pelo menos uma semana. Os supervisores trancaram as portas e cortaram a eletricidade e o aquecimento, e alguns dos estudantes foram julgados perante um tribunal universitário. Lembro-me de dar um seminário sobre Gramsci à luz de velas na escuridão das faculdades ocupadas. Acho que eu fui o único professor a colocar os pés naquele lugar; mesmo os professores que simpatizavam com a esquerda ficavam bastante nervosos de fazer isso.

*Qual foi o seu envolvimento no* May Day Manifesto *[1968], que você mencionou em relação a E. P. Thompson?*

Foi um envolvimento bem limitado em termos de redação, apesar de ter escrito algo para a seção sobre o capital de monopólio. Fiz pequenas tarefas que me foram designadas, conversei com economistas e escrevi um ou outro parágrafo. Raymond escreveu por cima de tudo, como o estilo pode indicar, e acho que ele alterou a maior parte do texto ao redigir um novo rascunho. Em certo sentido, aquele era mesmo seu manifesto pessoal. Mas houve várias reuniões interessantes, algumas vezes no chalé de Raymond fora de Cambridge, para onde convergia regularmente um grande grupo de pessoas com ideias da nova esquerda. O lugar serviu como ponto de encontro para a esquerda socialista independente no início do período de Wilson. Depois houve uma discussão sobre a continuidade da organização: se ela deveria acabar, pois seu objetivo já havia sido cumprido efetivamente, ou se ela deveria continuar de uma forma mais permanente. Erroneamente, creio eu, decidiram continuar – apesar de pessoas como Stuart Hall, e talvez até mesmo Raymond, tivessem visto a organização apenas como um tipo muito específico de intervenção. Ela continuou, e gerou um tipo de burocracia muito vazia que não parecia ter nenhum fim político. Mas uma vez houve um subproduto, na forma da National Convention of the Left, realizada em Londres. Quando a esquerda intelectual não tem nada mais para fazer, ela cria um periódico ou organiza uma conferência. O periódico acaba após três edições e a conferência consiste simplesmente de pessoas com a mesma mentalidade conversando umas com as outras. Isso tudo não teria sido tão ruim, mas a convenção foi invadida pela esquerda militante, por grupos trotskistas, que denunciavam o *Manifesto* de várias formas, algumas delas bastante corretas. Foi só devido à absoluta autoridade pessoal de Raymond que ele conseguiu manter a conferência nos trilhos. Lembro-me da tarde em que ele apresentou um resumo magistralmente improvisado da conferência inteira, incluindo quase todos os trabalhos e quase todas as observações que haviam sido feitas. Ele quase salvou algo de valor naquilo que foi, de resto, um evento bastante inapropriado. Mas isso não levou a absolutamente nada.

110     TERRY EAGLETON E MATTHEW BEAUMONT

*Você acha que suas posições políticas já haviam movido mais para a esquerda naquela altura?*

Não, de maneira geral eu apoiava o argumento da esquerda reformista apresentado no *May Day Manifesto*, mesmo crendo que eu teria me posicionado na extrema-esquerda. Lembro-me de ter defendido o manifesto em várias reuniões públicas em Cambridge. Sei que fiz alguns comentários contundentes sobre ele em *Criticism and Ideology* [1976], na seção sobre Williams, mas eu não pensava dessa maneira naquela época.

*Você visitou os Estados Unidos em 1970. Isso influenciou sua trajetória política?*

Fui aos Estados Unidos, acredite ou não, para dar aulas a duzentas freiras. Lecionei por dez semanas em um lugar muito luxuoso chamado Manhattanville College no estado de Nova York, que mais parecia uma escola particular para moças da sociedade católica. As filhas dos Kennedy haviam sido educadas lá, se "educadas" não for um termo exagerado. A faculdade tinha ouvido falar que eu era uma figura da esquerda católica e queria que eu desse aulas sobre tudo, desde o inferno até Hegel, para o seu pessoal. Foi uma ocasião muito bizarra para mim. O musical *Hair* estava em cartaz na Broadway, então nós fomos assistir, e todas as freiras queriam dançar no palco. O ambiente estava contaminado por uma certa efervescência; tudo florescia e era espantosamente esperançoso. Não fiz quase nada em termos políticos, exceto pela minha ida a Berkeley – que havia sido parcialmente queimada – logo após as manifestações. Também fui a um programa do *Head Start* em prol das crianças negras em um gueto de Nova York, graças a contatos que conheciam alguns membros do movimento Black Power. Tive um envolvimento político mínimo, mas foi logo após essa viagem que me associei aos International Socialists [IS], que mais tarde viriam a se chamar Socialist Workers Party [SWP].

*E por que você se juntou aos IS em vez de outra organização de extrema-esquerda como o International Marxist Group [IMG]?*

A TAREFA DO CRÍTICO    111

Por algum motivo, eu estava mais ciente dos IS em Oxford, onde eles tinham um grande número de membros, alguns dos quais eu já conhecia. Mas não acho que sabia de muitos detalhes sobre as políticas dos IS quando entrei. Naquela época, eles simplesmente aparentavam ser o grupo mais visível e ativo no horizonte. Quanto ao IMG, acho que eu tinha sentimentos muito ambivalentes em relação à Quarta Internacional. Quando ele estava na dianteira política do movimento estudantil, assim como da Vietnam Solidarity Campaign,* o grupo parecia-me admirável, mas ainda assim era muito desarraigado da luta de classes. Os International Socialists, pelo menos naquele momento, estavam fazendo um esforço concentrado para direcionar o grupo à luta industrial, e aquilo me impressionou. Acho que isso andava de mãos dadas com o operaísmo e, no pior sentido da palavra, o antivanguardismo, do qual eu me tornei muito crítico mais tarde. De fato, abandonei a organização em meados da década de 1970.

*Foi uma experiência educacional, política e teoricamente?*

Foi. Eu li muita teoria marxista na época, em parte devido à participação no grupo, em parte porque havia recentemente iniciado os seminários sobre teoria marxista na Whadam College. Eu estava lendo e pensando muito. Havia ali, naquele momento, uma intensa cultura marxista, e meu seminário foi uma parte muito importante dela na cidade. Ele atraiu pessoas de toda a universidade que eram dissidentes de maneiras diferentes. Ele as reuniu, oferecendo abrigo temporário para pessoas que por diversos motivos não se encaixavam muito bem em Oxford: sindicalistas da Ruskin College, estudantes internacionais, esquerdistas, vagabundos intelectuais, professores temporários e assim por diante, assim como a cota normal de maníacos, psicopatas enrustidos e aqueles que simplesmente precisavam de uma vida social. Era algo distinto dos meus compromissos com os IS. Mas, a meu ver, os IS estavam fazendo na

---

\* Campanha de Solidariedade ao Vietnã. (N.T.)

112 TERRY EAGLETON E MATTHEW BEAUMONT

cidade trabalhos interessantes dos quais eu deveria participar. Assim, acabei panfletando na fábrica de carros da Cowley com indivíduos como Christopher Hitchens, Jairus Banaji e vários outros. Hitchens fazia parte do grupo, mas ele já olhava desejosamente para o outro lado do Atlântico, pensado que talvez houvesse um lugar maior do que aquele laguinho para ele nadar. Aos 21 anos de idade, ele já era fascinado pela ideia da América.

*Em 1970, você publicou* The Body as Language: Outline of a "New Left" Theology *e* Exiles and Émigrés: Studies in Modern Literature. *Este é em grande parte crítico-literário, enquanto aquele é em grande parte teológico; assim, é como se houvesse uma divergência de dois discursos que haviam convergido em* The New Left Church. *Isso tem alguma importância?*

É verdade, apesar de nunca ter pensado nisso dessa maneira. The Body as Language foi o último suspiro da minha carreira no Slant – de fato, ele foi publicado no ano em que o periódico acabou. A maior parte do material foi tirada do Slant. Mas acho que naquele momento eu tinha muita apreensão do que poderíamos chamar de crítica literária teológica. Havia pessoas nos Estados Unidos desenvolvendo essa abordagem, mas ela me parecia um beco sem saída.

The Body as Language *é bastante unificado para um livro organizado a partir de uma série de ensaios, mas imagino que isso seja em parte porque você estava escrevendo para a "comunidade reconhecível" que já mencionou. Os interesses desse livro, em especial a convicção de que a linguagem permite que os seres humanos transcendam seus limites biológicos, mas que o resultado dessa autossuperação é a "tragédia e violação", também são notavelmente consistentes com os seus livros subsequentes. Em certo momento, de modo curioso, você critica* Modern Tragedy [1966], *de Williams, por não conseguir resolver a contradição entre a afirmação de que a tragédia é habitual, de que ela é efetivamente um estado antropológico, e a alegação de que ela pode ser superada historicamente. De acordo com você, somente "a perspectiva revolucionária cristã" representa um caminho para fora desse impasse, pois Cristo personifica simultaneamente ambas as posições. É uma conclusão elegante, mas não é também uma solução imaginária para a contradição?*

Sim, muito possivelmente. Acho que volto a tratar disso no outro livro sobre a tragédia. Eu de fato pensava, e ainda penso, que havia enxergado uma contradição incipiente no livro de Williams – e esse ainda é um problema a ser resolvido. Mas acho que *The Body as Language* é muito superficial na maneira como ele profere uma solução. Em seu livro sobre a tragédia, Williams fala sobre encontrar uma maneira de viver as contradições, e talvez esta seja uma delas: o desejo utópico de transcender a tragédia, em conjunto com a convicção de que não devemos sublimá-la e removê-la da vida cotidiana.

*Modern Tragedy foi mais ou menos uma tentativa explícita de encarar a tradição da tragédia institucionalizada no sistema avaliativo de Cambridge, não foi mesmo?*

Sim; e especificamente para enfrentar George Steiner. Steiner também era um dissidente a seu próprio modo, mas acho que havia uma réplica a *Death of Tragedy* [A morte da tragédia] [1961] embutida no livro. Steiner certa vez disse em minha presença que "o sr. Williams não gosta de tragédia". Em certo sentido, isso era simplesmente falso; em outro sentido, era mais ou menos como dizer "o sr. Williams não gosta de tortura". A obtusidade ideológica das pessoas altamente inteligentes...

*Em* The Body as Language, *você também discute Cristo como um trágico bode expiatório, de várias formas que prenunciam sua discussão sobre o bode expiatório em* Sweet Violence *[2003].*

Tinha completamente me esquecido de que isso surgiu tão cedo na minha obra. Aliás, as pessoas às vezes acusam minha obra de borboletar por aí, mas minha crítica seria de que ela é consistente demais.

*Você usou uma série de lentes um pouco diferentes, na minha opinião, para examinar um conjunto de interesses notavelmente persistentes... Se por um lado* The Body as Language *é o último dos seus livros explicitamente teológicos, por outro ele é também o livro mais ousado em termos teóricos que você publicou antes de* Criticism and Ideology, *pelo menos quanto às suas referências filosóficas. Ele também é muito mais pluralista do que esse livro ou* Myths of Power *[1975]. Ele começa com uma referência a Wittgenstein e depois cita Barthes, Heidegger, Laing, Lévi-Strauss, Merleau-Ponty e Sartre, entre outros – apesar de não se preocupar com as notas de rodapé. Em que contexto você encontrou Barthes, para tomá-lo como exemplo?*

Naquela altura eu só conhecia *Dans le degré zéro de l'écriture* [O grau zero da escritura] [1953], que suspeito ter sido a única obra até então traduzida. Eu não tinha muita ideia da posição ocupada por Barthes em uma constelação cultural mais abrangente. *The Body as Language* é eclético de uma forma interessante, não é? Há muitas fontes diferentes reunidas nele.

*É um livro de* bricoleur.

Sim, e isso reflete parcialmente o fato de o *Slant* ter sido a sua fonte. O livro também foi influenciado por *Law, Love and Language* [Lei, amor e linguagem] [1968], de Herbert McCabe, que havia sido publicado dois anos mais cedo. Uma das características empolgantes do *Slant* como projeto era que ele nos dava muita liberdade em termos teóricos. Em certo sentido, eu aprendi a ser teórico no contexto da teologia. Naturalmente, pode-se acusar o *Slant* de ser um projeto eclético demais; mas *The Body as Language* é fruto de uma certa libertação intelectual que representou os primórdios, a sementeira, da minha carreira como teórico. Tudo começou ali – em vez de, por exemplo, *Shakespeare and Society*. Os primeiros trabalhos sobre literatura são centrados no autor ou no texto, desde a primeira obra até o livro sobre as Brontës. A teoria é conduzida, em grande parte, em lugares diferentes. Depois ela acaba de certo modo entrando no trabalho literário.

*Então a teologia ofereceu uma espécie de metadiscurso antes da aparição da teoria da literatura propriamente dita?*

Sim, exatamente. Porque, toda vez que pensamos em teologia, muitas questões fundamentais são levantadas. Parecia-me que com a falta de outros discursos, incluindo a crítica literária, era preciso inventar a teoria para lidar com essas questões fundamentais. A filosofia na Grã-Bretanha certamente não estava fazendo esse papel, e a teoria política ortodoxa também não.

*E a filosofia de maneira mais geral? Para você, ela estava efetivamente incluída na teologia naquela época?*

Bem, eu nunca tive uma formação filosófica profissional, portanto ela chegou a mim por outros meios – pela sociologia, pela teologia, pela teoria política. Acho que a teoria literária acabou oferecendo o tipo de oportunidade para filosofar que uma filosofia um tanto quanto insípida – particularmente a filosofia linguística – não estava oferecendo. Era uma espécie de substituta. Uma maneira depreciativa de expressar isso é dizer que muitos teóricos literários são apenas filósofos de segunda categoria. Mas havia uma tarefa a ser realizada que havia sido repudiada por outras disciplinas – uma tarefa que poderíamos descrever classicamente como a tarefa do intelectual. *Faute de mieux*, os teóricos culturais vieram a ocupar esse papel em nossa era. Como um materialista tradicional, tenho sentimentos bastante ambíguos em relação a isso.

*E a fenomenologia, que obviamente foi de importância instrumental para que você desenvolvesse a teoria de que o corpo é uma linguagem?*

Isso também surgiu da esquerda cristã, como creio que já sugeri. Li Merleau-Ponty e outros autores, e achei-os enormemente proveitosos. Herbert McCabe, que editou um volume da obra de Aquino, destacou que para este autor não existiam corpos mortos; havia apenas os restos dos vivos. Esse argumento era, por assim dizer, puramente fenomenológico. Fiquei interessado por aquelas relações entre a teologia tradicional católica e a fenomenologia.

Como materialista, sempre fui interessado no tipo de fenomenologia hermenêutica praticada por Merleau-Ponty, porque ela é uma maneira inteiramente corpórea de pensar. Na verdade, ela é antevista por Marx, dos manuscritos de Paris, que aprendeu fenomenologia direito da fonte – Hegel – e falava de sujeitos, objetos, sujeitos-para-objetos e objetos-para-sujeitos de várias maneiras que

116 TERRY EAGLETON E MATTHEW BEAUMONT

a tradição fenomenológica moderna desenvolveria mais tarde. A tradição fenomenológica tem sido extremamente valiosa na desmistificação de um certo modelo de propriedade privada da experiência vivida – a suposição de que eu sou, de alguma forma, o proprietário dos meus prazeres e aflições, que eles são meus da mesma maneira que possuo um par de sapatos ou uma escova de dentes. Wittgenstein, em sua fase tardia, diverte-se muito ao demolir esse modelo cartesiano, como quando ele sugere travessamente que pode haver uma dor em algum lugar da sala sem que seja evidente qual de nós a está sentindo. É só a nossa gramática enganosa que nos induz a pensar que "eu tenho dor" significa o mesmo que "eu tenho um jumento". Não tenho nenhum acesso especial ou privilegiado às minhas experiências privadas, como poderia ter à minha conta bancária. A maneira como conheço a mim mesmo é aproximadamente a mesma como conheço você. A fenomenologia desse tipo – ainda que não seja do tipo husserliano – ajudou-nos a entender que nossos corpos não são coisas "onde" estamos, como a tinta está em um tinteiro, mas projetos, centros de relações, orientações práticas, maneiras de estarmos envolvidos no mundo. E essa é com certeza a dimensão que o materialismo histórico necessita. Ele também necessita, naturalmente, do *insight* psicanalítico que diz que a verdadeira alteridade, o verdadeiro "outro", é você mesmo. E a fenomenologia encontrou algumas dificuldades para explicar o inconsciente.

*Foi aproximadamente na mesma época que estava organizando* The Body as Language *que você se transferiu de Cambridge para Oxford. Você havia se cansado de Cambridge? Cambridge havia se cansado de você?*

Quase no dia em que Raymond chegou a Cambridge, logo depois da publicação de *Culture and Society*, o editorial do periódico da universidade publicou um artigo arrogante e selvagem com o título "Mr. Raymond Williams". Acho que foi escrito por Maurice Cowling, um historiador de extrema-direita. Raymond ficou muito surpreso com essa hostilidade. Porém, a ordem estabelecida de Cambridge não podia ameaçá-lo muito, tanto porque ele era possuidor de uma grande autoridade pessoal, quanto porque ele estabeleceu uma reputação internacional rapidamente. Assim, eles não podiam atacá-lo de maneira direta. Em vez disso, atacavam seus discípulos. Raymond me encorajou a me candidatar a alguns cargos de professor assistente, mas eles não me aceitariam. Os sinais eram claros. Eu sabia que não poderia continuar em Cambridge, em parte devido ao clima desagradável que havia sido criado, e em parte porque não poderia sobreviver financeiramente sem uma bolsa. Acabei indo para Oxford porque ficou evidente que eu não encontraria um emprego em Cambridge. Porém, comparando dois lugares razoavelmente hostis, Cambridge era de longe o mais interessante. Era lá que as políticas relativas à crítica estavam sendo determinadas.

*Então, em 1969, você se mudou para Oxford, onde foi designado membro do corpo docente da Wedham College. A banca de entrevista incluiu duas figuras que hoje aparentam ser quase impossivelmente remotas, Sir Maurice Bowra e lorde David Cecil...*

Cecil era representante do Departamento de Inglês, do qual estava quase se aposentando. Além dele, a banca era formada por vários membros da faculdade. Bowra, que era o diretor, queria que eu fosse aceito porque seria algo divertidamente idiossincrásico. Sua hostilidade contra a ordem estabelecida, típica da classe alta e do círculo de Bloomsbury, cruzou-se em um momento surreal com o meu próprio "marxismo de papa João", como ele o chamava aprobativamente. Whadam era então – e provavelmente ainda é – uma faculdade progressiva e um pouco esquerdista. A maioria dos membros votava no Partido Trabalhista, algo bastante singular em uma faculdade de Oxbridge.

Para minha surpresa, ouvi dizer mais tarde que Cecil também estava a meu favor. Não consigo imaginar o porquê. Ele pareceu ter cochilado um pouco durante a entrevista, então pode ser que essa seja a explicação. Talvez ele tenha pensando que eu era um anglicano do partido conservador, ou tenha me confundido com Roger Scruton. Isaiah Berlin comentou mais tarde que Cecil "ficou, naturalmente, bastante desanimado com o desenvolvimento posterior de Eagleton". E alguém me disse que a formidável Helen Gardner, que na época cantava de galo no Departamento de Inglês, havia dito a Bowra:

"Maurice, você deve estar louco de admitir Eagleton!" Mas o sistema de Oxford era tal que a faculdade podia admitir quem ela quisesse, e a universidade tinha que se sujeitar. Essa foi uma das primeiras vezes em que percebi que o corpo docente não estava feliz com a minha nomeação.

*Exiles and Émigrés: Studies in Modern Literature [Exilados e emigrados: estudos sobre literatura moderna] [1970], uma monografia sobre o modernismo e a expatriação, foi publicada logo após sua mudança para Oxford. Sua tese é que, devido aos seus apegos paroquiais e parciais, os escritores nativos da Inglaterra do início do século XX foram incapazes de totalizar a sociedade, uma tarefa que foi consequentemente deixada para estrangeiros como Conrad, Eliot e Joyce. Em retrospecto, como você situa esse livro em relação ao seu desenvolvimento intelectual?*

Acho que *Exiles and Émigrés* foi uma obra de transição. Ainda possuía muitas características de Cambridge, como a leitura minuciosa e a crítica detalhada, mas também estava tentando encontrar alguma maneira de ir além daquilo. Não acho que tenha feito isso de maneira muito adequada. Acho que ele é um livro subteorizado, um trabalho crítico-literário com uma hinterlândia de conceitos mais gerais que não são trazidos ao primeiro plano. Foi uma incursão vacilante na teoria que não teve muito sucesso. Em retrospecto, ele parece ser exatamente o tipo de livro que um socialista da época escreveria se não tivesse muito acesso à teoria. Era o mais longe que a crítica poderia ser levada sem a teoria. O livro era composto pelas técnicas de crítica de Cambridge, mas com uma política diferente associada a elas, de uma forma muito parecida com as primeiras obras de Williams.

Na verdade, ele teve um impacto geral muito fraco, mas também não me prejudicou. Foi um livro que publiquei logo que cheguei a Oxford, um lugar bastante conhecido, pelo menos naquela época, por ter um ceticismo patrício em relação à ideia de publicação, considerada um tanto quanto vulgar. Esse é um dos três ou quatro livros que escrevi que não fazem muita parte da consciência coletiva. Ele também não faz muita parte da minha própria consciência individual.

A TAREFA DO CRÍTICO     119

*Ao escrever esse livro, você estava se removendo do movimento* Slant *de forma semiconsciente? Exceto pelo capítulo sobre Graham Greene, não há muita teologia em* Exiles and Émigrés.

Não, não há. Mas, curiosamente, a semente daquele livro foi o ensaio sobre Greene que havia sido publicado no *Slant*. Então há uma conexão oculta entre o *Slant* e aquele livro: a ponte é Greene. Acho que a teologia e a crítica aparentavam ser rigorosamente distintas para mim naquela época. Eu não enxergava nenhuma maneira de trazer a teologia para a crítica. E, de qualquer modo, naquela época eu tinha muito menos interesse nela.

*Se por um lado o livro é em parte produto da crítica literária de Cambridge, por outro ele também pode ser lido como uma crítica velada mais geral da cultura de Oxbridge. Curiosamente, ele contém uma discussão de* Brideshead Revisited*, na qual sua sutil crítica do "romance de classe alta", como você o denomina, pode também ser interpretada como um ataque contra Oxford como instituição social e intelectual. Por exemplo, você afirma: "Devido ao fato de tudo ser possível para essa classe social privilegiada e para a forma literária que a reflete, nada é particularmente valioso; já que nenhuma definição convencional é mais do que improvisada, momentânea e experimental, nenhum evento ou identidade pode receber os limites fixos do sentido substancial". Tudo é brilhante, como você destaca, porque nada é limitado pela realidade social. Isso parece refletir sua atitude em relação a* Redpath*, e antever suas críticas a John Bayley.*

Lá vou eu de novo, falando sobre o valor dos limites constitutivos... Bowra era amigo íntimo de várias das pessoas que abordei naquele livro – certamente de Evelyn Waugh e Virginia Woolf –, então pode ter havido algum tipo de ligação semiconsciente. Mas foi o primeiro livro que publiquei em Oxford, como você destacou, e eu só havia chegado um semestre antes, portanto eu não tinha tido tempo de desenvolver uma crítica específica de Oxford. Entretanto, talvez seja mesmo interessante que o primeiro livro que lá escrevi tenha um capítulo sobre o "romance de classe alta", que talvez tenha sido uma crítica indireta à cultura de Oxford ou Oxbridge.

*Você mencionou Woolf. Apesar de o livro ser, sob determinado ponto de vista, um ataque velado contra a cultura de classes de Oxford, você ainda assim reproduz alguns dos outros preconceitos característicos dela. De forma mais visível, relega Woolf, e as escritoras de modo geral, a um papel relativamente marginal. Você efetivamente exclui Woolf – que você discute em relação ao "romance de classe alta" – do cânone maior do modernismo. Poderia explicar o motivo de ter ignorado a condição de Woolf como forasteira experimental, ainda que ambivalente e contraditória?*

Não tinha ideia de que estava fazendo isso. Eu era vergonhosamente inocente. Não há dúvidas de que em 1970 eu deveria estar mais alerta sobre essas questões, pois apesar da maior parte do trabalho feminista ainda estar por acontecer, ele já era incipiente. Mas isso não entrou no escopo da minha critica. Mais tarde, em *The English Novel: An Introduction* [O romance inglês: uma introdução] [2005], cito uma intensa declaração política de Woolf que descrevo como sendo mais radical do que qualquer outra declaração dada por um romancista inglês. Então eu tentei compensar o erro tardiamente, apesar de continuar a pensar que uma grande parte dos comentários feministas sobre Woolf (sobretudo os americanos) insultuosamente ignora ou minimiza algumas das suas atitudes sociais mais odiosas. Uma crítica feminista irlandesa, porém, descreveu esse capítulo mais recente sobre Woolf, que é em sua maior parte muito positivo, como "espetacularmente negativo". A política com frequência está nos olhos de quem vê.

*Como você insinuou, há uma imprecisão ou hesitação na aplicação de ideias teóricas nesse livro. Por exemplo, no capítulo sobre Orwell e o "romance de classe média baixa", você fala da importância de reconhecer que os gêneros específicos do romance parecem estar intimamente ligados a áreas específicas da realidade social. Essa é obviamente uma tentativa de suplantar um reducionismo sociológico vulgar, mas a metáfora espacial que você usa – "áreas da realidade social" – é muito vaga.*

Sim. Eu não sabia como ir além disso. Havia uma influência da tese de Perry Anderson sobre a "emigração branca" em "Components of the National Culture" ["Componentes da cultura nacional"] [1968]. Por um lado, havia esse argumento enormemente ambicioso e empolgante de Anderson sobre o exílio, e por outro lado havia o texto. Eu não sabia como construí-lo.

*Outro conceito teórico que você utiliza é o da "totalização", que é obviamente derivado de Lukács, apesar de não o mencionar pelo nome. Você define "totalização" nesse contexto como "um ponto de vista, estrutura ou simbolismo consistente por meio do qual um escritor pode superar os preconceitos imediatos das suas próprias experiências parciais para alcançar uma versão completa, impessoal e 'objetiva' da realidade de maneira similar ao realismo do século XIX". Isso me faz pensar que o que falta ao livro, em termos teóricos, é um encontro com as reflexões de Lukács sobre a reificação* em História e consciência de classe *[1923] – apesar de esse livro só ter sido traduzido para o inglês em 1971.* Exiles e Émigrés *evidentemente tem uma dívida com* A Történelmi Regény *[1937], mas essa relação só o leva até certo ponto.*

Faltam a ele os conceitos mais políticos de Lukács. Eu havia encontrado A Történelmi Regény, de Lukács, como disse antes, em um dos seminários de Raymond em Cambridge sobre o romance. E em *Exiles and Émigres*, eu estava refletindo sobre seu legado de maneira semiconsciente. Eu estava começando a lecionar o seminário marxista na época, e nós fizemos uso de Lukács, portanto ele era uma presença espectral.

Naturalmente, há epistemologias diferentes em momentos diferentes de Lukács. Em sua discussão sobre o realismo, é possível ver uma epistemologia reflexionista ou de correspondências em ação; mas isso não é adequado às complexidades de *História e consciência de classe*, em que uma noção muito mais ativa e intervencionista de consciência está em jogo, noção tal que não pode ser acomodada no modelo reflexionista. Há uma certa irregularidade ou divergência em Lukács nesse sentido.

*E o conceito de totalidade que você usa em* Exiles and Émigrés *também é derivado do pensamento teológico?*

Exclusivamente no sentido de que a predileção pela sistematicidade é um impulso católico. Acho que falta a *Exiles and Émigrés*, entre muitas outras coisas, a ideia da verdade como algo parcial. Devido ao fato de estar lidando com pontos de vista tendenciosos que eram claramente abertos à crítica esquerdista, eu não percebi que a verdade era parcial – algo que, na minha opinião, realmente possui ressonância teológica. Em outras palavras, eu não percebi que um tipo específico de posição partidária – não necessariamente a de Waugh ou Orwell – poderia iluminar a verdade de forma mais nítida do que a noção um tanto quanto idealista de totalidade que eu buscava.

*Sob uma perspectiva dialética, como você tem insistido com frequência, a totalidade e o partidarismo não são opostos, já que a sociedade é totalizada de forma mais eficaz por aqueles que possuem um interesse parcial e secional em sua transformação sistêmica.*

Sim. A partir do momento em que você começa a ver a totalidade como algo constituído por contradições e conflitos, a coisa obviamente muda de figura. Na época eu tinha consciência dos perigos da imparcialidade liberal, da visão a partir de lugar nenhum, mas eu não estava suficientemente atento à ideia de que a verdade e o engajamento tinham relação interna.

*Vamos nos voltar agora para o conceito de exílio que você implementa nesse livro, que é altamente sugestivo. Fredric Jameson referiu-se, de forma admirável, à "estimulante posição, exposta por Terry Eagleton em* Exiles and Émigrés*, de que todos os maiores escritores modernos, pertencentes ao que concebemos como o cânone da literatura inglesa, tenham sido na verdade marginais sociais em diversos sentidos, isso quando não eram explicitamente estrangeiros". Mas ela é também uma noção razoavelmente atenuada. Em certo momento, por exemplo, você afirma que "Conrad, o expatriado; Waugh, o observador de classe alta; Orwell, o crítico social; Greene, o metafísico católico: todos são de várias formas indivíduos exilados dentro da sociedade". Com base nessa afirmação, é quase impossível encontrar um "escritor moderno" que não seja exilado de alguma forma.*

Exatamente. Todos aqueles que se veem como cidadãos incluídos, levantem as mãos... É um conceito muito aberto de exílio; ele não é especificado política ou historicamente. Enquanto escrevia esse livro, eu não tinha consciência alguma – tal é a cegueira dos autores em relação a si mesmos – do quanto a questão do exílio se aplicava à minha própria situação. Eu claramente sentia-me como um estrangeiro em Oxbridge, e esse deve ter sido um dos principais impulsos por trás da criação do livro, mas mesmo assim isso não foi incluído na obra. Eu quase nunca consigo enxergar as vivências que ajudam a moldar o meu trabalho, exceto em retrospecto. Essa é a minha própria coruja de Minerva.

*É o que Ernst Bloch chamava de "escuridão do momento vivido"... Acho que eu defenderia a ideia de que essa sensação de ser um estrangeiro entra, de fato, na escrita. Como o livro de Williams,* The English Novel from Dickens to Lawrence *[1970], publicado no mesmo ano que o seu,* Exiles and Émigrés *termina com um capítulo sobre Lawrence, um exilado de classe trabalhadora dentro de instituições burguesas ou de classe alta. Significativamente, você parabeniza Lawrence pelo seu olhar estrangeiro e sua capacidade de distanciar as instituições.*

Sim, isso é verdade; e Williams fala de Lawrence como o garoto de classe trabalhadora que nunca voltou para casa. Eu não me lembro de ter tido qualquer sentimento profundo de identificação com Lawrence; mas, dada sua proeminência na Cambridge que eu havia acabado de deixar, realmente é surpreendente que eu não tenha sentido nenhum tipo de afinidade por ele. Havia pessoas em Cambridge que pensavam que Lawrence ofuscava todos os demais, que não havia sentido em ler autores apagados como Jane Austen após termos sido expostos à intensidade ardente de Lawrence. Creio que nunca acreditei completamente no culto leavisista de Lawrence. Por outro lado, ele claramente falava a mim – assim como a Raymond – de uma forma pessoal. Sempre apreciei o ensaio de Raymond sobre Lawrence em *Culture and Society* como um corretivo político a Leavis, apesar de ele também não falar nada sobre os aspectos mais negativos e censuráveis de Lawrence, o que combina com a tendência geral daquele livro. Creio que o Lawrence com quem éramos convidados a nos identificar em Cambridge não era tanto um exilado, mas sim um centro alternativo, artística e filosoficamente. Ele representava a ideia da vida espontânea e criativa, e incorporava uma visão de mundo que os leavisistas viam como fundamental espiritualmente. Mas ao mesmo tempo isso era estranho, pois não havia nada de liberal em Lawrence, em oposição a radical. Ele apenas não se sentia confortável com gente como Eliot, James e Forster. Ele era um extremista da forma mais não inglesa possível, sem contar o fato de ser um metafísico puro-sangue. Suas referências eram todas continentais. Os leavisistas não viam isso; e Williams, creio eu, também não.

*Talvez só seja tentador atribuir impulsos autobiográficos a você e a Williams quando vocês abordam Lawrence porque havia pouquíssimo modernistas canônicos vindos da classe trabalhadora.*

É verdade. A classe não importava muito para Leavis. Para os leavisistas – com a exceção de uma defesa da formação metodista de classe média baixa de Lawrence como uma cultura em si mesma –, a questão de classes foi abandonada. Isso talvez tenha tornado mais difícil para eu perceber uma ligação com a minha própria situação. Na verdade, uma grande parte da ideologia leavisista pode ser explicada em termos das suas raízes em uma pequena burguesia provinciana, como eu afirmei mais tarde.

*Há um capítulo interessante sobre George Orwell em* Exiles and Émigrés *no qual você diagnostica o problema do "romance de classe média baixa" como "o dilema de uma classe abandonada entre decências ortodoxas e privações, incapaz de aceitar ou rejeitar completamente o sistema social, sendo assim crítica tanto da vida comum quanto das suas possíveis alternativas".*

Na minha opinião, o que podemos tirar de Orwell é que mesmo com todas as limitações do amadorismo e moralismo liberal, e às vezes também com um toque olímpico, ele recusou-se a abandonar o campo mais amplo da crítica social. Afinal, foi na obra de Orwell que a disciplina convencionalmente chamada de estudos culturais começou a germinar. Assim como os leavisistas, ele é uma das fontes disso, e é muito comum suprimirmos nossos ancestrais. Creio que haja muitos outros bons motivos para sermos críticos de Orwell. É interessante que Williams, que conheceu Orwell pessoalmente – na verdade, ele disse que perdeu no trem o último texto que Orwell escreveu na vida! –, tenha ido de uma posição muito simpatizante em *Culture and Society* para outra muito mais hostil em seu pequeno livro *Orwell*. Mas talvez isso não deixe claro o tipo de crítico que Orwell era: um crítico cada vez mais destituído de uma esfera pública, mas que ainda tentava manter aquela ideia aquecida ao se recusar a abandonar um discurso que era muito aberto, mas que também impunha limites a tal abertura, os cruzamentos demasiadamente generalizantes de campo para campo. Acho que a própria obra de Williams pode ser vista nessa tradição – afinal, Orwell foi um dos últimos personagens da linhagem "Cultura e Sociedade". Mas, como na severa crítica de Williams contra as generalizações exageradas feitas por Orwell, ela é também uma obra que aprendeu com os erros de Orwell.

*Finalmente, gostaria de voltar ao conceito de exílio – em parte porque mais tarde ele foi de grande importância para a crítica de Edward Said, e então se tornou um termo central no léxico da teoria pós-colonial. Em* The World, the Text and the Critic *[O mundo, o texto e o crítico] [1983], um livro com uma dívida intelectual explícita com Williams, Said discute Erich Auerbach e as condições nas quais* Mimesis *[1953] foi produzido. Ele pergunta, "Como o exílio, que antes era um desafio ou um risco, ou mesmo uma influência ativa na sua individualidade europeia, foi convertido em uma missão positiva, cujo sucesso seria um ato cultural de grande importância?" Acho que* Exiles and Émigrés *já tinha articulado uma resposta para essa pergunta. "As grandes realizações literárias dos anos de guerra", você escreve, "a arte que mais intimamente capturou e avaliou a experiência característica da época, tornou-se possível devido à existência de componentes estrangeiros dentro da sociedade inglesa". De acordo com o seu argumento, a posição marginal e sem raízes dos modernistas tornou-os peculiarmente sensíveis às contradições de uma sociedade em desintegração que, apesar de tudo, não era a deles.*

126  TERRY EAGLETON E MATTHEW BEAUMONT

Não consigo me lembrar da minha resposta ao livro de Said, mas de forma geral tive a impressão de que ele estava romantizando o exílio de várias maneiras que eu nunca quis fazer. Sempre admirei a distinção que Raymond propôs entre o nômade e o exilado: o nômade é aquele que é feliz em ser marginal desde que consiga evadir o sistema, ao passo que o exilado quer que o sistema mude para que ele possa voltar para casa. Sempre senti que essa era a ênfase correta, e nunca simpatizei muito com a ocasional idealização do intelecto sem-teto por parte de Said, com a sua implicação suspeita e etimologicamente imprecisa de que o indivíduo sem raízes é sempre o radical. A tese de Anderson – de que esses imigrantes brancos originalmente não tinham raízes, mas que criaram raízes conservadoras por causa disso – representa, em certo sentido, o ponto de vista oposto. Acho que a ênfase de Raymond na comunidade, e nos perigos do dissidente romântico que de certo modo vive como parasita no próprio sistema, havia me influenciado demais para que eu fosse capaz de acreditar que o exílio era sempre uma posição criativa. E mais tarde tive a tendência de enfatizar mais as dores e as angústias do exílio do que os seus prazeres, ou de pelo menos tentar dar atenção aos dois lados da moeda. Aliás, tudo isso é consideravelmente mais sutil e detalhado do que a simplória afirmação pós-moderna da "marginalidade", da qual sempre fui crítico. Algumas margens devem permanecer como margens. O neonazismo é um exemplo.

## Leituras

ANDERSON, P. Components of the National Culture. In: *English Questions*. London: Verso, 1992, p.48-104.

AQUINAS, St. Thomas. (São Tomás de Aquino.) *Summa Theologiae, Prima Pars, v.3*: Knowing and Naming God. Oxford: Blackfriars, 1964.

EAGLETON, T. *Shakespeare and Society*: Critical Studies in Shakespearean Drama. London: Chatto & Windus, 1967.

EAGLETON, T. *The Body as Language*: Outline of a "New Left" Theology. London: Sheed & Ward, 1970.

EAGLETON, T. *Exiles and Émigrés*: Studies in Modern Literature. New York: Shocken Books, 1970.

EAGLETON, T. Lawrence. In: GREGOR, I.; STEIN, W. (eds.) *The Prose for God*: Religious and Anti-Religious Aspects of Imaginative Literature. London: Sheed & Ward, 1973, p.86-100.

EAGLETON, T. *Criticism and Ideology*: A Study in Marxist Literary Theory. London: New Left Books, 1976.

EAGLETON, T. The Poetry of E. P. Thompson. *Literature and History*, 5:2, 1979, p.139-45.

EAGLETON, T. Criticism and Ideology: Andrew Milner interviews Terry Eagleton. *Thesis Eleven*, 12, 1985, p.130-44.

EAGLETON, T. Radical Roots (resenha de *Witerness Against the Beast: William Blake and the Moral Law*, de E. P. Thompson). *New Statesman and Society*, 26, nov. 1993, p.39-40.

EAGLETON, T. The Flight to the Real. In: LEDGER, S.; MCCRACKEN, S. (eds.) *Cultural Politics at the Fin de Siècle*. Cambridge: Cambridge University Press, 1995, p.11-21.

EAGLETON, T. Interview with Terry Eagleton. In: CORREDOR, E. *Lukács after Communism*: Interviews with Contemporary Intellectuals. Durham: Duke University Press, 1997, p.121-50.

EAGLETON, T. A Conversation with Terry Eagleton (com José Manuel Barbeito Varela). *Atlantis: Revista de la Asociación Española de Estudios Anglo-Norteamericanos*, 23-2, dez. 2001, p.169-85.

EAGLETON, T. Romantic Poets. In: *Figures of Dissent*: Critical Essays on Fish, Spivak, Žižek and Others. London: Verso, 2003, p.37-41.

EAGLETON, T. *The English Novel*: An Introduction. Oxford: Blackwell, 2005.

EAGLETON, T. *Criticism and Ideology*: A Study in Marxist Literary Theory. London: Verso, 2006.

JAMESON, F. Modernism and Imperialism. In: DEANE, S. (ed.) *Nationalism, Colonialism, and Literature*. Minneapolis: University of Minnesota Press, 1990, p.43-66.

MULHERN, F. *The Moment of "Scrutiny"*. London: New Left Books, 1979.

REDPATH, T. *Tolstoy*. London: Bowes & Bowes, 1960.

ROWBOTHAM, S. *Edward Carpenter*: A Life of Liberty and Love. London: Verso, 2008.

SAID, E. *The World, The Text and the Critic*. London: Faber & Faber, 1984.

THOMPSON, E. P. *The Poverty of Theory*. London: Merlin Press, 1995.

WILLIAMS, R. *Culture and Society 1780-1950*. London: Chatto & Windus, 1958.

WILLIAMS, R. *Orwell*. London: Fontana, 1970.

WILLIAMS, R. (ed.) *May Day Manifesto 1968*. Harmondsworth: Penguin, 1968.

# CAPÍTULO QUATRO
## *Política/Estética*

*Em Oxford no início da década de 1970, você liderou uma longa e lendária série de seminários marxistas na Wadham College. Você poderia descrever esse curso? Que forma ou formas ele assumiu?*

Abri o curso mais ou menos logo após chegar a Wadham em 1969. A princípio, os seminários eram centrados em críticas especificamente marxistas; lemos e apresentamos todos os tipos de críticos marxistas. Mais tarde, os seminários mudaram de caráter e tornaram-se aulas de teoria da literatura. Por fim, eles foram tomados pelos alunos, que fundaram um grupo de pressão radical na faculdade de inglês chamado Oxford English Limited, e eu só aparecia ocasionalmente. O curso foi realizado ao longo dos anos 1980 até o momento em que deixei Oxford.

As aulas começaram no meu quarto da faculdade com um pequeno grupo de pessoas, a maioria alunos meus de pós-graduação, e então gravitou em direção à sala de aula da Wadham College. Tornaram-se muito rapidamente um fórum para os perdidos e abandonados, os exilados e refugiados, em Oxford. Incluíam desde mineradores da Ruskin College até jovens intelectuais de esquerda. Também havia vários membros do IMG e dos IS. O público era muito móvel, e muitas pessoas que estavam de passagem em Oxford compareciam, então era difícil conduzir um plano de estudos consistente. Os seminários eram fóruns culturais intensivos. Ao longo dos anos, eles assumiram várias formas pedagógicas experimentais. Às vezes eu dava uma aula expositiva, mas os participantes frequentemente decidiam o tópico para o próximo encontro e apresentavam trabalhos. A direção do curso era muito democrática. Também convidávamos palestrantes visitantes com frequência – pessoas como Stuart Hall e John Goode, mas acho que Raymond nunca deu uma palestra para nós. Uma das coisas boas dos seminários é que eles nunca tiveram um ambiente institucionalizado. Eram muito informais. Participávamos em um processo de aprendizado coletivo.

*E o conteúdo intelectual das aulas?*

Seguimos a história política mais ampla. No começo, como sempre digo, era um negócio quase exclusivamente marxista. Então, cada vez mais, outros corpos teóricos foram incluídos, em especial o pós-estruturalismo e o feminismo, e houve como consequência debates e conflitos entre essas posições. A classe era absolutamente enraizada em seu movimento político. Aqueles foram os anos da empolgação de Althusser, do periódico *Screen* e do início do pós-estruturalismo. Chris Norris, nosso contato em Paris, transmitia as novidades de Barthes, e essas ideias circulavam gradualmente. Alguém fazia uma busca pelo trabalho de Derrida, que era pouco mais do que um boato, e fazia uma apresentação sobre ele. Debatíamo-nos com as primeiras obras de Julia Kristeva. Tudo era conduzido em um nível intelectual formidavelmente alto – alto demais no sentido de ser bastante rigoroso, sem humor. Mas ainda me lembro de alunos de graduação – não de pós-graduação – cuja habilidade de dissecar o terceiro volume de *O capital* era impressionante. Essas aulas funcionavam como um albergue para esquerdistas surrados – para pessoas que não estavam se dando bem no sistema de Oxford; para pessoas que estavam de passagem em Oxford como pesquisadores ou professores visitantes e queriam algo diferente; e para figuras típicas das *public schools* que haviam sido treinadas para acreditar que deveriam ter o melhor de tudo, e que tinham a incômoda sensação de que John Bayley não era o ápice absoluto da civilização europeia.

*Como foi a reação do corpo docente em relação à emergência desse centro oposicionista de debate intelectual e político?*

Acho que havia muito descontentamento informal por parte do corpo docente. Ouvia-se uma quantidade razoável de resmungos no ambiente. Em certo sentido, nós estávamos tornando os estudantes ineducáveis sob as condições de Oxford. Mas, devido à crença da universidade de que ela era capaz tolerar ou absorver qualquer coisa, ninguém chegou a tomar providências contra aquilo. Por muito tempo, os seminários não constavam na lista de cursos. Na verdade, eu os mantive fora da lista deliberadamente, e os conduzi de forma paralela às minhas tarefas na universidade, porque não queria que eles fossem formalizados. Porém, no final das contas, a faculdade tentou cooptá-los para mostrar que não tinha medo deles. Assim eles acabaram na lista de cursos, mas isso convinha a mim desde que servisse como propaganda.

Tudo isso foi estimulante, mas também era um fardo muito grande, e eu me sentia sobrecarregado. Havia uma hostilidade considerável dirigida a minha pessoa, sobretudo naqueles primeiros anos em Oxford. Existiam pessoas com quem eu nunca havia me encontrado ou conversado que literalmente atravessavam a rua para me evitar. Eu nunca tinha provocado essas pessoas, mas elas achavam que eu estava desencaminhando a juventude. Fiquei muito isolado e tive dificuldades com isso, em parte porque não sou insensível a esse tipo de coisa, em parte porque aquilo era injusto demais. Eles não conseguiam tolerar um radical em um corpo docente de 120 pessoas...

*Então qual foi o papel do Oxford English Limited no desenvolvimento do curso?*

O curso transformou-se no Oxford English Limited na década de 1980, e sob essa forma ele se tornou a base para um grupo de campanha que, mesmo tendo um perfil político modesto no contexto geral das coisas, atuou em um número extraordinário de esferas – desde a oferta descarada de traduções de *Beowulf* para estudantes que não queriam perder tempo fazendo aquilo, até o aconselhamento daqueles que estavam presos a tutores intoleráveis. Às vezes nós panfletávamos os professores, distribuindo críticas contra os professores antiesquerda. Um dos nossos projetos mais endiabrados foi informar os futuros estudantes de inglês sobre a universidade, com o objetivo de oferecer-lhes um perfil do ensino nas faculdades – o que era naturalmente algo muito útil. Quando o corpo docente descobriu o que estava ocorrendo, ele recorreu aos supervisores e desenterrou alguns regulamentos antigos, que foram brandidos sobre nossas cabeças, contra atos que podiam descreditar a universidade. Consultamos um advogado para descobrir se eles podiam nos enquadrar nos artigos, e a questão acabou morrendo.

Então o curso não acabou simplesmente por volta de 1979, digamos, quando as cortinas políticas começaram a se fechar. Ele encontrou uma função prática para si mesmo, e aquilo preocupou de fato a universidade em alguns aspectos. De acordo com alguns membros do corpo docente da faculdade de inglês de Oxford, o Oxford English Limited era minha tentativa pessoal de obter poder. É um pouco irônico que eu tenha deixado a universidade em grande parte porque não queria o poder que acompanhava as tarefas administrativas de professor. Mas havia uma visão paranoica de que esse grupo era um instrumento de Eagleton. Eu nem o havia criado. Indivíduos como Ken Hirschkop e Robin Gable, que eram efetivamente williamsistas, tinham fundado o grupo. E apesar de ter tido a princípio um papel central, assumi uma posição secundária à medida que os anos 1980 se passaram.

*Com o que você estava trabalhando entre 1970 e 1975? Você não publicou nenhum livro, então à primeira vista você parece ter sido atipicamente improdutivo naquela época – talvez por causa das demandas e responsabilidades de conduzir o curso.*

Acho que foi o negócio normal de constituir família, estabelecer-me e assim por diante. Então meu primeiro casamento acabou em divórcio em 1976. Escrevi vários ensaios naquele período. Mas esse intervalo pode ter tido algum significado, porque eu não sabia exatamente o que escrever ou como escrever. Apesar de estar exagerando um pouco, devo dizer que *Exiles and Émigrés* [1970] foi escrito com o simples objetivo de escrever um livro. Escrevi-o por causa do meu desejo de escrever, mas não era o livro que eu queria fazer. Eu sabia que não queria escrever uma obra crítica convencional – e tinha um sentimento um pouco negativo em relação a *Exiles and Émigrés* porque achava que ele era precisamente isso – mas eu não sabia como fazer as coisas de outra maneira naquele momento. Estava tateando no escuro em direção a certas ideias, certas teorias. O livro sobre as Brontës, *Myths of Power* [1975], é exemplar nesse sentido, porque nele uso a palavra "marxista" no subtítulo. Mesmo em 1974 ou 1975, isso era algo bastante polêmico de se fazer. Na verdade, lembro-me de um crítico marxista – John Goode – dizendo: "É realmente sua intenção usar essa palavra?" Eu disse, "Sim, por que não?" Naquela altura, eu tinha mais experiência em relação à situação de Oxford para me sentir confiante em deixar minha marca. Mas no livro sobre as Brontës eu ainda tratava os autores canônicos como centrais, apesar de empregar teorias muito mais pesadas do que antes.

Criticism and Ideology *[1976] foi supostamente o divisor de águas...*

*Criticism and Ideology* foi o momento em que as coisas engataram. Aquele livro estava esperando para ser escrito – mesmo que não por mim. Eu tinha a forte sensação de que alguém iria escrevê-lo. Havia diversos autores possíveis; foi só por alguma lei estatística que eu acabei escrevendo-o. Ele era o tipo de livro necessário e possível ao mesmo tempo. Em 1976 já era possível escrevê-lo, o que não havia sido o caso na época de *Exiles and Émigrés* e também ainda não era o caso na época do livro sobre as Brontës. Então, se *Criticism and Ideology* é uma obra de "ruptura", no linguajar althusseriano, os outros livros estão passando tempo em uma espécie de antecâmara.

Há paralelos óbvios com Williams aqui, no sentido de que em certo momento ele descobre uma nova maneira de escrever. Se examinarmos a diferença entre *Drama from Ibsen to Eliot* [O drama de Ibsen a Eliot] [1968] e *Drama from Ibsen to Brecht* [O drama de Ibsen a Brecht] [1987], é possível perceber que ele escreve de uma maneira bastante diferente. Ele rompeu relações com a ênfase de Cambridge à leitura minuciosa – talvez, em seu caso, um pouco demais – e encontrou sua própria voz. Em alguns dos seus primeiros livros, como *Drama from Ibsen to Eliot*, o caso é similar ao de *Exiles and Émigrés*: podemos ouvir sua voz por trás dos bastidores, por assim dizer, mas ele não consegue enxergar uma maneira de trazê-la ao palco. Acho que sua preocupação com a ruptura com o realismo para o que quer que esteja além do realismo, presente nos seus livros sobre o teatro, serve como alegoria disso. Ele procura uma forma de trazer ao palco aquilo que não pode ser dramatizado no teatro realista ou naturalista. Quando ele diz que no teatro há uma ruptura em direção ao expressionismo, está em parte falando sobre si mesmo.

*As outras coisas que você estava fazendo no início da década de 1970, como a redação de resenhas, eram uma tentativa mais ou menos consciente de encontrar uma voz ou tópico?*

É possível que as coisas estranhamente díspares que eu andava fazendo tenham tido alguma coerência secreta. Eu estava conduzindo seminários marxistas em Oxford, e sentia-me atraído em direção a algo correspondente a eles em termos da minha escrita. O *Slant* havia saído de circulação, mas eu ainda tinha relações com o periódico *New Blackfriars*. Depois houve as estranhas resenhas de poesia que escrevi para a revista *Stand* por vários anos. Acho que fui o crítico mais duradouro de Jon Silkin, em parte porque ele era muito competente em alienar o resto dos colaboradores. Ouvi falar de pessoas que mudaram de endereço e telefone e passaram a usar óculos escuros porque ele tinha uma presença muito intimidadora e draconiana – mas foi isso que o ajudou a manter a revista quase sozinho. Eu dava valor ao ato de escrever essas resenhas porque não era algo nada parecido com as outras coisas que eu fazia. Era análise minuciosa de poesia. Mais tarde, as pessoas com frequência diziam "Olha, o que você estava fazendo não era o mesmo tipo de coisa que você estava discutindo teoricamente" – e isso era verdade. Eu era esquizofrênico. Não sabia como unir essas duas coisas. Essas resenhas foram praticamente as coisas mais difíceis que já fiz: eu dava valor a elas, mas elas me apavoravam.

*Então essas resenhas não eram de forma nenhuma simples "exercícios para cinco dedos"?*

De modo algum; não da maneira como elas às vezes são hoje. Eu tinha orgulho de escrevê-las. Gostava da posição política da publicação, gostava da ideia de colaborar com um grupo, e gostava de escrever com um número definido de palavras, de modo mais geral; mas considerava o ato de escrever as resenhas muito difícil.

*Então How to Read a Poem [Como ler um poema] [2007], seu recente livro de introdução à poesia, pode ser lido como uma tentativa de resolver essa "esquizofrenia", esse conflito?*

Sim; acho que nesse meio tempo percebi que também existiam teorias de poesia, das quais eu provavelmente não tinha muita consciência na época. Eu ainda estava na antecâmara, por assim dizer, onde fazia coisas diferentes sem saber bem como uni-las – ao passo que *How to Read a Poem* cumpre essa função mais fluentemente.

*Você escrevia alguma poesia naquela época?*

Não, acho que tinha praticamente parado quando saí de Cambridge. Ao chegar a Oxford, comecei a escrever canções. O projeto continuou, mas em um estilo diferente. Percebi que conseguia escrever canções, e aquele não era um trabalho tão duro quanto escrever poesia. Era bem fácil e muito divertido. Eu costumava participar de sessões semanais de música irlandesa em Oxford ao longo da década de 1970. Elas eram organizadas por um construtor irlandês, mas fui um dos primeiros participantes. Eu dava muito valor à experiência porque ela era uma maneira de viver na cidade apesar de trabalhar na universidade. As sessões mudaram-se de *pub* para *pub*, em parte porque encontraram problemas durante os piores dias da campanha do IRA na Grã-Bretanha. Depois dos ataques a bomba em Birmingham, por exemplo, os policiais às vezes apareciam, e alguns dos meus amigos irlandeses não ousavam abrir a boca por causa dos seus sotaques. Mas as sessões sobreviveram a isso. Houve ocasiões em que alugávamos um *pub* e eles aumentavam os preços quando percebiam que éramos irlandeses. Mas era muito divertido, e para mim era um centro alternativo à universidade. Eu escrevia canções e as cantava nessas sessões.

*Você se recorda de alguma canção que você escreveu?*

Lembro-me de uma música que escrevi no início dos anos 1970, enquanto o caso Watergate se desenrolava, e à qual eu adicionava versos à medida que os eventos pioravam. Ainda consigo cantá-la. Há também uma "Ballad of Marxist Criticism", que nunca foi bem nas paradas de sucessos, nunca foi interpretada por Britney Spears, por motivos que me escapam. Mas sempre senti certa relutância em ter minhas canções impressas – gosto que elas permaneçam na tradição oral. Também escrevi uma música sobre um aeroporto ridículo que construíram em County Mayo. O construtor que fundou as sessões levou-a para a Irlanda e subornou um DJ para tocá-la; e quando fizeram um documentário sobre o aeroporto, usaram a música na trilha sonora. Então nós tivemos nossos quinze minutos de fama. Mas foi uma experiência maravilhosa, e para mim havia traços óbvios de nostalgia. Era como se eu estivesse em casa. Eu conhecia muitas das músicas da minha infância, então escrevia canções políticas e satíricas com melodias irlandesas familiares.

*Havia marxistas entre os republicanos?*

Havia esquerdistas, certamente. Um ou dois deles tinham os votos irlandeses de Oxford nas palmas das mãos, então o futuro candidato do Partido Trabalhista para East Oxford sempre se assegurava de estar acompanhado por eles ao visitar certas partes da cidade. Havia muita movimentação política. Essa foi a época em que me juntei aos International Socialists, eu estava trabalhando ao redor da fábrica de carros, e havia uma interseção entre esses dois mundos. As pessoas que frequentavam as aulas na Wadham College também se dirigiam a essas sessões. Para mim aquela foi a idade de ouro, e em certo sentido só foi possível que ela acontecesse por causa do contexto político da época. Meus alunos de pós-graduação e eu, assim como outras pessoas, íamos ao King's Arms regularmen-

A TAREFA DO CRÍTICO    137

te e nos sentávamos sempre na mesma mesa, e mais tarde descobrimos que ela era conhecida como o "Canto dos Trotskistas". O King's Arms era tanto um *pub* esquerdista quanto um *pub* gay naquele período. Era uma época interessante para se estar em Oxford.

*É isso que você quer dizer quando se refere – como já fez no passado – à "cultura socialista dos anos 1970"? Na nova introdução a* Criticism and Ideology, *você caracteriza o período que sucedeu essa década em termos da perda de um certo senso comum socialista...*

Havia uma cultura socialista ambiente. Apesar de existirem muitas pessoas ao nosso redor que eram socialistas ativos e convictos, havia ao mesmo tempo muitas pessoas que não o eram e que ainda assim estavam envoltas naquela atmosfera, influenciadas por aquele clima. Assim, examinar as ideias marxistas não era de maneira nenhuma algo bizarro ou abstruso. Elas tinham uma aceitação geral, e também uma aceitação além do meio acadêmico. Aquela era uma cultura socialista de minoria, temos que admitir, mas era realmente uma cultura. Não estava confinada a ideias.

*Em 1974, você organizou a edição New Wessex do último romance de Thomas Hardy,* Jude the Obscure *[Jude, o obscuro], um relato profundamente pessimista da trágica exclusão de um intelectual de classe trabalhadora de Oxford como local de aprendizado. Isso foi, em algum nível, também um confronto com as políticas de classe de Oxford?*

Foi sim, mas não me lembro de ter pensado isso na época. Foi apenas um daqueles casos em que a editora diz "Ah, vamos dar *Jude* para um crítico marxista". Lembro-me de Frank Kermode escrevendo resenhas de alguns volumes e dizendo, em um tom um tanto quanto paternalista, algo como "É claro, *Jude* é apropriado à abordagem de Eagleton, mas nada mais é...".

*E você escreveu muitas resenhas de livros acadêmicos nessa época?*

Publiquei alguns artigos críticos aqui e ali, nos periódicos *Essays in Criticism* e *Critical Quarterly*, e escrevi algumas resenhas. Cheguei até a publicar resenhas no *Review of English Studies*, e tinha a aspiração de ter uma nota ou pergunta ocasionalmente incluída no *Notes and Queries*. (Um amigo meu alega ser a única pessoa na história a ter dois artigos publicados na mesma página de um periódico – isto é, duas notas no *Notes and Queries*, ou talvez uma nota e uma pergunta.) Sim, estava fazendo tudo isso, mas não havia muitas pressões profissionais para que eu publicasse, como é comum nos dias de hoje. Eu tinha um emprego para a vida toda, e o fato de possuir doutorado era irrelevante no que dizia respeito a Oxford. Na verdade, em certo sentido, denominar-se "doutor" era considerado algo próprio da pequena burguesia. Um cargo acadêmico pode ser a ruína de um grande intelecto. Percebi isso com o passar do tempo. Quanto mais livros eu publicava, mais hostil Oxford se tornava.

*Você estava escrevendo com bastante regularidade para o* New Blackfriars, *um periódico dominicano com o qual você ainda contribui. Você poderia descrever seu envolvimento com ele?*

Blackfriars, a casa dominicana de Oxford, era um importante centro de teologia radical – e até certo ponto ainda é. Não havia nenhuma ligação oficial do *New Blackfriars* com o *Slant*, mas tínhamos muito em comum pessoal e intelectualmente. Depois que o *Slant* saiu de circulação, eu mantive esses contatos próximos ao *New Blackfriars* e à própria Blackfriars. Por exemplo, quando o Domingo Sangrento ocorreu em 1972, Herbert McCabe realizou uma missa para os mortos, na qual recitou os nomes das pessoas que haviam sido assassinadas. Como resultado, a Blackfriars foi associada injustamente ao terrorismo – por simples ignorância ou malícia, as pessoas alegavam que quando os frades chocalhavam as latas depois de um encontro, estavam coletando dinheiro para o IRA. A certa altura, fui o editor de poesia do *New Blackfriars*. O editor de poesia de um periódico como esse é como o porteiro do Ritz Hotel – seu trabalho não é deixar as pessoas entrarem, mas sim mantê-las do lado de fora. Então eu passava o tempo rejeitando, por exemplo, o soneto de Madre Maria José sobre São Francisco.

A TAREFA DO CRÍTICO   139

*Gostaria de saber mais detalhes sobre as leituras teóricas que você estava fazendo no início da década de 1970, especificamente sobre Althusser. A tradução de Pour Marx [Para Marx] [1965] para o inglês foi publicada em 1969, e a de Lire Le Capital [Ler O capital] [1968] em 1970. A referência mais antiga de Althusser que encontrei em sua obra está em um ensaio chamado "Myth and History in Recent Poetry" [Mito e história na poesia recente], de 1972: "A história, como Louis Althusser nos faz lembrar, é uma realidade complexa em vez de monística: devemos falar de histórias e das unidades conflitantes que elas formam".*

Lembro-me de ter encontrado um volume de *Ler O capital*, por incrível que pareça, justo na biblioteca da Jesus College em Cambridge. Eu não sei quem o colocou lá. Nós nos concentramos em uma forma predominantemente hegeliana de marxismo quando iniciamos as sessões em Oxford. Depois, em algum momento no início da década de 1970, começamos a ler Althusser. Os seminários marxistas não eram de modo algum estritamente althusserianos, mas faziam parte daquela atmosfera.

*Você sentiu uma sensação de empolgação intelectual ao lê-lo?*

Não diria que "empolgação" seja exatamente a palavra certa, mas havia uma sensação revigorante de que ali estava sendo talhada uma série de conceitos; conceitos com os quais poderíamos trabalhar, ou que poderíamos implementar, em diversas áreas: psicanálise, literatura, cultura etc. Nunca me considerei um althusseriano de carteirinha, portanto fiquei ligeiramente surpreso ao, de repente, ler textos que falavam de mim como se fosse um deles. Sempre tive reservas quanto aos conceitos mais centrais de Althusser. Apesar de poder ser difícil ler *Criticism and Ideology* e acreditar nisso, nunca os adotei de maneira indiscriminada. Tentei formular um balanço dos lucros e prejuízos do althusserianismo no prefácio de *Against the Grain* em meados dos anos 1980, apesar de ninguém ter notado. Nele argumentei que o benefício dos conceitos teóricos centrais de Althusser era que eles haviam corrigido as distorções de outras tradições do pensamento marxista, mas essas formulações alternativas também acabaram criando distorções devido às suas ênfases. O antiempirismo de Althusser, por exemplo, serviu naquela época como um corretivo importante para as formas positivistas de marxismo, mas com o ônus de decair a uma espécie de neokantismo que empurrava o "real" para um ponto de fuga além do discurso. Seu anti-historicismo, e a teoria de temporalidade altamente diferenciada que ele propôs em contraposição, também foram bastante úteis, mas o seu efeito foi o do colapso das narrativas históricas em "conjunturas" localizadas. Talvez de forma mais influente, seu conceito de ideologia, que havia derrubado as teorias de ideologia mecanicistas anteriores, ameaçava expandir tanto o seu significado que se tornaria ineficaz em termos políticos.

*A leitura de Althusser reorganizou sua relação com o humanismo socialista? Em* Para Marx, *ele critica o humanismo socialista como um conceito ideológico em vez de científico, e argumenta que oferece o "sentimento" da teoria que os marxistas humanistas parecem não ter.*

De forma proveitosa, o anti-humanismo de Althusser destituiu o sujeito fetichizado pelas correntes existencialistas e fenomenológicas do marxismo, mas foi vítima de um estruturalismo que fatalmente dava pouca ênfase à importância da luta de classes. E mesmo em meados da década de 1970, eu pensava que havia uma tendência de combinar formas diferentes, significados diferentes, do humanismo de forma excessivamente rápida. Eu era anti-humanista na época, no sentido de não fazer análises fenomenológicas ou centradas no sujeito, mas sempre achei que a tradição moral do humanismo, que herdei de Williams, era importante. Eu achava que as pessoas estavam se confundindo com muita facilidade.

*O que Williams pensava de Althusser? Na introdução de* Marxism and Literature *[Marxismo e literatura] [1977], ele faz uma breve menção a Althusser, ao lado de Goldmann e Sarte em sua fase tardia, quando ele evoca a empolgação que sentiu no final dos anos 1960 e início dos anos 1970 com "o contato com novos trabalhos marxistas".*

Meu palpite é que, na verdade, Raymond havia lido muito pouco de Althusser. Ele tinha uma reação um pouco ambivalente: gostava do estudo de estruturas ou sistemas inteiros, e até fez alguns comentários bondosos sobre o estruturalismo nesse aspecto; mas tudo isso ocorreu de uma distância muito cautelosa. De forma similar, sempre senti que Fredric Jameson não havia entendido por completo o cerne da questão – apesar de ele falar mais sobre Althusser, naturalmente – talvez porque ele tinha raízes profundas na tradição marxista ocidental, uma tradição marxista hegeliana. Para mim, o fato de Althusser ter sido um ex-papista era importante, apesar de nunca ter pensado assim naquela época. Minhas predileções católicas pela clareza, pela sistematicidade, pela totalidade e pelo rigor estavam todas sendo envolvidas em uma forma diferente.

*Em um ensaio sobre Jameson de 1982, você indica que o famoso slogan de* The Political Unconscious *[O inconsciente político] [1982] – "Sempre historicize!" – não é uma injunção especificamente marxista, e você o critica por não entender o caráter ideológico do historicismo, que postula de maneira implícita um conceito linear e homogêneo de processo histórico. É isso que você tem em mente?*

Havia vários significados de historicismo por aí, e as pessoas frequentemente não faziam a distinção entre eles. Acho que Fred, ao se manter distante de Althusser, provavelmente rejeitou uma ideia de historicismo que não era a de Althusser, e que ele de alguma forma interpretou como uma rejeição da história como tal. Mas também considero um grave equívoco imaginar que a historização seja inevitavelmente uma ação radical.

*A propósito, você se recorda do impacto do livro* Marxism and Form *[Marxismo e forma], de Jameson, publicado em 1971?*

Ele foi muito importante para mim. Uma das pessoas que passaram pelos seminários marxistas foi James Atlas, um jovem muito inteligente que se tornou jornalista no *New Yorker* e que hoje dirige uma empresa na indústria editorial. Ele disse "Você já viu este livro?" e me entregou *Marxismo e forma*. Foi a primeira vez que ouvi o nome de Jameson. (Na verdade, ainda tenho esse livro. Quando escrevi um artigo para Atlas recentemente, telefonei para ele em Nova York e

142 TERRY EAGLETON E MATTHEW BEAUMONT

disse "Ah, falando nisso, você quer seu livro de Jameson de volta? A multa deve estar acumulando". Ele disse "Pode ficar, eu já li".) O livro era extraordinariamente esclarecedor. Não entendi muito bem o que se passava porque eu não sabia de onde vinham as ideias daquele homem. Se alguém tivesse me contado que ele era um europeu da Europa Central chamado Emile Gluckstein, que havia adotado o nome Fredric Jameson por pressão da editora, as coisas teriam feito mais sentido para mim. Eu sabia que Jameson estava em San Diego, mas fiquei surpreso com essa relação tardia com a Escola de Frankfurt. Mais tarde, ele escreveu um relatório pré-publicação sobre *Marxism and Literary Criticism* [Marxismo e crítica literária], e então, em 1976, lecionei ao seu lado em San Diego por um semestre.

*Eu gostaria de voltar a essa visita aos Estados Unidos. Nesse meio tempo, posso perguntar o que era tão esclarecedor em* Marxismo e forma?

A beleza do estilo. Ele era um marxista que sabia escrever, e essa qualidade literária era inseparável de uma inteligência cintilante. Para mim, como alguém que só havia encontrado Lukács alguns anos antes, ele foi uma introdução a pensadores sobre os quais eu não sabia quase nada – Adorno, Benjamin e assim por diante. Tudo isso foi aproveitado em nossos seminários marxistas, e trabalhamos intensivamente sobretudo em cima de Benjamin. *Considerations on Western Marxism* [Considerações sobre o marxismo ocidental] [1976], de Perry Anderson, que foi muito útil para colocar essa tradição sob uma perspectiva histórica, foi publicado algum tempo depois. Havia uma avalanche de materiais chegando, todos os tipos de coisas que podíamos aproveitar. Jameson foi uma parte importante disso.

*Os debates sobre a estética entre os marxistas ocidentais das décadas de 1930 e 1940 foram traduzidos e publicados pela primeira vez na* New Left Review *no início dos anos 1970 até meados da mesma década. Esses documentos – escritos por Lukács, Brecht, Bloch, Benjamin e Adorno – foram reunidos mais tarde em* Aesthetics and Politics *[Estética e política] [1977].*

Achei que era uma excelente coletânea. Ainda acho. Ela chegou no momento perfeito e reviveu temporariamente algumas questões e

A TAREFA DO CRÍTICO     143

debates centrais. Tinha uma bela edição e introdução, e foi o produto de um esforço coletivo. Nos anos em que eu fazia parte dos IS, fiquei muito interessado por esses tipos de debates, sobre a política cultural bolchevique e a cultura do período de Weimar. Na verdade, uma das minhas funções nos IS era desenvolver a dimensão da política cultural. Isso envolvia algo um pouco diferente do que eu estava fazendo nas aulas, então fiquei feliz que essas questões – que eu havia discutido em um espaço fechado, por assim dizer, com marxistas intelectuais convictos – de repente tivessem sido abertas a um público maior por meio do livro publicado pela Verso.

*A figura da tradição marxista ocidental que quase nunca aparece em sua obra – tenho interesse em saber se ele foi discutido nas aulas – é Ernst Bloch. Em certas ocasiões, você parece ecoar suas ideias. Em* Ideology *[Ideologia] [1991], por exemplo, você argumenta a certa altura que o presente é não idêntico: "há algo nele que aponta para além dele, já que a forma de todo presente histórico é de fato moldada pela antecipação de um possível futuro". Levando em consideração a reputação de Bloch como o "teólogo da revolução", como Jameson o denominou, apropriando-se da descrição de Thomas Müntzer feita por Bloch, eu suporia que ele fosse um ponto de referência importante para você.*

Eu já li um pouco de Bloch e já pensei sobre ele, mas nunca me senti seguro para escrever sobre ele. Bloch foi basicamente uma ausência nos seminários marxistas – apesar de um membro proeminente daquele seminário, Robin Gable, um dos fundadores do Oxford English Limited, ter escrito uma ótima tese sobre ele. Bloch era uma figura omissa, certamente – e logo um marxista teológico, o que deveria ter me inspirado a lê-lo com mais atenção.

*Você também poderia dizer alguma coisa sobre o impacto de* The Country and the City *[O campo e a cidade] [1973]? Williams te menciona nos agradecimentos.*

De certo modo vivi com aquele livro, porque nós conversamos muito sobre ele quando Raymond estava imerso no projeto. Foi curiosamente difícil para ele terminá-lo. As questões abordadas tocavam-no de maneira tão íntima que, creio eu, aquela parecia ser a coisa mais difícil que ele escreveria na vida. O livro era monumental. Entre outras coisas, era uma advertência contra a suposição precipitada de que a tradição inglesa ou britânica não tinha nada a oferecer.

*Esse é o primeiro livro de Williams no qual o marxismo molda os termos do debate; mas é também visível que ele não menciona Marx em nenhum momento. Curiosamente, uma coletânea de ensaios chamada* The Country and the City Revisited *[O campo e a cidade revisitados] foi publicada em 1999, afirmando que sua intenção era estabelecer uma relação entre a análise de Williams dos espaços urbanos e rurais com as "preocupações críticas atuais". Ela também não contém referências a Marx. Naturalmente, em contraste com o livro cujos passos ela segue, essa coletânea não é permeada pelo marxismo. Mas você acha que uma das consequências da celebração da tradição britânica feita por Williams tenha sido uma certa insularidade teórica?*

Sim. A seção menos convincente do livro é a que trata da cidade, porque ela projeta um interesse na experiência urbana cosmopolita que Williams pode ter tido imaginariamente, mas que não era um aspecto vital da sua vida pessoal. Acho que o livro é parte da sua tentativa de formular uma relação com o marxismo naquele período. Creio que ,depois que deixei Cambridge, ele argumentou a favor de um curso chamado "Marxismo e Literatura" na faculdade de inglês. Não sei se ele foi bem-sucedido naquele momento, início dos anos 1970. Ele estava tentando definir sua posição sobre, contra ou em relação ao marxismo. Mas, no geral, ele simplesmente seguiu seus próprios projetos, arou sua própria terra – no período em que as discussões e os conflitos estavam acontecendo ferozmente. Ele estava até certo ponto distante desses debates. Duvido, por exemplo, que ele tenha lido muito Derrida ou Foucault – para começar, ele não teria sido muito favorável àquele nível de abstração filosófica. Ele preferia alguém como Bourdieu; e quando os dois se encontraram, o que mais um galês e um francês teriam em comum para conversar senão rúgbi?

*Vocês lidavam com outras pessoas da geração de Williams – como David Craig e Arnold Kettle – nos seminários marxistas?*

Nós estudamos a tradição marxista britânica da década de 1930 por um tempo considerável, mas a corrente contemporânea do "leavisismo do Partido Comunista", como eu o chamava, não era receptivo ou hospitaleiro em relação ao que estávamos fazendo. Kettle, que foi – é claro – o primeiro professor de inglês da Open University, escreveu um artigozinho hostil sobre *Criticism and Ideology*, no qual o livro foi atacado devido ao seu jargão abstrato. Craig não era diferente dele.

Na época do *Slant*, nós tínhamos diálogos com o Partido Comunista (PC). Sempre pensei que eles estavam dialogando conosco porque não tinham muito mais a fazer. Rapidamente descobrimos que estávamos muito mais à esquerda do que eles, e que havia pouco em comum entre nós. Falei em uma ou duas reuniões literárias do PC, e percebi uma aliança profana entre um particularismo sensual leavisista, que era muito antiteórico, e uma espécie de marxismo vulgar do PC, igualmente suspeito de ideias vacuamente idealistas.

*Gostaria de prosseguir para* Myths of Power, *o "estudo marxista sobre as Brontës" que você publicou em 1975. Como você situa esse livro hoje?*

Vejo *Myths of Power* muito como uma obra de transição, na qual tento encontrar uma maneira tanto de teorizar quanto de manter um pé no lado prático da crítica. Em termos teóricos, foi o livro mais ambicioso que eu havia escrito até então, apesar da sua ênfase nos autores canônicos, e eu tinha a sensação de que havia obtido algum êxito como tal. Mas, ainda assim, até certo ponto ele não foi capaz de praticar o tipo de teoria que especifiquei no ano seguinte em *Criticism and Ideology*, no qual o texto literário é a *produção* de uma contradição ideológica em vez do seu simples reflexo. Ele correu o risco de ser idealista, porque involuntariamente suprimiu a materialidade do texto, suas estratégias e seus recursos produtivos específicos.

146  TERRY EAGLETON E MATTHEW BEAUMONT

*A influência teórica que mais chama a atenção nesse livro é de Lucien Goldmann, especificamente a ideia de "estruturas categóricas" como um meio de fazer a mediação entre a forma literária e a formação social – apesar de você ser, de maneira geral, bastante crítico do seu "estruturalismo genético". Goldmann deu algumas aulas em Cambridge em 1970, não foi?*

Sim, mas perdi todas elas e nunca o encontrei. Ele faleceu naquele mesmo ano. Raymond gostava muito dele, e eu fiquei sabendo sobre as aulas por intermédio dele.

*Em seu discurso de homenagem, baseado em uma aula dada em 1971, Williams sugere que Goldmann permitiu que ele se livrasse de "uma noção de que havia restrições absolutas no pensamento inglês, restrições que pareciam ser intimamente ligadas a certas restrições e impasses na sociedade como um todo". Isso teve uma ressonância com você?*

Como muitos outros marxistas trabalhando com literatura na época, fiquei profundamente impressionado com a obra de Goldmann desde o meu primeiro contato com ela. Porém, desde o início, fiquei um pouco desconfiado das homologias de Goldmann, por causa de uma nova consciência das contradições e perplexidades entre ideologias e frações de classe. Também tinha muita atração pelo ataque de Brecht e Macherey ao organicismo, e Goldmann pode ser lido como uma espécie de organicista de esquerda. Em retrospecto, eu achava que o anti-humanismo dos althusserianos era produtivo, mas mesmo assim sentia que esse anti-humanismo deveria enfrentar o problema do sujeito. Ele tinha que enfrentar o problema do sujeito, dado que não podíamos voltar a noções do sujeito essencialmente hegelianas ou homogeneizadoras. Isso significou simultaneamente uma dívida intelectual como o estruturalismo marxista e uma oposição crítica a ele. Pois, apesar de naturalmente existir um sujeito em Althusser, ele é um sujeito desolado, deprimido e um pouco desfalecido, um sujeito enfraquecido e subjugado. Subsequentemente, eu queria repensar menos o sujeito e mais o agente; queria repensar o agente em um contexto no qual ideias impraticáveis de agência individual, o agente como uma fonte transcendental, tivessem sido propriamente descreditadas.

*Então qual foi o papel de Althusser em* Myths of Power? *Na introdução da segunda edição, você menciona a "procedência althusseriana" do livro, e essa procedência é imediatamente manifesta em seu uso do termo "superdeterminismo" para descrever a situação histórica das Brontës; mas fora isso, Althusser parece não ter uma forte presença no livro. Ele certamente não ocupa o lugar de Goldmann.*

Não. Curiosamente, o livro não estava alinhado com o que eu costumava pensar em termos teóricos naquela época. Goldmann nunca esteve no cerne dos meus interesses, e eu tinha a sensação de que Althusser havia superado Goldmann em vários sentidos. Mas aquela teoria específica parecia ser capaz de iluminar aqueles textos específicos, e assim o livro ainda foi até certo ponto uma obra centrada em textos.

*A propósito, uma das impressões que tive ao reler* Myths of Power *foi a de que, em certo sentido, ele foi instigado pela apropriação banal e sociologizante das técnicas metodológicas marxistas por parte dos críticos humanistas liberais. Tenho em mente as referências a Donald Davie e Graham Hough. Você poderia dizer algo sobre a neutralização, ou a sociologização, do marxismo naquela época?*

Essa tendência está presente no livro, apesar de ser razoavelmente sutil. Havia pessoas no início da década de 1970 que se denominavam sociólogos da literatura, e algumas das pessoas que frequentavam as conferências sobre a "sociologia da literatura" na Essex University no final da década de 1970 eram parecidas. Esses indivíduos eram palatáveis ao *establishment* crítico. Creio que no curso marxista estávamos pensando em uma maneira de estabelecer nossas diferenças em relação a pessoas como Malcolm Bradbury, que estavam escrevendo livros sobre a sociologia da literatura moderna. Esses trabalhos eram naturalmente muito despolitizados, e eles nos forçaram a elaborar nossas diferenças em relação a eles. Acho que o livro sobre as Brontës surgiu em parte dessas circunstâncias.

*Para voltar à premissa básica do livro, por que você decidiu produzir um estudo sobre as Brontës?*

A semente do livro foi um artigo que eu havia escrito para o *Critical Quarterly* sobre o poder em Charlotte Brontë. *Myths of Power* foi uma extensão daquele artigo. Naquele momento, eu ainda não sabia sobre o que escrever. Isso durou até *Marxismo e crítica literária* [1976]. Criado como fui, *à la* Cambridge, eu ainda sentia que deveria escrever sobre autores. As Brontës me interessavam, obviamente, mas sabia que não queria escrever sobre elas do modo crítico convencional.

*Elas pareceram ser um território apropriado para uma batalha em torno de metodologias críticas em Oxford em meados dos anos 1970? Estudos mais ou menos biográficos sobre as Brontës foram publicados por Winifred Gérin e Tom Winnifrith no início daquela década.*

Não acho que o livro tenha sido uma tentativa deliberada de intervir em debates sobre a interpretação do cânone. Por acaso adotamos os romances das Brontës como textos ilustrativos a certa altura dos seminários marxistas, e as pessoas fizeram bons trabalhos sobre *O morro dos ventos uivantes*. A ideia de "mito" era importante porque aquela era a fase tardia de Lévi-Strauss e do estruturalismo, e havíamos nos interessado pela questão da história e do mito. Mas creio que também houve uma continuidade com o tema do exílio, do nativo-estrangeiro, que eu havia explorado em *Exiles and Émigrés*. Aquilo parecia condensar muitas contradições.

*Pergunto-me se você teria substituído o conceito de mito por um conceito de ideologia, caso tivesse escrito o livro sobre as Brontës alguns anos mais tarde. Em* Exiles and Émigrés*, o mito havia funcionado como o meio pelo qual modernistas como Eliot e Yeats tentaram alcançar a totalização da sociedade na ausência de paradigmas realistas viáveis para representá-la. Posso ver que o conceito ainda é útil no contexto das Brontës, sobretudo por causa do mito biográfico das próprias irmãs, a transposição da sua contraditória situação histórica para um domínio supra-histórico; mas você parece estar tentando ir além dele mesmo enquanto aproveita-se dele naquele livro.*

Não havia nenhuma necessidade urgente de combater a crítica mitológica naquela época, já que ela não tinha ampla circulação; portanto, o motivo não foi esse. Creio que eu estava começando a explorar a ambivalência do mito como ideologia e utopia, e encontrei uma maneira de fazer isso em relação às Brontës que parecia ser esclarecedora teoricamente. Nunca me senti obrigado a enfrentar Northrop Frye cara a cara. Ele era impopular, de qualquer modo. Uma vez ele se referiu a mim, quando passei brevemente pela Linacre College, como "aquele lunático de Linacre". Ele também escreveu que o que o diferenciava dos outros críticos influentes era que ele era um gênio. A crítica mitológica não parece fazer muito bem para a alma.

*E a "imaginação"? Você observou na introdução da segunda edição de* Myths of Power *que o livro era "propenso demais a trazer a bordo conceitos essencialmente românticos como 'a imaginação'".*

Tornei-me um pouco cético em relação à ideia de imaginação, exatamente porque ela nunca parecia ser criticada por ninguém. É um daqueles conceitos, como "comunidade" ou "compaixão", que todos veneram e que inspira meu lado perverso a criticá-lo. A imaginação criativa, no caso dos românticos, é entre outras coisas uma força política transformadora; mas algumas décadas mais tarde, ela tornou-se mais ou menos uma substituta para a mudança política. Há um idealismo, filosoficamente falando, em relação ao conceito de imaginação, que em circunstâncias históricas diferentes pode se virar tanto para a esquerda quanto para a direita. No século XVIII, ele certamente estava ligado ao humanitarismo progressivo. Eu discuto essa descentralização do eu egoísta do individualismo possessivo, que permite que nos imaginemos de forma empática na situação do outro e sintamos solidariedade emocional com ele, na seção sobre o imaginário em *Trouble with Strangers*. A imaginação é sempre uma categoria ética, e ela representa um dos pontos nos quais a ética e a estética se misturam.

A literatura torna-se importante em parte porque nos dá acesso textual indireto às vidas dos outros, já que na verdade estamos isolados pelas divisões e fragmentações da modernidade. Podemos descobrir qual é a sensação de ser argentino por meio da leitura de certos romances, já que nunca vamos ter tempo ou dinheiro o suficiente para ir até lá e descobrir pessoalmente. Assim, a riqueza da imaginação pode paradoxalmente disfarçar uma certa carência ou pobreza. Com frequência ela é uma forma de compensação mental. O mesmo vale para a ideia romântica de que a imaginação é o poder com o qual entendemos a situação do outro pelo lado de dentro. Ela não representa nenhuma posição em si mesma. Ela é simplesmente a capacidade infinita de entrarmos e nos apropriarmos das posições dos outros, transcendendo-as por meio do próprio ato de possuí-las – o que Keats chama de "capacidade negativa". Apesar de todo o seu potencial indubitado, acho que esse conceito é historicamente associado à emergência do colonialismo. O colonizador não possui nenhuma posição ou identidade em si mesmo – sua posição e identidade estão simplesmente no ato de entrar nas identidades de todas as outras pessoas, conhecendo-as melhor do que elas conhecem a si mesmas. Assim, a mais abnegada e generosa das noções estéticas talvez carregue também traços de uma história de violência suprimida.

Ao mesmo tempo, devemos reconhecer que a imaginação, além de ser uma ideia um tanto quanto sublime, é também parte integrante da vida cotidiana – e não, como os românticos às vezes imaginavam, algo necessariamente oposto a ela. As interações sociais mais simples envolvem a imaginação. Quando levo uma xícara aos meus lábios, eu o faço porque minha imaginação pode antever – valendo-se de experiências prévias – quais serão os resultados. Quando ouço o barulho de um motor a diesel, minha imaginação diz que o ônibus que estou aguardando está quase chegando. Sem essa imaginação, que na verdade significa tornar presente o que está ausente, não poderíamos viver por um único dia. Há uma noção fenomenológica de imaginação que Merleau-Ponty, entre outros, explorou – ela é parte do nosso *Lebenswelt*, e não meramente uma categoria estética especializada.

*A omissão mais gritante em* Myths of Power *é a questão do gênero, e isso é algo pelo qual você foi subsequentemente atacado. Como o Marxist-Feminist Literature Collective comentou no final da década de 1970: "O tratamento [de Eagleton] da própria Jane Eyre, caracterizada como representante assexuada de uma burguesia possuidora de mobilidade so-*

*cial para as classes mais altas, leva a uma leitura reducionista do texto. Ele negligencia o gênero como um fator determinante ao incluí-lo na categoria de classe".*

Fui repreendido severamente naquela época por me esquecer que as Brontës eram mulheres. Na verdade, quando a Macmillan republicou o livro, ainda falava-se em incluí-lo em uma série chamada "Language, Discourse, Society"; mas apesar de eu ter achado que tinha feito de tudo para reparar essa omissão na nova introdução, o editor da série recusou-se a incluir o livro. Eles publicaram a nova edição do mesmo jeito, mas não o incluíram na série. Não posso dizer que tenha me sentido suicida por causa disso.

*Há porém uma frase na primeira edição na qual você enfatiza o fato de elas serem "mulheres socialmente inseguras – membros de grupo cruelmente oprimido cuja condição de vítima refletia uma exploração mais abrangente". Supostamente, essa foi uma ênfase que você sentiu que não podia ampliar na época.*

Não, eu não tinha acesso ao trabalho que críticas feministas como Sandra Gilbert e Susan Gubar realizaram subsequentemente sobre as Brontës; mas ainda sim eu deveria ter sido mais sensível aos seus pontos de vista feministas. Ao mesmo tempo, muitos bons trabalhos feministas sobre as Brontës, sobretudo nos Estados Unidos, ignoraram quase por completo a crucial situação de classes. Então as exclusões não eram unilaterais.

*No final da introdução da primeira edição de* Myths of Power, *você afirma que "o objetivo da crítica histórica não é adicionar notas de rodapé especializadas à literatura; como qualquer crítica autêntica, sua intenção é possuir a obra mais profundamente". Tenho curiosidade em saber o que você pensa dessa formulação em retrospecto. O que quis dizer com "possuir a obra mais profundamente", por exemplo?*

Há certamente uma ressonância leavisiana nessa frase, não há? Mas apesar disso, acho que ainda defenderia essa formulação. Naqueles tempos existiam muitas posições estratégicas que a esquerda cultural havia conquistado, grosso modo, em que tornamos difícil a defesa de certos argumentos para nossos oponentes. Uma das questões era a do valor eternamente fixo; ganhamos a batalha para falar sobre as bases e condições do valor, da avaliação do valor. Também vencemos com a ideia de que a história é inscrita na obra, de modo que você não está genuinamente lendo as palavras na página a não ser que as esteja lendo em um contexto histórico. Não era mais um caso de colocar as palavras da página em confronto com algum argumento sociológico ou histórico. O título do livro de Jameson, *Marxismo e forma*, expressa isso. Lembro-me que insisti, desde muito cedo nos seminários marxistas, na ênfase na historicidade da forma e na necessidade de levar a forma a sério. Isso correu em parte porque eu acreditava na sua importância e em parte como medida estratégica, pois percebi como podíamos ser rapidamente flanqueados pelo argumento de que não éramos mais do que sociologizadores redutivos.

*Você argumentou que a teoria não deveria ter que se justificar simplesmente em termos da sua habilidade de fazer melhores análises minuciosas que a crítica prática. Ela é uma justificativa em si mesma, porque levanta várias questões mais ou menos relacionadas que merecem ser estudadas em seus próprios termos ou em relação à história. Essa noção de "possuir a obra mais profundamente" evidencia um constrangimento residual quanto ao uso da linguagem teórica?*

Há duas questões aí. Por um lado, eu queria afirmar a autonomia relativa da teoria. As pessoas costumavam dizer coisas como "É quase como se a teoria fosse mais interessante que o texto..." Minha resposta era "Bem, no caso de Freud *versus Water Babies* [Os bebês aquáticos], de Charles Kingsley, ela é. E daí?!" Foucault é muito mais fascinante do que A. E. Housman. A teoria não deve justificar-se somente como uma forma superior de crítica. Mas quando ela analisa um texto, deve ainda assim possuí-lo inteiramente.

*Em "Ideology and Literary Form" [Ideologia e forma literária], publicado na* New Left Review *em 1975, um artigo que testa a tese de* Criticism and Ideology, *os traços leavisianos em seu pensamento desaparecem. Esse artigo, sua declaração teórica mais importante até aquele momento, provocou uma resposta interessante de Francis Mulhern. Ele criticou-o pelo seu sociologismo (talvez ironicamente, levando em consideração o que você vem dizendo sobre a sociologia da literatura); e queixou-se de que você parece presumir que a classe é o único fator material determinante da consciência, e assim ignora a forma nacional e cultural tanto quanto ignora a sexualidade e a biologia. Ele também argumentou que você não compreendeu que a ideologia do texto reside dentro de sua forma. Na prática, então, ele posicionou-se do lado do formalismo e colocou você do lado do historicismo.*

Ambas as posições tornaram-se muito extremas. Lembro-me de ter ficado muito impressionado com a resposta de Francis, apesar de ela realmente ter me dado a impressão de ser formalista demais. Aliás, Francis era editor na New Left Books quando *Criticism and Ideology* foi apresentado para publicação. Ele gostou do projeto, mas foi bastante áspero em suas críticas. Ele era muito seguro e extremamente perspicaz e judicioso, de forma astuta e cautelosa, característica de Ulster. E de fato suas críticas ao meu livro foram muito apropriadas em geral; mas também foram um tanto severas, de uma forma típica a intelectuais jovens e sinceros do sexo masculino. Eu mesmo agia dessa forma.

*Pour une théorie de la production littéraire [Para uma teoria da produção literária] [1966], de Pierre Macherey, cujas ideias permeiam* Myths of Power *e, de forma mais profunda,* Criticism and Ideology, *só foi traduzido e publicado em inglês em 1978. Esse livro é obviamente de importância decisiva para o seu desenvolvimento teórico. Quando você o encontrou pela primeira vez?*

Li a obra em francês algum tempo depois de ter me mudado para Oxford. Depois escrevi um artigo sobre Macherey para o *Minnesota Review* em 1975, quando ele ainda era pouco conhecido na Grã-Bretanha. Aquele foi um artigo bastante útil para a disseminação das suas ideias. O próprio Macherey veio a uma das conferências de "Sociologia e Cultura" na Essex University. Ele estava vestindo um terno tão maior que ele que nós nos perguntamos se o verdadeiro Macherey não havia sido sequestrado enquanto vinha de Calais, sendo substituído por um impostor anão. Lembro-me de ter tentado lhe dizer em meu fraco francês o quão influente o seu livro havia sido. Ele disse ironicamente: "Bem, sou um filósofo. Não entendo muito bem o sucesso desse livro". Ele minimizou muito seu sucesso. Acho que dos vários livros que estavam aparecendo, aquele foi o que me influenciou de maneira mais profunda. Lembro-me que Perry Anderson, que havia lido o livro logo após o seu lançamento, achou um pouco de graça nisso. Não acho que Perry tenha ficado muito impressionado com ele, e tive a impressão de que ficou curioso em saber por que eu fiquei. Na verdade, essa é uma boa pergunta. Acho que havia um monte de coisas erradas com ele – algumas das quais mencionei no meu artigo sobre Macherey –, mas ainda assim considerava aquela obra bastante original. Por algum tempo, ela foi um texto-chave para nós.

Creio que achei a noção althusseriana de leitura sintomática particularmente útil na época. Parecia-me que a obra de Macherey era um excelente exemplar de desconstrução, mas ela não foi adotada pelos desconstrucionistas, sem dúvida porque não falava apenas sobre a presença, mas sobre a propriedade. Macherey era comunista, um conhecido aliado de Althusser, e portanto era de várias formas menos badalado e aceitável que outros atores, como Derrida, cuja *Of Grammatology* [Gramatologia] [1966] foi publicada no mesmo ano da obra de Macherey.

*Pensando em sua obra subsequente, tenho a impressão de que uma das coisas que podem ter atraído você é a maneira como o livro de Macherey combina Freud e Marx, porém sem se comprometer com o freudo-marxismo. Ele tem interesse em Freud como leitor, tanto de textos quanto dos códigos e processos por meio dos quais os textos são constituídos.*

Macherey não menciona muito Freud, ou menciona? E apesar disso Freud está presente ao longo do livro como subtexto. Sim, eu considerava a ideia do inconsciente do texto muito poderosa. Acho que podemos falar produtivamente do inconsciente do texto desde que estejamos conscientes dos perigos de antropomorfizar a obra dessa maneira. Não acho que o subtexto inconsciente seja o inconsciente do autor. Isso não quer dizer que o autor não tenha intenções inconscientes assim como conscientes. O texto tem um inconsciente porque – como qualquer exemplar de linguagem ou qualquer sujeito humano – ele está, em virtude das suas afirmações performativas, inevitavelmente envolvido em uma rede de significações que excede e às vezes subverte essa performance, e que não pode ser plenamente controlada. E esse inconsciente não é apenas algo-além-do-texto que está fora do alcance da obra; ele é uma falta de controle, uma maneira com a qual o texto evita a si mesmo e é não idêntico a si mesmo, que é inscrito dentro do próprio texto e sem o qual ele não poderia dizer absolutamente nada.

Também me lembro de ter ficado profundamente impressionado – apesar de isso poder ter sido ingenuidade – pela ênfase de Macherey na falta de unidade constitutiva do texto. Não que ele expresse esse ponto explicitamente, mas me parecia que de Aristóteles até I. A. Richards a unidade havia sido um postulado crucial. É espantoso o quão duradouro e consistente o dogma da unidade da obra é, por quanto tempo ele não foi disputado. Apesar de Macherey não fazer referência a isso, toda uma história de vanguardismo dava respaldo a ele nesse sentido. Ele estava colocando um detonador debaixo da doutrina sagrada da crítica – a ideia de que tudo tem que ser consistente, que não deve haver um fio de cabelo fora do lugar. Fetichismo literário, deveras.

*Há uma certa falta de unidade em* Para uma teoria da produção literária *também, não há? A tradução inglesa do título é naturalmente enganosa, pois em francês o título é* Pour une théorie de la production littéraire *e, em inglês,* A Theory of Literary Production. *Em inglês, ele é reificado na forma de uma teoria da produção literária aparentemente completa e autônoma. Na verdade, o livro tem uma estrutura bastante provisória e assistemática, porque consiste de uma série de ensaios fragmentários aos quais Macherey acrescentou um apêndice com os artigos de Lênin sobre Tolstoi. Você tinha interesse em sua composição formal?*

Sim, por causa dessas pequenas e hesitantes incursões conceituais. A primeira seção é chamada "Alguns conceitos elementares", e nela ele simplesmente lida com uma série de ideias. Fiquei atraído pela brevidade e despretensão que encontrei ali. Em termos formais,

156 TERRY EAGLETON E MATTHEW BEAUMONT

aquela não era uma tese prolixa. Mas continha um argumento que eu considerava silenciosamente subversivo. Era um violento ataque contra algumas das vacas mais sagradas da crítica literária.

## Leituras

ALTHUSSER, L. Marxism and Humanism. In: *For Marx*. London: Verso, 1990, p.219-47.

BLOCH, E. et al. *Aesthetics and Politics*. London: New Left Books, 1997.

EAGLETON, T. Myth and History in Recent Poetry. In: SCHMIDT, M.; LINDOP, G. (eds.) *British Poetry Since 1960*: A Critical Survey. Oxford: Carcanet, 1972, p.233-9.

EAGLETON, T. Class, Power and Charlotte Brontë. *Critical Quarterly*, 14:3, 1972, p.225-35.

EAGLETON, T. *Myths of Power*: A Marxist Study of the Brontës. Londres: Macmillan, 1975.

EAGLETON, T. Ideology and Literary Form. *New Left Review*, 1:90, 1975, p.81-109.

EAGLETON, T. Reply to Francis Mulhern. *New Left Review*, 1:92, 1975, p.107-8.

·EAGLETON, T. *Aesthetics and Politics. New Left Review*. 1:107, 1978, p.21-34.

EAGLETON, T. Interview: Terry Eagleton (com James H. Kavanagh e Thomas E. Lewis). *Diacritics*, 12:1, 1982, p.53-64.

EAGLETON, T. Pierre Macherey and Marxist Literary Theory. *Philosophy*, 14, 1982, p. 145-55 (reproduzido em *Against the Grain*, p.1-8).

EAGLETON, T. Fredric Jameson: The Politics of Style. *Diacritics*. 12:3, 1982, p.14-22 (reproduzido em *Against the Grain*, p.65-78).

EAGLETON, T. Criticism and Ideology: Andrew Milner Interviews Terry Eagleton. *Thesis Eleven*, 12, 1985, p.130-44.

EAGLETON, T. *Against the Grain: Essays 1975-1985*. London: Verso, 1986.

EAGLETON, T. Two Approaches to the Sociology of Literature. *Critical Inquiry*, 14:3, 1988, p.469-76.

EAGLETON, T. The Ballad of Marxist Criticism. In: REGAN, S. (ed.) *The Eagleton Reader*. Oxford: Blackwell, 1998, p.400.

EAGLETON, T. *Myths of Power*: A Marxist Study of the Brontës. Basingstoke: Palgrave Macmillan, 2005.

EAGLETON, T. *How to Read a Poem*. Oxford: Blackwell, 2007.

EAGLETON, T. Must We Always Historicize? *Foreign Literature Studies*, 30:6, 2008, p.9-14.

GÉRIN, W. *Emily Brontë*. Oxford: Claredon, 1971.

KETTLE, A. Literature and Ideology. *Red Letter*, 1, 1976, p.3-5.

MACLEAN, G.; DONNA, L.; WARD, J. P. (eds.) *The Country and the City Revisited*: England and the Politics of Culture, 1550-1850. Cambridge: Cambridge University Press, 1999.

MULHERN, F. Ideology and Literary Form – A Comment. *New Left Review* 1:91, 1975, p.80-7.

WILLIAMS, R. *Marxism and Literature*. Oxford: Oxford University Press, 1977.

WILLIAMS, R. Literature and Sociology: In Memory of Lucien Goldmann. In: *Problems in Materialism and Culture*: Selected Essays. London: Verso, 1980, p.11-30.

WINNIFRITH, T. *The Brontës and their Background*. Londres: Macmillan, 1973.

# CAPÍTULO CINCO
## Crítica/Ideologia

*Então você lecionou ao lado de Fredric Jameson como professor visitante na University of California em San Diego em 1976. Como isso aconteceu?*

Não foi ideia de Jameson. Um colega dele que havia me encontrado convidou-me, e eu fui para lá por cerca de dez semanas. As universidades nunca sabem o que fazer com os professores visitantes – é uma anomalia estilo David Lodge – então fui trancado em um apartamentozinho com vista para o Oceano Pacífico e deixado lá. Finalmente alguém voltou para me visitar e descobriu que eu ainda estava vivo. Lecionei para trinta e poucos alunos de pós-graduação que tinham vindo trabalhar com Jameson em uma grande variedade de áreas. Um desses alunos era sua esposa, Susan Willis. Eu tinha aulas regulares com eles, assim como algumas sessões individuais. Também dei uma aula para o curso de graduação. Aquela foi a primeira vez que encontrei Jameson, e acabamos nos conhecendo até bem. Tínhamos muito em comum política e intelectualmente, mas os nossos temperamentos eram muito diferentes.

*Você se deparou com materiais teóricos nesse contexto que não conhecia antes?*

Aquela foi provavelmente minha primeira introdução de verdade à obra de Bakhtin, que até então não era mais do que um nome para mim. Também encontrei Herbert Marcuse, que ainda vivia em San Diego, apesar de já ter se aposentado. Lembro-me de que ele me perguntou, "Quem é importante na Grã-Bretanha hoje?" E eu disse, "Bem, Raymond Williams tem feito trabalhos muito interessantes com afinidades com os seus". "Williams? Williams?", ele respondeu. "Não, não, acho que não conheço esse nome." Em um momento moderadamente histórico, fiquei observando Marcuse enquanto ele anotava diligentemente *Culture and Society* [Cultura e sociedade] e vários outros títulos. Acho que Raymond, no que diz respeito a ele, tinha bastante consciência da obra de Marcuse.

*No mesmo ano você publicou dois livros importantes,* Marxismo e crítica literária *e* Criticism and Ideology. *Isso estabeleceu um padrão distinto de publicar simultaneamente um livro introdutório e um livro mais especializado em termos teóricos. Você planejou deliberadamente essa duplicidade na abordagem das ideias sobre as quais você estava refletindo?*

Não, não foi consciente, mas você está certo que isso começou ali. *Marxismo e crítica literária* foi comissionado para a série "Critical Idiom", que estava buscando ir além da metáfora e do ponto-e-vírgula e outros tópicos similares que já haviam sido exauridos. Eu estava na verdade reunindo materiais para *Criticism and Ideology* naquele momento, então ele foi um subproduto disso. Mas creio que aquilo realmente se tornou um padrão consciente mais tarde, no sentido de que descobri que gostava de popularizar ideias e pensava ter competência para fazê-lo. *Marxismo e crítica literária* foi o primeiro exemplo disso. A partir de então, tenho tido a tendência de intercalar obras mais difíceis e mais populares. Queria que Homi Bhabba fizesse o mesmo...

Criticism and Ideology *foi o equivalente ao que Fredric Jameson chamou de "experimentos de laboratório"; e como um experimento de laboratório, ele foi moldado por um esforço intelectual coletivo, sob a forma dos seminários marxistas. Você poderia começar falando sobre a que você se refere no prefácio como "toda a hinterlândia de esforços cooperativos, para não falar de toda a cultura política" que instruiu a composição do livro?*

A TAREFA DO CRÍTICO    161

Houve um enorme número de contribuições naquele livro, de todos os tipos de pessoas, particularmente daqueles que frequentaram os seminários marxistas. O livro fala um pouco sobre a "morte do autor", e ele próprio é quase um exemplo disso, no sentido de que todo um conjunto de forças e processos convergiu nele. De todos os livros que já escrevi, vejo *Criticism and Ideology* como aquele que é mais puramente um produto do seu momento. Eu tinha um desejo intenso de resolver certos problemas naquela época. Naquelas sessões em Oxford, muitas vezes estávamos praticamente atirando no escuro. Como exemplo, vejamos a relação esquemática entre a ideologia e a história, ou a ideologia e o texto. Existiam tantas variações disso circulando, tantos modelos diferentes, que havia muita confusão criativa. Lembro-me de estar sentado em uma casa de campo em Galway discutindo a questão com Francis Barker, que teve um papel central no debate mas que infelizmente faleceu em 1999. Ele fazia parte do IMG na época, e portanto representava outro ponto de contato entre a política militante e o que estava acontecendo em termos intelectuais. Costumávamos discutir por várias horas sobre os diferentes modelos de produção, reprodução e transmissão literária. Eram questões epistemológicas um tanto quanto arcanas – acho que superestimamos muito a importância da epistemologia naquele período – mas elas se tornaram um veículo para outros debates mais práticos. Eu sentia que tínhamos que alcançar mais clareza nessas questões. Elas estavam se tornando muito turvas e eram, é claro, com frequência questões de manejo inerentemente difícil. Esse era o projeto de *Criticism and Ideology*.

*Havia outras pessoas interessadas na questão do valor estético, que estava nitidamente fora de moda em meio à esquerda daquela época? Você discute essa questão em algum detalhe e, talvez inspirado por Brecht, insiste em manter uma concepção transitiva de valor.*

Eu estava em uma posição mais isolada ali. Havia um repúdio um tanto pudico e puritano da questão do valor naquela época. Algumas pessoas bastante ativas em sala pensavam que o projeto inteiro era completamente irrelevante e até ligeiramente suspeito. Ann Wordsworth, por exemplo, achava que uma atenção ao valor era um grave lapso humanístico. Mas ao mesmo tempo eu sempre resisti à sugestão da direita de que o valor havia sido descartado totalmente. Não achava que isso havia acontecido; as pessoas simplesmente não sabiam o que fazer com ele. Sempre achei que ele fosse importante, e de fato pensava que negar a importância do valor era uma posição elitista. Hoje penso que minha tentativa de lidar com esse problema no livro foi bastante inadequada. Todos fazem juízos de valor o tempo todo, e não digo isso apenas em questões artísticas.

Hoje eu provavelmente seria mais conjuntural em relação ao valor do que fui em *Criticism and Ideology*. Diria que quando analisamos a questão do valor, estamos analisando as questões ideológicas e psicanalíticas do consumo. No entanto, acrescentaria – para fazer uma ressalva em algo que talvez seja um "conjunturalismo" excessivo – que um fator que pode bem ser dominante é o momento da produção. Isso porque o texto é produzido de tal forma que fala a certas pessoas em certas situações, não importa o quão distantes os dois momentos estejam historicamente. Em *Criticism and Ideology*, eu estava tentando, de forma muito inadequada, ater-me a esses dois polos; enquanto tornava o valor transitivo, eu tentava evitar a posição cada vez mais popular de pensar que podemos ignorar completamente a questão da produção ao analisar a questão do valor.

*Você ficou surpreso ao ver que* Criticism and Ideology *havia sido lido por muitos apenas como uma transposição das categorias althusserianas para a literatura?*

Sim e não. "Não" no sentido de que isso é claramente parte do ocorre no livro, podendo explicar uma grande parte dele. "Sim" porque, como disse antes, eu não o via como um exemplar da doutrina althusseriana. E eu ainda me sentia suficientemente influenciado por outras fontes, apesar disso poder não ter ficado evidente. Williams foi apenas um exemplo. Havia também um interesse crescente no pós-estruturalismo, ainda que ele tenha sido abordado de forma bastante reservada no livro. Acho que ele foi rotulado como althusseriano de maneira muito apressada. Não há um único conceito importante de Althusser sobre o qual eu não tenha sérias ressalvas, e esse era o caso até na época em que estava escrevendo *Criticism and Ideology*; mas como estilo ou maneira de pensar, o althusserianismo ainda assim foi útil na época, em especial em sua reação contra a crítica marxista hegeliana.

Eu destacaria duas áreas do althusserianismo que, por um lado, considerei produtivas no combate a várias teorias marxistas hegelianas, mas que por outro tinham relações com o stalinismo. Uma dessas áreas é o evidente teoreticismo da insistência inicial de Althusser pela autonomia efetiva da prática teórica. Na medida em que isso tenta seguir uma direção contrária a uma noção historicista de teoria, por meio da qual qualquer teoria não seria mais do que a autoconsciência da classe dominante, a insistência pela especificidade da produção teórica é necessária. Ao mesmo tempo, essa insistência traz à tona graves problemas epistemológicos. Por exemplo, Althusser ominosamente cria muitos de seus modelos de prática teórica a partir da matemática; e não há quase nenhuma preocupação com o problema da evidência na relação entre a teoria e a prática. Apesar de ter me sentido inquieto em relação a isso na época de *Criticism and Ideology*, posteriormente senti a necessidade de ligar isso de modo muito mais firme a uma história muito específica da luta de Althusser dentro do PCF [Partido Comunista Francês] – como uma espécie de simpatizante maoísta de esquerda enrustido tentando estabelecer uma posição teórica dentro do PCF primariamente através do estabelecimento da autonomia da teoria, apelando a Marx, Engels e Lênin de várias formas que poderiam ser usadas contra uma certa prática dentro do PCF.

O outro ponto é que, na produção de *Criticism and Ideology*, fui muito acrítico em relação à definição expansionista de ideologia em Althusser, que também me parece relacionada ao stalinismo. Se a ideologia torna-se efetivamente coextensiva com a realidade, como Nicos Poulantzas escreveu, ela é privada de qualquer incisividade política como conceito. Ela foi removida do terreno da luta de classes e se tornou primariamente uma categoria epistemológica sinônima de cultura ou experiência vivida. Isso está relacionado à supressão da luta de classes em Althusser, que na minha opinião também estraga o ensaio sobre os AIEs [Aparelhos Ideológicos de

Estado]. Há também uma sujeição aparentemente inexorável do sujeito ao que parecem ser AIEs suspeitosamente monolíticos ou com características de superegos – o que aparenta ser uma drástica simplificação do processo real e contraditório de interpelação encontrado em qualquer formação social específica. Acho que Althusser não entende bem as categorias de imaginário e simbólico de Lacan. A noção de Althusser do sujeito sendo sujeitado por meio da interpelação é muito parecida com os momentos censuradores do superego, o que no sistema de Lacan faria o papel do nascimento do sujeito. Mas na verdade Althusser está falando do imaginário; ele está falando sobre o ego, que para Lacan é obviamente a ponta do iceberg do assunto. Então há claras confusões na apropriação de Lacan por parte de Althusser.

*Para mim,* Criticism and Ideology *aparenta ser não o último monumento ao marxismo estruturalista, como às vezes pressupõe-se que seja, mas uma das primeiras intervenções em um período em que o marxismo tem que fazer juízo do pós-estruturalismo. Há até uma referência presciente à "literatura pós-modernista" em certo momento. Em que medida você estava consciente da atração gravitacional do pós-estruturalismo?*

Essa é uma pergunta interessante. Apesar da maioria das coisas que digo sobre o pós-estruturalismo no livro ser negativa, na verdade eu estava me tornando mais ciente e também mais interessado nele. Em Oxford, estávamos tentando criar um certo argumento materialista, demarcar um certo terreno; mas havia alternativas, em particular o periódico *Screen*, que era bastante característico de Cambridge pelo rigor, austeridade e exclusividade (poderíamos estabelecer certos paralelos entre o *Slant* e o *Screen*). Naturalmente, Stephen Heath e outros eram muito mais abertos ao pós-estruturalismo, a Barthes e Kristeva, do que éramos, mas estávamos cientes deles e tentávamos lidar com eles. A diferença era que estávamos tentando nos relacionar com eles como marxistas conscientes da nossa posição como tais. O *Screen* tinha a tendência de acrescentar o marxismo de uma forma um pouco capenga, quase como uma pia consideração tardia. Portanto, havia uma diferença política importante ali.

*Então você tinha ciência da emergência do pós-marxismo, talvez na forma do pós-estruturalismo?*

Sim, com certeza. Houve uma fase importante nos seminários no final dos anos 1970 e nos anos 1980 em que Barry Hindess e Paul Hirst eram muito populares e influentes, de uma forma que parecia corresponder a um certo momento histórico. Isso obviamente fez com que as pessoas se interessassem por esse ambiente de Oxford, em especial pessoas como Ann Wordsworth. Nem Hindess nem Hirst vieram falar à classe, mas várias pessoas como Tony Bennett, que eram pós-marxistas, vieram. Eu estava acompanhando seus trabalhos com grande interesse, observando a maneira como as pessoas passavam do alto althusserianismo para o pós-althusserianismo e então para fora do marxismo como um todo, como aconteceu com Hirst. Isso parecia ser uma espécie de lei. Elas estavam desconstruindo a si mesmas até abandonarem seu argumento, com efeitos políticos muito específicos. Realmente fazia tudo parte do fim da breve era de prosperidade da esquerda.

*Você poderia explicar novamente o sentido de "ciência" e "crítica científica" em* Criticism and Ideology? *Esses não são termos que você analisa de forma detalhada no livro, talvez por se sentir seguro o suficiente para não ter que defendê-los antecipadamente contra os inevitáveis equívocos liberais em relação a eles.*

Os termos "ciência" e "cientificidade" estavam, como seria de esperar, em ampla circulação nos círculos esquerdistas da época, em especial nos culturais ou literários, e acho que meu fracasso em examiná-los refletiu um fracasso geral em fazê-lo. Eles foram aceitos com muita facilidade. Lembro-me de aulas em que discutimos o significado de "ciência", e a relação disso com a teoria e a ideologia. Acho que precisávamos ter estudado o assunto com muito mais profundidade do que estudamos. Por exemplo, apesar da noção problemática da palavra "ciência", nós nunca fizemos uma distinção suficiente entre o que pode ser descrito como a ciência do texto, ou aqueles aspectos do texto literário que em algum sentido possam ser considerados passíveis de uma ciência das ideologias ou de uma ciência das formas, e os aspectos mais discursivos ou retóricos de um texto que não podem ser reduzidos dessa maneira. Mas de certa forma toda aquela moda acabou antes mesmo de formularmos as perguntas, quem dirá as respostas.

*Sob o seu ponto de vista, que função as categorias científicas que você formulou para a crítica marxista em* Criticism and Ideology *exerceram em sua obra posterior? Talvez não tão grande quanto pudéssemos ter esperado...*

Não, acho que elas estavam tão ligadas àquele momento que, quando ele passou, sua relevância pareceu desaparecer. Talvez isso não devesse ter acontecido. Creio que poderíamos imaginar uma possível trajetória em que eu teria dado continuidade às categorias que formulei em *Criticism and Ideology* e produzido trabalhos de materialismo crítico baseados nelas. Eu não fiz isso e não tenho certeza do porquê. O projeto seguinte foi o livro sobre Benjamin, que seguia um caminho diferente. Eu estava ficando cada vez menos interessado em escrever sobre autores individuais, mesmo que os livros sobre Richardson e Shakespeare se encaixem nessa descrição. Ainda assim, posso ver como as categorias para a crítica materialista concebidas em *Criticism and Ideology* poderiam ter sido adotadas – por mim ou por outra pessoa – e trabalhadas. Norman Feltes, que frequentou minhas aulas, escreveu um livro chamado *Modes of Production of Victorian Novels* [Modos de produção dos romances vitorianos] [1986], que tinha uma profunda dívida intelectual com meu livro. E me deparo com um conceito ou outro do livro de tempos em tempos, mas talvez não com a frequência que eu esperava. Houve muitas respostas positivas ao livro, mas muito pouca vontade de levá-lo adiante, apesar de haver abertura para isso. Curiosamente, alguns dos meus conceitos apontavam em direção ao conceito de materialismo cultural de Williams – não que ele tenha adotado esses conceitos de maneira deliberada. Foram avanços paralelos que nunca se cruzaram.

*Conte mais sobre Norman Feltes, cujo trabalho sempre admirei.*

Ele era um americano que havia lutado como fuzileiro naval na Coreia, mas que renunciou à sua cidadania americana por causa do Vietnã e se tornou canadense. Ele lecionou no sul dos Estados Unidos durante o movimento dos direitos civis e participou de passeatas pelos direitos civis, mas como tinha dois metros de altura, foi fortemente aconselhado a sair rápido daquele lugar antes que fosse morto, e foi o que fez. Ele lecionou na York University em Toronto e depois veio para Oxford em um ano sabático. Ele também vinha de uma formação católica. Norman veio ao seminário marxista e, em um típico gesto dele, rasgou as anotações que vinha usando e anunciou que tinha que começar de novo! Não foi tanto a mim que ele descobriu, mas a Althusser, que foi então aproveitado em seu trabalho vitoriano. No final, ele acabou se aposentando da York University porque estava muito insatisfeito com o trabalho acadêmico. Nos seus últimos anos, logo antes de morrer, trabalhou em um projeto para os sem-teto em Toronto. Ele era meu amigo íntimo e companheiro em Oxford naquela época.

*Uma crítica feita com frequência a* Criticism and Ideology *– e que você aceita prontamente – é que, apesar da sua discussão sobre o valor, o livro negligencia a teorização do consumo do texto literário. A mim isso parece compreensível, porque naquela época a crítica literária em sua forma institucionalizada ainda era de forma residual parte da tradição patrícia definida pelo "gosto". Para citar a desdenhosa frase de Althusser, ela era uma forma de gastronomia. Ao comentar Cremonini, Althusser anunciou de maneira enfática que "devemos abandonar as categorias da estética de consumo".*

Como é apropriado nesse contexto que meu tutor em Cambridge tenha se tornado um vendedor de vinhos... Por um lado, acho que muito do que eu disse no livro sobre a produção literária ainda é valido, mesmo com a ausência de uma verdadeira teoria da recepção. Fiquei interessado na teoria da recepção bem mais tarde, apesar de uma grande parte dela ser expressa em um modo filosoficamente idealista. Por outro lado, às vezes pergunto a mim mesmo – só por perguntar – "o quão diferente seria a tese do capítulo sobre a ciência do texto se fosse introduzida a dimensão do leitor?" Esse foi um projeto que nunca levei a cabo: o desenvolvimento de uma teoria da recepção materialista.

Pode ser interessante ver a teoria da recepção, assim como todas as outras práticas literárias recentes, como possuidoras de raízes que se estendem até a década de 1960. Brinquei com esse ideia em um texto que escrevi chamado "The Revolt of the Reader" [1982]. Os leitores exigiram participação, da mesma forma que naquele clima cultural as demandas por várias formas de participação democrática eram claramente muito fortes. Seria interessante traçar o desenvolvimento da teoria da recepção de acordo com as diversas mudanças, demandas e programas institucionais característicos dos anos 1960. Ao mesmo tempo, é necessário dizer que muitas das teorias da recepção padrão foram criticadas por postular um leitor que com frequência é uma mera função das formações contemporâneas de leitura, e não uma função de todo o sistema político. Nunca somos, em primeiro lugar, apenas leitores. Nem podemos suspender nossa existência magicamente quando abordamos um texto. Há aqui o perigo de uma espécie de academicismo, que parece presumir que a sala de aula é o único lugar onde os significados são construídos. Isso obviamente tem que ser contestado. O outro problema em relação às teorias esquerdistas da recepção é a ênfase no consumo, que pode às vezes levar a um carnaval de consumismo ou a um fetichismo da conjuntura imediata de leitura. Isso pode ser desistoricizado de forma tão limitada quanto as formas mais padronizadas da crítica burguesa. Nós sempre somos algo mais do que a conjuntura de leitura atual.

*Você enxergava* Criticism and Ideology *como uma obra que trata exclusivamente do texto literário, ou a vê de forma mais ampla, como uma obra de estética marxista?*

Os seminários eram predominantemente baseados na literatura, porque a maioria dos participantes eram literatos, mas havia um interesse por uma estética marxista mais geral desde o começo. Estávamos lendo autores como Ernst Fischer e Herbert Marcuse. Eu tinha interesse na estética de forma mais geral. E apesar de o livro ser muito centrado na literatura, eu esperava que essa dualidade fosse refletida no livro, e que ela pudesse servir de contribuição para um tema mais amplo – que então explorei de forma mais consciente em *A ideologia da estética* [1990]. Mesmo naquele momento resisti à tentativa de descartar o conceito de estética associado à análise do discurso. Isso ocorreu em parte porque eu podia ver que os formalistas russos e os semióticos haviam feito coisas tão interessantes com ele. Foi em parte porque eu pensei que os antiestetas estavam cometendo um erro ao reduzir a estética à questão da beleza ou do valor ou ambos – o que é de fato o que eles estavam fazendo. Eles simplificaram uma questão extraordinariamente complexa, transformando-a em um punhado de itens e rejeitando-os arrogantemente. Na verdade, como Jameson disse em sua recomendação na contracapa de *A ideologia da estética*, a estética é um conceito para o qual nós precisávamos nos voltar para entendê-lo novamente em um novo contexto.

*Na verdade, você não discute muito a cultura em* Criticism and Ideology. *A certa altura, curiosamente, você se refere a uma "ideologia da estética", que você inclui na categoria de "ideologia estética"; e você a define como "uma significação da função, do sentido e do valor da própria estética dentro de uma formação social específica, que por sua vez é parte de uma 'ideologia da cultura' inclusa em uma IG [ideologia geral]". Essa ideia de uma "ideologia cultural" poderia ter sido um conceito mediador útil?*

Talvez tivesse sido. Desde então, tive algumas discussões interessantes com alunos sobre as diferenças entre a cultura e a ideologia. Não sei por que a cultura está faltando como categoria no livro. É possível que eu tenha visto a cultura como algo muito amarrado à obra de Williams. Talvez eu estivesse tentando romper com isso. Não era um conceito muito cotado naquele mundo althusseriano. A cultura como conceito voltou com o pós-modernismo, após sua longa estada com a antropologia.

*Posso lhe perguntar sobre a resposta de Williams a* Criticism and Ideology? *Em uma entrevista no periódico* Red Shift *em 1977, Williams reconheceu que ele aceitaria grande parte da sua descrição dele; mas também disse, "O que eu quero saber é quem Eagleton é..."*

"... De onde ele vem?"

*Exatamente. Ele continuou: "O defeito básico do tipo de marxismo formalista no qual Eagleton está inserido agora é que ele presume que, através de um ato de abstração intelectual, você pode se colocar acima das contradições vividas tanto da sociedade quanto de qualquer indivíduo que escolha analisar, e que você mesmo não faz parte da questão".*

Lembro-me de ter lido isso quase por acaso. Mas ele havia me escrito, antes que o artigo fosse publicado, para dizer o que ele disse aí. Raymond concordou com uma grande parte da minha crítica a ele. De forma bastante frustrante, ele disse, "Tenho certeza de que você sabe com o que eu concordo" – na verdade, eu não sabia. Creio que a distância cada vez maior entre Williams e os seus primeiros trabalhos, *Cultura e sociedade* e assim por diante, tenha sido parte disso. Quanto às suas observações sobre mim, acho que elas revelam uma desconfiança da abstração.

*E a sólida crítica de que você havia se situado em um ponto de transcendência?*

Acho que ele estava correto, mas resisti na época porque eu ainda estava muito afetado pela ideia da teoria como algo não histórico, e também muito desconfiado de que a alternativa fosse um relativismo excessivo. Não demorou muito para que eu entendesse que "Quem é Terry Eagleton?" era uma boa pergunta. É algo que me pergunto com frequência. Creio que pensei – e provavelmente ainda penso – que Raymond estava apontando para uma direção contrária demais. Aparentemente, ele estava sugerindo que não poderíamos nos distanciar dessas contradições de forma analítica, ou que politicamente não era necessário fazer isso. Sua resposta ao livro é bem parecida com sua resposta ao modernismo, não é? Em *The Politics of Modernism* [A política do modernismo] [1989], ele acha essa atitude distante revigorante, porém fria. Meu argumento havia sido que ele foi, muito pelo contrário, afoito demais em endossar o "vivido", que é o termo que ele usa ali.

A ironia realçada pelo comentário de Raymond é que, como eu disse antes, mais do que qualquer um dos meus projetos, *Criticism and Ideology* foi de fato um produto histórico. Foi um produto histórico que, por motivos históricos, enfatizou excessivamente a não historicidade da teoria. Não há duvidas de que existia uma relação disso com uma certa sensação de efervescência por parte da esquerda, uma sensação de que ela tinha os recursos, o rigor conceitual, para fazer análises como se não estivesse em lugar algum. Portanto, eu concordaria com o comentário de Raymond hoje, no sentido de que tenho muito consciência da extensão das raízes históricas do livro. Se for isso que "Quem é Terry Eagleton?" significa, essa seria a resposta. Se a pergunta significa "A teoria tem que ser um reflexo da experiência vivida", eu ficaria tentado em responder com Foucault: "O que importa quem está escrevendo? O que importa de onde venho?" O que importava nos argumentos do próprio Williams era o quão válidos eles eram. Isso não é inteiramente irrelevante à sua formação pessoal. Mas também não é redutível a ela.

*Criticism and Ideology parece, de algumas maneiras, apresentar uma continuidade com o pensamento de Williams em vez de uma descontinuidade. Tenho em mente, por exemplo, a definição de Williams do início dos anos 1970 do que constitui "o fenômeno literário específico": "a dramatização de um processo, a criação de uma ficção, nas quais os elementos constituintes, de crenças e vida social verdadeiras, foram simultaneamente realizados e de um modo importante vividos de forma diferente, a distinção residindo no ato imaginativo, no método imaginativo, na organização específica e genuinamente sem precedentes". Com esse discurso sobre a experiência, a "vida social verdadeira" etc., essa frase é obviamente permeada pelo distinto temperamento crítico de Williams. Talvez ela também contenha traços da distinção um pouco suspeita de Goldmann entre a "consciência existente" e a "consciência possível". Mas com a ênfase na "dramatização" das relações ideológicas, ela também parece estar razoavelmente próxima do seu argumento em Criticism and Ideology sobre a "produção" da ideologia.*

Sim, ela está. Posteriormente Raymond escreveu um artigo na *New Left Review* que fazia a distinção entre as teorias aparentemente radicais que se encaixavam no paradigma ortodoxo, e aquelas que as contestavam de forma interessante. Existem formas de formalismo e semiótica que são para Raymond perfeitamente compatíveis com o modelo crítico dominante; mas por outro lado ele também concebe a noção de materialismo cultural, que contesta esse modelo. Creio que ele achou que *Criticism and Ideology* encaixava-se bem demais na primeira categoria – que apesar de todas as suas diabruras conceituais, o livro tinha deixado intocada a ideia vigente de texto. Aliás, "texto" era uma palavra que ele não usava; preferia "trabalho". Para ele, não havia ênfase suficiente no trabalho em *Criticism and Ideology*. Eu falo da produção do trabalho, mas para ele isso talvez era algo intelectualizado demais. Raymond estava ficando cada vez mais interessado na história social da forma ou ficção dramática. Isso é algo muito distante do meu livro.

*O teatro é uma importante metáfora para a discussão da "produção da ideologia" em seu livro. Você poderia dizer algo sobre a função teórica que a ideia de dramatização exerceu no capítulo chamado "Towards a Science of the Text" [A caminho de uma ciência do texto]? O drama estava emergindo como um interesse particular?*

Acho que havia certa hinterlândia naquele conceito em *Criticism and Ideology*, que na situação atual continua sendo estritamente abstrato ou, em outras palavras, metafórico. Sempre tive interesse no teatro, e atuava de forma amadora quando tinha dezoito anos. Acho que eu andava pensando sobre a ideia do texto como uma produção um pouco antes de formulá-la em *Criticism and Ideology*. Mas de alguma forma a estrutura teórica althusseriana permitiu que eu a cristalizasse.

*Posso lhe perguntar sobre o estilo de* Criticism and Ideology? *Você já se mostrou relativamente crítico do seu caráter puritanamente pretensioso. Outros, como E. P. Thompson, contestaram de forma ativa seu uso de acrônimos. O livro é permeado por uma intensa empolgação intelectual, mas às vezes não é capaz de transmitir isso no nível da frase.*

É verdade. Foi um projeto empolgante e gratificante para se participar porque eu tinha a sensação de estar fazendo algo muito importante. Tinha a sensação de estar fazendo uma afirmação razoavelmente coerente e relacionando coisas que já estavam suspensas no ar. Por outro lado, contrastarmos o estilo desse livro com o estilo do livro sobre Benjamin alguns anos mais tarde, a diferença é clara.

*Tendo dito isso, estilisticamente falando, ele é na verdade um livro muito mais heterogêneo do que é geralmente considerado. A polêmica crítica a Williams é bastante convincente, por exemplo. Então há uma contradição em algumas das respostas a* Criticism and Ideology, *que reclamam que ele é muito abstrato e muito polêmico.*

Isso também é verdade. A crítica a Williams é o mais polêmico dos capítulos, e isso alcançou algo diferente em mim que os outros não alcançaram.

*Anthony Barnett refutou a crítica a Williams em* The New Left Review. *Na sua opinião, essa defesa de Williams refletiu divisões mais amplas na esquerda?*

Sim, provavelmente. Barnett situava-se no que poderíamos chamar educadamente da extremidade mais moderada da esquerda da época. Acredito que desde então ele possa ter caído para fora dela completamente. Em outras palavras, o ensaio de Barnett tem que ser lido no contexto da sua própria crescente hostilidade à esquerda revolucionária, da qual ele se tornou quase um crítico profissional. Lembro-me de Barnett falando sobre Williams em uma conferência em sua memória, e dizendo a alguém mais tarde que ele havia resolvido resgatá-lo dos trotskistas. Então Tariq Ali se levantou e disse "O que me lembro de Raymond é que ele era um companheiro". Essa não era a mensagem que Barnett queria passar. Portanto, nesse sentido, havia ali conflitos políticos em jogo. Eu já disse que ainda defenderia a maioria das coisas que disse sobre Williams, mas acho que o tom estava errado. Ele deveria ter sido mais companheiro e respeitoso.

*Barnett diz a certa altura que "a arte da polêmica é algo que a maioria de nós na esquerda ainda tem que aprender". De certo modo, você está dizen-*

*do o mesmo que ele. A polêmica foi algo que você abordou de forma bastante direta em seu trabalho depois. Você desenvolveu uma retórica polêmica deliberadamente.*

Desenvolvi, apesar de não estar seguro sobre o "deliberadamente"; essa retórica veio a mim de maneira natural. É um estilo com o qual me sinto em casa, como disse antes. Em certo sentido, acho que há muito pouco dele nessa área. Sempre citei o fracasso de Jameson em polemizar, mesmo tendo uma enorme admiração por ele de outras formas. A polêmica e a sátira são maneiras de romper relações com um certo estilo acadêmico que muitos esquerdistas culturais americanos parecem não contestar ou mesmo estar cientes. Por outro lado, às vezes dizem que minha obra é abrasiva mesmo quando eu não tinha consciência disso durante a escrita.

*O capítulo 4 de* Criticism and Ideology *consiste de seções curtas sobre autores canônicos, nas quais você critica sistematicamente a ideologia do organicismo, desde a sua emergência até a parte final do século XVIII. Essa ênfase, porém, provocou a crítica de que o livro é excessivamente canônico em sua abordagem da literatura.*

Eu na verdade não gostaria de rebater essa crítica. Essa é certamente uma limitação daquele livro, mas é também uma limitação na minha obra de modo geral. Um dos motivos dessa canonicidade foi que o livro surgiu em grande parte das minhas aulas; e como seria de se esperar, em Oxford elas eram focadas predominantemente em autores canônicos. Eu não escrevi sobre cinema e televisão, por exemplo, ao passo que Williams escreveu. Ele também trabalhou com a literatura galesa, mas eu também acabei indo além do cânone inglês ao escrever sobre a Irlanda e a cultura irlandesa. Na verdade, no que diz respeito ao cânone, meu trabalho sobre a literatura irlandesa vaga para muito mais longe do que meu trabalho sobre a literatura inglesa. Talvez a distinção entre a alta e baixa cultura, ou alta e popular, não seja tão clara na Irlanda.

*Na seção sobre George Eliot no capítulo 4, você escreve que "a expressão 'George Eliot' não significa nada mais que a inserção de certas determina-*

*ções ideológicas específicas [...] em uma formação ideológica hegemônica". Essa é uma formulação surpreendente, que também transtornou alguns dos críticos do livro. Você não se refere aos artigos relevantes, mas supostamente você tinha lido Barthes e Foucault sobre o autor...*

Acho que tinha. A ideia da "morte do autor" certamente estava no ar. Para usar uma expressão de Derrida que só fiquei conhecendo mais tarde, eu queria "desalojar em vez de liquidar" o sujeito – apesar de haver uma quantidade razoável de um tipo brutal de liquidação naquela frase. Mas de forma geral, eu queria reter o conceito de autoria. Lembro-me de um dos meus alunos dizendo "Você realmente precisa da categoria de Ideologia Autoral? Ela não é redutível a uma combinação de Ideologias Estéticas e Gerais?" Eu estava relutante em abandonar o conceito. Mesmo sendo em geral anti-humanista em relação ao autor, sempre defendi que há ocasiões em que o conhecimento de que dois textos foram escritos pelo mesmo autor pode iluminá-los de forma interessante. Esse ponto de vista parece ser evidente, mas era muito criticado na época. Nem todas as teorias da autoria precisam ser teorias do Grande Homem.

*Em certo sentido, George Eliot é uma escolha de autor astuta nesse contexto, uma vez que pseudônimos já são estratagemas retóricos – uma "função do autor" em termos foucaultianos. Há muitos exemplos que você poderia ter tirado do cânone – D. H. Lawrence, por exemplo – de modo que a afirmação poderia ter soado, pelo menos superficialmente, mais extrema.*

Há uma inconsistência interessante em *Criticism and Ideology* nesse sentido: ao passo que naquela seção do livro o autor é disperso em formações ideológicas mais amplas, em uma seção anterior o conceito de ideologia autoral é retida. Acho que o conceito de agência interessa-me mais do ponto de vista da política revolucionária do que do ponto de vista da análise de textos literários. Não devemos jogar fora o agente político com o sujeito humanista. Logo após esse livro, fiquei mais sintonizado com a prática e a produção cultural, mais engajado com questões de recreação, questões de prazer. Mas não acho que isso contradiga o trabalho que realizei em *Criticism and Ideology*, que foi um tipo diferente de análise textual.

*Outra crítica do capítulo 4, que alguns críticos fizeram na época, é que sua análise de autores como Eliot e Lawrence é fatalmente limitada a ideologias, e que há poucas tentativas de reconciliar as complexidades políticas e econômicas do período. Assim, por um lado, você foi acusado de não dar atenção suficiente à crítica prática; por outro lado, você foi acusado de não pensar o suficiente sobre a política e a economia.*

O que, para um crítico marxista, não deixa muita coisa sobrando, não é? E uma terceira crítica – que na minha opinião é muito justa – é que, ao me deixar influenciar muito por uma certa versão do conceito althusseriano de ideologia, eu não tenha examinado as características potencialmente progressivas ou radicais daqueles textos. Esse livro atua demais com uma hermenêutica de desconfiança em vez de uma hermenêutica de redenção. Esse é um sinal das pessoas excessivamente negativas, reticentes e ressentidas que nós éramos. Ironicamente, eu tinha na época um intenso interesse pela história econômica e social do século XIX, que a princípio havia sido meu terreno acadêmico. Eu lecionei muito sobre o assunto, e sempre tentei ensiná-lo de uma maneira histórica. Mas é verdade que isso se perde naquele formato altamente condensado.

*E a questão da crítica prática? Originalmente, você havia planejado um capítulo sobre* The Secret Agent, *de Conrad, para o livro, mas depois decidiu incluí-lo na* Sociological Review.

O artigo foi roubado, por assim dizer, de uma enorme pilha de anotações que eu havia feito para minhas aulas. E nas minhas aulas realmente vimos esses textos canônicos, *O moinho à beira do rio* e *Lord Jim* e o que quer que seja. Acho que simplesmente tinha medo de que, se incluísse tantas coisas no livro, poderia deixar de ver a floresta por causa das árvores. Eu estava tentando rastrear uma ideologia do organicismo, e não queria que o livro se tornasse um ensaio crítico-literário – talvez em uma reação muito brusca ao meu foco crítico-literário anterior.

*Agora eu gostaria de voltar ao complemento de* Criticism and Ideology, Marxismo e crítica literária. *Você mencionou que Fredric Jameson foi um dos leitores encarregados de avaliá-lo. O outro foi Edward Said, não foi?*

Sim, o primeiro contato que tive com Said foi quando ele me escreveu para me parabenizar por aquele livrinho. Depois o encontrei em 1978, ano em que ele publicou *Orientalism* [Orientalismo], quando falei em um seminário que ele estava conduzindo em Columbia (estava a caminho de casa após sair de Yale, onde Fred havia me convidado para dar uma palestra). Dediquei *A ideia de cultura* [2000] a ele alguns anos antes da sua morte, e ele respondeu com uma carta de agradecimento bem afetuosa – esse foi o último contato que tivemos.

*Em retrospecto, qual é sua avaliação de Said?*

Acho que é fundamental reconhecer que Said não era primariamente um teórico. Pode-se dizer que ele era mais importante do que isso. Na verdade, ele acabou se tornando bastante hostil à assim chamada "teoria". Sua trajetória foi mesmo de Auerbach a Foucault e de volta a Auerbach. Seu grande companheiro radical americano, Noam Chomsky, é igualmente desdenhoso quanto à teoria. A teoria é em parte, mas só em parte, o problema para o qual ela mesma oferece uma solução, como Karl Kraus observou sobre a psicanálise. Said era, em termos intelectuais, um humanista à moda antiga que foi forçado pelas exigências da sua história pessoal a participar de tipos de trabalho intelectual que contestavam a tradição na qual ele foi criado. Talvez ele tenha desejado apenas escutar óperas, em vez de escrever sobre a Palestina. Seu objetivo, como o de qualquer radical, era chegar a uma situação política em que escrever sobre a opressão não seria mais necessário porque a opressão teria sido superada. Então poderíamos todos apreciar Schumann e escrever sobre a imagística das cores nas primeiras obras de D. H. Lawrence. Quando pudermos fazer isso de sã consciência, isso será um sinal de que fomos bem-sucedidos. Quanto mais rápido pudermos prescindir da política radical, melhor. Cuidado com qualquer radical político que não tenha entendido esse simples fato. Mas a política radical é como a classe social ou o estado nacional: para nos livrarmos deles, é preciso primeiro tê-los. E não podemos renunciá-los prematuramente.

A cautela com a teoria torna a obra de Said muito mais interessante do que a de um teórico que tenha sido, por assim dizer, nascido e criado na profissão – os novos historicistas, por exemplo. Isso significa que ele atacou a cultura ocidental a partir de um ponto de vista que estava imerso naquela cultura, que tinha uma profunda afeição por ela, e esse tipo de crítica é sempre mais difícil para os poderes vigentes repelirem do que uma crítica meramente externa. Ele não tinha paciência alguma com o que poderíamos chamar de teoricismo. Dada sua urgente situação política, isso simplesmente não teria sido possível para ele. Assim, em certo sentido, agrupar Said com, por exemplo, Roland Barthes ou Harold Bloom, ou até mesmo com Jameson, seria cometer um erro de categoria. Se no início ele tinha interesse em Foucault, isso ocorreu em parte porque Foucault era um ativista político como ele, que via as ideias de forma pragmática em vez de abstrata.

Certa vez Said e eu tivemos uma desavença em uma sessão em Londres, quando ele manifestou-se contra a teoria, e eu afirmei que aquela também era uma posição teórica. Ele repudiou o argumento, uma ação que na época eu considerei errada, mas que hoje suspeito ter sido correta, porque envolve um jogo de palavras ilícito com o termo "teoria". Por outro lado, o receio de Said quanto à teoria tinha suas limitações. Ele passava longe do marxismo, por exemplo. Ele era socialista? É significativo o fato de que não sabemos realmente – ou pelo menos eu não sei. Tudo o que posso dizer é que se ele não era, deveria ter sido. Havia toda uma dimensão da política esquerdista que parecia fechada a ele, em parte sem dúvida por causa da sua procedência abastada.

*Você poderia dizer algo sobre o público para o qual você escreveu* Marxismo e crítica literária?

Essa é uma pergunta difícil. O estranho era que um discurso tão arcano quanto aquele estava dialogando com mais pessoas do que o esperado. Assim, um livro que em circunstâncias históricas diferentes poderia ter sido um tomo acadêmico acabou alcançando as pessoas por causa da época em que foi escrito. Ele também encontrou alguns leitores por causa da qualidade formidavelmente alta do debate na época. Sem adotar uma visão deterioracionista da história, acho que isso diminuiu um pouco ao longo dos anos 1980, em especial com o surgimento de certas ideias pós-modernas que eram quase programaticamente sem rigor. Como se sabe, *Marxismo e crítica literária* é um livro altamente conceitual, e foi só na época do livro sobre Walter Benjamin que realmente comecei a pensar sobre questões de cultura política. Ironicamente, foi quando o clima político estava fechando, entre 1976 e 1981, que comecei a me voltar para Brecht, Weimar e Bakhtin.

*No prefácio do livro, você prevê que o marxismo em breve estará "confortavelmente alojado entre as abordagens freudiana e mitológica na literatura, como mais uma 'abordagem' acadêmica estimulante, mais um campo de pesquisa bem arado para os estudantes pisarem". Em certo sentido, essa afirmação acabou sendo profética. Tenho em mente livros como* Literary Theory: A Practical Introduction *[Teoria literária, uma introdução prática] [1999], de Michael Ryan, em que o marxismo funciona apenas como um método que podemos apanhar e provar, como se estivéssemos em um supermercado conceitual. Queria saber se você pode comentar a cooptação do marxismo nos anos que se sucederam.*

Por um lado, sempre tive uma profunda consciência, voltando ao que estávamos dizendo sobre a sociologia da literatura, do perigo da cooptação – talvez chegando a ser sensível demais a ele. A possibilidade de cooptação sempre foi parte integrante da iniciativa, em parte porque era possível descartar a política e isolá-la como uma abordagem cultural. E de certo modo foi isso que aconteceu, certamente nos Estados Unidos. Por outro lado, eu sempre procurava novas formas, novas linguagens, para articular os problemas. Então não achei que a resposta para a cooptação fosse apenas fincar os pés no chão. Em outras palavras, apesar de nunca ter sido um pluralista liberal, no sentido de tentar acomodar todas essas abordagens, sempre acreditei, pelo menos a partir do livro sobre Benjamin, em tentar ser aberto a outras abordagens. Assim, aquele era um precário ato de equilíbrio. Havia pessoas – Jameson era uma delas – que falavam do marxismo com muita confiança, como uma metanarrativa que abarcava facilmente todas as outras coisas, precisamente na época em que marxistas e feministas, por exemplo, estavam envolvidos em conflitos e debates profundos. Acho que essa era uma posição insípida demais para ser adotada. Mas era difícil saber como resistir à apropriação insípida sem cometer o erro oposto. Talvez eu não tenha conseguido fazer essa distinção corretamente até hoje.

*Posso voltar à questão do historicismo em relação a Marxismo e crítica literária? Você aborda o problema do passado e do presente em uma discussão sobre os comentários notoriamente rasos de Marx, contidos nos Grundrisse, sobre o "fascínio eterno" da arte grega. Você então cita a celebração de Brecht de um deleite dialético em meio ao passado histórico, que – como ele propõe – deve ser arrombado e empurrado contra o presente, em vez de dobrado cuidadosamente em uma narrativa história harmoniosa.*

Tudo isso é uma réplica implícita a um "presentismo" cada vez mais popular, que estava muito associado ao pós-althusserianismo e à teoria do discurso, e mais tarde a certos aspectos do novo historicismo. Eu fiz várias tentativas, incluindo a que você menciona, de formular essa relação. Creio que poderíamos dizer que eu era anti-historicista no sentido de que queria evitar o relativismo histórico, mas era historicista no sentido de consultar o contexto histórico. As verdades são históricas no sentido de que são produzidas historicamente, mas não no sentido de que o que é verdadeiro só é verdadeiro em sua própria época.

*Um dos motivos da minha pergunta foi que, na edição da* New Left Review *na qual você publicou "Ideology and Literary Form" [Ideologia e forma literária], há um artigo de Henri Lefebvre precisamente sobre isso – a relação entre o presente e o passado. Ele rejeita a noção lukacsiana de que o passado é a pré-história do presente, e com a concepção da categoria do "possível" vem uma posição muito mais dialética sobre a relação entre o passado e o presente. Você se lembra desse artigo?*

Não me lembro de ter lido o artigo, nem de estar muito ciente do trabalho de Lefebvre de modo geral. Mas essa era uma questão recorrente na época. Havia muitos presentistas absolutos, que eram completamente céticos em relação ao conhecimento histórico. Por algum tempo, isso ficou disfarçado de uma posição radical. Eu certamente vi a necessidade de combater essa atitude. Tal "presentismo", no qual as necessidades do presente tornam-se o índice de verdade do passado, é na verdade uma forma de imperialismo temporal. Ele se esquece da insistência de Brecht quanto à diferença e à estranheza do passado; ou, de fato, da visão de Benjamin do passado como algo incompleto, esperando sua realização máxima nas mãos do presente. Isso empurra o passado e o presente para uma relação, mas não de forma imperialista.

*E Trotsky?* Literatura e revolução *exerce uma função muito importante em* Marxismo e crítica literária. *Supostamente ele ajudou você a ligar seus trabalhos teóricos com seu ativismo político?*

Essa foi uma das pontes. Trotsky era uma das poucas pontes entre a cena política em Oxford e a cena da esquerda cultural de forma mais geral. Quando eu era membro dos IS, uma das minhas tarefas era conscientizar as pessoas da dimensão cultural de Trotsky, que elas conheciam apenas vagamente. O trabalho de Trotsky sobre a cultura, e de fato todo o experimento cultural bolchevique, me impressionavam; e tentei trazê-lo para um ambiente que sem isso correria o risco de ser muito teoricista.

*O que você acha que Trotsky quis dizer quando falou, em* Literatura e revolução, *sobre a importância de julgar uma obra de arte em primeiro lugar pela sua própria lei, a lei da arte? Essa é uma formulação importante – que você menciona no livro –, mas que também é altamente ambígua.*

Sim; na verdade, essa é uma expressão kantiana. Lembro-me de Raymond escrevendo em *Cultura e sociedade* que, em certo sentido, a arte pela própria arte não era mais que uma demanda por atenção; em outras palavras, que quando você está observando arte, está observando arte. É revigorantemente banal, ou instrutivamente banal. Eu queria saber se Trotsky quis dizer que observar a obra em si mesma é na verdade observá-la historicamente. Isso rejeita uma falsa dicotomia. Por um lado, no contexto do sociologismo ou marxismo vulgar desenfreado que era prevalente na época, a batalha pela autonomia da obra de arte obviamente tem mais importância. Ela supostamente prefigura seu interesse tardio pelo surrealismo e vanguardismo em geral. Ele havia aprendido com os formalistas que a arte se relaciona com a realidade apenas por ser uma configuração específica e irredutível de elementos.

*A propósito, Adorno é uma omissão notável nesse livro. Você o menciona brevemente no final de* Marxismo e crítica literária*, mas não o discute ao lado de seus interlocutores, como Benjamin. Ele foi incluído nas discussões dos seminários na Wadham College?*

Sim, foi; era o livro *Teoria estética* que estava faltando, porque ele não foi publicado em inglês até meados dos anos 1980, e meu alemão não era bom o suficiente. Mas algumas outras obras tinham sido traduzidas, e havia um vivo interesse pela Escola de Frankfurt nas aulas em Oxford. Então fico surpreso que, tendo surgido naquele clima, o livro não inclua mais Adorno.

*S. S. Prawer lecionava em Oxford nessa época, e seu livro* Karl Marx and World Literature *[Karl Marx e a literatura mundial], que também foi lançado em 1976, foi comentado com* Marxismo e crítica literária *nas resenhas de algumas publicações. Você tinha algum tipo de comunicação com ele?*

Eu o conhecia um pouco. O livro recebeu o Deutscher Prize, e me lembro de Perry Anderson telefonando e perguntando nervosamente se eu sabia alguma coisa sobre as posições políticas de Prawer. Supostamente eles estavam relutantes em entregar o prêmio para um fascista. Eu pude tranquilizá-los no que dizia respeito a isso. Ele era um exilado do Leste Europeu, irmão do romancista Ruth Prawer Jhabvala. Ele manteve distância das sessões de crítica marxista, mas eu me encontrei com ele algumas vezes. Logo após minha chegada a Oxford, a classe organizou uma conferência de um dia chamada

"Literatura e Revolução", e Prawer compareceu. Ele apareceu e sentou-se nos fundos, demonstrando interesse. Assim, de um ponto de vista bastante afastado, acho que ele parecia estar intrigado pelo que estava acontecendo. Ele tinha um ar de cosmopolitismo que claramente não era de Oxford. Por outro lado, mostrava desinteresse pela nossa política, senão pela nossa estética.

*René Wellek, que foi um dos críticos que examinaram* Marxismo e crítica literária *ao lado do livro de Prawer, escreveu uma resenha bastante positiva, mas reclamou em um tom ligeiramente perplexo que "o Sr. Eagleton aceita de forma acrítica até os aspectos mais utópicos do marxismo". Essa foi a reação típica dos humanistas liberais ao livro?*

Sim, acho que foi. Mesmo assim, sua reação foi provavelmente muito mais positiva do que eu esperava. De modo geral, o livro foi mais bem-recebido do que a maioria dos meus trabalhos anteriores, talvez porque grande parte dele era expositiva, mesmo que de forma partidária.

*Eu gostaria de perguntar o que você achou de* Marxismo e literatura *[1977], as elaboradas anotações sobre o envolvimento inquisitivo, porém ligeiramente laborioso, de Williams com o marxismo na época. Ele também apareceu em resenhas com os seus livros do ano anterior.*

Fiquei bastante surpreso com o fato de Raymond ter produzido aquele livro, dada sua relação ambígua com o marxismo. Às vezes eu tinha a sensação de que ele mantinha essa relação de forma deliberadamente reservada. O livro demarcou uma posição de maneira muito mais audaciosa do que eu esperava. Não sei se aprendi muito com ele, mas fiquei muito animado com o fato de Raymond tê-lo escrito. Em uma situação de combate, a mera existência do livro era uma espécie de sinal.

*E as reflexões de Williams sobre a metáfora da base e da superestrutura, nas quais ele enfatizou que as formas culturais que mantêm o capitalismo são materiais em vez de produções meramente ideológicas? Elas foram úteis a vocês de algum modo?*

Raymond e eu sempre discordamos sobre isso, e escrevi um ensaio exatamente sobre esse aspecto da sua obra. Sempre tive a sensação de que ele havia concebido isso erroneamente em termos experienciais. Era certamente um dos motivos do seu impasse com o marxismo; isto é, não importa o quão favorável seu trabalho tenha se tornado em relação ao marxismo, Raymond continuou mantendo a suspeita de que o marxismo não levava a cultura completamente a sério, relegando-a a uma condição secundária. Acho que a discussão entre mim e ele, ou entre ele e os outros, girava efetivamente em torno do significado de condição secundária. É possível considerar a cultura como material sem considerá-la primária. Alegar que não vivemos de acordo com a cultura não significa necessariamente denegri-la ou desincorporá-la.

*Então você acha que o "materialismo cultural" é em ultima instância uma destituição do marxismo?*

Essa noção é compatível com o marxismo, como ele afirma, mas tudo depende do que ela significa. Se significa expandir o marxismo até a cultura, ela é seguramente compatível ou até idêntica ao marxismo, porque os marxistas também fazem isso. Em tal caso, pergunta-se qual é necessidade de criar uma categoria especial. Por isso a categoria é tão ambígua: cria uma resistência contra a posição marxista ao mesmo tempo que a imita. Sempre fui um pouco cético quanto à utilidade dessa categoria. É uma formação de compromisso, no sentido freudiano.

*Foi em 1978 que você publicou uma crítica a John Bayley – seu antecessor como Professor Thomas Warton de Literatura Inglesa em Oxford – na New Left Review. Originalmente, acho que a crítica havia sido agendada como parte de uma série de críticas mais longas ao humanismo liberal. Você poderia dizer algo sobre o motivo do projeto não ter se tornado realidade?*

De todas as pessoas, por que eu deveria me virar e atacar justo John Bayley? O artigo acabou em uma posição estranhamente desamparada porque o resto da série nunca se materializou. Ele fazia sentido como parte de uma série de críticas a críticos eminentes, creio eu, mas não fazia muito sentido sozinho. Lembro-me de Bayley dizendo que achou várias partes do meu artigo extremamente bem feitas, e que apesar de nunca ter lido aquele sujeito Macherey, ele obviamente deveria. Não posso dizer que foi uma grande surpresa descobrir que ele não havia lido Macherey, não mais do que se ele tivesse dito que não lia *Playboy*. Eu havia concluído o artigo citando o obituário de F. R. Leavis escrito por Bayley, no qual ele havia feito um comentário sobre o "gosto excelente" de Leavis, acrescentando que seguindo esses padrões ele poderia até parabenizar Gramsci pelo bom senso. Bayley disse "Creio que poderíamos parabenizar Gramsci por seu bom senso"! Havia tudo sido em vão.

*Você já fez uma breve alusão às conferências de Essex sobre a sociologia da literatura, das quais você participou no final dos anos 1970. Em 1976, um grupo de acadêmicos bastante ecumênico apresentou trabalhos nela, incluindo Jay Bernstein, Gillian Beer e Raymond Williams. Essas conferências foram mesmo focadas na ideia de uma sociologia da literatura?*

Não, de maneira alguma, então meu palpite é que eles inventaram esse nome para passar pela burocracia. Aquelas reuniões foram extremamente ricas e férteis. Às vezes digo de maneira cínica aos meus alunos que as conferências acadêmicas são basicamente rituais antropológicos, celebrações de solidariedade, mas ali as coisas foram diferentes. Esses eventos estavam lotados de gente de todos os lugares, de disciplinas acadêmicas diferentes, e produziram alguns trabalhos e debates de qualidade extraordinariamente alta. Na verdade, eles representaram uma esquerda cultural que havia agora mais ou menos tomado as rédeas da produção crítica, um novo avanço surpreendente. Às vezes me pergunto para onde todas aquelas pessoas foram. Há quase exatamente trinta anos, existiam pessoas envolvidas na literatura e cultura que teriam se identificado como marxistas ou simpatizantes. Se o marxismo era verdade naquela época, por que não é verdade agora? Todos eles sucumbiram ao desencantamento político?

*Representantes do Marxist-Feminist Literature Collective também estavam lá. Você teve um diálogo com elas?*

Não como um grupo, mas eu conhecia quase todas as pessoas no grupo. Algumas delas, incluindo Maud Ellmann, haviam frequentado as aulas na Wadham College de tempos em tempos. Os debates feministas-marxistas tornaram-se cada vez mais importantes. Ninguém podia ignorá-los. Eu diria que eles foram um enorme desafio – mas também às vezes uma confirmação – para a posição que estávamos tentando desenvolver. Esse desafio tinha que ser levado em consideração a todo custo.

*Parece que houve uma transição interessante da conferência de 1976 para a de 1981. O título desta foi "Literatura e poder no século XVII", que claramente sinalizava uma ênfase foucaultiana. Você tinha consciência dessa transição na época?*

Sim, muita. Nesse período, nas aulas na Wadham College, houve conflitos crescentes entre aqueles que poderíamos chamar de foucaultianos e marxistas. A própria Essex – não apenas as conferências, mas o departamento de literatura da universidade – tornou-se cada vez mais foucaultiana em sua ênfase. Acho que os efeitos disso foram desastrosos. Havia na época um tipo específico de estudante – muitos deles na Essex – cujos cérebros políticos, frequentemente belos órgãos em si mesmos, haviam sido desordenados por uma forma frouxa e desconexa do relativismo foucaultiano. Isso resultou em um ceticismo epistemológico catastrófico. Por exemplo, eles faziam afirmações palpavelmente irreais sobre a suposta inexistência do Estado. Eu mesmo sentia que era necessário ter pelo menos duas leituras de Foucault. A primeira deveria ser relacionada ao seu apreço profundo por um marxismo que havia, em alguns dos seus desenvolvimentos, se tornado tão preocupado com as teorias gerais que não possuía uma teoria da conjuntura de verdade. A segunda (e simultânea) leitura deveria ser uma visão das obras de Focault como consistente e silenciosamente antimarxistas.

A transição foucaultiana marcou um momento em que um tipo específico de rigor intelectual – não um rigor opressivo, mas um rigor abrasivo – estava começando a se desintegrar. Politicamente, estamos falando da transição para Thatcher e Reagan no fim dos anos 1970 e início dos anos 1980. Aquelas tendências foucaultianas

A TAREFA DO CRÍTICO    187

incluíam a teoria do discurso dos pós-marxistas, ainda que em um nível muito mais alto de competência intelectual. Ernesto Laclau, que estava em Essex, tornou-se de fato uma força muito robusta. Havia certamente algo verdadeiro a ser desafiado ali, algo que havia saído do marxismo mas que agora era um dos seus críticos mais implacáveis. O "discurso" era então um tumulto incessante. Para mim, um exemplo bom disso ocorreu quando um jovem radical australiano (o discurso havia invadido a Oceania) enviou-me um artigo que começava assim: "Para os propósitos deste artigo, entende-se por 'discurso' qualquer prática humana". Por quê? Eu pensei. Isso não seria um pouco como dizer, "Para os propósitos deste artigo, entende-se por 'guarda-chuva' qualquer brasileiro"?

## Leituras

ALTHUSSER, L. *Lenin and Philosophy and other Essays*. London: New Left Books, 1971.

BARNETT, A. Raymond Williams and Marxism: A Rejoinder to Terry Eagleton. *New Left Review*, 1:99, 1976, p.47-64.

EAGLETON, T. *Criticism and Ideology*: A Study in Marxist Literary Theory. London: New Left Books, 1976.

EAGLETON, T. Form, Ideology, and *The Secret Agent*. *Sociological Review*, Monografia 26, 1978, p.55-63 (reproduzido em *Against the Grain: Essays 1975-1985*. London: Verso, 1986, p. 23-32).

EAGLETON, T. Liberality and Order: The Criticism of John Bayley. *New Left Review*, 1:110, 1978, p.29-40 (reproduzido em *Against the the Grain*, p. 33-47).

EAGLETON, T. Tennyson: Politics and Sexuality in *The Princess in Memoriam*. In: *1848*: The Sociology of Literature. Colchester: Essex University Press, 1978, p.97-106.

EAGLETON, T. Psychoanalysis, the Kabbala and the Seventeenth Century. In: *1964*: Literature and Power in the Seventeenth Century. Colchester: Essex University Press, 1981, p.201-6.

EAGLETON, T. Interview: Terry Eagleton (com James H. Kavanagh e Thomas E. Lewis). *Diacritics* 12:1, 1982, p.53-64.

EAGLETON, T.; FULLER, P. The Question of Value: A Discussion. *New Left Review* 1:142, 1983, p.76-90.

EAGLETON, T. Criticism and Ideology: Andrew Milner Interviews Terry Eagleton. *Thesis Eleven*, 12, 1985, p.130-44.

EAGLETON, T. Marxism and the Past. *Salmagundi* 68-69, 1985-6, p.271-90.

EAGLETON, T. The Revolt of the Reader. *New Literary History* 13:3, 1982, p.449-52, (reproduzido em *Against the Grain*, p.181-4.)

EAGLETON, T. Interview with Terry Eagleton (com Andrew Martin e Patrice Petro). *Social Text*, 13/14, 1986, p.83-99.

EAGLETON, T. Base and Superstructure in Raymond Williams. In: *Raymond Williams*: Critical Perspectives. Cambridge: Polity, 1989, p.164-75.

EAGLETON, T. Norman Feltes. *English Studies in Canada*, 28:3, 2002, p.473-7.

EAGLETON, T. Edward Said, Cultural Politics, and Critical Theory (An Interview). *Alif: Journal of Comparative Poetics*, jan. 2005. Disponível em: http://www.thefreelibrary.com/_/print/PrintArticle.aspx?id=135888177.

EAGLETON, T. *Trouble with Strangers*: A Study of Ethics. Oxford: Blackwell, 2008.

FELTES, N. N. *Modes of Production of Victorian Novels*. Chicago: University of Chicago Press, 1986.

HIGGINS, J. *Raymond Williams*: Literature, Marxism and Cultural Materialism. London: Routledge, 1999.

JAMESON, F. *Jameson on Jameson*: Conversations on Cultural Marxism. Durham: Duke University Press, 2007.

LEFEBVRE, H. What is the Historical Past? *New Left Review*, 1:90, 1975, p.27-34.

RYAN, M. *Literary Theory*: A Practical Introduction. Oxford: Blackwell, 1999.

TROTSKY, L. *Literature and Revolution*. London: Redwords, 1991.

WELLEK, R. Resenha de *Criticism and Ideology*. *Slavic Review*, 36:3, 1977, p.531.

WILLIAMS, R. *Culture and Society 1780-1950*. London: Chatto & Windus, 1958.

WILLIAMS, R. Base and Superstructure in Marxist Cultural Theory. *New Left Review*, 1:82, 1973, p.3-16.

WILLIAMS, R. Literature and Sociology: In Memory of Lucien Goldmann. In: *Problems of Materialism in Culture*: Selected Essays. London: Verso, 1980, p.11-30.

WILLIAMS, R. Marxism, Structuralism and Literary Analysis. *New Left Review*, 1:129, 1981, p.51-66.

# CAPÍTULO SEIS
## *MARXISMO/FEMINISMO*

*No início da década de 1980, você se tornou membro da Workers' Socialist League (WSL).[1] Como isso ocorreu?*

Essa foi uma época em que Alan Thornett e alguns outros militantes experientes estavam em plena atividade em Oxford ao redor da fábrica de carros da Cowley, e eu me juntei à WSL porque queria muito construir uma ponte entre o que estava acontecendo na cidade e nos seminários marxistas. Isso foi difícil, como seria de esperar, porque os caras que estavam trabalhando junto à fábrica não estavam interessados nas opiniões de Gramsci sobre Balzac ou o que quer que fosse. Mas um dos pontos fortes daquela organização, ou da corrente trotskista de onde surgiu, era não ser contrária à cultura. Ela permitiu-me realizar sessões sobre figuras culturais. Não dava grande prioridade a isso, mas também não era filisteia.

*A WLS era mais complacente que os International Socialists nesse sentido?*

---

1 Grupo trotskista britânico formado em 1975 por Alan Thornett e outros, após sua expulsão do Workers' Revolutionary Party.

190    TERRY EAGLETON E MATTHEW BEAUMONT

Sim, porque a maior parte da divisão de Oxford dos IS era composta por estudantes de classe média, alguns deles disfarçando-se precariamente de trabalhadores militantes; e com frequência são pessoas como essas que, ironicamente, têm a tendência de serem operaístas, sobretudo hostis ao trabalho intelectual. Apesar de os IS, naquele momento, possuírem alguns bons intelectuais no nível nacional – Nigel Harris, Mike Kidron, Alasdair Macintyre, Alex Callinicos –, eles nunca pareciam saber o que fazer com isso na esfera local. Um acadêmico como eu era um constrangimento em vez de uma oportunidade. Para ser justo com a espécie muito mais linha dura de trotskismo que a WSL representava, ela não tinha esse problema. Se você pudesse fazer algo útil, ela estava bem preparada para aceitá-lo.

*E uma das funções mais relevantes que você exerceu, pelo que eu sei, foi a de editar o livro* From Militancy to Marxism [Da militância ao marxismo] *de Thornett [1987].*

Foi uma das minhas modestas funções. Eles me deram uma pilha enorme de folhas datilografadas, contendo recortes de jornal sobre Thornett e a luta dos trabalhadores ao redor da Cowley, e tive que encontrar algum sentido naquilo e organizar tudo em uma forma publicável. Não posso fingir que me diverti, mas me lembro de refletir que aquilo era um exemplo de algo que um intelectual poderia fazer na prática. Eles também publicaram um panfleto meu chamado *Makers of Modern Marxism* [Fazedores do marxismo moderno], que consistia de sessões que eu organizei para introduzir os trabalhadores às figuras do marxismo ocidental sobre as quais eles não sabiam nada, ou das quais eram desconfiados. Eu queria trazer as ideias de Althusser, Benjamin, Gramsci, Sartre e outros aos militantes trotskistas, fazendo isso não em um simples sentido oposicionista, mas os convidando a pensar nas doutrinas fundamentais do trotskismo à luz desses conceitos estranhos. O panfleto sobre o marxismo ocidental foi uma tentativa de colocar aquela tradição perante uma ortodoxia teórica muito diferente, e então ver o que poderia ser aceito, o que era validado, o que era rejeitado. Assim, apesar da dupla Althusser-Trotsky ser incôngrua em certo sentido, ela também era uma tentativa de mediação, e a ambiguidade política dos conceitos teóricos era algo que parecia ratificar essa mediação. Tendo dito isso, lembro-me de um companheiro brigão dizendo a mim, quando propus uma conversa sobre Althusser: "Você deve explicar ele para a gente, ou a gente deve arrebentar com ele?" Então aquele era um equilíbrio instável.

*Você estava ativo durante a greve dos mineradores em 1984?*

Eu estava mais ou menos ativo, apesar de não fazer mais parte da Workers' Socialist League àquela altura. Oxford tinha o maior grupo de apoio de mineradores do país; e Thornett e muitas outras pessoas, tanto da cidade quanto da universidade, estavam envolvidas nele. Houve pelo menos dois enormes encontros na prefeitura de Oxford; e fizemos piquetes na Didcot Power Station, uma estação termelétrica, onde a polícia apareceu em grandes número, mas com pouca violência. Também foi interessante do ponto de vista de um tutor, pois estávamos vendo uma geração de estudantes que tinham a maior vontade política do mundo, mas sem memória algum de eventos politicamente significativos ou progressivos. Então, de repente, eles viram as coisas ganharem vida e contribuíram – a política estava se materializando com possibilidades reais. Algumas das estudantes esquerdistas infelizmente tiveram que enfrentar o sexismo dos mineradores, mas ainda assim elas perseveraram. Foi um momento interessante, no qual víamos as transformações que ele produzia nas pessoas que estavam buscando mudanças, mas que haviam perdido as esperanças.

*Você se tornou um foco político para os estudantes?*

Até certo ponto, no sentido de que havia muitas atividades em torno da Wadham College, envolvendo sobretudo estudantes de inglês, que costumavam ser os esquerdistas da faculdade, mesmo que não exclusivamente. Creio que atuei como uma espécie de funil, direcionando alguns deles para o movimento mais amplo.

192    TERRY EAGLETON E MATTHEW BEAUMONT

*Você acha que os estudantes das ciências humanas tiveram dificuldades em reconciliar os interesses teóricos que estavam na moda na época, que eram predominantemente pós-marxistas, com os compromissos que a situação política exigia? Simplificando a questão, qual era a relação entre o pós-estruturalismo e a política estudantil?*

Acho que a situação política separou os teóricos de gabinete dos militantes, e para minha agradável surpresa, muitos estudantes participaram. O grupo de apoio para os mineradores era enorme, e os encontros sempre tinham pelo menos cem pessoas. Muitos deles eram estudantes, e eu me lembro de ter ficado surpreso pela maneira como eles eram tão não teóricos e como estavam tão dispostos a mergulhar na política. Eles não conheciam os caminhos daquele mundo, mas era possível vê-los aprendendo.

*Seus colegas na universidade tinham algum problema com o seu ativismo político?*

Um deles deparou-se comigo vendendo jornais socialistas na rua e reagiu como se eu estivesse vestindo uma fantasia de palhaço. Ele simplesmente desviou o olhar, como se estivesse presenciando um atentado ao pudor. Então a WSL de Oxford foi perseguida por alguns jornalistas do *Daily Mail*. Eles apareceram à nossa porta e, de uma forma admiravelmente sistemática e precisa de modo geral, começaram a nos dissecar. Então produziram uma reportagem de duas páginas no jornal que incluía uma seção sobre os traidores de classe no grupo – pessoas que haviam traído suas próprias classes, como o médico local e eu. Nós tínhamos fornecido ajuda a um piquete de grevistas em um local próximo a Reading, e lá havia várias pessoas nos fotografando, algumas das quais funcionários disfarçados do *Daily Mail*. Então nossas fotos também apareceram. Por fim, eu peguei um avião para St. Ives, que parecia oferecer um refúgio.

*Então, igual a D. H. Lawrence, você fugiu para Cornwall como exilado interno?*

Exatamente! Não foi por muito tempo, mas me lembro de estar escrevendo o poema que conclui o livro sobre Benjamin. Eu estava em uma posição esquizoide, pois imagino que nenhum dos companheiros da WSL teria lido o livro ou, se tivesse lido, o teria aprovado. Eu estava tentando articular o político e o teórico, mas em alguns aspectos o livro e meu ativismo eram bizarramente distintos. De certo modo, os interesses políticos e teóricos aproximaram-se no material sobre as afinidades entre Benjamin e Trotsky no capítulo final do livro. Na época era bastante original estabelecer qualquer tipo de paralelo entre Benjamin e Trotsky.

*Passemos agora para o livro sobre Benjamin,* Walter Benjamin, Or, Towards a Revolutionary Criticism [Walter Benjamin, ou A caminho da crítica revolucionária] *[1981] – na minha opinião, provavelmente seu livro mais importante.* No prefácio, você escreve que a transição de Criticism and Ideology para Walter Benjamin pode ser explicada em parte por "uma mutação geral no sistema capitalista" e em parte por aquilo que você chama de sua "própria evolução individual".

A mutação geral foi, como se sabe, marcada pela emergência do thatcherismo. Lembro-me de um crítico esquerdista razoavelmente simpatizante que escreveu uma resenha horrível para o livro, e quando levantei a questão com ele pessoalmente, ele disse que estava tão abatido com o fato de o thatcherismo estar muito estabelecido que não enxergava a relevância do livro. Ele achava que não oferecia uma saída. De fato aquele não era um livro integrado em seu momento político da mesma forma que *Criticism and Ideology* [1976] havia sido. Com a chegada dos regimes de Reagan e Thatcher, muitas coisas haviam mudado drasticamente no período entre essas duas publicações e, apesar de haver uma diferença de apenas cinco anos entre elas, as observações daquele crítico demonstraram a extraordinária rapidez com a qual o clima político havia mudado. Em certo sentido, ele estava correto em dizer que o livro sobre Benjamin não lidava com aquele momento específico, e que ele parecia ligeiramente anacrônico. Não tenho muita certeza do que o livro estava fazendo. Em certo sentido, ele se comportava como se nada tivesse acontecido, mas por outro lado isso pode ter sido também algo bom. Apesar do declínio grave daquele período, um livro que agressivamente usa a palavra "revolucionária" no subtítulo aparece em cena...

*Em termos dos seus respectivos tons políticos, poderíamos quase esperar que os livros tivessem sido produzidos em ordem diferente, com* Criticism and Ideology *sendo publicado em meados dos anos 1970, na crista final da euforia política do final dos anos 1960, e com* Walter Benjamin *aparecendo no início dos anos 1980, em um momento muito menos auspicioso politicamente, no qual havia uma sensação de que as posições teóricas precisavam ser consolidadas.*

É verdade, a ordem de publicação parece peculiar. Creio que o livro sobre Benjamin estava tentando estabelecer contato com aquele momento específico de Brecht e Weimar, quando o clima político era cada vez mais ominoso. O livro tinha consciência da necessidade de politizar a crítica. Talvez *Criticism and Ideology* tenha tomado isso como certo; mas a partir daquele momento, diante de novas pressões, havia a necessidade de invocar os recursos da vanguarda. Nas aulas em Wadham, em vez de estudarmos Goldmann, Lukács e Sartre, estávamos nos voltando cada vez mais para a vanguarda revolucionária, tanto a bolchevique quanto a posterior. Muitas daquelas aulas alimentaram o livro indiretamente.

*E a sua "evolução individual"?*

O principal avanço foi que eu havia aprendido naquele meio tempo a aproximar minha escrita crítica ou teórica da minha escrita criativa. Eu havia escrito uma peça sobre Brecht, *Brecht and Company* [Brecht e companhia], que foi uma ótima experiência, e eu sabia que podia escrever de modo eficaz naquela forma.

*Você poderia me contar sobre* Brecht and Company? *Essa peça foi encenada na edição de 1979 do festival Edinburgh Fringe, não foi? Mesmo assim, ela não foi publicada, apesar de você dar um gostinho dela em* How to Read a Poem *[2007] com uma citação.*

*Brecht and Company* não foi a primeira peça que escrevi, mas foi a primeira a ser encenada. Ela foi produzida para o Fringe por um grupo chamado New Oxford Theatre Group, formado tanto por amadores quanto profissionais. Eu compareci à maioria dos ensaios em Edimburgo e a uma série de apresentações, e foi tudo muito empolgante. Às vezes me refiro ao teatro como um espaço para o artista ou humanista equivalente ao laboratório do cientista, porque ele é coletivo, experimental, prático, provisório e aberto – e eu gostava disso. Quanto à forma, a peça era provavelmente muito vanguardista para o Edinburgh Fringe. Quanto ao conteúdo, ela era esquerdista demais para pessoas como Michael Billington, que mesmo assim escreveu uma resenha um pouco favorável.

Ela foi muito bem dirigida por um aluno de pós-graduação meu chamado Justin Gregson, um marxista que se tornou diretor de teatro profissional. Ele estava ansioso para encenar a peça em Londres, então nós abordamos vários teatros metropolitanos com o roteiro em mãos. Um pouco para minha surpresa, Charles Marowitz, que administrava o Open Space Theatre, disse que aceitaria a peça. Depois ele perguntou "Então quem você vai trazer para interpretar Brecht?" e recitou uma lista de atores ao estilo Stratford. Ficou claro que nenhum teatro produziria a peça a menos que tivessem um nome consagrado, então ela acabou não indo para Londres. Sua primeira e última apresentação foi pomposamente descrita como a estreia mundial em Edimburgo. Houve vários primeiros-e-últimos no Edinburgh Fringe.

*Por que você decidiu escrever sobre Brecht de forma criativa?*

Eu tinha um intenso interesse pelo que Brecht fez, pensou e sentiu, mas não tinha uma afinidade com ele como personagem. Então a semente da peça não foi um interesse em Brecht como figura individual, mas nas possibilidades que ele oferecia. A peça mostra cenas desconexas diferentes, cruzando teatro com história política e misturando baladas políticas com paródias de Shakespeare.

*Alguns materiais em* Brecht and Company *parecem coincidir quase diretamente com os materiais do livro sobre Benjamin, principalmente em relação ao seu argumento de que, para o marxismo, a história tem forma irônica. Então no primeiro: "Hitler um pintor de casas ontem, um chanceler amanhã. E no dia seguinte? Talvez Hitler no esgoto e os soviéticos em Berlim. Tudo pode se colocado de pé em sua cabeça"; e no último: "Hitler como pintor de casas ontem e chanceler hoje é assim um sinal de comicidade, porque essa resistível ascensão prenuncia o processo instável por meio do qual ele poderá estar morto em uma casamata amanhã". Você estava tentando reduzir a distância entre o criativo e o crítico?*

Sim; naquela altura havia muita experimentação com os gêneros acontecendo. A própria peça é disposta como uma montagem, e creio que o livro sobre Benjamin foi igualmente experimental. Havia interseções em minha mente entre o trabalho crítico e o trabalho dramático. Esse foi o momento no qual comecei a descobrir que ambos os tipos de escrita pareciam ser iguais para mim. Ambos eram formas gratificantes para escrever. Não havia diferença em termos de experiência.

O livro sobre Benjamin tinha uma estrutura deliberadamente alquebrada, e isso era parte daquela experiência formal. Eu não queria nem títulos nos capítulos nem um índice, e tive uma pequena divergência com a New Left Books sobre o assunto. Lembro-me que Perry Anderson escreveu-me uma longa carta, expressando que admirava muito a obra, para minha imensa satisfação, mas dizendo que o livro não estava alinhado com as suas "noções tradicionais de composição"! Eu gosto mais dele do que dos livros que a maioria das pessoas gosta, apesar de não pensar de maneira alguma que ele seja o livro mais importante que já escrevi – *Teoria da literatura: uma introdução* [1983] é provavelmente o mais importante em termos de impacto. Os livros meus que foram mais aceitos não são, de modo geral, aqueles pelos quais tenho uma preferência secreta. Por exemplo, eu tenho um apreço pelo livrinho sobre Shakespeare, *William Shakespeare* [1986], que em geral não é muito citado.

*Voltando ao comentário no prefácio do livro sobre Benjamin sobre sua evolução individual, você também observa que "essa mudança de direção estava, por sua vez, obscuramente relacionada a certas mudanças profundas*

A TAREFA DO CRÍTICO 197

*em minha vida pessoal e política desde a produção de* Criticism and Ideology". *Você poderia decodificar essa afirmação?*

Creio que o ponto sobre minha mutação pessoal tenha sido uma referência à minha exposição à influência feminista naquele período, sobretudo por meio de Toril Moi. Sempre pensei que a influência do feminismo na minha obra não foi primariamente uma questão de substância – exceto talvez por *The Rape of Clarissa* [1982], que foi de maneira geral derrubado pelas feministas por ter invadido seu território – mas de forma e estilo. O livro sobre Benjamin foi provavelmente o primeiro livro no qual, mesmo que de maneira sutil, o humor começou a aparecer. Nesse sentido, ele foi um pouco inovador.

*Eu tinha planejado perguntar sobre o humor nesse contexto. Quando reli o livro, esperava achar o tom mais cômico do que realmente achei – sobretudo porque há um capítulo em que você usa Freud para demonstrar como as piadas, assim como as obras de literatura, ostentam a forma. A notável sensação de premência polêmica do livro, na minha opinião, é sua característica estilística mais marcante. Na verdade não há muito humor, apesar do fato de o livro ser extravagantemente consciente da frequente ousadia das suas estratégias retóricas. E eu só consigo encontrar uma piada, uma nota de rodapé na qual, em um tom fortemente sarcástico, você analisa a palavra "girning".*

É verdade. Esse é um livro que está pronto para começar a fazer piadas, mas que na verdade não faz muitas delas. Ele mais ou menos faz o aquecimento para o ato cômico principal.

*Há, no entanto, uma provocação bastante atrevida a certa altura: você relaciona os principais estetas marxistas do século até aquele momento, e se inclui entre eles!*

Sim! Recebi uma carta furiosa, provavelmente escrita em um momento embriagado de fúria, de alguém que citava a frase e acrescentava, em letras maiúsculas, "Tudo o que eu quero saber é: como você tem coragem de escrever esta porra?" Eu escrevi uma resposta e disse, "Bem, eu fiz isso em parte para provocar pessoas como você." Também disse, "Por que não podemos incluir nossos próprios nomes?" e falei do nome próprio como o sinal de uma obra como um todo. De vez em quando eu apresentava esse capítulo em sala de aula, e a piada sempre funcionava nesse contexto porque eu podia acrescentar uma pausa levemente irônica antes de "Eagleton". Mas percebo o quão ofensivo isso pode ter parecido para algumas pessoas na página – certamente para aquele cara.

*À parte desse correspondente enfurecido, você tinha em mente um público diferente para o livro?*

Não tenho certeza se tinha. Escrevi-o muito como um livro da Verso, se você preferir assim, um livro da esquerda intelectual, mas ao mesmo tempo ele mobilizava recursos – como Bakthin e até certo ponto Adorno – que contestavam um tipo de socialismo demasiadamente intelectual. Talvez ele tenha sido até certo ponto uma crítica implícita a *Criticism and Ideology* nesse sentido. Algo que o livro também fez foi *usar* Benjamin. Ele não era realmente um estudo sobre Benjamin, mas uma tentativa de usá-lo como um pregador para pendurar diversos tópicos. Eu podia naquele momento ser mais diversificado. Esse é um dos livros mais versáteis que já escrevi, e por esse motivo, mas talvez também por outros, os pesquisadores de Benjamin não gostaram dele. Eles praticamente não deram atenção a ele. Foi como o caso do palhaço que, sem se esforçar, levanta a mala que os outros mal conseguem mover – tendo trabalhado por anos nas minúcias de *Passagens*, esses estudiosos ficaram um pouco escandalizados com o recém-chegado indo embora com o seu trabalho.

*O livro não oferece muita informação biográfica sobre Benjamin. Você achou que não precisava assumir a responsabilidade de oferecer uma introdução sobre ele porque na época o autor estava começando a ser resgatado pelos estudiosos anglófonos?*

Sim. Como afirmo no início do livro, ele abre-se em tantas direções diferentes. Isso combinou com um novo clima de pluralismo, e com meu interesse crescente em outros métodos não marxistas ou pós-estruturalistas, incluindo Bakhtin. Mais uma vez, isso foi parte de uma tentativa de reunir tantos instrumentos quanto possível em uma situação ruim. A obra tem uma certa qualidade positiva, afirmativa, na maneira como ela foi escrita e na quebra da forma do livro. Mas ele não combina muito bem com a situação política desoladora. Os declínios têm suas vantagens assim como as ascensões. Você torna-se menos sectário, menos severo, menos ciosamente exigente. Tudo isso tem seus perigos, mas você fica mais hesitante em olhar os dentes do cavalo dado. O próprio estilo de Benjamin, em especial sua técnica de montagem, revelou-me maneiras de falar que, politicamente falando, poderiam não ter parecido muito promissoras à primeira vista. E eu havia aprendido de Brecht – com a produção de *Brecht and Company* e de um contato mais geral com ele na época – sobre a atratividade da desmontagem. Isso entrou no livro de forma bem consciente. Mas não acho que tenham sido só Benjamin e Brecht. Escrevi o livro antes de o pluralismo entrar completamente na moda, antes da ideologia liberal e multiculturalista ter se apropriado dele. Parecia haver uma necessidade de trazer mais recursos sem uma preocupação muito grande quanto à maneira como eles iriam se adequar uns aos outros.

*No livro sobre Benjamin, você fala sobre a loucura e a violência da desconstrução. Você acha que parecia haver um diálogo na época entre a tradição vanguardista e o que Derrida e outros pós-estruturalistas estavam fazendo?*

Acho que havia algumas afinidades. Fui bastante crítico em relação a Derrida naquele livro, e era crítico dele de maneira geral na época. Eu achava que a vanguarda representava uma forma de pluralismo mais politizada, ou forma de desconstrução mais politizada. Em alguns de seus temas característicos, a vanguarda tinha antecipado Derrida – como também tinha Bakhtin – mas em um contexto mais histórico ou político. Na verdade, lembro-me de ter perguntado a Derrida em Oxford se ele conseguia ver alguma conexão entre seu trabalho e Bakhtin. Ele ficou muito cauteloso com a pergunta e disse "Talvez...". Creio que ele dizia "talvez" muitas vezes. Talvez ele estivesse tentando entender por que eu havia perguntado. Eu tinha um profundo interesse por Bakhtin e pela vanguarda, e queria descobrir como ele se sentia; mas apesar de ter escrito sobre Benjamin de forma muito positiva, ele mostrava-se nitidamente cuidadoso sobre o assunto.

*Quando você encontrou Derrida pela primeira vez?*

Primeiro o encontrei em Cambridge, quando ele estava dando algumas aulas no início dos anos 1980. Então alguém da *Oxford Literary Review* convidou-o para dar um seminário em Oxford. Porém, o que me chamou a atenção naquela ocasião, falando em cautela, foi que ele relutava bastante em ser levado a posições ultra-desconstrucionistas por seus seguidores mais fervorosos em Oxford. Talvez ele não quisesse prosseguir muito rapidamente. Alguém fazia uma pergunta que era claramente hostil à ideia do dialético, e Derrida dizia que ele não tinha nada contra a dialética, e que a questão era que havia coisas que não eram dialetizáveis – alguma coisa assim. Ele parecia-me muito cauteloso e sagaz, tanto em espírito quanto em sua abordagem. Tinha a tendência de transitar entre a posição hedonista e a sóbria, dependendo da direção das saraivadas. Quando seus discípulos ficavam empolgados, ele tendia a colocar o pé no freio, mas ele mesmo acelerava às vezes com certa irresponsabilidade.

A última vez que me encontrei com Derrida foi quando ele veio a Dublin para dar uma aula. Nesse meio tempo, eu tinha ouvido falar que ele havia ficado um pouco nervoso com a minha resenha de *Espectros de Marx* e também, por incrível que pareça, com uma brincadeira que eu havia feito com o seu nome na epígrafe de um dos capítulos do livro sobre Benjamin – uma situação deliciosamente irônica. Ele pareceu não gostar de flutuar o significante quando o seu próprio nome estava em jogo. Talvez ele tenha achado que não era apropriado... Por conta de nossos encontros não serem frequentes e de ele ter visivelmente envelhecido quando o encontrei em Dublin, eu puder ver que ele não se lembrava mais de quem eu era. Tivemos uma conversa muito animada, mas logo que fui embora ele perguntou "Quem era aquele homem gentil?". Quando lhe contaram, ele disse. "Ah! Ele brincou com o meu nome!". Então essa foi a última vez em que vi Monsieur Derrida. Ou Monsieur *Dare-I-Die...*[*]

*Você devia estar escrevendo o livro sobre Benjamin quase na mesma época em que o "Caso MacCabe" ocorreu em Cambridge, quando a faculdade de inglês, de forma chocante, recusou a inclusão de Colin MacCabe em seu quadro permanente. MacCabe era alguém que tinha uma grande identificação com a recepção do pós-estruturalismo na Grã-Bretanha.*

Sim, eu conhecia Colin muito bem e achei o seu livro sobre Joyce bastante revelador. Fiquei consternado quando ouvi rumores de que membros de certos comitês de seleção em Cambridge estavam lendo partes do livro em tom satírico uns para os outros. Obviamente eu simpatizava com ele em aspectos políticos e teóricos, mas também porque de certo modo eu já havia passado por uma situação similar em Cambridge, apesar de ela não ter sido tão alardeada. Alguns anos antes, quando Colin estava na graduação e eu era um jovem pesquisador, eu estava em uma situação parecida no sentido de que ficou claro que, devido ao fato de eu ser um seguidor de Williams, eles não iriam me dar um emprego. Foi por isso que no final eu fui embora. Fiz algumas entrevistas em Cambridge para cargos de professor assistente, mas fui rejeitado. Então esse foi um dos motivos pelos quais eu me identifiquei com a situação de Colin. Além disso, aquela foi uma das primeiras explosões na batalha da teoria. Frank Kermode e Raymond Williams estabeleceram uma improvável união para defender Colin. Naquela altura, Kermode ainda estava sob a influência dos seminários de Barthes a que havia assistido; e, de sua maneira inglesa e desapaixonada, ele tinha um interesse pela teoria. Esse era, é claro, um fenômeno próprio daquela época – pessoas como David Lodge também eram assim. Mas, em quase todos esses casos, a verdadeira natureza liberal e empirista dessas pessoas acabou sendo revelada.

---

[*] *Dare-I-Die*, ou ouso-eu-morrer, tem pronúncia semelhante a Derrida em inglês. (N.T.)

202　TERRY EAGLETON E MATTHEW BEAUMONT

Lembro-me que o Oxford English Limited convidou Colin naquela época, e ele deu uma palestra sobre Milton na faculdade. Centenas de pessoas compareceram por causa da sua notoriedade. Mostrei-lhe uma tirinha da *Private Eye,* na qual um casal de meia-idade de classe trabalhadora está tomando café da manhã e lendo o jornal, e a mulher pergunta ao homem: "Eles já pegaram o estruturalista de Cambridge?" Tinha havido um infame estuprador em Cambridge mais ou menos um ano antes...

*Foi no livro sobre Benjamin que você usou a teoria lacaniana pela primeira vez. Desde então tem retornado com frequência aos recursos dessa teoria, mais recentemente e extensivamente em* Trouble with Strangers *[2008].*

O lacanismo também entrou nas aulas da Wadham College, onde em certo momento existia uma ênfase significativa na psicanálise. Também estudamos Reich e a tradição psicanalítica marxista, assim como a Escola de Frankfurt. Lembro-me de quando tentei ler Reich na Bodleian Library, e encontrei um símbolo estranho contra ele no catálogo. Perguntei ao bibliotecário se isso significava que ele estava restrito à Duke Humfrey's Library, e fui informado que ele era classificado como pornografia. Então eu tive que lê-lo acorrentado a uma mesa; quer dizer, o livro tinha que estar acorrentado, não eu.

Lacan era cada vez mais um nome de grande importância, apesar de haver muito pouco da sua obra disponível até a antologia de *Escritos* ser publicada em língua inglesa em 1977. Ele sempre foi uma influência persistente em mim, mas permaneceu adormecido por algum tempo. Lembro-me de uma ocasião surreal em que o psiquiatra Anthony Storr, pesquisador na Wadham, abordou-me no pátio e disse, com um certo ar de pânico, que o *Observer* havia pedido para que ele escrevesse uma resenha de uma coisa estranha de um homem chamado Lacan. Era a tradução de *Écrits* [Escritos] e ele tinha um prazo de três dias. Disse que havia lido alguns parágrafos e tinha se perguntado seriamente se Lacan não sofria de uma desordem verbal. Eu disse, "É mais interessante do que isso..." "Tudo bem!", ele falou, "Diga-me uma coisa interessante que ele afirma!" Então eu disse: "Bem, entre outras coisas, ele diz 'Eu não estou onde penso e eu penso onde não estou'". E ele disse, "Meu Deus, é verdade!" Ele era um psiquiatra clínico e aquelas palavras fizeram cair a ficha. Mas na época, Lacan era um significante para o jargão ininteligível parisiense, como esse incidente ilustra. Mas ele começou a ser adotado lentamente – mas não pelos pós-estruturalistas de Oxford, deve-se dizer, que estavam se virando contra a psicanálise porque ela não era redutível linguisticamente.

Refletindo sobre o assunto, fico um pouco surpreso que em *Trouble with Strangers* eu tenha usado Lacan de forma tão compromissada. O caso não é diferente de Althusser e *Criticism and Ideology*, no sentido de que ambos os livros fizeram-me parecer um defensor mais convicto deles do que realmente sou. Como disse antes, na época em que escrevi *Criticism and Ideology*, provavelmente não havia uma única posição de Althusser sobre a qual eu não tinha sérias ressalvas – e o mesmo é verdade sobre Lacan. Mas eu achava que seu pensamento sobre o imaginário, o simbólico e o real, especificamente, oferecia uma estrutura útil para pensarmos sobre a ética. E, também espero, razoavelmente original.

*Na discussão sobre Milton no capítulo de introdução do livro sobre Benjamin, que se aproveita de outra oportunidade para criticar o leavisismo, você usa* Gramatologia *[1966] para explorar o fonocentrismo do puritanismo. Você identifica o catolicismo implicitamente, em contraste com o puritanismo, com o tipo de artifício e densidade semiótica que Benjamin identifica em sua abordagem da alegoria e do barroco em* Origem do drama barroco alemão *[1928]?*

Isso só passou pela minha cabeça muito mais tarde, mas acho que realmente é uma característica presente no livro. Ele é um tipo de obra muito antiprotestante nesse sentido. Apesar de a ideia do materialismo semântico ser usada um pouco excessivamente na época, mesmo estando um pouco na moda, ela me atraía profundamente, e eu suspeito que o catolicismo tenha sido um dos motivos disso. Aliás, creio que o outro motivo do meu interesse por Benjamin, mesmo que ele não tenha aparecido com muita intensidade nesse livro, tenha sido a teologia. Talvez essa tenha sido uma maneira de levantar algumas daquelas questões profundas, mas não em termos explicitamente teológicos.

*Em* A montanha mágica, *um romance sobre o qual você escreveu em* Sweet Violence *e em* Trouble with Strangers, *Thomas Mann observa que o judaísmo tem muito mais em comum com o catolicismo do que com o protestantismo, devido ao que ele chama de suas "tendências seculares e materialistas", seu "socialismo". Por acaso você tinha consciência de que, no início da década de 1980, Jameson estava trabalhando em linhas gerais com problemas similares aos que você estava explorando? Há paralelos interessantes entre o livro sobre Benjamin e* O inconsciente político, *que foram publicados em 1981. Naturalmente, eles são bem diferentes de várias formas; por exemplo, Jameson trata a alegoria como uma hermenêutica em vez de uma estética ou uma semiótica. Mas ambos os livros tentam se reconciliar com o impacto do pós-estruturalismo, acomodando-o criativamente, mas contestando seu idealismo em nome do materialismo histórico. Para os dois livros, o marxismo é na prática o horizonte intranscendível da crítica.*

Não, eu não tinha consciência dessas relações. Um dos meus sentimentos mais negativos em relação ao trabalho de Jameson era que ele era ao mesmo tempo pluralista demais, a ponto de sucumbir ao perigo do ecletismo, e insistente demais na metanarrativa, na subordinação de outras narrativas a ponto de não dar a devida importância aos diversos elementos a serem subordinados. As feministas certamente tinham essa opinião sobre ele naquela época. A outra ideia que eu tinha sobre Jameson quando escrevi o livro, como disse antes, era que ele nunca havia abordado Althusser de verdade – para o bem ou para o mal. Althusser passou direto por ele devido ao molde profundamente hegeliano do marxismo de Jameson. Ele escreve um pouco sobre Althusser em *The Prison-House of Language* [A prisão da linguagem] [1975] e em outros lugares, mas em uma época em que existiam rivalidades teóricas intensas entre os althusserianos e outros teóricos, Jameson parecia não se posicionar de forma definida naquele debate. Mas não, eu só fui ter consciência de *O inconsciente político* mais tarde.

*Uma das diferenças mais marcantes entre esses livros – e ela pode surpreender aqueles que criticaram você pelo seu apego ao cânone – é que Jameson obtém seus exemplos da tradição realista, ao estilo de Lukács, e você obtém os seus principalmente da tradição modernista e vanguardista, ao estilo de Benjamin.*

É verdade. Jameson sempre teve um alcance muito mais amplo do que eu poderia almejar. Como Colin MacCabe disse, não há nada nas ciências humanas que seja estranho a ele. Mas ele nunca foi um intelectual público de verdade nos Estados Unidos. Essa é a coisa marcante em relação a ele. Alguns de seus colegas menos merecedores da Duke University, como Stanley Fish, foram intelectuais públicos até certo ponto. Obviamente, as oportunidades para atividades como essa são extremamente limitadas nos Estados Unidos, mas eu ainda acho que é um reflexo interessante em seu trabalho o fato de que ele parece não ver a necessidade de popularizar suas ideias. Ele concebe a cultura popular em um nível bastante alto. O livro sobre Benjamin tentou, em certo sentido, libertar-se da esfera acadêmica habitual. Jameson parece estar mais satisfeito com ela.

*A certa altura, em* Walter Benjamin, *você discute em que medida o próprio marxismo é uma narrativa, e finalmente rejeita esse modelo como simplista demais, evolucionista demais. Talvez isso seja relevante ao que você estava dizendo sobre o apego de Jameson às narrativas. Pergunto-me se, após a tentativa pós-moderna de descreditar o marxismo e outras metanarrativas, você mudaria sua posição e diria que, em certos aspectos politicamente habilitadores, ele constitui uma narrativa.*

Acho que gostaria de fazer uma ressalva. Eu estava sob uma forte influência da antiteleologia, que na época estava na moda, e com a qual Jameson nunca teve problemas. Em minhas reflexões sobre as afinidades entre Benjamin e Trotsky no final do livro, eu procuro por um modo de narração histórica que tenha uma qualidade não linear que ambos atribuem a ela, mas que ao mesmo tempo continue a acreditar na possibilidade de progresso.

*Então a ideia de tradição – que você com frequência defende contra a suposição esquerdista de que ela é uma noção inerentemente conservadora – você colocaria no lugar da ideia de narrativa?*

206 TERRY EAGLETON E MATTHEW BEAUMONT

Acho que sim. Se dissermos que um dos motivos para preservar a tradição é que ela contém recursos preciosos para o presente e para o futuro, estaremos falando de uma narrativa evolucionária; mas desde que isso signifique uma relação genuína com o passado em vez de tratá-lo como história antiga, ela não será uma narrativa evolucionária ingênua. Para Benjamin e Trotsky, isso envolve torções, compressões, repetições, condensações e assim por diante. Em Benjamin, mais especificamente, o conceito de tradição apresenta uma ressonância da tradição dos destituídos, dos antepassados escravizados. Então estamos observando dois tipos diferentes de modelos históricos. O que as pessoas não enxergavam bem na época era que o debate entre o historicismo e o anti-historicismo excluía diversas outras opções. Há maneiras diferentes de narrar e historicizar, algumas das quais são mais evolucionárias que as outras. E de qualquer forma, "evolucionária" não significa necessariamente "teleológica".

Sob um ponto de vista marxista, o conceito de tradição certamente é muito importante. Talvez isso seja mais do que afirmar o óbvio. Existia, na grande explosão do pensamento e da prática radical nos anos 1960, um ceticismo valioso quanto à ideia de tradição. E uma espécie de "presentidade" eterna encontrou mais tarde ressonâncias no pós-modernismo, que fetichizou a conjuntura presente e para o qual tudo depende do mais recente lance de dados. Williams disse há muito tempo em *Cultura e sociedade* que uma sociedade que só pode viver com os recursos contemporâneos é uma sociedade pobre. É um efeito estrutural das sociedades capitalistas tardias que elas tenham que reprimir a história, porque têm que suprimir formas alternativas de história. Suas histórias também tendem a ser a história do idêntico, tendem a ser o eterno retorno da mercadoria em qualquer que seja a forma da moda. Então o primeiro ponto seria simplesmente destacar a natureza vital do conceito de tradição para os marxistas. "Nós marxistas", Trotsky certa vez disse, "sempre vivemos na tradição." Isso não indica a relação acrítica ou subserviente com a tradição que é encontrada caracteristicamente no pensamento conservador. A distinção de Benjamin entre a história, creio eu significando a história da classe dominante, e a tradição, ou um conjunto alternativo de histórias, foi muito importante para mim, porque ela foi útil para que eu entendesse algo que considero um problema na esquerda britânica. Nos anos 1970 e 1980, havia muita história de classe trabalhadora, trabalhista e feminista, que surgiu em grande parte do movimento History Workshop. Uma das críticas feitas a esse movimento foi que era possível cair na armadilha de encarar a tradição socialista ou radical simplesmente como uma alternativa já formada, no sentido de uma continuidade suprimida mas ininterrupta que segue a história oficial como um fantasma. O pensamento de Benjamin sobre a tradição, sobre os recursos dos oprimidos, é uma maneira de romper com esse modelo. Sua tradição é muito menos uma história alternativa fantasma, que poderia ser inteiramente desenhada; em vez disso, ela é uma série de crises dentro da própria história, um conjunto de pontos de confrontação, de ruptura ou conflito, onde é possível vislumbrar os contornos de um mundo alternativo. Sua tradição é uma coleção desses momentos, que são sempre remontados e reconstruídos de acordo com as demandas da conjuntura presente.

*É uma questão, de acordo com Benjamin, de lutar constantemente com esse tipo de tradição para tirá-la das garras do conformismo que ameaça subjugá-la... Mudando de assunto, foi no livro sobre Benjamin que você refuncionalizou a ideia de retórica pela primeira vez. Você argumenta de forma persuasiva que a retórica oferece um paradigma antigo e potencialmente radical para a crítica, porque ela proporciona um método para "analisar os efeitos materiais de usos específicos da linguagem em circunstâncias sociais específicas". Assim, você estava tentando radicalizar a teoria do discurso dominante naquela época ao explorar os recursos de uma longa história de tentativas de teorizar as articulações do discurso e do poder. Você então ressuscitou essa tentativa na conclusão de* Teoria da literatura: uma introdução *[1983]. Quando foi que essa ideia de retórica lhe ocorreu como uma solução para o problema de como usar e criticar a teoria do discurso, se posso dizer assim?*

Foi um pouco como um raio caído do céu. Essa seção do livro sobre Benjamin atraiu respostas entusiásticas de todos os tipos de pessoas, sobretudo nos Estados Unidos, que haviam estudado e pensado sobre a retórica por décadas. Eu não tinha nenhum histórico de

208   TERRY EAGLETON E MATTHEW BEAUMONT

trabalho nessa tradição, mas ocorreu-me repentinamente que a ideia de retórica poderia tecer várias linhas diferentes em um mesmo tecido. Tendo dito isso, esse é um tópico um pouco solto na minha obra. Eu não trabalhei com ele novamente após *Teoria da literatura*, exceto em uma aula que tenho dado desde então, na qual eu mostro que a retórica significava, e ainda significa, tanto o estudo detalhado de tropos e figuras quanto, de forma mais ampla, a dimensão institucional pública ou política da crítica. Tenho a impressão de que grande parte das maiores realizações da crítica foi composta por momentos em que ambas as coisas foram unidas, de modo que ler as palavras na página fosse fazer mais do que simplesmente isso. Parte da crise da crítica contemporânea é que ambas essas funções tradicionais – que se interpenetram de tempos em tempos para produzir grandes expoentes da crítica como os românticos ou a Escola de Cambridge – estão agora, por motivos diferentes, em dificuldade. Por um lado, perdemos o hábito da análise textual minuciosa; e por outro, o papel do crítico está atrelado ao destino da esfera pública ou do papel do intelectual de forma geral.

Nessa aula, também tento chamar atenção para o fato de que o papel do intelectual sempre variou historicamente, desde o teólogo na Idade Média, passando pelas figuras do Iluminismo, até o cientista natural do século XIX. Foi provavelmente só no início do século XX que a responsabilidade chegou às mãos das figuras literárias. Naquela altura, por motivos relacionados à importância crescente da cultura, à indústria cultural, à identidade nacional e assim por diante, o crítico literário, que antes escrevinhava inofensivamente em seu cantinho, foi levado de repente à proeminência – desde Auerbach e Bakhtin, passando por Empson e Richards, até Said. A literatura foi, nesse contexto, o campo que teve que assumir uma importância mais geral, em parte porque os campos adjacentes, como a filosofia, a teoria política ou a sociologia, que poderiam ter assumido esse papel de forma mais óbvia, tornaram-se empiristas, positivistas ou behavioristas. Isso não é muito diferente da tese de Perry Anderson em "Components of the National Culture" [1986]. Então esse capítulo no livro sobre Benjamin foi uma tentativa de ver o crítico como, idealmente, alguém que unia esses dois sentidos da retórica, a análise minuciosa e o discurso público.

*E isso só pode ocorrer no menos instrumentalizado dos discursos...*

Sim, exatamente. O encolhimento da esfera pública e a comoditização da linguagem e da experiência, que tornam a análise verbal sensível cada vez mais difícil, cada vez menos familiar às pessoas, conspiram agora para destruir esse papel.

*Olhando mais a frente, você vê um livro como* How to Read a Poem*, que oferece lições de leitura minuciosa, como uma contribuição para esse mesmo projeto?*

Esse é provavelmente um dos aspectos envolvidos. A Blackwell mais ou menos me obrigou a acrescentar uma capítulo final meio capenga sobre a poesia e a sociedade, que era algo que eu não queria fazer. Sem dúvida, meu argumento geral é de que não foi a teoria que agiu como um obstáculo para a leitura minuciosa: foi a comoditização da própria experiência. Os leavisistas enxergaram a importância disso bem cedo, e perceberam que isso ameaçava o papel do crítico e o tornava mais necessário, mesmo que de forma idealista do ponto de vista deles.

*Eu menciono* How to Read a Poem *nesse contexto porque ele assume um papel pedagógico em relação à linguagem, e a discussão da retórica tem implicações pedagógicas potencialmente importantes. Talvez você aborde algumas dessas implicações, mesmo que de forma bastante obscura, em* A função da crítica *[1984]. Mas no livro sobre Benjamin, que é extremamente autorreflexivo, um dos poucos problemas políticos que você não discute com autoconsciência suficiente é o papel do professor esquerdista no ensino superior. Você estipula a prática do "trabalhador cultural socialista", mas sem admitir bem o lamentável fato de que ele está frequentemente inserido em uma instituição acadêmica.*

Eu provavelmente não trabalhei o bastante com isso. Hoje em dia, com frequência me pedem para falar em público sobre a educação, mas isso não é algo a que eu tenha me dedicado o bastante. De modo geral, tenho tido mais interesse no papel do intelectual público do que no do professor em instituições especificamente acadêmicas. Eu também passei uma vida inteira tentando ser independente dessas instituições. Mas isso é em parte uma questão de temperamento, e não diria que há aí algum significado político importante.

*Eu também queria lhe perguntar sobre a comédia em relação ao livro sobre Benjamin – não simplesmente sobre piadas, mas sobre a comédia. No penúltimo capítulo, você afirma que, até onde sabe, nunca existiu uma teoria marxista da comédia, antes de abrir alguns caminhos intrigantes para esse campo. Desde então, você desenvolveu uma teoria marxista da tragédia, em* Sweet Violence *[2003]; mas ainda não há uma teoria marxista da comédia. Isso é algo que consideraria fazer?*

Isso é intrigante. Eu tenho o interesse em escrever mais sobre a comédia, mas não pensei nisso especificamente em termos de uma teoria marxista da comédia. Creio que parte do problema é que, apesar de ter sido fascinado por Brecht naquele período, e de ter encontrado tantas coisas que soavam verdadeiras para mim em sua obra, meu temperamento não é tão otimista ou positivo como o dele. Nesse sentido eu sou mais beckettiano do que brechtiano. Isso pode ser simplesmente um sinal dos tempos, mas acho que também é uma questão de personalidade.

*Apesar de Brecht fazer questão de começar a partir dos maus novos tempos em vez dos bons velhos tempos...*

Isso é verdade; e Brecht não é de maneira nenhuma apenas um monte de risadas. Bakhtin talvez seja o personagem que deva ser enfrentado mais centralmente, mas saber até que ponto ele é marxista é claramente outra questão. Creio que o livro sobre Benjamin vê que há em Bakhtin algumas das raízes de uma teoria materialista da comédia, em especial em relação ao corpo. E eu sempre tive interesse em uma espécie de *comédie noire* – em parte Beckett, em parte Wilde, em parte desenganação irlandesa de modo geral. *Saint Oscar* [Santo Oscar], minha peça sobre Wilde, que é efetivamente tragicômica, é um exemplo disso. Os críticos ingleses acharam a mistura de tragédia e comédia difícil de encarar. Não houve nenhum problema na Irlanda: eles não contestaram a mistura de gêneros, o fato de haver música burlesca na mesma peça em que há a queda de um protagonista trágico. Mas os críticos ingleses que vieram de Londres para assisti-la – que estavam todos muito orgulhosos por terem chegado a Belfast sem capacete ou balas no peito, mostrando um ar convencido de sobrevivência – pareceram não ter entendido nada da peça. Não houve problema nenhum para os irlandeses. Creio que uma espécie de tragicomédia é tradicional na Irlanda.

*Eu suspeito que você assimila Bakhtin ao marxismo de forma um pouco fácil demais no livro sobre Benjamin; ou pelo menos não lida diretamente com o problema da relação entre ele e o marxismo. Mas você o usa muito produtivamente para construir uma espécie de política somática, e nesse sentido o texto parece um ataque preventivo contra a obsessão pós-modernista com os corpos que já criticou em inúmeras ocasiões.*

Sim. Creio que minha queixa quanto a isso foi sempre que os corpos em questão eram seletivos demais. Bakhtin pelo menos abre um caminho para uma concepção mais ampla.

*Em uma das resenhas de* Walter Benjamin, *David Forgacs argumenta que o livro exibe um romantismo revolucionário em demasia. Ele também argumenta que o papel que você atribui ao próprio Benjamin permite que o adote "como um alter ego vivendo a mesma crise espiritual em uma conjuntura histórica análoga (os anos 1930, os anos 1980), mas também que o rejeite por seus elementos retrógrados como seu misticismo, seu idealismo, seu mandarinismo". Tenho a impressão de que o livro toma cuidado para não rejeitar esses elementos, para demonstrar que eles não podem ser simplesmente exorcizados por uma crítica materialista. Mas o que você acha desse ideia de que ele foi usado como um alter ego?*

Isso é interessante. Ele está correto até certo ponto sobre os momentos paralelos. Obviamente, nós não estávamos enfrentando algo tão desesperador como o fascismo na década de 1980, mas mesmo assim havia uma necessidade de mobilizar recursos. Mas nunca enxerguei Benjamin como um alter ego; nem Brecht, por sinal. Eu posso ser pessimista, mas não sou melancólico.

212   TERRY EAGLETON E MATTHEW BEAUMONT

*Seu livro seguinte foi* The Rape of Clarissa, *um estudo sobre a "escrita, a sexualidade e a luta de classes em Samuel Richardson", publicado em 1982. Esse é um livro profundamente influenciado pelo feminismo, e talvez pelo seu relacionamento com Toril Moi.*

Toril não foi uma influência direta, e apesar de ela ter lido o livro, eu não me recordo de ter colaborado comigo. E também não o enxergava conscientemente como um livro feminista. Portanto fiquei bastante surpreso quando algumas críticas feministas abordaram-no como se ele fosse uma obra autoconscientemente feminista. Toril e eu partíamos do pressuposto de que o feminismo circulava dentro de um contexto esquerdista ou socialista mais amplo – no caso dela em parte porque veio da Noruega, e portanto de uma tradição continental europeia em vez de anglo-saxã. Nossos pensamentos eram compatíveis nesse sentido, então podíamos fugir de grande parte do entediante trabalho preparatório e discutir as coisas juntos. Ela compartilhava minhas opiniões sobre os limites do que naquela época era chamado de "feminismo burguês", e o pós-feminismo burguês nos dias de hoje. Assim, existia uma afinidade política e intelectual entre nós. Eu tinha um genuíno interesse em Richardson como escritor, mas também achava que ele era uma figura quase ridiculamente paradigmática por refletir sobre as relações entre classe, arte e sexualidade.

*A feminista mais proeminente a criticar* The Rape of Clarissa *foi Elaine Showalter, que escreveu um texto no qual ela o atacava com o subtítulo "Terry Eagleton e o estupro da teoria feminista". Ela o caracterizou como um "McHeath marxista" que havia escrito um livro com "o objetivo de ter o impacto e a ousadia de um ataque de um bandido"; e argumentou que, "independente do quão energético e divertido ele é, o feminismo fálico de Eagleton parece ser mais um saque aos recursos do feminino para modernizar a dominação masculina". Você então respondeu a ela de forma irônica, com um relato autobiográfico de suas experiências como um socialista de classe trabalhadora que ressentia a presença de esquerdistas de classe média alta em Cambridge. Após refletir sobre o duradouro engajamento político de muitas dessas pessoas, em uma época em que vários socialistas de classe trabalhadora estavam abandonando seus princípios, você con-*

*clui: "Eu ainda acho que estávamos errados em termos sido tão cheio de nós mesmos".*

Ela pareceu achar minha resposta absolutamente irrelevante, e me acusou de usar o velho truque patriarcal de mudar o tópico do debate. Ela não entendeu que o assunto era de classe, talvez em parte por ser americana. Eu achei que ela exibiu uma confiança presunçosa demais ao decidir o que contava e o que não contava como uma continuação da discussão. Essa foi uma das minhas primeiras experiências com a maneira – que eu encontraria muitas vezes mais tarde – como os acadêmicos americanos, por meio de uma lógica inexoravelmente perversa, transformam questões de substância política em rixas por territórios acadêmicos.

*Uma das sugestões mais provocantes que você faz nesse livro é que podemos pensar nas obras de Richardson menos como romances e mais como "kits" ficcionais, ou "grandes e pesados contêineres abarrotados de peças sobressalentes e suplementos favoráveis". Aqui você está embaralhando o antigo significado de "kit" em inglês, ainda em uso no século XVIII, que tem o sentido de contêiner ou recipiente, com o mais novo, usado a partir do século XIX, que tem o sentido de "conjunto de ferramentas". O "kit" é, assim, uma espécie de hipertexto primitivo. De onde veio essa ideia? Brecht, talvez, e Lévi-Strauss?*

É possível que essa ideia de bricolagem estivesse na minha cabeça de forma inconsciente. As técnicas do teatro "épico" com certeza estavam. O que me interessava era que muitas das coisas do que os pós-estruturalistas ou desconstrutivistas diziam pareciam poder ser aplicadas a Richardson e suas técnicas, mesmo que ele fosse inteiramente hostil às suas posições epistemológicas. Aqui estava um protestante da pequena burguesia, puritano e determinado, falando sobre assuntos que pareciam antecipar muitas das discussões que estavam acontecendo na nossa própria época – sobre a identidade, o eu, a narrativa. Richardson é atento à *jouissance* da leitura de forma brilhante, mas ao mesmo tempo ele seria uma das últimas pessoas a se dedicar à ideologia da *jouissance*. De fato, essa ideologia é condenada na figura de Lovelace. Era essa incongruência que me interessava. As tentativas dos pós-estruturalistas de se apropriarem de Richardson *tout court* fracassaram miseravelmente, porque havia coisas demais que eles não conseguiam levar em consideração. E ainda assim qualquer um que lesse sua obra pelo conteúdo tinha que adotar algumas de suas técnicas e ideias.

*A ideia de Clarissa como um "kit" é em parte eficaz – particularmente em oposição implícita aos pós-estruturalistas – por causa da sua ênfase na materialidade do texto. Mas não há nenhuma discussão sistemática sobre os processos materiais de produção e consumo nesse livro. Richardson, como se sabe, trabalhava na área de edição e impressão, além de ser escritor, e isso é paradoxalmente relevante à sua tentativa de desenvolver o que você descreve como sua "antiescrita", uma escrita que "se esforça para abolir a materialidade do signo".*

Sim, essa é outra maneira na qual ele é quase paradigmático. Ele era alguém que ganhava a vida com a materialidade da palavra, mas também com o fato de que a publicação ligava-o a uma rede inteira de contatos. Esse livro é provavelmente o mais próximo que cheguei de desenvolver algo parecido com o materialismo cultural de Williams. Se eu tivesse esse conceito à minha disposição na época, acho que poderia ter explorado Richardson de forma mais profunda.

*No passado, os críticos reclamaram que você não escreve o bastante sobre o consumo, mas aqui fala do relacionamento de Richardson com suas amigas e leitoras, e sobre a relação disso com o que você chama de "feminização do discurso".*

Eu não acho que haja outro lugar em minha obra no qual exista uma congruência tão conveniente da análise do texto e da análise da sua situação material – Richardson foi a figura que permitiu que ambas se juntassem impecavelmente.

*Há uma excelente discussão sobre a morte de Clarissa no livro, que você caracteriza como uma espécie de ato litúrgico permeado por significado político. Você apresenta-a como uma mártir e um bode expiatório trágico, e nesse sentido o livro está alinhado com o seu trabalho tanto da década de 1960 quanto da última década. Você também foi influenciado por eventos políticos contemporâneos? Tenho em mente a morte de Bobby Sands em 1981,* um ano antes de The Rape of Clarissa *ter sido publicado.*

Acho que sim, apesar de isso não ser expresso de maneira explícita. Eu tinha consciência de que havia aspectos da greve de fome que os ingleses não entendiam necessariamente. Por exemplo, por causa das minhas origens irlandesas, eu estava ciente de que aquela era uma forma de protesto antiga e altamente tradicional; e que, muito mais do que um desejo generalizado de dar um fim a si mesmo, ela constituía uma recusa específica, uma recusa de algo vindo de alguém específico. Na Irlanda medieval, alguém que tinha rancor de um senhor de terras podia ir até a soleira da sua porta passar fome. Eu tinha interesse nas utilizações políticas do corpo. Creio que eu via Clarissa como precursora disso. Maud Ellmann então continuou esse raciocínio de modo interessante em seu livro *The Hunger Artists* [Os artistas da fome] [1993].

*Até que ponto você acha que sua formação teológica ainda permeava o seu pensamento naquela época, explícita ou implicitamente?* A certa altura em The Rape of Clarissa, *você critica Williams por não entender que, para Richardson, uma solução social adequada para as condições históricas que ele retratava deveria incluir a dimensão religiosa. Você observa que Williams é incapaz de relacionar o* insight *político de Richardson à sua representação da fé religiosa de Clarissa, e argumenta que qualquer "resposta social adequada" nesse momento precisa ser tão "absoluta e abrangente" quanto o Deus de Clarissa.*

A questão é que, para Richardson, o que pode ser expresso mais tarde em termos políticos tem de ser expresso em termos religiosos – esse é seu tipo de sobrenaturalidade ou transnaturalidade. O início dos anos 1980 foi provavelmente a época em que eu estive mais distante da teologia. Mas esse seria um exemplo de um estágio na minha obra no qual ainda é possível ouvi-la indistintamente ao fundo. Ela nunca desapareceu por completo, mas eu não sabia o que fazer com ela naquela época. Mais recentemente, fui muito

216 TERRY EAGLETON E MATTHEW BEAUMONT

ajudado pelo fato de pessoas como Žižek, Badiou e Agamben terem falado tão sobre o assunto de maneira tão corajosa, com frequência de uma perspectiva explicitamente ateística – em contraste com a imagem de Benjamin do anão encarquilhado que tem de permanecer calado. Eu não estava me fazendo de tímido sobre o assunto, ele simplesmente havia se afastado muito da minha mente – apesar de ser possível detectar sua presença até em *Criticism and Ideology*, que alguns podem ver como um livro extremamente distante da minha antiga formação teológica. Lembro-me de alguém discordando da minha tentativa de encontrar uma base material para a moralidade – talvez quando eu falo sobre o desenvolvimento de poderes e capacidades em um dos capítulos finais – e de pensar que o motivo do antagonismo era a moralidade. Existia um althusserianismo excessivamente fervoroso que presumia que poderíamos renunciar a moralidade como um todo, e lembro-me de pensar na época, mesmo estando muito distante da teologia, que minha formação teológica era o motivo pelo qual eu não queria abandoná-la.

No que diz respeito a Clarissa, eu retorno a ela em termos mais explicitamente teológicos em *Trouble with Strangers*, em que ela se torna um dos muitos exemplos da ética do Real. Em termos teológicos, ela é uma mártir, assim como uma versão da vítima sacrificial ou do *pharmakós*. É daí que seus poderes perigosos e mortais se originam.

## Leituras

ANDERSON, P. Components of the National Culture. In: *English Questions*. Londres: Verso, 1992, p.48-104.

BENJAMIN, W. *The Origin of German Tragic Drama*. Trad. John Osbourne. London: Verso, 1998.

CLIFFORD, J.; SCHILB, J. A Perspective on Eagleton's Revival of Rhetoric. *Rhetoric Review*, 6:1, 1987, p.22-31.

DERRIDA, J. *Of Grammatology*. Trad. Gayatri Chakravorty Spivak. Baltimore: Johns Hopkins University Press, 1998.

EAGLETON, T. Marxism and Deconstruction. *Contemporary Literature*, 22:4, 1981, p.477-88.

EAGLETON, T. *Walter Benjamin; or Towards a Revolutionary Criticism*. London: Verso, 1981.

EAGLETON, T. *The Rape of Clarissa: Writing, Sexuality and Class Struggle in Samuel Richardson*. Oxford: Blackwell, 1982.

EAGLETON, T. *Literary Theory: An Introduction*. Oxford: Blackwell, 1983.

EAGLETON, T. *The Function of Criticism: From the* Spectator *to Post--Structuralism*. London: Verso, 1984.

EAGLETON, T. Criticism and Ideology: Andrew Milner interviews Terry Eagleton. *Thesis Eleven*, 12, 1985, p.130-44.

EAGLETON, T. Ideology and Scholarship. In: *Historical Studies and Literary Criticism*. Madison: University of Wisconsin Press, 1985, p.114-25.

EAGLETON, T. The Subject of Literature. *Cultural Critique*, 2, 1985-1986, p.95-104.

EAGLETON, T. Interview with Terry Eagleton (com Andrew Martin e Patrice Petro). *Social Text* 13/14, Inverno/Primavera 1986, p.83-99.

EAGLETON, T. Response. In: *Men in Feminism*. London: Methuen, 1987, p.133-5.

EAGLETON, T. *How to Read a Poem*. Oxford: Blackwell, 2007.

EAGLETON, T. Comrades and Colons. *Antipode*, 40:3, 2008, p.351-6.

ELLMANN, M. *The Hunger Artists: Starving, Writing, and Imprisonment*. Harvard: Harvard University Press, 1993.

FORGACS, D. Resenha de *Walter Benjamin*, *Poetics Today*, 4:1, 1983, p.183-6.

JAMESON, Fr. *The Political Unconscious: Narrative as a Socially Symbolic Act*. Ithaca, NY: Cornell University Press, 1981.

MaCCABE, C. *James Joyce and the Revolution of the Word*. London: Macmillan, 1978.

ROBERTS, J. *Walter Benjamin*. London: Macmillan, 1982.

SHOWALTER, E. Critical Cross-Dressing: Male Feminists and the Woman of the Year. In: *Men in Feminism*. London: Methuen, 1987, p.116-27.

SHOWALTER, E. Elaine Showalter Replies. In: *Men in Feminism*. London: Methue, 1987, p.136.

SMITH, J. *Terry Eagleton: A Critical Introduction*. Cambridge: Polity, 2008.

THRONETT, A. *From Militancy to Marxism: A Personal and Political Account of Organizing Car Workers*. London: Left View, 1987.

WILLIAMS, R. *Culture and Society*. London: Chatto & Windus, 1958.

WOLIN, R. *Walter Benjamin: An Aesthetic of Redemption*. Nova York: Columbia University Press, 1982.

# CAPÍTULO SETE
## *Teoria/Prática*

Teoria da literatura, *publicado pela primeira vez em 1983 e atualmente em sua terceira edição, é o livro pelo qual você ainda é, sem dúvida, mais famoso. Aparentemente já vendeu quase um milhão de exemplares. Você esperava que ele se tornasse tão famoso?*

Não, fiquei completamente atônito. Eu não disse para mim mesmo: "Há mercado para a popularização da Teoria". Assim como *Criticism and Ideology*, mesmo que em um nível muito diferente, *Teoria da literatura* era o tipo de livro sobre o qual poderiam dizer – isso não estaria exatamente correto – que ele estava esperando para ser escrito. Alguém iria escrever aquele livro. Ele também surgiu das aulas na Wadham College. Havia tantas coisas no ar, e tantas ideias perambulando por aí, que elas tinham que ser reunidas. Creio que o sucesso do livro é explicado em grande parte pelo fato de que ele foi adotado como livro-texto por inúmeras faculdades americanas – é isso que não deixa um livro de crítica morrer. Então o que é peculiar nele é o seu caráter duradouro.

Eu o escrevi porque pensava que não existia uma introdução simples e abrangente de todos os novos tipos de teorias que haviam se proliferado ao longo da década anterior. Não existia um livro introdutório popular na época, então havia muita mistificação em torno do assunto. As pessoas temiam que ele fosse tão complexo quanto a física nuclear e que elas nunca seriam capazes de entendê-lo, e isso favorecia os críticos ortodoxos que tinham um interesse velado em manter esse tipo de trabalho fora do alcance das pessoas. Eu considerava a teoria importante porque ele levantava questões incômodas sobre o que fazemos habitualmente. A teoria tende a surgir em lugares onde nossas suposições e práticas habituais estão, por um motivo ou por outro, entrando em colapso. Ela é simplesmente uma maneira de tentar dar um passo para trás e dizer "O que está acontecendo de verdade? O que estamos fazendo e qual é a sua relevância?" Eu via a teoria menos como algo complexo, menos como uma questão de métodos especializados, do que uma maneira de levantar questões sobre nossas práticas habituais. Acho que essas questões são realmente questões políticas, no sentido de que elas perguntam como essas práticas estão relacionadas a uma estrutura de poder mais ampla.

Teoria da literatura *apresentou-se notoriamente como um obituário do conceito de "literatura", que ele demonstrou conclusivamente ser uma categoria ideológica, uma sedimentação histórica de definições institucionais conflitantes, em vez de uma essência. O slogan do livro nesse sentido era a afirmação de Barthes que "a literatura é o que é ensinado". Isso indignou os seus colegas mais conservadores. Você poderia comentar sua atitude em relação a esse aspecto do livro?*

Eu ainda defenderia a afirmação de que a literatura não possui uma unidade ontológica. Porém, também faria duas ressalvas em relação ao meu argumento em *Teoria da literatura*. Em primeiro lugar, eu estava tentando mostrar que a literatura não tem uma essência; mas isso é verdadeiro com respeito a muitos fenômenos, e não há nada de muito incomum ou diferenciado na literatura nesse sentido. Como, Wittgenstein pergunta, você define "jogo"? E o fato de que não há uma essência, tratando-se de "jogo" ou de "literatura", não significa necessariamente que não existem inter-relações entre os vários objetos que as pessoas agrupam dentro dessas categorias. A ideia de "semelhança de família" de Wittgenstein consiste precisamente em compreender as conexões entre os objetos, mas de uma maneira não essencialista. Creio que existam semelhanças de família entre os vários textos que chamamos de "literatura", mas mesmo assim não há essência – ainda que eu tenha defendido, em *As ilusões do pós-modernismo* e em outros lugares, os aspectos mais radicais do essencialismo contra os críticos pós-modernos. Hereticamente, eu acho que algum essencialismo pode ser progressista.

Acho que precisamos fazer a transição da ideia de literatura para a ideia de escrita. Isso não envolve o abandono dos juízos de valor, que são absolutamente inescapáveis, ou o abandono de Balzac e Tolstoi; isso significa apenas redefinir o campo. Muitos escritos importantes após 1800 – historiografia, filosofia – não eram chamados de "literatura". Ainda assim, mesmo que a literatura não tenha nenhuma coerência ontológica, isso não significa que ela não possa ter um grande poder prático e institucional. Alguns críticos do meu livro estavam certos em dizer que eu desprezei esse ponto um pouco prontamente demais. A literatura pode ser um conceito filosoficamente questionável, mas ela ainda pode representar uma realidade prática de peso.

*Em seu ensaio sobre Jameson de 1982, você argumenta que às vezes é difícil identificar a diferença entre a exegese e a crítica na obra dele. Para mim, um dos pontos fortes de* Teoria da literatura *é que você explora deliberadamente os vagos limites entre as duas. Assim, o livro populariza e polemiza ao mesmo tempo, falando tanto com uma voz neutra quanto uma voz partidária.*

Raymond Tallis, um dos meus inimigos mais implacáveis, disse que ficou impressionado com a maneira como eu fiz o ventriloquismo das posições com as quais eu não concordava – ao passo que uma das coisas de que não gosto no seu trabalho é que ele não consegue deixar de dar cutucadas polêmicas mesmo quando deveria estar explicando. Creio que há muito disso acontecendo, no sentido de que com frequência a crítica está implícita na exegese. Obviamente, é significante o fato de que eu não falo do marxismo de forma explícita, exceto no fim do livro quando insinuo que ele teve um papel central desde o início.

Eu gosto de popularizar; eu gosto de tentar escrever para um público maior. Na verdade, algumas das reações mais interessantes a *Teoria da literatura* vieram de pessoas que nunca tinham colocado os pés em uma universidade. Elas eram simplesmente leitores inteligentes que queriam saber o que estava acontecendo na área. Os intelectuais radicais têm o dever de alcançar um público mais amplo; ou, pelo menos, de ser inteligível dentro do seu próprio círculo de leitores. Às vezes eu fico horrorizado pela aquiescência implícita no academicismo, mantida até mesmo por autores e pensadores supostamente radicais. Isso é questionável no caso da teoria da literatura, porque acredito que – ao contrário do que indicam as aparências – ela é uma atividade genuinamente democrática, no sentido de que ela busca substituir o tipo de crítica que diz: "Olha, para ser inteligente, você tem que ter um certo tipo de intuição, que é criado em você por um certo tipo de cultura". É uma questão de sangue e criação. A teoria da literatura vira-se contra isso e diz "Qualquer um pode participar desta atividade se estiver preparado para aprender certas linguagens". Então é escandaloso que os participantes dessa atividade basicamente democrática possam escrever de maneira tão obscurantista.

Mas dizer que não devemos escrever de forma obscura deliberada e intencionalmente não significa afirmar que devamos ser sempre fáceis de ler. Em uma era de consumismo, e que inclui e encoraja os hábitos do consumismo intelectual, há uma atitude por parte de alguns estudantes que pode ser resumida como "Se eu não entender a ideia nos dois primeiros parágrafos, deve haver alguma coisa errada com o texto, não comigo". De certo modo, essa é uma reação compreensível para os estudantes de literatura, já que supostamente há algo na própria literatura que a torna de forma geral acessível. Então se espera que textos *sobre* a literatura também sejam imediatamente acessíveis. Mas devemos nos lembrar que aqueles que reagem desse modo consumista – "se não descer direto, é indigerível" – nunca diriam a mesma coisa sobre, por exemplo, um livro-texto de engenharia. E assim como na engenharia, há um conjunto específico de habilidades e linguagens que deve ser aprendido para que a teoria da literatura seja entendida. O que estou dizendo é que o populismo não precisa ser a única alternativa ao elitismo. Quando o jargão significa uma linguagem interna obscura, ele é politicamente questionável. Mas o jargão também pode se referir de maneira adequada a um idioma inevitavelmente especializado. Acho que devemos fazer a distinção entre esses dois sentidos diferentes do termo.

*No posfácio da recente edição de aniversário, você trata de muitos assuntos que, por motivos históricos, não pôde tratar na edição original. Por exemplo, você sumariza as características do novo historicismo e o identifica como "uma historiografia apropriada para uma era pós-moderna na qual as próprias noções de verdade histórica, causalidade, padrão, propósito e direção estão sendo cada vez mais atacadas". Você também discute a teoria pós-colonial. Á tendência que simplesmente não aborda é a teoria* queer.

Isso é verdade. Não tinha pensado nisso. Devo admitir que passo em branco em relação à teoria *queer*. Isso é em parte uma medida da distância entre a época de The Rape of Clarissa [1982] e o presente. Eu estava intensamente engajado com a ideia de política sexual em The Rape of Clarissa, em parte devido à influência de Toril Moi, em parte porque era inevitável, mas creio que meu envolvimento com as ideias de sexualidade desde então tem sido mais psicanalítico do que político. Essa é uma limitação que tenho que endireitar.

*Após* Teoria da literatura *você publicou* A função da crítica *[1984]. Ele é uma história polêmica da crítica como instituição, desde "Spectator até o Pós-Estruturalismo" – da cafeteria inglesa até o café parisiense. Você argumenta que, apesar de a crítica moderna ter surgido da luta contra o estado absolutista, no clima atual ela perdeu "toda sua função social substancial". O livro começa com um relato da motivação por trás dele: "Talvez eu possa descrever melhor o impulso por trás desse livro imaginando o momento em que um crítico, sentando-se para iniciar um estudo sobre algum tema ou autor, é repentinamente detido por um conjunto de perguntas inquietantes". Qual é o objetivo de tal estudo? Quem ele deve alcançar, influenciar, impressionar? Quais funções são atribuídas a esse ato pela sociedade como um todo?*

Eu acho que, após escrever dois livros que se ocupavam em grande parte com ideias, The Rape of Clarissa e Teoria da literatura, queria voltar aos aspectos políticos e institucionais que eu havia descoberto ao escrever o livro sobre Benjamin. Então há aí uma estranha ligação oculta. Já tendo lidado com textos, ideias e figuras, eu estava cada vez mais interessado em levantar metaquestões sobre a natureza da crítica, a justificativa para a crítica, o status de crítica e como ela havia evoluído historicamente. Em meados dos anos 1980, houve um momento em que estava cada vez menos claro qual era esse papel. As pessoas certamente o tomavam como certo, presumindo que a crítica tinha um sentido e que o fato delas escreverem seus trabalhos sobre isso ou aquilo tinha importância. Em uma palestra chamada "The Death of Criticism?" [A morte da crítica?], eu retorno a essa questão, então ela tem estado comigo há muito tempo. Há uma necessidade *a priori* de justificar todo o empreendimento da crítica – não de forma culpada e submissa, mas para compreendê-la.

*A função da crítica situou a crítica historicamente no espaço entre a sociedade civil e o estado que Jürgen Habermas identificou como a "esfera pública" burguesa.*

Como muitos outros, eu argumentei que a teoria de Habermas era racionalista demais do jeito que estava, mas eu tinha interesse pelos seus aspectos que podiam ser redimidos e assumir um lugar ao lado de uma política do corpo. O pensamento estético retorna a uma ansiedade em relação à ausência do corpo em certos discursos racionais, apesar de as diversas tentativas de reincluir o corpo terem entrado em conflito com vários modos de idealização e estilização. Eu achei que tinha que repensar o projeto, mas dessa vez de um ponto de vista mais corpóreo. Aquele era um projeto repleto de riscos: em parte porque o corpo havia se tornado um tema da moda, e em parte porque não é fácil saber evitar as diversas formas de reducionismo, naturalismo, ou a suposta obviedade da experiência do corpo.

*Uma das outras coisas que você faz nesse livro é desconstruir a ideologia do "desinteresse", que identificou como fator estrutural da esfera pública burguesa. Você poderia esclarecer isso?*

As noções de desinteresse começam a brotar no século XVIII com a emergência da esfera pública burguesa, e o que chama a atenção nesse desinteresse é o seu óbvio interesse. Quer dizer, somente aqueles que têm um "interesse" podem ser desinteressados; somente aqueles que têm participação na cultura, que são donos de propriedade, têm o direito de participar de uma certa forma "desinteressada" de discurso – todo o discurso da razão iluminista, por exemplo. Então aquilo que estamos observando em toda essa história torna-se visível como uma formação de classe altamente elitista e exclusionista – mesmo que ela certamente precise, como muitas outras formações de classe, moldar sua linguagem em termos universais. A ideia de desinteresse é mais entendida hoje de maneira mais eficaz em termos dessa história. O que acontece com o crescimento da comoditização da literatura, que estava se desenrolando ao longo do século XVIII, é que há agora um sentido no qual a literatura está em princípio disponível a todos – qualquer que sejam as restrições verdadeiras do acesso social à literatura e ao poder. Mesmo assim, a comoditização da literatura libera a produção literária de uma gama muito específica de instituições interessadas – para então abandoná-la nas mãos do mercado. Assim, ironicamente, e através de uma notável contradição, a própria possibilidade do desinteresse como conceito crítico, como postura intelectual, depende uma espécie de disponibilidade promíscua da mercadoria literária. Qualquer um é capaz de julgar essa mercadoria, quer dizer, qualquer "cavalheiro". Essa situação, por sua vez, é um efeito da produção da mercadoria. Se olharmos para a história dessa maneira, vemos de onde vem esse suposto desinteresse intelectual.

O que eu tentei fazer em *A função da crítica* foi trançar o destino desse conceito, entrando no século XIX e seguindo além. Acho que a grande crise, a crise em torno de Matthew Arnold, por exemplo, é que se torna implausível acreditar que podemos transcender interesses secionais e sociais, ou que não existe mais um conjunto de conhecimentos sociais e intelectuais que os intelectuais possam compreender, por assim dizer, transcendentalmente. Parecia-me que um dos problemas que perseguia a instituição da crítica é que ou tentamos reproduzir inutilmente o papel do desinteresse intelectual, sob todas as suas várias formas humanistas-liberais, ou reconhecemos com toda a franqueza que o papel está hoje historicamente desvalorizado, é passado, e tentamos fazer outra coisa. O problema é que essa "outra coisa" tende ou a ser uma espécie de tecnocracia, uma tecnocracia especializada e profissionalizada que abandona qualquer esperança de falar de forma mais relevante a uma sociedade além do meio acadêmico; ou, assim como a esquerda, a tentar formular algum outro conjunto de funções para a crítica. Eu não acho que a crítica tenha resolvido esse problema, e que enquanto ela não seguir o caminho esquerda será estruturalmente incapaz de resolvê-lo.

*Sua história institucional da crítica dá efetivamente um salto de Arnold, no fim do Capítulo 3, para Leavis, no início do Capítulo 4; portanto a função da crítica no fin de siècle, a crítica de Pater, Wilde e do esteticismo, constitui uma aporia. Pater e Wilde são com certeza importantes porque, ao ver o objeto como ele realmente não é, nas palavras de Wilde, eles desconstroem a oposição entre o cognitivo e o criativo, e assim antecipam certos aspectos da crítica pós-estruturalista.*

Isso deve estar lá. Eu falei um pouco sobre o crescimento do periódico especializado, da crescente divisão do trabalho intelectual e assim por diante; mas concordo que houve uma espécie de transformação com o desenvolvimento da noção do crítico como artista.

*Patrick Parrinder, que havia sido aluno de Williams, criticou o seu uso do conceito de esfera contrapública, e assim rejeitou-o como uma versão politizada e desprofissionalizada do conceito de "comunidade interpretativa" de Stanley Fish. Você tem alguma opinião sobre isso?*

Eu teria pensado que a situação era quase a oposta – que a "comunidade interpretativa" de Fish é uma versão despolitizada de uma esfera pública politicamente consciente. Fish estava pensando em diferentes escolas da crítica ou interpretação, ao passo que a esfera contrapública significa mais que isso. Se ela realmente surgisse, só poderia fazê-lo nas costas de um movimento de massa, de um movimento político. Creio que isso tenha sido parte do argumento que eu tentei formular no livro sobre Benjamin – que podemos reciclar o crítico, ou que ele pode fazer isso sozinho, mas que isso só vai "pegar", que isso só vai ter força (e não apenas significado), se for realizado em um certo contexto político. Quanto a isso, nós não ditamos o ritmo. Acho que esse ainda seria meu caso hoje em dia.

*Em meados dos anos 1980, você editou uma série de introduções a autores canônicos para estudantes, chamada* Rereading Literature *e publicada pela Blackwell. Steven Connor produziu uma sobre Dickens, por exemplo, Alan Sinfield uma sobre Tennyson, e Rachel Bowlby uma sobre Woolf. Você comentou que o livro sobre Shakespeare que escreveu para essa série foi subestimado. Por que isso aconteceu?*

Não faço a mínima ideia. A série não foi muito bem-sucedida, para a minha surpresa e da editora, apesar de o livro sobre Shakespeare ter provavelmente vendido o maior número de exemplares. Eu não entendo o porquê. Não foi por causa da concorrência, já que ninguém mais estava fazendo o mesmo. Meu antigo aluno Philip Carpenter concebeu o projeto e eu achei que aquela era uma excelente ideia. Mas as vendas foram ruins de modo geral, e em alguns casos deploráveis. Os livros foram um fracasso nos Estados Unidos, então a Blackwell fez algumas pesquisas de mercado e descobriu que os americanos não os consideravam livros de verdade. Para os americanos, aparentemente, a definição de livro é algo que não cabe no bolso. Eles eram "livretos". Então enfrentamos o problema produzindo livros em capa dura, aumentando o tamanho da letra e assim por diante – mas não funcionou. Aquele parecia ser o momento ideal, um ponto alto na teoria, mas o projeto não decolou.

*Por que você escreveu o livro sobre Shakespeare?*

Não havia outra pessoa para escrevê-lo e ele tinha que ser produzido, já que o objetivo da série era lidar com autores amplamente estudados. Mas eu o escrevi com alguma boa vontade, porque eu havia preservado um interesse em Shakespeare desde o meu primeiro livro sobre ele. Na verdade, como disse antes, logo após publicar *Shakespeare and Society* [1967], eu voltei a Shakespeare e produzi um manuscrito terrivelmente desfigurado e convoluto, tentando desenvolver algumas das mesmas ideias, mas de forma excessivamente vaga. Eu estava convencido de que havia visto algo nas peças de Shakespeare que em geral não era visto – questões sobre valor de troca, significação, identidade e coisas assim. Quando cheguei para colocar essas afirmações em uma forma publicável, infelizmente, isso aconteceu em um formato que não se tornou popular.

*Como foi a recepção crítica do livro?*

Houve uma reação estranhamente ambígua entre os críticos. Alguns deles não gostaram do que consideraram um tom frio e arrogante, como se eu tivesse dado a Shakespeare a nota quatro e meio em dez por não ser moderno. Outros, estranhamente, acharam que ele tinha um cheiro de idolatria e que encarava o status de Shakespeare de forma acrítica. Havia nesse livro uma certa apropriação provocativa de Shakespeare, uma tentativa deliberada de apresentar uma abordagem desmistificadora para estudantes que normalmente achariam o status de Shakespeare intimidador. Em outras palavras, havia certo sentido e certo prazer em mostrar como ele poderia ser "liquidado" para esses fins críticos, e acho que eu fiz isso com uma espécie de *élan* provocativo, mesmo que com um objetivo claramente sério por trás disso. Quando eu disse na introdução do livro que foi surpreendente descobrir que Shakespeare havia lido Marx e Wittgenstein, o objetivo era afirmar que por um lado Shakespeare deve ser visto sob essa ótica moderna; e por outro lado devemos reconhecer que, em certos sentidos, ele parece ter nos antecipado. Ambas as ênfases – desmistificar Shakespeare, e ver que ainda podemos aprender com ele – foram acopladas.

*Acho que ele é um livro estimulante de se ler, mas poderíamos argumentar que ele se diverte tanto com as ideias pós-estruturalistas que encontra em Shakespeare que ele negligencia a importante tarefa de oferecer uma leitura histórica e materialista das peças.*

Acho que a acusação é bem justa, na verdade. Não teria sido difícil levar o argumento naquela direção; era algo que estava livre para ser feito. Meus interesses eram ideológicos e teóricos em vez de

A TAREFA DO CRÍTICO     229

históricos. Em aspectos históricos, eu não tinha a base necessária. Em contraste, achava que, com a sua atenção ao contexto histórico, havia um certo racionamento de ideias no novo historicismo. Eu pensava que os novos historicistas não haviam percebido algumas das maneiras espantosas como Shakespeare prenunciou os interesses teóricos contemporâneos. Esse foi o ímpeto por trás do livro. Mas eu senti que, em seu âmbito relativamente limitado, eu não poderia abordar tanto o teórico quanto o histórico, mesmo que tivesse a competência necessária nesta área. Essa foi a tarefa que restou a ser realizada.

*Em uma das resenhas reunidas em* Figures of Dissent *[2003], você afirma que "o novo historicismo, apesar de toda sua genialidade, é teoricamente falando um conjunto de notas de rodapé para Foucault". Porém, você não discute o novo historicismo de forma particularmente extensa na sua obra. O que pensava acerca de Stephen Greenblatt?*

Fiquei intrigado. Eu encontrei Greenblatt na Califórnia, e fiquei interessado pelo fato de ele ter começado como pupilo de Williams em Cambridge antes de adotar uma posição muito diferente – que ele próprio identificava como esquerdista, mas que era muito mais foucaultiana e pessimista. De longe, eu via todo o fenômeno novo historicista californiano como um sinal das circunstâncias políticas. Era parte de uma transição mais geral – não exatamente da esquerda para a direita, mas do otimismo para o pessimismo. Eu não acho que eles tinham consciência disso – a última coisa que historicizamos somos nós mesmos – e acho que isso era algo que precisava ser dito a eles.

*E os materialistas culturais britânicos, como Jonathan Dollimore e Alan Sinfield, que também eram produtos da influência de Williams? Como você acha que seus trabalhos se relacionam sintomaticamente com essa transição política?*

Após o marxismo literário prático e realista dos anos 1970, tipificado pelas conferências de Essex, creio que o materialismo cultural tenha sido em certo sentido uma alternativa marxista mais branda. Uma das minhas perguntas não respondidas sobre o materialismo cultural era como ele diferia da sociologia das artes tradicional. Eu acho que as distinções teóricas nunca chegaram a ser definidas. Ele era efetivamente um desdobramento britânico do novo historicismo, que estava se tornando um movimento cada vez mais popular. Ele colocou as pessoas no mapa. Então uma resposta para a pergunta que fiz anteriormente – "O que aconteceu com os grupos de conferência da University of Essex?" – é que alguns deles tornaram-se materialistas culturais. Isso combinava mais com a época.

*Em certos sentidos, isso me parece um tanto severo. Em sua ênfase na política da prática pedagógica, e acima de tudo na sua abordagem da sexualidade, os materialistas culturais eram abertamente políticos, mesmo que suas posições políticas fossem transparentemente pós-marxistas.*

A cultura é sempre um aprofundamento do político, assim como uma destituição em potencial do mesmo, e isso é certamente verdade em relação a grande parte dos trabalhos materialistas culturais nas áreas da sexualidade, do poder e similares.

*A partir do final da década de 1980, você se envolveu em um intenso processo de composição criativa – em contraste com a composição estritamente acadêmica – e produziu um romance e várias peças. O romance* Saints and Scholars *[Santos e acadêmicos] [1987] é uma fantasia intelectual na qual após uma série de cenas em Dublin, Viena, Cambridge e São Petersburgo, quatro personagens (Nikolai Bakhtin, James Connolly, Ludwig Wittgenstein e Leopold Bloom) aparecem escondidos em um chalé na costa oeste da Irlanda. Como você veio a escrever esse romance?*

Não me lembro, já que nunca me lembro de como vim a escrever as coisas, mas sempre me chamou a atenção o fato de que ele foi o primeiro texto que escrevi sobre a Irlanda. Eu abordei a Irlanda por meio da escrita criativa em primeiro lugar – com um romance e então três peças – e apenas subsequentemente pela escrita crítica. Então essa foi a minha primeira tentativa de lidar com a questão da Irlanda. Na época eu não possuía nada parecido com o conhecimento histórico que mais tarde tentei adquirir, e a forma do romance evitou que eu precisasse dele. E o triunvirato Bakhtin--Connolly-Wittgenstein parecia ter potencial tanto cômico quanto intelectual. Ele reuniu vários dos meus interesses. Finalmente, acho que após a experiência de escrever o livro sobre Benjamin, que teve uma forma mais descontraída, eu estava pronto para tentar fazer ficção – eu não estaria pronto antes disso. Então passei o livro para Neil Belton, que na época era editor da Verso. Ele era irlandês, apesar de não ter convicções republicanas, e ficou pessoalmente interessado pelo romance. Foi assim que ele acabou sendo publicado pela Verso.

O que eu não havia previsto era que as pessoas diriam "Ah, que coragem! Você escreveu críticas sobre o romance e agora está colocando suas palavras em prática!" – em parte porque para mim havia uma continuidade muito maior entre o crítico e o criativo do que isso sugeria. Para minha surpresa, várias pessoas reagiram desse jeito. Então uma editora de livros de bolso pegou o romance. Lembro-me do diretor, que era um brutamontes, dizendo muito solenemente que ele tinha um interesse em filosofia e que iria publicar o livro como um favor pessoal para si mesmo. Tivemos uma entrevista bizarra na qual ele disse "Traga-os de volta! Traga-os de volta!" – isso em relação aos personagens. Eu pude quase compreender o ele estava dizendo. Ele o tinha vislumbrado como uma espécie de romance intelectual burlesco. Então foi publicado como livro de bolso, mas não vendeu muito bem. A firma faliu há muito tempo. Espero que eu não tenha sido o responsável por isso.

*Se por um lado o romance foi palco de um encontro entre Bakhtin, Connolly e Wittgenstein, por outro talvez ele também tenha dramatizado três aspectos diferentes de Terry Eagleton: Bakhtin o sensualista cômico, Connolly o ativista político e Wittgenstein o ascético intelectual.*

Eu não tinha isso em mente, mas até certo ponto estava pensando de forma consciente sobre lugares. Wittgenstein significava Cambridge para mim, uma certa Cambridge dissidente, torta para o lugar como ele era. Eu me identificava com ele até certo ponto; na verdade, eu tinha sessões de orientação na Whewell's Court na Trinity College, onde ele havia morado. Também tinha um interesse crescente em termos de Irlanda. Eu estava conhecendo a Irlanda melhor. Então não estava reunindo fragmentos da minha psique de forma consciente, mas acho estava ciente de que havia uma linha autobiográfica nessa representação de lugares. Wittgenstein viveu, como se sabe, no oeste da Irlanda por algum tempo, o que uniu graciosamente duas dimensões da minha vida.

*O que Bakhtin representava nessa economia espacial?*

Talvez ele incorporasse o carnavalesco, como foi teorizado por seu irmão Mikhail; e a capacidade do meu trabalho de explorar o humor e a brincadeira mais do que ele tinha. Acho que eu estava tateando a imagem de Bakhtin em busca disso, de um certo ceticismo robusto e mundano presente no teórico que eu considero politicamente necessário. Eu estava colocando esse tipo de ceticismo em oposição à grande seriedade política de Connolly, que talvez reflita outro aspecto meu.

Saints and Scholars *pode ser descrito como um romance bakhtiniano de ideias; e como tal ele alcança um equilíbrio bastante delicado entre o corporal e o cerebral. Seus personagens principais indicam claramente suas influências filosóficas, mas você também estava consciente de influências literárias específicas?*

Não muito. Eu não tirei muito do realismo inglês, o que veria hoje como um fenômeno tipicamente irlandês. Até certo ponto, eu via o livro como um romance sobre a linguagem ou sobre linguagens. Há muitos idiomas diferentes no texto. Isso capturou tanto meus interesses teóricos quanto políticos. Mas eu tenho a estranha sensação de tê-lo escrito, em termos literários, de forma virginal, sem me sentir particularmente influenciado. Talvez tenha sido uma Imaculada Conceição. Flann O'Brien provavelmente paira em algum lugar no plano de fundo, com Joyce – o pesadelo do qual os escritos irlandeses tem tentado acordar.

*Você acha que o romance representou em parte uma rejeição da ficção realista de Williams?*

A TAREFA DO CRÍTICO     233

Acho que sim. Naturalmente, existem aqueles que indicariam de forma correta o interesse de Williams pela vanguarda experimental, mas sua ficção era sem dúvida realista. Quando Joyce diz que não poderia tirar nada do realismo literário inglês, acho que isso é bastante importante. De uma forma muito mais modesta, eu também senti que não podia. O realismo em geral serve suas ideias de forma domesticada, o que não me interessava.

*Havia outros membros da tradição irlandesa escondidos em sua mente? Tenho a impressão de que há qualidades beckettianas em* Saints and Scholars, *mesmo que misturadas a outras rabelaisianas – como se um gordo e um magro estivessem lutando pela dominância. E, relendo-o, certamente me recordei de O'Brien, que não é alguém que você discute em sua crítica.*

Indiretamente, O'Brien foi uma influência importante. Mais amplamente, creio eu, fui influência pelo humor negro característico de Beckett e O'Brien e outros membros da tradição irlandesa. Fiquei surpreendido mais tarde, quando estava escrevendo sobre o romance nativo irlandês, com a maneira como *Saints and Scholars* inconscientemente reflete sua relação ambígua com o realismo. Além disso, na Irlanda existe também uma tradição mais forte do romance de ideias, de Jonathan Swift a John Banville. A vida real na Irlanda era, de modo geral, algo para se escapar. Pense em Wilde e Yeats. E a escrita medieval irlandesa é cheia de fantasia, hipérbole e jogos de palavras.

Então não havia nenhum modelo inglês que estava tentando seguir conscientemente em *Saints and Scholars*. Um ponto de comparação pode ser o tipo de ficção que David Lodge, outro crítico literário católico, estava escrevendo naquele período: romances acadêmicos cômicos. Mas Lodge não escrevia realmente romances de ideias. Ele tinha interesse pela cultura do catolicismo, não pela teologia. Poderíamos quase afirmar que o romance acadêmico é uma espécie de substituto inglês do romance de ideias. Seu interesse está nos costumes peculiares dos professores universitários em vez de nas ideias. Em contraste, creio que eu estava buscando um correspondente ficcional à teoria.

*Um correspondente que rejeitasse o provincianismo do romance acadêmico, e que em vez disso refletisse a diáspora social e intelectual que havia moldado a teoria...*

Sim, exatamente. Eu estava procurando uma forma que poderia acomodar uma narrativa mais ou menos fragmentada, que me permitiria cenas como as várias aparições de lugares. O livro não foi concebido como um romance experimental, mas essa foi em parte a maneira como ele acabou saindo. Na escrita eu percebi que, para o bem e para o mal, eu não tinha muita paciência com o realismo; e mais tarde descobri que a maneira mais fácil de lidar com o problema era escrever drama, que apara uma boa parte disso. Diferente da ficção inglesa, o romance irlandês não é muito fascinado pela psicologia individual, e eu acabei percebendo que compartilhava espontaneamente dessa predileção.

Porém, eu escrevi um artigo para a *New Left Review* no fim da década de 1970, sobre *Aesthetics and Politics*, no qual tentei dizer que o argumento inteiro do "realismo *versus* modernismo" sofre de uma drástica escassez de história. A memória coletiva suprimiu o momento da revolucionária emergência e contestação do realismo como uma força progressiva, como um gênero rapidamente secularizador e desmistificador contra as formas aristocráticas de não-realismo, os grandes gêneros feudalista e tradicionalista. É somente em virtude te tal supressão que hoje podemos olhar para trás e ver o realismo de forma universalizante, e dizer que ele sempre terá um efeito reacionário em sua fixação do signo ou o que quer que seja. Mas se a representação terá um efeito reacionário ou não depende do momento em que você estiver na história. Pode bem ser que o movimento antirrealista ainda seja adequado para o momento político atual – que serão as formas que recebemos das grandes tendências vanguardistas revolucionárias, dos futuristas até Brecht, que serão as mais viáveis. Pode mesmo ser que os intelectuais tenham a tendência de superestimar grosseiramente o grau de controle do realismo sobre as massas. De fato, se observarmos as variadas formas de cultura popular, elas não usam muito o realismo. Elas usam técnicas semelhantes às técnicas do modernismo.

A TAREFA DO CRÍTICO    235

*Pode-se dizer que* Saints and Scholars *utiliza recursos narrativos mágico--realistas. Tenho em mente, por exemplo, o final do primeiro capítulo, no qual você paralisa repentinamente as balas destinadas a executar Connolly para, ao estilo benjaminiano, "expulsá-lo da lúgubre sequência da história". O livro brinca de forma ostentosa e irresponsável com a história. Ele é em algum sentido um livro "pós-moderno"?*

Bem, creio que é possível alegar que o modernismo também brinca dessa forma com a história. Mas sim, outro aspecto da desconfiança irlandesa em relação ao realismo está na sua indiferença pela narrativa linear e evolucionária. Não é fácil ler a história irlandesa como um progresso grandioso em direção a um *telos*. Então a Irlanda e Benjamin convergiram aqui.

*Como indiquei quando discutimos* The Rape of Clarissa, *um tema que se repete na sua obra é o martírio, que você caracteriza como uma espécie de dialética de humilhação e redenção. No romance, é o personagem de Connolly que encarna essa dialética. Mas, ao longo da narrativa, há um interesse nas formas religiosas e políticas que essa dialética assume. Ela investiga persistentemente a relação entre a ressurreição e a insurreição, por assim dizer, o martírio do monge e do militante.*

Você descreve o romance bem melhor do que eu poderia descrever. Sim, o martírio estava incorporado de forma profunda o bastante como tema para emergir novamente em minha peça sobre Connolly, *The White, the Gold and the Gangrene* [O branco, o ouro e a gangrena] [1993], então ele deve ter sido um interesse duradouro. Em retrospecto, não sei em que ponto percebi que eu sempre escrevia sobre mártires – até mesmo no roteiro do filme sobre Wittgenstein. A ideia de abnegação estava chegando de forma muito mais forte ao meu trabalho, e de algum modo eu me sentia mais confortável lidando com ela de maneira ficcional em vez de teórica, em termos de um personagem que eu poderia adaptar para a ficção, como Connolly ou Wilde. Aliás, Wilde foi outro mártir irlandês, como um homem que em certo momento – tenho em mente *De Profundis* – confundiu-se com Jesus Cristo.

*Você acha que esse interesse no martírio veio puramente da formação religiosa que você teve, ou ele também foi moldado pelo espírito secular do romantismo?*

Não acho que tenha sido puramente religioso. A ideia era familiar devido à minha formação religiosa, mas ela também surgiu de muita reflexão sobre a ideia da morte e do eu, do fracasso e do colapso. Então havia muitas coisas nesses primeiros trabalhos ficcionais que anteviram o livro sobre a tragédia. De maneira curiosa, eu fiz isso ficcionalmente primeiro e teoricamente mais tarde.

*Você já teve vontade de escrever outro romance, mesmo que só para usá-lo novamente como uma espécie de laboratório de ideias?*

Não, fiquei mesmo entediado de escrever romances – em parte por causa dessa impaciência com o realismo. Escrever romances é tão repetitivo quanto escrever críticas. O teatro faz você sair de casa. É um mundo completamente diferente.

*Impressiona-me novamente o modo como você parece identificar o romance tão intimamente com o realismo. Dada a sua simpatia pelo romance anti ou pós-realista, fico me perguntando o motivo.*

É claro que o romance é muito mais amplo que o realismo. Mas eu achei que o tipo específico de efeito não realista que estava buscando poderia de alguma forma ser alcançado mais facilmente no drama. Há muito diálogo em *Saints and Scholars*, o que aponta para as peças no futuro. Ele seria um romance fácil de se dramatizar, mas seria difícil colocar São Petersburgo no palco.

*Então vamos seguir adiante para o teatro. Sua peça mais bem-sucedida,* Saint Oscar, *foi encenada pela primeira vez em 1989. Além de* The White, the Gold and the Gangrene, *que mencionou brevemente, você também escreveu* Disappearances [Desaparecimentos] [1987] e, para o rádio, God's Locusts [Gafanhotos de Deus] [1995]. *Talvez você possa começar falando sobre a gênese de* Saint Oscar.

A TAREFA DO CRÍTICO    237

Lembro-me de ter uma longa espera no aeroporto de Palermo e de começar a rabiscar uma balada sobre Oscar Wilde. Então as canções vieram primeiro, ou pelo menos aquela veio. Depois comecei a escrever trechos de diálogos. A versão final da peça era uma versão surpreendentemente inalterada disso tudo. Em outras palavras, ela surgiu muito espontaneamente. E foi fácil e prazerosa de se escrever. Eu a compus sem ter ideia do que fazer com ela, sem nem mesmo saber se seria encenada, mas a Field Day estava procurando uma peça naquele momento. Eles queriam produzir uma peça irlandesa todo ano, mas não tinham uma disponível, então tinham se conformado amuadamente em produzir *Coriolano* ou algo um tanto não celta. Então eu dei o manuscrito de *Saint Oscar* para Tom Paulin, que era membro do *Field Day Group*.

*Talvez você possa explicar o que é a Field Day...*

A Field Day foi fundada por Brian Friel e Stephen Rea em 1980; isto é, por um dramaturgo irlandês e um ator irlandês. Então se juntaram a eles Paulin, Seamus Heaney, Seamus Deane, um famoso músico popular irlandês chamado David Hammond e outro dramaturgo chamado Tom Kilroy. Aquela era uma mistura extraordinária de intelectuais, atores e escritores. Todos eles exceto um vinham do norte e, portanto, em termos um tanto grosseiros, da ala cultural do nacionalismo. Eles exemplificavam a velha máxima de que no norte os protestantes têm o poder, mas os católicos têm a cultura. Eles se estabeleceram deliberadamente em Derry em vez de Dublin, e todo outono organizavam uma grande estreia para a nova peça. As peças estreavam no prédio da câmara municipal, e havia decorações festivas por toda a cidade, então era algo bem importante. Dublin tinha certa desconfiança deles por esse motivo.

Tom Paulin viu instantaneamente que *Saint Oscar* se tornaria uma produção da Field Day. Trevor Griffiths, um velho amigo meu, que de algum modo também leu a peça, voluntariou-se para dirigi-la, apesar de só ter dirigido uma de suas peças até então. Assim ela rapidamente começou a ser produzida para a Field Day em 1989, e isso foi muito empolgante. Apesar de estar dando aulas em Oxford na época, eu tentei participar da turnê o tanto quanto possível. Eu persegui o grupo pela Irlanda, reescrevendo a peça na estrada e vendo-a mudar diante dos meus olhos. Eu entendia a situação o bastante para saber que não devia interferir na direção, então eu sentava nos bastidores com o jovem servente e a moça responsável pelo guarda-roupa. Teria sido difícil interferir no trabalho de Trevor Griffiths, de qualquer maneira. Fizemos apresentações tanto em teatros legítimos como o Abbey, quanto em centros comunitários e prefeituras – lugares onde o padre da paróquia insistia em fazer uma rifa após o espetáculo, e Stephen Rea tinha que colocar a mão na latinha e ler o número em voz alta. A Field Day apreciou muito a peça, apesar de terem visto que ela precisava ser, nas palavras de Trevor Griffiths, "teatrizada". Havia muitas cenas com duas pessoas paradas conversando. E eu descobri que tinha dificuldade em mover as pessoas da porta para a porta-janela. As peças que escrevi depois dessa foram para um grupo de teatro de Belfast, algumas das quais também foram transmitidas pelo rádio.

*Você tinha consciência de ser parte de uma tradição de teatro esquerdista e socialista na época, herdada dos anos 1970? Tariq Ali, Howard Brenton, Caryl Churchill, David Edgar e vários outros estavam todos escrevendo peças nessa época, não estavam? Os dias sombrios do thatcherismo produziram todos os tipos de peças oposicionistas interessantes. Você tinha consciência desse eixo, assim como do irlandês?*

Sim, apesar de o envolvimento imediato ter sido com um ambiente irlandês crítico e cultural. A Field Day era mesmo isso. Ela havia forjado uma identidade para si mesma dessa maneira. Mas Trevor Griffiths proporcionou um vínculo interessante com o teatro político britânico da década de 1970, e trouxe essa experiência como influência. Mas o teatro político britânico já não estava mais em seu auge, e havia possibilidades culturais na Irlanda que simplesmente não estavam disponíveis no local que alguns protestantes de Ulster gostavam de chamar de "continente".

*A produção teatral de Saint Oscar foi televisionada pela LWT [London Weekend Television], não foi?*

Sim, mais ou menos um ano depois. Podíamos alugar o estúdio por três dias, portanto adaptamos o cenário para ele e filmamos a peça. Isso fez parte de uma série de peças que foram filmadas como se fossem de teatro. Estávamos muito apreensivos porque o aluguel do estúdio custava 20 mil libras por dia. No fim do processo, tendo nós terminado ou não, eles apagariam as luzes. Levamos um dia inteiro só para finalizar as músicas.

*Você tinha consciência das influências literárias da peça de uma forma que não tinha em relação ao romance? Creio que Brecht seja uma referência óbvia, e talvez o próprio Wilde.*

Não exatamente; mais uma vez, assim como aconteceu com o romance, eu escrevi a peça sem nenhum modelo literário muito consciente. Até a alusão a *Saint Genet* foi apenas semiconsciente. *Saint Oscar* não era o título original. Havia um título mais chato: "A queda de Oscar Wilde". Porém, Bobby Crowley, que vinha de Cork e era um excelente designer nos palcos da West End, mas que nunca havia feito designs na Irlanda, não conseguia tirar nenhuma inspiração do nome. Então ele se concentrou na expressão "Santo Oscar". Repentinamente, ela liberou a imaginação visual de Crowley, e ele colocou uma grande estátua de São Sebastião, perfurada por flechas, presa ao palco. Eu argumentei em *Sweet Violence* [2003] que o santo e o pecador estão até certo ponto em conluio (essa é uma noção que lembra Graham Greene) – em contraste com o que eu chamo de classe média moral, que provavelmente não reconheceria o mal nem se ele batesse à sua porta.

*Você estava usando* Saint Oscar *para pensar sobre as derrotas da classe trabalhadora naquela época? Há um personagem chamado Wallace, um ativista socialista, que se torna cada vez mais pessimista, cada vez mais derrotista, no período após os a greve dos estivadores de 1889. Na verdade, no ato final ele declara que "o máximo que podemos esperar é uma forma mais humana de capitalismo".*

E Wilde responde que isso é como esperar contrair uma doença venérea em apenas um testículo... Sim, ele se torna bastante desiludido. Eu tinha consciência de uma série de dimensões diferentes nisso. Por um lado, como já disseram antes, escrever sobre a história irlandesa é sempre criar um código duplo, porque escrever sobre o passado também é escrever sobre a política do presente. Em lugares como a Irlanda, acima de tudo, qualquer posição que você adota em relação ao passado se reflete em uma posição em relação ao futuro, então existe essa bagagem. Por outro lado, há o tema anticolonial. Eu vi que a dimensão socialista e anticolonialista de Wilde era muito pouco conhecida pelos ingleses. Então a peça foi uma maneira de realçar isso. Na apresentação inglesa de Wilde, havia vários elementos-chave faltando. E era parte do propósito da peça tentar resgatar esses elementos. Quando dei uma palestra sobre Wilde em Lancaster recentemente, houve um membro muito erudito do público geral que se aproximou e disse que não sabia que Wilde era irlandês. No entanto por parte do tempo Wilde também não sabia...

*Quando discutimos a conclusão de* Shakespeare and Society, *você disse que tinha tido uma estima por "A alma do homem sob o socialismo" muito antes de ficar interessado no drama de Wilde. Como esse ensaio, que em vários aspectos é uma declaração anarquista, enquadrou-se no seu interesse por Wilde nos anos 1980?*

Wilde vê que o socialismo tem como pontos centrais o prazer e o lazer, e que, perversamente, seu precursor no presente é sob certos aspectos o aristocrata que ele próprio aspirava ser. O que está incorreto em Wilde é que ele não vê que o sujeito individual como um sujeito relacional. Mas esse ensaio recita certos temas vitais em Marx em relação ao autodesenvolvimento do indivíduo. Eu sempre argumentei que, em termos da abolição do trabalho, Wilde era mais próximo a Marx do que Morris era. Creio que eu também estava lidando com noções de indolência, lazer, privilégio, prefigurações utópicas, antitrabalho, brincadeira, arte e assim por diante.

*Por que Wilde não via o sujeito como relacional? Isso é produto da sua concepção aristocrática de socialismo, por assim dizer, ou do seu isolamento social como um homossexual no final do século XIX em Londres?*

O motivo é que ele herda uma tradição libertária para a qual o eu individual é absoluto e inviolável. Em certo sentido, a discussão com o individualismo de Wilde em *Saint Oscar* era também um diálogo crítico com o pós-estruturalismo contemporâneo. Era um argumento sobre até que ponto o não normativo, o anômalo, o dissidente é inerentemente radical; até que ponto isso pode ser às vezes uma forma de privilégio, até que ponto isso pode ser politicamente prematuro, e até que ponto isso pode ser prefigurativo. Wilde oferece um meio altamente econômico de explorar um número extraordinário de problemas ricos e sugestivos, tanto teórica quanto politicamente – mas esse não foi o motivo de eu ter escrito a peça.

Wilde evocou sua identidade a partir de uma falta de autoidentidade. Mas acho que também devemos ver isso como a transformação de uma necessidade bastante urgente em uma vantagem. Havia algo doloroso para ele nessa identidade problemática, tanto sexual quanto etnicamente. Não era só uma questão de exuberância desconstrutiva. Em uma situação colonial, a questão da identidade se torna uma espécie de fardo diário. São os dominadores que têm o luxo de não se preocuparem com quem são. O que Wilde faz, na minha opinião de forma esplêndida, é transformar tudo isso em uma espécie de comédia extática. Para transformar a falta de identidade – que tem implicações potencialmente trágicas tanto para ele quanto para sua sociedade – em um tipo mais positivo de ética. A questão é a de chegar ao ponto em que não importa para você quem você é – não a um ponto com uma identidade sólida e absolutamente afirmada, mas a um ponto em que toda a questão da identidade tenha se esvaecido como parte de uma era ultrapassada. Acho que Wilde está tentando prefigurar o momento utópico. Mas fazer isso no presente significa expor-se abertamente ao ridículo e à hostilidade.

*Esse é o único lugar em sua obra em que você lida com a homossexualidade?*

Bem, o roteiro original de *Wittgenstein* [1993] tinha um pouco disso, porque havia uma cena em que Ludwig aproximava-se de um jovem amante homossexual. Assim como ocorreu com várias outras cenas, ela foi excluída por Derek Jarman e ficou de fora da versão final do roteiro. Acho que eu queria ver a homossexualidade de Wilde como parte de uma dissidência mais ampla – política, intelectual, artística. Achei que isso era enriquecedor, por falar disso abertamente, mas acho que também houve uma certa desconfiança por parte de algumas pessoas da comunidade gay, que acharam que eu pus a questão de lado muito rapidamente. Talvez haja alguma verdade nisso. Uma das coisas que eu admirava na performance de Stephen Ray era que ele se recusava a efeminar o personagem de forma burlesca. De qualquer modo, já existiram muitas peças gays sobre Wilde. A minha tinha a intenção de ser diferente. Para começar, ela não estreou em West End, mas em Derry.

*Conte-me como você veio a escrever o roteiro para o filme de Jarman sobre Wittgenstein.*

Tariq Ali concebeu a ideia de produzir vários filmes sobre filósofos para a televisão. Ele mesmo escreveu o roteiro sobre Espinoza, que foi exibido no Channel 4, e então me comissionou para fazer o filme de Wittgenstein, principalmente por causa de *Saints and Scholars*. Derek Jarman já tinha a intenção de produzir seu próprio filme sobre Wittgenstein, portanto Tariq o trouxe para o nosso projeto. Jarman então reescreveu uma parte considerável do meu roteiro sem minha permissão. De repente eu descobri, por exemplo, que um homenzinho verde havia sido adicionado embaraçosamente ao roteiro. Houve uma briga semipública por causa disso. Jarman e eu não nos demos bem, em parte por questões de temperamento, em parte porque eu não era membro da sua panelinha. O filme estava cheio de pessoas que ele conhecia, ao passo que eu era um forasteiro. Não acho que Jarman gostava muito de forasteiros. O fato de que eu era um intelectual também não deve ter ajudado muito. Jarman não estava interessado nas ideias de Wittgenstein – era a vida e as ideias sobre as cores o que importava para ele.

*Mas ele excluiu a cena em que Wittgenstein inicia um encontro sexual?*

Sim, ele cortou a cena. Eu havia ambientado a maior parte do filme em Cambridge, inclusive essa cena, e ele disse, "Nós não vamos filmar em Cambridge". Eu perguntei "Por que não?" e ele disse "Em primeiro lugar, todo mundo faz isso; em segundo lugar, é muito caro". Isso foi bastante justo, e eu não contestei o uso de um estúdio com fundo preto. Mas eu tinha uma agente para assuntos relativos ao cinema, e ela estava ficando cada vez mais impaciente com a maneira como eles estavam tratando o roteiro. Ela disse que eu não deveria frequentar o processo de filmagem, por exemplo, porque isso poderia indicar certa cumplicidade com o que estava acontecendo. Então apesar de uma boa parte do meu roteiro ainda estar no filme, existem muitas coisas nele com as quais eu não concordei. No fim, um terceiro escritor acabou sendo incluído nos créditos. Era um homem chamado Ken Butler, assistente de Derek Jarman. Jarman estava muito doente na época – ele morreu logo depois –, então Butler o estava substituindo. Ele era uma espécie de diretor assistente, muito competente em aspectos técnicos, mas definitivamente sob o controle de Jarman. Eu e minha agente ficamos sabendo sobre sua contribuição quando vimos os créditos e o seu nome apareceu na tela. Não fazíamos ideia de que ele havia sido trazido para colaborar. Na verdade, acho que ele escreveu muito pouco, mas isso era típico da abordagem desdenhosa de Jarman. Suspeito que Jarman nunca teve qualquer intenção de deixar que eu fosse um roteirista autônomo. Ele era um diretor *auteur*, então controlar e colocar sua marca em tudo era sem dúvida um dos seus pontos fortes. Mas apesar de ser brilhante visual e cinematograficamente, eu não achava que Jarman era um escritor particularmente bom. Não achei que ele melhorou o roteiro. O humor, por exemplo, tornou-se mais amplo e insípido. Assim, houve um ressentimento por causa disso por algum tempo. O BFI publicou um volume chamado *Wittgenstein: The Terry Eagleton Script and the Derek Jarman Film* [Wittgenstein: O roteiro de Terry Eagleton e o filme de Derek Jarman] [1993].

*E o que você achou do filme quando finalmente o assistiu?*

No final das contas, eu estava muito próximo dele para poder avaliar. Ele continha coisas minhas o suficiente para que eu sentisse

244 TERRY EAGLETON E MATTHEW BEAUMONT

que não havia sido totalmente tapeado, mas mesmo assim fui deixado do lado de fora. Achei que havia algumas coisas absurdas no filme. Também achei que o ator que interpretou Wittgenstein, Karl Johnson, além de ser bastante parecido com ele, trabalhou muitíssimo bem. Diversas pessoas gostaram do filme; outras pessoas o apreciaram. Mas toda vez que o assisto com amigos, eu digo a eles que vou levantar minha mão quando precisar deserdar alguma cena.

## Leituras

BLOCH, E. et al. *Aesthetics and Politics*, trans. Ronald Taylor et Al. London: New Left Books, 1977.

EAGLETON, T. *Aesthetics and Politics*. *New Left Review*, 1:107, jan.fev., 1978, p.21-34.

EAGLETON, T. *The Rape of Clarissa: Writing, Sexuality and Class Struggle in Samuel Richardson*. Oxford: Blackwell, 1982.

EAGLETON, T. Interview: Terry Eagleton (com James H. Kavanagh e Thomas E. Lewis), *Diacritics* 12:1, 1982, p.53-64.

EAGLETON, T. Fredric Jameson: The Politics of Style, *Diacritics*, 12:3,1982, p.14-22 (reproduzido em *Against the Grain*, p.65-78).

EAGLETON, T. *Literary Theory: An Introduction*. Oxford: Blackwell, 1983.

EAGLETON, T. *The Function of Criticism: From the* Spectator *to Post-Structuralism* London: Verso, 1984.

EAGLETON, T. Politics, Theory and the Study of English: An Interview with Terry Eagleton (com Richard Freadman), *English in Australia 70*, Dezembro 1984, p.32-7.

EAGLETON, T. *Against the Grain: Essays 1975-1985*. London: Verso, 1986.

EAGLETON, T. *William Shakespeare*. Oxford: Blackwell, 1986.

EAGLETON, T. Interview with Terry Eagleton (com Andrew Martin e Patrice Petro), *Social Text* 13/14, Inverno/Primavera 1986, p.83-99.

EAGLETON, T. *Saints and Scholars* London: Verso, 1987.

EAGLETON, T. Action in the Present: An Interview with Terry Eagleton (com Richard Dienst e Gail Faurschou). *Polygraph*, 2/3, 1989, p.30-36.

EAGLETON, T. Criticism, Ideology and Fiction (com Michael Payne). *The Significance of Theory*. Oxford: Blackwell, 1990, p.71-89.

EAGLETON, T.; JARMAN, D. *Wittgenstein: The Terry Eagleton Script and the Derek Jarman Film*. London: BFI, 1993.

EAGLETON, T. *Saint Oscar and Other Plays*. Oxford: Blackwell, 1997.

EAGLETON, T. A Grim Parody of the Humanities: An Interview with Terry Eagleton (com John Higgins). *Pretexts. Literary and Cultural Studies*, 9:2, 2000, p.215-23.

EAGLETON, T. A Conversation with Terry Eagleton (com José Manuel Barbeito Varela), *Atlantis: Revista de la Asociación Española de Estudios Anglo-Norteamericanos*, 23-2, dez.2001, p.169-85.

EAGLETON, T. Peter Brooks on Bodies. In: *Figures of Dissent: Essays on Fish, Spivak, Žižek and Others*. London: Verso, 2005, p.129-35.

EAGLETON, T. Ludwig Wittgenstein. In: *Figures of Dissent: Essays on Fish, Spivak, Žižek and Others*. London: Verso, 2005, p.109-12.

EAGLETON, T. *Literary Theory: An Introduction*. Oxford: Blackwell, 2008.

EAGLETON, T. On the Importance of Not-Being Earnest: A Dialogue with Terry Eagleton (com Patrick O'Connor e Seán Daffy). *Irish Studies Review*, 16:1, Fevereiro 2008, p.55-69.

HABERNAS, Jürgen. *The Structural Transformation of the Public Sphere: An Inquiry into a Category of Bourgeois Society*. Trad. Thomas Burger. Cambridge: Polity, 1989.

NEGT, O.; KLUGE, A. *Public Sphere and Experience: Towards and Analysis of the Bourgeois and Proletarian Public Sphere*. Trad. Peter Labanyi et al. Minneapolis: University of Minnesota Press, 1993.

PARRINDER, P. The Myth of Terry Eagleton. In: *Failure of Theory: Essays in Criticism and Contemporary Fiction*. Hemel Hempstead: Harvester Wheatsheaf, 1987, p.30-8.

# CAPÍTULO OITO
## Oxford/Dublin

*O final dos anos 1980 e o início dos anos 1990 foram, é claro, um período em que o socialismo se desintegrou e a União Soviética entrou em colapso. Que posição você assumiu na época?*

Lembro-me de discutir e escrever muito sobre o assunto na época. Tentei, por exemplo, mostrar para as pessoas que já existia há muito tempo um apelo pela derrubada do poder soviético no pensamento esquerdista, e que haviam existido importantes reivindicações esquerdistas por algo que ia muito além da mera reforma da União Soviética, então isso não havia começado só na Praça da Paz Celestial. As pessoas pareciam ser extraordinariamente sem memória, ou tão sem história, nesse sentido. Eu argumentei que, se você quisesse obter uma análise histórica e material do bloco soviético que também fosse politicamente firme e determinada, teria que consultar a esquerda e não o liberalismo. Vi isso tudo como um episódio que revelava os limites da crítica liberal ocidental, assim como do próprio sistema soviético. Lá estavam aquelas pessoas clamando, de forma bastante correta, pela liberdade individual e assim por diante, mas elas eram ignorantes de que por muito tempo existiram correntes inteiras da esquerda que haviam lutado contra essa definição limitada de liberdade. E apesar de isso não significar que você daria as boas-vindas ao capitalismo com alegria, pelo menos indicava que você era capaz de mostrar que existia outra possibilidade. Creio que, tendo passado pelos IS e pela WSL – um grupo semitrotskista e outro estritamente trotskista, respectivamente – eu estava pelo menos equipado com vários argumentos ou maneiras de ver as coisas que não me deixavam desorientado. Eu dizia, por exemplo, para alunos e colegas que a última vez que a esquerda ocidental teve ilusões em massa sobre a União Soviética tinha sido provavelmente na década de 1930. Também mostrava que a esquerda ocidental já estava enfrentando grandes problemas muito antes da queda do Muro de Berlim. Não foi só o colapso do bloco soviético que enfraqueceu suas bases.

*Raymond Williams morreu em 1988. No ano seguinte, você editou uma coletânea de ensaios sobre ele:* Raymond Williams: Critical Perspectives [Raymond Williams: Perspectivas Críticas] *[1989]. Esse livro representou uma tentativa deliberada de reavaliar sua reputação?*

Sim. Tudo começou quando ele ainda estava vivo, e na verdade eu me comuniquei com ele pessoalmente ou por correspondência sobre o formato do projeto. Ele não ficou muito satisfeito nos estágios iniciais: achava que o livro era convencional demais e que continha um número muito grande das figuras habituais. Ele estava correto sobre isso. Sugeriu algumas maneiras alternativas de trabalhar, que em sua maioria eu adotei. A ideia de algum tipo de obra sobre ele já estava no ar havia algum tempo. Como digo na introdução, o livro então se tornou uma obra póstuma, porque Raymond morreu enquanto estava sendo publicado. Assim, ele tornou-se um elemento nas atividades gerais que foram organizadas após a sua morte. Lembro-me de falar sobre Raymond em vários locais diferentes. Houve encontros a respeito de suas obras e vários tipos de eventos memoriais. O livro era bem recente e houve um número razoável de discussões sobre ele, em grande parte por esse motivo.

*Em* A função da crítica*, que contém uma discussão prolongada sobre Williams, parece haver uma tentativa deliberada de desfazer os danos supostamente causados por* Criticism and Ideology *[1976]. Você indica* *que, em seu consistente compromisso com o "materialismo semântico", a obra de Williams sempre constituiu uma crítica da semiótica: "Enquanto outros pensadores materialistas, inclusive eu mesmo, nos desviamos para o marxismo estruturalista, Williams manteve seu humanismo historicista e depois viu esses teóricos retornarem sob condições políticas diferentes para examinar a tese de forma menos soberba, ou até mesmo para endossá-la de forma acrítica". Você continuou a reavaliar sua relação com ele?*

Sim, apesar de ela continuar sendo uma relação estranhamente ambígua, porque eu ainda defenderia grande parte da crítica original em *Criticism and Ideology*, mesmo que ela seja parcial e tenha um tom equivocado. Acho que poderia dizer que, ao longo dos anos 1980 e 1990, houve uma crescente reconciliação com a sua obra. Talvez eu tenha tido a necessidade de fincar a minha própria bandeira e estabelecer minhas próprias bases; e a partir do momento em que fiz isso, foi possível ver as realizações de Williams mais positivamente.

*É quando você retorna à ideia de cultura – isso é algo que já comentamos – que seu retorno a Williams se torna mais aparente. Na sua obra, a transição da ideologia para a cultura parece indicar essa reconciliação.*

Sim. Voltei e reli alguns textos-chave de Williams, e acabei ficando muito impressionado com ele de novo. Eu havia sido moldado por essas obras no início, mas estava tão próximo dele e do seu trabalho que eu não era capaz de me afastar e avaliá-lo, nem de estimar a importância dessa influência. Eu subestimei seu valor para mim, e prossegui com a tarefa mais simples de criticá-lo. Esse é um erro comum.

*Depois da coletânea sobre Williams, veio um pequeno volume chamado* The Significance of Theory *[A Importância da Teoria] [1989], que foi publicado como parte de uma série de livros baseados em palestras encomendadas pela Bucknell University nos Estados Unidos. O livro consistia de uma palestra sobre teoria que você havia dado na Bucknell, um artigo sobre Adorno chamado "Art after Auschwitz" [Arte após Auschwitz] e uma entrevista.*

Eu contestei esse livro profundamente. Não fazia parte dos meus planos publicá-lo, e quase não tive envolvimento nele. Eu realmente dei uma série de palestras na Bucknell University, e eles tinham o hábito de publicá-las, mas achei que era uma péssima ideia. Para mim essa foi uma tentativa da Bucknell de aparecer no mapa, então isso foi útil do ponto de vista deles, mas não do meu. Eu achava que havia muito pouco no livro que eu já não havia dito. Incluí o capítulo sobre Adorno, que veio dos estudos que eu estava fazendo para *The Ideology of the Aesthetic* [A ideologia estética], porque precisava encher linguiça desesperadamente. Pediram que eu fosse aos Estados Unidos conversar com um grupo de representantes de livrarias e com a equipe de vendas da divisão americana da Blackwell, e disse a eles: "Eu realmente tenho pena de vocês, tentando promover este livro". Aquelas eram pessoas experientes e com Ph.D., que sabiam exatamente o que estavam vendendo, e elas disseram: "Sim! O que vamos fazer com esse livro?" Então aquele foi um evento inexistente no que me dizia respeito.

*A introdução, de Michael Payne e M. A. R. Habib, esboçou a sua importância. Foi interessante observar essa institucionalização da sua reputação?*

Acho que sim. Mas encarando a questão de forma mais geral, eu devo dizer, correndo o risco de parecer arrogante, que na realidade aprendi muito pouco com grande parte dos comentários sobre a minha obra. De modo geral, ou o crítico é favorável demais para criticar de forma interessante, ou ele vem de uma posição tão hostil que não existe um denominador comum entre nós. Isso também se aplica a Williams. Havia muitas pessoas que o veneravam, e havia muitas pessoas que o atacavam. Eu me considerava uma das únicas pessoas que tentavam desempenhar os dois papéis. Tentei analisá-lo de forma crítica – talvez em demasia a certa altura – e sempre pensei que isso era provavelmente o que ele próprio valorizava. Ele lidava com a veneração acrítica de forma muito brusca.

*Vamos prosseguir agora para* A ideologia da estética *[1990]. Nesse livro, você desenterra a história da estética como uma categoria filosófica no pensamento europeu desde o século XVIII, e argumenta que a estética nes-*

*sa época fazia o papel de um discurso deslocado sobre a ética e a política –*
*um discurso que, apesar da sua aparente insignificância, foi central para*
*a consolidação da sociedade capitalista e da sua crítica. Ele é amplamente*
*considerado o seu livro mais ambicioso e desafiador até hoje. Você tinha*
*consciência na época de estar fazendo uma "virada filosófica"?*

Não, acho que não. Ao contrário do meu livro anterior, sem dúvida, ele dirigia-se a filósofos profissionais. Mas o via muito mais como um *continuum* teórico, como uma nova área da teoria. Eu nunca fui capaz de entender o que estava fazendo com aqueles filósofos. Lembro-me de conversar com outras pessoas e de pedir que me esclarecessem sobre isso. Eu estava analisando esses filósofos, discutindo certos elementos em suas obras relevantes à estética, mas isso também era até certo ponto – e isso me traz de volta a *Saints and Scholars* – uma recriação imaginativa da filosofia. Acho era bastante similar ao que Jameson às vezes faz. Eu estava escrevendo sobre Kant, por exemplo, de várias maneiras que os kantianos profissionais nos Estados Unidos consideraram censuráveis. Lembro-me de ter dado algumas palestras sobre o livro e de ter encontrado muita oposição. Alguém em Berkeley me perguntou: "Você não fica inquieto com o fato de que nenhum filósofo analítico profissional aceitaria sua teoria de Kant?" E eu disse: "Pelo contrário, eu ficaria horrorizado, ou pelo menos extremamente surpreso, se aceitassem!" Ainda não entendo muito bem o que estava acontecendo naquele livro em termos metodológicos.

*Ele apresenta a história da estética na forma de um drama intelectual, ou,*
*mais precisamente, ideológico.*

Sim, eu estava dramatizando certas ideias. O livro foi publicado mais ou menos ao mesmo tempo em que outro livro sobre a estética, escrito por Andrew Bowie; e alguém, talvez o próprio Andrew, disse que ao passo que meu livro era razoavelmente crítico da estética, mas era escrito em um estilo "estético", o dele era o oposto. Então havia algo no formato do livro que era importante. Eu dava muito atenção à escrita, com a escrita criativa nas minhas costas, por assim dizer. Não me lembro de sentir isto na época, mas ele era um tipo de livro bastante ambicioso. Alguém havia dito, em uma resenha nos anos 1980, "os livros de Eagleton estão ficando cada vez mais curtos", e eu havia escrito vários títulos que por motivos circunstanciais eram mesmo curtos. Aí de repente enxerguei uma história não escrita – não da estética, mas da política da estética.

*Você tinha consciência do assim chamado novo esteticismo, mesmo com todas as suas diferenças de abordagem? Além do livro de Bowie,* Aesthetics and Subjectivity *[Estética e subjetividade] [1990],* The Fate of Art *[O destino da arte] [1992] de Jay Bernstein foi publicado mais ou menos nessa época.*

Sim, um pouco. Eu estava ciente do trabalho de Bowie e do trabalho de Bernstein, que tem sido útil para mim ao longo dos anos. Mas achava que havia visto algo bem independente disso. Quando escrevi o livro, eu certamente não tinha a sensação de que ele era parte de uma tendência. Isobel Armstrong teve problemas com o livro – na verdade, escrevi a ela sobre isso, apesar de normalmente não responder a reações críticas – e argumentou que ele apresentava uma crítica implacavelmente negativa da estética. Isso não era verdade. Esse era um erro comum na leitura do meu livro e do de Andrew. O meu livro era todo centrado na ideia de que há uma ambivalência ou qualidade dialética na estética, de modo que politicamente ela pode ir para um lado ou para o outro. Ou se preferir assim, ela é tanto ideologia quanto utopia.

Outra crítica feita ao livro foi que parecia improvável que um discurso tão marginal quanto a estética pudesse exercer o tipo de influência que eu atribuía a ela, histórica e politicamente. É uma crítica interessante, mas ela é equivocada no sentido de que por "estética" eu não quis dizer simplesmente arte ou produção de arte, mas a maneira como uma ideologia específica do artefato consolidou-se no século XVIII. Assim, para mim a estética não é idêntica a qualquer discurso sobre a arte; ela significa um discurso histórico muito específico, que começa naquele período e que tenta reconstruir a obra de arte de forma relevante à ideologia da jovem burguesia. O que está se desenvolvendo nessa primeira ideologia burguesa é a necessidade de uma noção de subjetividade ou sujeito autônomo, que crie suas próprias leis. Isso é de fato o que define o significado de "obra de arte", e explica o motivo pelo qual afirmo que o sujeito burguês é secretamente um sujeito estético. Eu não quis dizer que o sujeito burguês é interessado pela arte, mas que a estética oferece uma certa linguagem de subjetividade, certas questões de forma e conteúdo, lei e liberdade, individualidade e universalidade e assim por diante, que a burguesia pode então reutilizar.

*O livro desenterra uma história materialista da categoria da estética e das suas funções ideológicas na sociedade burguesa. Você pode fazer um breve resumo disso?*

Historicamente, o conceito da estética tem se tornado cada vez mais restrito e especializado. Ele tornou-se um conceito técnico, de modo que nos dias de hoje os periódicos de estética lidam com problemas altamente técnicos de percepção e avaliação estética. Essa não foi a maneira como tudo começou. A estética começou da maneira mais ampla possível, como um conceito que abarcava toda a nossa vida corpórea e sensual. Na verdade, ela nem lidava com a arte quando apareceu pela primeira vez, e um dos paradoxos da estética é que ela surge como discurso na época em que a produção artística está sendo comoditizada. A arte simplesmente oferece um paradigma peculiar dos tipos de coisas nas quais a estética está interessada. Também existiam outros paradigmas, como a vida do corpo ou outros modelos de autonomia.

A estética em Kant, por exemplo, é uma forma de ideologia, sobretudo porque o belo é definido como aquilo que reconcilia momentaneamente o sujeito humano com o mundo. Para Kant, a estética liga a categoria de liberdade moral à de natureza ou realidade. Assim, a categoria do belo é importante porque, em um mundo que agora parece rejeitar a subjetividade humana – um mundo comoditizado e reificado – um encontro provisório entre a humanidade e a natureza é ideologicamente essencial para que a humanidade sinta-se em casa no mundo. A categoria do sublime também é ideologicamente necessária como uma espécie de força compensatória, que perturba esse registro imaginário de tempos em tempos para nos lembrar do tipo de dinamismo, iniciativa e rivalidade que também foram valores necessários na jovem sociedade burguesa.

À medida que a produção artística é separada gradualmente de outros tipos de produção social no período moderno, o discurso da estética se torna restrito de modo correspondente. No século XX, após o modernismo, a estética deixa de ser um conceito com relevância política. Na verdade, o modernismo é o último momento em que a estética ainda pode ser política, mesmo que de modo predominantemente negativo. Depois disso, o discurso é transferido para as mãos dos acadêmicos e especialistas, e sua história muda. Mas a estética é uma área que é ao mesmo tempo uma espécie de especialização e "não especialização", uma região mal definida na qual temos a esperança de poder levantar certas questões que foram alijadas pelas disciplinas acadêmicas mais oficiais. O problema para os movimentos politicamente radicais é que a própria arte ou a noção de cultura tornou-se muito ligada à estética no sentido burguês. Assim, ou dizemos, como diz a vanguarda, "Abaixo a arte e a estética!" ou dizemos, assim como Adorno, "Vamos aceitar algumas dessas categorias estéticas, vamos aceitar que a obra de arte é autônoma, mas vamos tentar direcioná-las para a utilização política radical". Esse é um empreendimento intelectual espantoso – para Adorno e vários outros, a própria inutilidade da arte na sociedade burguesa é de alguma forma transformada em uma declaração radical. A arte é derradeiramente inútil e esse é seu aspecto político mais importante.

*Então Adorno é paradigmático das relações agonizantes entre a política e a estética para o intelectual no século XX?*

Adorno foi, como se sabe, arrasado pela história política que ele viveu. Cada palavra que escreve ecoa essa sensação de desolação e às vezes desespero; e ao mesmo tempo ele acredita que alguma forma de atividade crítica, mesmo que talvez seja uma crítica além da crítica, deva ser perpetuada a todo custo para que essa forma de política não aconteça novamente. Adorno está desse modo preso em uma posição intolerável e agonizante, na qual ele testemunha a necessidade da crítica e enxerga a sua inutilidade e privilégio quando comparada ao sofrimento a que seu povo foi submetido. Por um lado, a obra de arte é intoleravelmente privilegiada no mundo pós-Auschwitz. Por outro lado, a arte não pode parar. Ela deve encontrar uma maneira, como para Adorno e Beckett, de encerrar em de si mesma uma espécie de silêncio que fala de todos que não são privilegiados, dos sofredores. Essa deve ser a posição de todo intelectual radical, mesmo que não tenha sido necessariamente marcado pela mesma experiência que Adorno viveu.

Há algo bastante contraditório no ato da crítica intelectual, no sentido de que quando ele tenta ser emancipatório, deve estar afastado daquilo que deseja emancipar. Não acho que essa contradição possa ser resolvida em uma sociedade de classes; e tudo o que o crítico individual pode fazer é encontrar uma maneira de viver dentro dessa contradição da melhor maneira possível. Não é nossa culpa que essa contradição existe, produzida por uma sociedade dividida em classes, e só será abolida com o fim da própria sociedade de classes. Nesse meio tempo, encontramo-nos inevitavelmente divididos entre o privilégio ofensivo de só sermos capazes de lidar com esses problemas em relação à estética – ofensivo porque a estética é dificilmente a questão política mais importante – e a consciência de que simplesmente abandonar essas questões, sob a influência de uma crise de culpa, é o mesmo que fazer o jogo da ordem social cujo objetivo é eliminar as ideias radicais de uma vez por todas. O intelectual radical ousa não ser cúmplice desse sistema, mesmo que o resultado dessa recusa seja a perpetuação do discurso que se afasta das experiências diárias com as quais ele deveria estar preocupado.

*Como você disse,* Ideologia da estética *postula a estética como sendo simultaneamente ideológica e utópica. Porém, é perceptível que o livro não utiliza o conceito de utopia de forma muito ampla. Há, porém, um trecho interessante no qual você argumenta que a arte representa o paradigma ideal de produção material para Marx, devido à sua qualidade autotélica. Você cita uma passagem extraordinária dos* Manuscritos econômico-filosóficos, *em que Marx escreve que quando os trabalhadores comunistas se reúnem, mesmo que seu objetivo imediato seja o de fazer propaganda política, eles representam a ideia comunista de fraternidade de forma proléptica. A associação é um fim em si mesmo, assim como um meio para atingir um objetivo: "Fumar, comer e beber etc. não são mais meios de criar vínculos entre as pessoas".*

A estética é ao mesmo tempo uma generosa crítica utópica do individualismo burguês e algo absolutamente idealista e ineficaz. Uma das maneiras como a estética oferece um frágil impulso utópico é que ela parece representar uma forma de comunidade e uma maneira como os sujeitos são ligados intersubjetivamente em um ato de avaliação estética. Mas, ao mesmo tempo, como é patético que somente em uma experiência estética tal comunidade possa ser encontrada! Deve haver algo de muito errado com a sociedade se a estética for a única área que pareça oferecer alguma sensação de solidariedade.

Creio que meu conceito de utopia presuma que devemos ter algum tipo de imanência, uma presença imanente do possível, senão as pessoas desejarão em vão e adoecerão de desejo. Foi isso que capturou minha atenção naquela passagem de Marx – além da sua natureza esplêndida e tocante. Ela estava dizendo que isso é algo que podemos ver e tocar hoje, e que é algo prefigurativo. Na verdade, ainda não pensei o bastante sobre a utopia, mesmo que ela surja de tempos em tempos na minha obra. Eu não discuto Marcuse nesse livro, por exemplo, e se o tivesse feito talvez pudesse ter dado mais destaque à dimensão utópica.

*Uma das contribuições mais originais do livro para o pensamento marxista foi seu argumento de que o corpo é absolutamente central ao materialismo de Marx.*

Naquela época, eu estava ficando cada vez mais impaciente com o número de livros que utilizavam a palavra "corpo" em seus títulos para se promoverem. Ao mesmo tempo, considero o corpo uma categoria crucial, e no capítulo sobre Marx em *A ideologia da estética*, realmente afirmo que Marx é ambicioso porque ele tenta desenvolver seu raciocínio a partir do próprio corpo, a partir do que ele chama de *gattungswesen*, ou ser genérico. Partindo da nossa condição como criaturas materiais, ele busca alcançar certas políticas, certas éticas. É isso que eu acho que o marxismo tenta fazer. O corpo é absolutamente essencial ao marxismo. Ele é, claro, o corpo trabalhador em vez do corpo sexual – e nesse sentido é ao mesmo tempo crucial e necessário. Ele suprime a dimensão da sexualidade, mas para mim não há dúvida de que o corpo está presente nos primeiros momentos do trabalho de Marx nos *Manuscritos econômico-filosóficos* de 1844.

Minha obra é inequivocamente preocupada com a ética socialista, como *Trouble with Strangers* [2008] torna mais explícito. A conclusão de *Ideologia da estética* foi minha primeira tentativa de escrever sobre o assunto, sobre a questão de saber se é possível derivar uma ética a partir de uma concepção de como os seres humanos, como animais materiais, são ou poderiam ser. Até naquela época eu considerava esse projeto vital. Em primeiro lugar, achava que era vital fazer oposição às tendências pós-modernas que contornavam a questão da ética, ou que a reduziam ao subjetivo pragmático, ou ao intersubjetivo. Eu não achava que havia muito futuro nisso, e esse é um dos motivos pelos quais o marxismo me atrai.

*Relendo* A ideologia da estética, *chamou-me muita atenção a ênfase dada aos assuntos éticos – o amor e o mal, por exemplo – que mais uma vez conectam suas publicações mais antigas e mais recentes. Mais especificamente, em uma discussão sobre o amor político, a corrente ética ressurge em sua obra: "A política radical tenta responder a questão do significado do amor na sociedade como um todo, assim como a moralidade sexual tenta esclarecer o que é considerado amor em relacionamentos sexuais entre indivíduos, e a ética médica tenta definir o que é considerado amor no tratamento dos corpos em sofrimento. É devido ao fato de o amor ser um tópico tão discutido, obscuro e ambíguo que tais discursos éticos são necessários".*

Um dos aspectos mais inesperados da recepção crítica de A *ideologia da estética* foi que Frank Kermode escreveu uma resenha muito positiva na *London Review of Books*. Acho que talvez ele tenha confundido a generalidade da discussão final com alguma espécie de reflexão liberal-humanista congenial sobre a natureza da vida humana e assim por diante.

A estética, quando surge pela primeira vez no Iluminismo, está interessada, entre outras coisas, em uma forma de racionalidade que permaneça fiel à existência material e corpórea. Ela também encontra na obra de arte uma espécie de comunidade utópica, na qual cada elemento da obra se realiza plenamente por meio da sua complexa interação com todas as outras. A "lei" ou estrutura regulatória da obra não é imposta coercivamente aos componentes; ela simplesmente *é* a complexa relação entre esses componentes. Isso é um pouco parecido com Marx em relação ao comunismo – em relação à "forma" de um futuro emancipado.

*Seu livro seguinte foi* Ideology: An Introduction *[Ideologia: uma introdução] [1991], que em alguns aspectos trata dos mesmos temas que* Ideologia da estética*. O que incitou a sua criação?*

Esse foi um dos meus únicos livros que vieram diretamente de uma disciplina expositiva. Eu vinha dando muitas aulas e seminários sobre ideologia em Oxford. Obviamente, isso não era parte do curso de inglês, então até certo ponto as aulas e seminários eram uma estratégia usada para atrair pessoas que queriam participar de algum tipo de diálogo político. Eu tinha a ideia consciente de escrever um livro-texto para estudantes, um livro cujo objetivo primário não fosse fazer uma contribuição teórica original. Em vez disso, eu queria escrever um livro puramente popular sobre o conceito de ideologia, em um período em que o conceito estava saindo cada vez mais de moda. Esse foi o impulso político por trás dele.

Então, o título foi uma tentativa de esclarecer o conceito de ideologia e de examinar os motivos pelos quais o conceito parecia ser supérfluo ou redundante. Um desses motivos foi que a teoria da ideologia parecia depender do conceito de representação. Alguns modelos de representação haviam sido postos em dúvida, e por consequência a noção de ideologia também. Outro motivo foi que as pessoas com frequência acham que, para identificar uma forma de pensamento ideológica, elas precisam ter acesso à verdade absoluta. Se a ideia de verdade absoluta é posta em dúvida, o conceito de ideologia parece desmoronar com ela. Havia dois outros motivos pelos quais a ideologia não estava mais na moda. O primeiro era conhecido como "falsa consciência iluminada", que significava que em uma era pós-moderna, a ideia de que as pessoas agem com falsa consciência é muito simplória, já que elas têm consciência dos seus interesses de forma muito mais cínica ou astuta do que a expressão poderia indicar. Isso põe em dúvida o conceito de ideologia mais uma vez. Por fim, havia o argumento segundo o qual o que mantinha o sistema funcionando era menos a retórica ou o discurso e mais a sua própria lógica sistêmica. Essa é a ideia de que o capitalismo avançado funciona sozinho, de que ele não precisa mais passar pela consciência para ser validado, que de alguma forma ele assegura a sua própria reprodução. Eu estava cético quanto ao fato de isso tudo ser suficiente para descartarmos o conceito de ideologia. Eu estava preparado para aceitar que esses vários argumentos tinham alguma força, mas o meu motivo para querer manter o conceito de ideologia era realmente achar que existia algo correspondente à noção de falsa consciência. Na verdade, pensar que não existe parece absurdo para mim. A maneira de explicar essa ilusão socialmente necessária é outra questão.

*Curiosamente, não há nada sobre os situacionistas nesse livro. No início de* A sociedade do espetáculo *[1967], Debord redefine a ideologia como "uma imensa acumulação de espetáculos", e anuncia que "tudo o que um dia foi vivido diretamente tornou-se mera representação". Essa com certeza é uma tentativa significativa de teorizar a ideologia na sociedade capitalista avançada.*

Você está certo. Havia uma ênfase diferente no meu trabalho na época. A teoria do espetáculo nunca me atraiu ou me entusiasmou muito. Eu estava mais interessado nas vanguardas bolchevique e alemã, e realmente deveria ter dado continuidade a isso com uma crítica dos trabalhos franceses posteriores. Nunca cheguei a fazê-lo. Mais tarde fiquei mais interessado nos situacionistas, e até orientei uma tese de doutorado sobre eles, mas por algum motivo eu ainda não os incluí nos meus trabalhos. Talvez isso ainda esteja por vir.

*Obviamente, foi a segunda edição desse livro, de 2007, que continha a introdução que, devido ao seu ataque a Martin Amis, gerou toda a contro-*

*vérsia. Escandalosamente, Amis havia anunciado após os atentados em Londres em 2007 que "a comunidade muçulmana deverá sofrer até colocar a casa em ordem". Você comparou esse comentário com as divagações de um membro do Partido Nacional Britânico, e indicou, entre outras coisas, que se ele "tivesse suas calças tiradas à força nas ruas de Dhamar ou Damqawt, provavelmente protestaria justamente perante as autoridades, dizendo que nem todos os ocidentais desejam mal ao mundo árabe; que apenas uma minoria é composta por islamofóbicos delirantes; e que caracterizar todos eles como assassinos em potencial seria racismo descarado". Vários amigos liberais de Amis saíram em sua defesa. Mais ou menos na mesma época, Amis foi designado professor de Escrita Criativa no Departamento de Inglês em Manchester, onde você dava aulas...*

Eu achei que ninguém iria notar! Um jornalista do *Independent* percebeu o que escrevi, e viu o potencial devido à conexão de Manchester. Nem tenho certeza se eu sabia que ele estava vindo para o departamento quando escrevi aquilo.

Os comentários apavorados de Amis sobre os muçulmanos foram absurdamente autoritários. Desde então ele comentou que não acredita mais no que disse, mas de forma muito notável, ele não pediu desculpas àqueles que foram ofendidos. Ele disse "Não acredito mais nisso", como se você pudesse chamar um vizinho perfeitamente inocente de molestador de criancinhas e depois, após se acalmar um pouco, dizer, "Ah, eu não penso mais assim". Então está tudo bem... Suspeito que Amis continue a nutrir muitos sentimentos iliberais nesse sentido, mesmo que tenha graciosamente parado de clamar publicamente por uma perseguição aos muçulmanos. O que agora espreita nesses outrora liberais círculos literários e intelectuais, alguns dos quais estão centrados naquela região mitológica do pensamento conhecida como North Oxford, é uma nova espécie do que eu chamo de supremacia liberal, cujos adeptos encontram na ignorância do islamismo radical um excelente terreno para se sentirem presunçosos e convencidos em relação à sua própria civilização, numa época em que isso não é algo fácil de se sentir. Dawkins encaixa-se como uma luva nessa descrição, assim como Hitchens, como eu argumento em *Reason, Faith, and Revolution* [2009]. Mas foi justamente essa pre-

A TAREFA DO CRÍTICO    261

sunção e arrogância ocidental que ajudou a criar o hediondo fundamentalismo islâmico. É característica do liberalismo tratar os argumentos imparcialmente, e todos os melhores liberais fazem isso de maneira esplêndida. Então o que devemos pensar sobre pessoas como Hitchens e Salman Rushdie, que parecem achar que o desinteresse é uma boa atitude, exceto quando chega a hora de defender seus amigos que disseram o indefensável? Ambos tentaram justificar os comentários imbecis de Amis de forma falaciosa e covardemente insincera. Rushdie até disse que Amis não estava falando sobre discriminar os muçulmanos, mesmo que esse termo tenha sido usado explicitamente na entrevista.

*Em retrospecto, como você caracterizaria a carreira da ideologia desde que publicou esse livro?*

Naturalmente, o aparecimento do islamismo radical e do fundamentalismo em geral colocou a ideologia em pauta mais uma vez. Agora participo de discussões, aulas e palestras sobre o assunto com muita frequência, o que é uma vantagem do declínio do pós-estruturalismo. A história política real deu proeminência ao conceito novamente. Mas acho que nas cabeças de muitos estudantes, de muitas pessoas, ele nunca foi embora realmente. Essas pessoas nunca acreditaram que o conceito estava obsoleto. Eu tive inúmeras discussões sobre o livro de ideologia – mais do que eu esperava, dado o fato dele ter sido concebido como um livro-texto popularizador. Acho que ele mexeu com muitos leitores.

*Como foi a recepção crítica da primeira edição?*

Críticos de direita como Eric Griffiths em Cambridge – ora, por que dariam um livro sobre ideologia de Terry Eagleton para Eric Griffiths? – acharam-no eclético demais, receptivo demais a significados diferentes e divergentes. Alguns esquerdistas acharam o mesmo. Talvez eu estivesse reagindo contra uma rígida ênfase althusseriana, mas para mim o tópico justificava isso. Havia várias definições diferentes de ideologia, às vezes incompatíveis mas indubitavelmente úteis, e eu estava relutante em descartá-las. Mas o outro ponto forte do livro – que não foi concebido à toa – foi que ele se mostrou atrativo em toda a extensão das ciências humanas. Já conversei com antropólogos, cientistas políticos, todos os tipos de pessoas, que acharam o livro útil porque podiam trazê-lo diretamente para as suas áreas. Não há nada literário nele. Mas pode haver alguma significância no fato de que foi necessário um literato para escrevê-lo naquela época.

*Na introdução da segunda edição, você classificou o início do século XXI como uma era "pós-pós-ideológica". Você acha que há uma maneira de classificar a conjuntura atual em termos de um positivo em vez de duas negativas, por assim dizer?*

Hoje, tantas áreas diferentes estão em jogo politicamente, tanto áreas geográficas quanto de trabalho e de vida – e ainda mais por causa da crise econômica. Muitos dos conceitos antigos descartados pelo pós-estruturalismo – a totalidade, por exemplo – foram forçados para o centro da nossa atenção pela própria história. Foi um caso interessante a elite intelectual, na forma de pessoas como Francis Fukuyama, ter sido pega durante o sono por avanços reais. Longe de estar *en avance* da história, a elite intelectual foi ultrapassada por ela.

*O conceito de totalidade é um bom exemplo. E as chamadas metanarrativas não são tão inaceitáveis quanto eram no final do século passado. Mas e o conceito de dialética? Ele também está em pauta novamente?*

A propósito, tenho a esperança de nunca ter usado a expressão "a dialética" no meu trabalho, ao passo que alguns marxistas parecem bastante despreocupados com o uso dessa terrível reificação. Não, em geral o conceito não está na pauta novamente. Quando converso com a geração política mais nova, não tenho problemas em falar sobre a plausibilidade e a importância das metanarrativas ou da totalidade, mas "dialética" é uma palavra que eles praticamente não conhecem.

A TAREFA DO CRÍTICO 263

Tenho ficado calado sobre a questão da dialética porque tenho um pouco de desconfiança quanto a uma certa espécie de filosofia dialética pura – que lembra a "dialética da natureza" de Engels – e da maneira como o conceito perdeu o seu rigor. Tendo dito isso, eu valorizo o pensamento dialético no sentido de tentar recuperar aquilo que tem valor e utilidade em um fenômeno essencialmente negativo, tentando, por exemplo, recuperar da grande tradição burguesa o que existe de positivo e produtivo nela. Isso tem de ser cultivado diante de um pós-modernismo que é drasticamente não dialético, que observa acontecimentos históricos complexos e multifacetados como a modernidade e o Iluminismo e apenas adota uma atitude negativa em relação e eles. Eu não apoio a tese de que o radicalismo atual é simplesmente uma extensão do Iluminismo, nem de que o Iluminismo foi o momento da Queda, uma espécie de catástrofe da qual nunca nos recuperamos. Uma avaliação dialética do Iluminismo é, em princípio, o próprio marxismo. O marxismo entende-se, por um lado, como filho do Iluminismo. Ele não teria sido possível sem a maravilhosa resistência burguesa contra a autocracia e o absolutismo. Por outro lado, o marxismo tenta revolucionar o Iluminismo, revolucionar a ordem social que o criou. Esse tipo de abordagem dialética está ausente na maior parte do pensamento radical nos dias de hoje.

É claro, a extraordinária parcialidade de grande parte da teoria pós-moderna é irônica nesse contexto, porque ela própria é muito desconfiada das oposições binárias. Acho mesmo que o pensamento dialético foi perdido politicamente. Elogiar e criticar no mesmo fôlego é para mim a atitude mais natural. Fazemos isso todos os dias – com as pessoas, com as instituições, com o pensamento crítico. No momento em que considerarem esquivo e evasivo dizer "Acho que esse é um grande artista, mas olha como ele pode ser terrível!", eu me aposento. O pensamento dialético é para mim um pensamento que dá ao diabo o que lhe é direito, mas que ao mesmo insiste que ele é o diabo. O que o distingue de uma mera parcialidade educada é a maneira como cada posição é inscrita dentro da outra. Alguns marxistas têm a compulsão de acrescentar o termo "dialético" a qualquer menção de contradição ou oposição. Mas nem todas essas coisas são dialéticas sempre e em qualquer lugar.

*Você se tornou o Professor Thomas Warton de Literatura Inglesa em Oxford em 1992, o que parece surpreendente se levarmos em consideração suas opiniões políticas. Quais foram as circunstâncias nas quais você foi eleito para o cargo?*

Após ter sido eleito para o cargo de professor assistente em teoria crítica em Oxford, solicitei uma promoção e fui informado que só poderia me inscrever para um concurso para professor adjunto. Isso aconteceu na época em que estavam me oferecendo diversas cadeiras acadêmicas importantes nos Estados Unidos, então aceitei uma cadeira na University of Pennsylvania. Eu tinha sentimentos profundamente ambivalentes em relação à ideia de ir para os Estados Unidos, e não tinha certeza se aquela era a decisão correta, mas eu parecia ter chegado a um beco sem saída em Oxford. Isso aconteceu em parte porque a campanha do Oxford English Limited tinha queimado todos seus cartuchos. Também aconteceu porque eu tinha sido um pouco marginalizado no meu cargo. Eu dava aulas de pós-graduação, mas fui isolado das aulas de graduação. Porém fiquei cada vez mais indeciso sobre a mudança para os Estados Unidos. Foi aí que John Carey pediu que me inscrevesse para o posto de Professor Warton. Ele disse que, se Cristopher Ricks também se inscrevesse, ele certamente seria escolhido, mas Ricks acabou decidindo não sair de Boston. Achei que não tinha nada a perder. Disseram-me que houve sangue no chão da sala de reunião. Além de mim, havia certamente alguns candidatos internos de Oxford muito fortes, assim como outros competidores externos. Fiquei muito surpreso quando fui o escolhido, e também muito contente. Em primeiro lugar, isso me salvou de ir para os Estados Unidos. Por outro lado, não foi a faculdade de inglês que me escolheu, e eu tenho quase certeza de que eles não teriam feito isso se a decisão fosse deles. Foi um conjunto de pessoas variadas, diretores de faculdades, membros de outras instituições e assim por diante. De qualquer maneira, eles me escolheram. Foi assim que, de forma bastante surreal, eu segui os passos de John Bayley. Ele era muito gracioso, e foi cortês o bastante para esconder qualquer consternação que tenha sentido devido à natureza do seu sucessor. Ele me deu as boas-vindas à St. Catherine's College por meio de uma carta e disse

A TAREFA DO CRÍTICO    265

que o lugar parecia um conjunto de escritórios modernos, acrescentando apressadamente "Mas tenho certeza de que isso é uma coisa muito boa!"

*Em seu discurso inaugural, em continuação ao polêmico argumento com o qual você havia concluído* Teoria da Literatura, *você esboçou um programa para o curso de inglês em Oxford que envolvia ensinar "obras em inglês" em vez de literatura inglesa. "A língua inglesa hoje não tem lar nem centro", você disse, "e é desanimador que nosso plano de estudos, que de modo geral não chega a Dover, ainda não tenha reconhecido esse fato." Isso entrou por um ouvido e saiu pelo outro?*

Não completamente, porque pouco depois de eu ter saído da Wadham College, o crítico pós-colonialista Robert Young mudou-se para lá e tornou-se uma figura cada vez mais importante na faculdade. O ponto principal desse discurso inaugural foi que, apesar de ele ter uma dimensão utópica, eu não sentia mais que eu era a pessoa que deveria fazer essas mudanças. Eu vinha lutando por muito tempo, e tinha começado a perder interesse no momento que me deram a cadeira. Então já existia uma sensação de desencantamento latente naquela afirmação positiva e programática, e isso deu frutos quando saí de Oxford, não muito mais tarde.

No final do meu discurso inaugural, o pró-vice-reitor virou-se a mim e disse, "Imagino que você espera ser preso agora, não é?" Ele estava horrorizado. Ele me considerava um adolescente tolo que havia feito um gesto indecente de rebelião. Max Beloff declarou publicamente que aquele tinha sido o discurso inaugural mais deplorável que ele já havia presenciado – mas ele não pode ter ouvido muita coisa, pois me lembro dele dormindo profundamente na maior parte do tempo. Após o discurso, pedi que fosse publicado. Não havia movimentação nenhuma para fazê-lo, mas pedi à Oxford University Press que o reproduzisse como panfleto para que ele circulasse, e ela atendeu ao pedido.

Quando comecei a dar aulas em Oxford, não era permitido que nenhum aluno de pós-graduação escrevesse sobre um autor vivo. O plano de estudos ia até 1900, mas havia uma certa suspeita de que Tennyson era um pouco novo e modernista, e que talvez ele estivesse próximo demais de nós para ser avaliado. Houve um progresso enorme desde então, e não acho que ele deva ser subestimado. A esquerda cultural fez grandes e importantes conquistas, e hoje seria muito difícil revertê-las. Mas, por outro lado, existe o perigo da fetichização – o perigo, por exemplo, de que a esquerda possa fetichizar a questão do cânone. Afinal, poderíamos ter um cânone contendo apenas escritores negros, de classe trabalhadora e mulheres, e ainda assim tratá-los de forma extremamente conservadora.

*Você se mudou para a Irlanda logo depois de ocupar a cadeira...*

Mudei-me para Dublin em 1993, quase no momento em que o tigre celta começou a rugir, portanto eu estava chegando a uma Irlanda bem diferente daquela que conheci quando jovem. Por um lado, ela estava se tornando uma nação cada vez mais confiante e sofisticada; e por outro lado, de forma relacionada, ela era uma nação com uma enorme crise de identidade. O conflito entre a tradição e a modernidade é naturalmente um terrível clichê, mas a Irlanda daquela época parecia estar presa bem no meio dele. Ela era uma sociedade na qual, ao contrário da Grã-Bretanha, a história estava mudando de forma tangível sob nossos pés. O país tinha se tornado rico pela primeira vez na história e um novo sistema estava surgindo, mas havia graves conflitos de valores e opiniões. O que acontece quando você se torna pós-moderno sem ter sido primeiro completamente moderno? Então, intelectualmente, o lugar era tenso, mas estimulante. Em termos da vida cotidiana, eu o achei descontraído e amigável – já fui acusado de agir de acordo com o clichê do irlandês indolente nesse sentido, mas por outro lado eu sou defensor dos estereótipos por razões materialistas. Mesmo com a crescente agitação de ter uma economia altamente hipotecada junto aos Estados Unidos, ainda assim a vida irlandesa tinha uma qualidade mais relaxada e amigável do que a vida inglesa.

*Essa mudança refletiu sua frustração com Oxford?*

Creio que estava farto de Oxford. Esta não era a minha intenção, mas acho que minha mudança pode ter acabado sendo um tapa na cara de Oxford – mesmo que Oxford estivesse acostumada com meus tapas na cara. Tão logo eles me convidaram para entrar, me retirei fisicamente para o outro lado do mar. Acho que um ou dois deles ficaram aborrecidos com isso. A cadeira em Oxford foi vista por alguns como um começo esperançoso, mas para mim foi de certo modo o fim. Eu sentia que tinha batalhado por muito tempo, que o Oxford English Limited tinha batalhado muito tempo, e que nós não tínhamos chegado tão longe. A mudança física para Dublin provavelmente refletiu uma crescente distância intelectual de Oxford. Eu já conhecia Dublin mais ou menos bem e sentia-me bastante em casa. Também tinha pelo menos o mesmo número de amigos na Irlanda do que na Inglaterra, e certamente mais do que tinha em Oxford, que eu sempre senti ser um lugar muito inamistoso. Eu apreciava o clima de cidade pequena de Dublin, a rede social de escritores e artistas. Eu participei da vida cultural da cidade intensamente – palestras, lançamentos de livros, escrevendo para a imprensa irlandesa e assim por diante. Também apareci regularmente em um programa de televisão sobre livros.

*Sua próxima publicação importante – o primeiro de três livros nos quais você dá atenção contínua à literatura irlandesa – foi* Heathcliff and the Great Hunger *[Heathcliff e a Grande Fome] [1995]. Na introdução de* Ideologia da Estética*, você disse que havia concebido aquele livro originalmente como "uma espécie de texto duplo, no qual uma explicação da teoria da estética europeia seria apresentada ponto a ponto com reflexões sobre a cultura literária da Irlanda". Esse material então formou a base de* Heathcliff and the Great Hunger; *mas, presumidamente, a mudança para a Irlanda influenciou de forma significativa a composição do livro...*

Sim, meu trabalho sobre a Irlanda realmente surgiu a partir daquele contexto. Eu embarquei em um curso autodidata intensivo sobre a história e a cultura irlandesa – para o desalento de alguns dos meus antagonistas políticos irlandeses, que até aquele momento se consolavam com o fato de que eu pelo menos não tinha entrado no campo dos Estudos Irlandeses, limitando-me a fazer alguns ataques à distância. O livro gerou muita discussão, em parte porque havia tão pouco sendo escrito sobre a Irlanda sob o ponto de vista marxista ou mesmo da extrema-esquerda. Havia coisas pós-coloniais, e coisas feministas, mas muito pouca coisa marxista. Ele foi um avanço para mim porque, após algumas incursões hesitantes na esfera irlandesa por meio da forma ficcional, eu afinal coloquei minhas cartas acadêmicas na mesa. Obviamente, todo trabalho aparentemente desinteressado que aborda a Irlanda de forma histórica ou cultural encontra-se emaranhado em um pano de fundo bastante controverso. Na verdade, seria interessante ver como a trajetória da historiografia contemporânea irlandesa foi definida em parte pelo IRA – isto é, em oposição ao IRA –, e com a resultante reescrita da história nacionalista. Eu estava atento ao fato de estar interferindo nisso, mas como semiestrangeiro e cidadão inglês. Eu não fui visto de maneira alguma como um imperialista invasor, mas como um romântico e sentimentalista em potencial. Lutei para evitar esse estereótipo, mas ele se tornou uma maneira conveniente de denegrir meu trabalho por parte dos críticos irlandeses. O estrangeiro na Irlanda é assolado pelo clássico dilema: se simpatizar com eles, você está sendo romântico; se não simpatizar, você está sendo colonialista.

*Você estava tentando construir uma genealogia alternativa para a literatura modernista irlandesa?*

Até certo ponto, sim. Eu tinha consciência de estar construindo uma narrativa histórica diferente, e não apenas uma narrativa literária diferente, como no capítulo em *Heathcliff* sobre o anglo-irlandês. Eu estava escrevendo na direção oposta de certo discurso revisionista emoliente que removia os conflitos e as catástrofes da história irlandesa. Esse discurso foi escrito muito a partir dos interesses da classe média irlandesa, então parte da tarefa – que não se resumia de maneira nenhuma a mim – era revelar que, por trás da sua fachada historiográfica desinteressada, havia um projeto inteiramente ideológico. O livro é bastante aberto, e eu gostei do fato de não ter me concentrado em um tópico específico, que pude passar de Burke para o domínio protestante e então para a fome.

*Heathcliff and the Great Hunger utiliza estratégias que são em certo sentido derivadas da sua ficção, como o exercício de raciocínio que você conduz no primeiro capítulo de mesmo nome. Você argumenta que "Heathcliff é um fragmento da fome" para demonstrar que o romance de Emily Brontë é profundamente – mesmo que de forma cifrada – imbricado na política cultural irlandesa que ela herdou de seu pai Patrick. Em uma nota de rodapé, você faz uma provocação jocosa aos historiógrafos: "Eu já indiquei que Heathcliff pode naturalmente não ser irlandês, e que mesmo se ele fosse, a cronologia estaria errada em relação à Grande Fome. Mas neste ensaio Heathcliff é irlandês e a cronologia não está errada".*

Um historiador revisionista proeminente da Irlanda descreveu esse capítulo como desastroso, precisamente porque o pobre sujeito não sabia o que estava se passando. Não tenho certeza se eu sabia, mas havia com certeza uma interação entre história e ficção. Eu fui capaz de explorar o fato de não ser um historiador acadêmico, e de nem mesmo fazer parte dos estudos irlandeses oficialmente. Assim, não precisei seguir os protocolos.

*Há uma discussão prolongada sobre Edmund Burke nesse livro e em* Crazy John and the Bishop *[John Maluco e o Bispo] [1998].*

Tenho muito interesse em vários aspectos de Burke. Tenho interesse em toda a sua teoria sobre a nossa ambivalência em relação à lei e em seu pensamento sobre a autoridade política. Também tenho interesse na relação entre Burke, o pensador político, e Burke, o esteta. Tenho a impressão de que Burke está em momento inicial em que o estético significa mais do que apenas arte, tendo mais a ver com a sensação e a percepção, como argumentei em *A ideologia da estética*. Como disse, o estético nasce como um discurso do corpo, e a estética é uma tentativa de entender o mundo em termos da nossa localização física e corporal. É uma espécie prematura de fenomenologia. Burke é fascinado por esse projeto: por exemplo, o que acontece se você ouve um certo som ou sente uma certa textura? Indiretamente, isso é relevante a Burke, o teórico político, porque ele tem uma noção muito desenvolvida dos perigos do abstrato, do racionalismo político. É possível traçar uma linha partindo do seu interesse no que acontece quando alguém toca seu ombro, de uma maneira muito fenomenológica, até a sua insistência pelo vivido e o tangível, como contra os horrores da Revolução Francesa. Algumas pessoas alegam que há uma certa tendência gaélica de preocupação com o concreto e o particularizado.

O conservadorismo de Burke aparece em relação à França; mas sua preocupação com o corpo age como uma crítica radical em termos da Companhia das Índias Orientais, onde seus grandes discursos ao parlamento lidam, entre outras coisas, com os horrores físicos do domínio britânico. Suas próprias experiências com o colonialismo na Irlanda fazem com que ele se identifique com o sofrimento colonial. É claro, na verdade, Burke defende uma forma benigna de colonialismo. Todo o seu pensamento político está relacionado à hegemonia. Ele quer uma forma hegemônica de domínio colonial, uma forma na qual as pessoas amam as leis, então há limitações políticas severas. Mas ele é um crítico cáustico da dominação, e defende bravamente o movimento pela independência americana em detrimento da sua própria reputação política. Naturalmente, a maioria dessas coisas foi suprimida da imagem de Burke, o conservador; e eu considero importante restituir o outro Burke, o mais ousado. Quase no fim, ele chegou tão perto de apoiar os Irlandeses Unidos quanto podia decentemente fazer. Nada mal para um membro da Câmara dos Comuns – apesar de Sheridan, outro membro, ter ido ainda mais longe.

*Você havia concebido os três livros sobre a Irlanda como uma trilogia? Como é que o segundo e o terceiro livro sobre a história da cultura irlandesa,* Crazy John and the Bishop *[John Maluco e o bispo] e* Scholars and Rebels *[Acadêmicos e Rebeldes] [1999], estão relacionados com o primeiro?*

Não acho que "trilogia" seja um termo que usei. Certamente não concebi o projeto inteiro dessa maneira. Mas tendo colocado minhas cartas na mesa em *Heathcliff and the Great Hunger*, eu continuei a explorar alguns caminhos negligenciados. Eu tinha a sensação de que os estudos irlandeses estavam sendo cada vez mais limitados a um cânone bastante restrito. Todos trabalhavam com Beckett, Joyce e Yeats, ao passo que existiam inúmeros tipos de

A TAREFA DO CRÍTICO    271

contribuintes fascinantes. *Crazy John and the Bishop* não vendeu muito bem em parte por esse motivo. Ele é um livro que trata de figuras irlandesas bastante tangenciais, que são desconhecidas da maioria das pessoas, como William Dunkin e Frederick Ryan. O mesmo provavelmente aconteceu com *Scholars and Rebels*.

*Foi atribuído a você esse tipo de disciplina acadêmica, que você demonstrou em* Crazy John and the Bishop?

Não muito. Por algum motivo, senti que o livro deixou o momento passar. Publiquei-o com a Cork University porque queria que ele fosse parte da série da Field Day – essa foi uma escolha política –, mas a Cork estava passando por dificuldades na época, e isso não ajudou a situação. Mas eu também havia mergulhado nos recônditos ocultos da história irlandesa, portanto aquele era um estudo muito especializado. Algumas pessoas dos estudos irlandeses o leram, mas creio que poucas outras o fizeram.

Scholars and Rebels*, que é um volume mais fino e de mais fácil leitura, estabelece um diálogo interessante com Gramsci e a teoria do intelectual. Assim, o livro parece ter laços mais próximos com um arcabouço teórico específico.*

Eu havia enxergado uma maneira de esclarecer o tópico geral da elite intelectual, a elite intelectual tradicional e orgânica, e também o conceito do intelectual de estado, que é bastante predominante e até mesmo fundamental na Irlanda do século XIX. Em certo sentido, a situação irlandesa esclarecia a definição gramsciana de elite intelectual de forma bastante nítida, bastante clássica. Ela também permitiu que eu falasse sobre algumas figuras irlandesas menores e negligenciadas que me interessavam – cientistas, economistas, médicos, antiquários e assim por diante, além de figuras políticas. Eu também investiguei a cultura do domínio anglo-irlandês mais detalhadamente, uma investigação que comecei no livro de *Heathcliff*.

*No ano em que* Scholars and Rebels *foi lançado, você também publicou* The Truth About the Irish *[A verdade sobre os irlandeses] [1999]. De*

272   TERRY EAGLETON E MATTHEW BEAUMONT

*forma ligeiramente surpreendente, ele é um "A a Z" da cultura irlandesa contemporânea, ilustrado com cartuns, no qual você detona vários clichês culturais e raciais de forma divertida.*

Em retrospecto, esse parece ter sido um livro extraordinariamente precipitado para se publicar, porque eu não estava na Irlanda há muito tempo. Eu era aceito no país de diversas formas, mas eu ainda era até certo ponto um estrangeiro ou semiestrangeiro, então escrever sobre os irlandeses tão impensadamente talvez não tenha sido a coisa mais diplomática a se fazer. Fui ingênuo o bastante para ficar surpreso com as inevitáveis críticas hostis por parte da imprensa e dos irlandeses em geral. Lembro-me de pensar na época que, logo agora que os irlandeses estavam orgulhosos por terem emergido como tigre celta, como uma nação madura e desenvolvida, apropriadamente cosmopolita e liberal, eles se encolheram diante do primeiro sinal de crítica de um *sassenach*.[*] Ou pelo menos alguns deles se encolheram. Então acho que o livro foi um interessante teste para o liberalismo recém-descoberto da nação. Ele tinha como público-alvo o que pode ser chamado de indústria do turismo inteligente, e ainda vende de forma modesta. Muitos alemães e outros europeus que vêm à Irlanda gostaram dele. Assim, se por um lado alguns irlandeses ficaram um pouco ressentidos com o livro, por outro os turistas da Europa continental compensaram o problema.

## Leituras

ARMSTRONG, I. The Aesthetic and the Polis: Marxist Deconstruction. In: *The Radical Aesthetic*. Oxford: Blackwell, 2000, p.27-44.

BERNSTEIN, J. M. *The Fate of Art*: Aesthetic Alienation from Kant to Derrida and Adorno. Cambridge: Polity, 1992.

BOURDIEU, P.; EAGLETON, T. Doxa and Common Life: An Interview. *New Left Review*, 1:191, p.11-21, 1992.

---

[*] Termo ofensivo escocês usado em referência aos ingleses. (N.T.)

A TAREFA DO CRÍTICO    273

BOWIE, A. *Aesthetics and Subjectivity*: From Kant to Nietzsche. Manchester: Manchester University Press, 1990.

DEBORD, G. *The Society of the Spectacle*. Trad. Donald Nicholson-Smith. Nova York: Zone, 1994.

EAGLETON, T. *Criticism and Ideology*: A Study in Marxist Literary Theory. London: New Left Books, 1976.

EAGLETON, T. *The Function of Criticism*: From the *Spectator* to Post--Structuralism. London: Verso, 1984.

EAGLETON, T. (ed.) *Raymond Williams*: Critical Perspectives. Oxford: Polity Press, 1989.

EAGLETON, T. *The Ideology of the Aesthetic*. Oxford: Blackwell, 1990.

EAGLETON, T. *Significance of Theory*. Oxford: Blackwell, 1990.

EAGLETON, T. Terry Eagleton on the Concept of the Aesthetic (com Maryse Souchard). *Recherches Sémiotiques/Semiotic Inquiry*, 10:1-3, p.163-74, 1990.

EAGLETON, T. *Ideology*: An Introduction. London: Verso, 1991.

EAGLETON, T. Aesthetics and Politics in Edmund Burke. In: *Irish Literature and Culture*. Gerrards Cross: Smythe, 1992, p.25-34.

EAGLETON, T. *The Crisis of Contemporary Culture*: An Inaugural Lecture Delivered before the University of Oxford on 27 November 1992. Oxford: Clarendon Press, 1993.

EAGLETON, T. *Heathcliff and the Great Hunger*: Studies in Irish Culture. London: Verso, 1995.

EAGLETON, T. *Crazy John and the Bishop and Other Essays on Irish Culture*. Cork: Cork University Press/Field Day, 1998.

EAGLETON, T. *Scholars and Rebels in Nineteenth-Century Ireland*. Oxford: Blackwell, 1999.

EAGLETON, T. *The Truth about the Irish*. Dublin: New Island, 1999.

EAGLETON, T. Interview with Terry Eagleton. In: *Lukács after Communism*: Interviews with Contemporary Intellectuals. Durham: Duke University Press, 1997, p.127-50.

EAGLETON, T. A Grim Parody of the Humanities: An Interview with Terry Eagleton (com John Higgins). *Pretexts. Literary and Cultural Studies*, 9:2, p.215-23, 2000.

EAGLETON, T. Utopias. In: *Figures of Dissent*: Critical Essays on Fish, Spivak, Žižek and Others London: Verso, 2003, p.24-36.

EAGLETON, T. Peter Brooks on Bodies. In: *Figures of Dissent*: Critical Essays on Fish, Spivak, Žižek and Others London: Verso, 2003, p.129-35.

EAGLETON, T. Making a Break. *London Review of Books*, p.25-6, 9 mar. 2006.

EAGLETON, T. *Ideology*: An Introduction. London: Verso, 2007.

EAGLETON, T. *Reason, Faith, and Revolution*: Reflections on the God Debate. New Haven: Yale University Press, 2009.

GRIFFITHS, E. Dialect without Detail. *Times Literary Supplement*, p.6-7, 28 jun. 1991.

KERMODE, F. Who Can Blame Him? *London Review of Books*, p.13-4, 5 abr. 1990.

# CAPÍTULO NOVE
## Cultura/Civilização

*Eu gostaria de voltar por um momento ao ano após o lançamento de* Heathcliff and the Great Hunger, *quando você publicou* As ilusões do pós-modernismo *[The Illusions of Postmodernism] [1996]. Essa foi a primeira vez que você lidou com pós-modernismo de forma tão extensa, apesar de já ter criticado o fenômeno em diversos lugares desde meados dos anos 1980, quando publicou uma importante resposta a* Postmodernism, or The Cultural Logic of Late Capitalism *[Pós-modernismo: a lógica cultural do capitalismo tardio] [1984] de Jameson. O pós-modernismo exerceu uma influência quase magnética sobre estudantes e acadêmicos das ciências humanas ao longo das décadas de 1980 e 1990.*

Essa influência foi tão duradoura e generalizada que uma explicação como a de Jameson, em termos das condições materiais e políticas vigentes, deve estar correta quase intuitivamente, sejam quais forem as diferenças de opinião que possamos ter com ele aqui ou ali. O pós-modernismo não teria tido a tenacidade apresentada a não ser que ele fosse parte de um design mais amplo. O pós-modernismo realmente parecia reagir muito pronta e espontaneamente a um conjunto de experiências vividas do capitalismo avançado. Esse vínculo foi o que assegurou seu poder, e – não importa o quanto argumentássemos com ele teoricamente – ele estava lá, na forma de todo um ambiente cultural, que não podia ser dissipado em termos intelec-

TERRY EAGLETON E MATTHEW BEAUMONT

tuais. Temos que observar, como fez David Harvey em *The Condition of Postmodernity* [A condição pós-moderna] [1990], a infraestrutura material, a maneira como as próprias teorias pós-modernistas simulam mudanças importantes no capitalismo moderno e consequentemente na subjetividade – na noção que as pessoas têm, ou deixam de ter, de si mesmas, e nos problemas de orientação e coordenação do eu dentro desse espaço. Ao mesmo tempo – e meu livro não deu a ênfase necessária a isso – há elementos no pós-modernismo que podem ser usados contra o poder do capitalismo corporativo. E se adicionarmos a isso todos os motivos práticos e teóricos pelos quais o marxismo parece estar descreditado, não é difícil ver o motivo que leva algumas pessoas a quererem se arrastar para essas posições pós-modernistas, em especial porque elas parecem manter um certo tipo de radicalismo aquecido, do mesmo modo que o pós-estruturalismo parecia ter prometido um radicalismo que era muitas vezes de dificílima identificação em termos políticos concretos. Porém, o pós-modernismo e o pós-estruturalismo não são iguais: este é um conjunto de teorias, e aquele é uma formação cultural.

*Mesmo assim,* The Illusions of Postmodernism *foi criticado por combinar os dois. Você acha que esse é um ponto fraco do livro?*

Não completamente. Ele foi escrito em um alto nível de generalidade, e essa foi outra fonte de críticas: não citei nomes. Por outro lado, ele não era um livro concebido para citar nomes. Eu não queria tratar de autores específicos, como Baudrillard e Lyotard, em ordem serial. Eu queria capturar o clima intelectual geral. E acho que o livro alcançou esse objetivo de forma satisfatória, mas ele acabou ficando vulnerável a certas críticas por isso. Ao discutir o livro, eu frequentemente tenho que dizer, "Bem, é que claro que existem tendências mais radicais do pós-modernismo que eu não abordo..." É uma polêmica de verdade, e acho que vi o livro como uma intervenção política em vez de um texto teórico.

*O pós-modernismo, tanto como fenômeno político quanto teórico, foi suplantado? Podemos nos referir com segurança ao seu declínio, ou até mesmo ao seu fim?*

Acho que talvez estejamos no processo de transição para uma vida após o pós-modernismo, com uma nova metanarrativa caracterizada pelo conflito entre o capitalismo e o *Alcorão* (ou uma leitura específica dele). Mas temos que nos lembrar de que o pós-modernismo nunca chegou a ocupar o espaço todo. Não é como se ele fosse uma condição inteiriça que nos deixa apenas duas opções: permanecer aqui ou ir além dele.

*Você editou duas antologias extremamente úteis, que foram publicadas no início e em meados dos anos 1990. A primeira é uma coletânea de documentos sobre a ideologia, que em certo sentido complementa o livro da Verso, apesar de a editora ter sido a Longman. A segunda é uma seleção de ensaios relacionados à teoria literária e cultural marxista, desde o próprio Marx até críticos marxistas contemporâneos do pós-modernismo, que você e Drew Milne editaram para a Blackwell. Você tinha consciência de estar formando um espécie de contracânone de textos teóricos para contestar o domínio do pós-modernismo naquela época?*

Sim, até certo ponto. Eu vi o valor pedagógico de disponibilizar os principais textos ideológicos. O editor da série, Stan Smith, levantou a ideia da coleção sobre a ideologia e eu agarrei a oportunidade instantaneamente. Valia a pena fazer; mas era uma tarefa desagradável, não era interessante. Quanto ao projeto com Drew, havia esperanças de que ele pudesse colocar a crítica marxista mais uma vez no mapa. Naturalmente, o marxismo não tinha desaparecido por completo, então havia uma sensação de que ainda existia uma base para ser expandida. Também havia uma sensação de que os discursos mais populares não estavam apresentando resultados sobre as grandes questões que ainda ocupavam as pessoas; portanto existia uma abertura ali.

*Você então produziu um excelente livrinho introdutório* Marx and Freedom *[Marx e a liberdade] [1997]. Sua ênfase no conteúdo "antropológico" dos primeiros pensamentos de Marx, e no conceito de ser genérico, foi particularmente útil.*

Certamente existia um discurso que havia sido enterrado há muito tempo, mesmo para os próprios marxistas. Eu tinha sido muito influenciado pelo livro de Norman Geras *Marx and Human Nature* [Marx e a natureza humana] [1983]. Sempre tinha pensado que Norman estava na trilha certa para algo importante. E antes de escrever o livro sobre Marx, por muito tempo nas minhas aulas e discussões, eu tentei propor essas ideias, algumas vezes indo contra outras ortodoxias marxistas. Ele é um dos meus livros mais esquecidos, então estou contente que ele foi útil.

*Você caracteriza a ética de Marx nesse livro em termos do estético, já que o estético "é tradicionalmente uma forma de prática humana que não requer justificativas utilitárias, mas que supre seus próprios objetivos, bases e justificativas". Você retornou a esse argumento mais recentemente...*

Como já mencionei, esse interesse no que poderíamos chamar de "o autotélico" corre como um fio por toda a minha obra, incorporando tudo, desde Deus e Oscar Wilde até arte e ética; e agora, por incrível que pareça, de todos os conceitos não marxistas, o mal, que é similarmente não utilitário, feito como fim em si mesmo. E sobre o qual eu escrevi um livro.

*A ideia de cultura inaugurou a série "Manifestos" da Blackwell em 2000. Lá você demonstra, entre outras coisas, a relação dialética entre a natureza e a cultura; e argumenta, em oposição ao pós-modernismo, que "a própria palavra 'cultura' contém uma tensão entre fazer e ser feito, racionalidade e espontaneidade, que censura o intelecto desencarnado do Iluminismo assim como afronta o reducionismo cultural de grande parte do pensamento contemporâneo". O que inspirou essa intervenção na questão do "culturalismo"?*

O livro foi um pedido direto da Blackwell. Ela havia idealizado essa série e me incumbiu de escrever um volume sobre a cultura. Esse livro foi, porém, parte da minha tentativa em andamento de compreender o esquivo conceito de cultura, que as pessoas sempre superestimam ou subestimam. Eu queria colocá-lo em foco em uma época que, devido à política de identidade, ao pós-modernismo e à mídia em geral, ele era obviamente de vital importância. Eu estava ficando cada vez mais inquieto com o crescente contexto culturalista do pensamento de esquerda. Assim, parte do ímpeto por trás da composição de *A ideia de cultura* foi o sentimento de que todo o campo da cultura estava tendo sua substância gradualmente drenada. Eu achava que os estudos culturais – não todos os estudos culturais, mas os predominantes nos Estados Unidos – eram em grande parte responsáveis por isso. Era como se o ambiente teórico se tornasse cada vez mais pobre toda vez que eu visitava os Estados Unidos. A teoria não estava alimentando o estudo e a análise da cultura, e alguns argumentos importantes não estavam somente fora de moda – eles também eram desconhecidos. Na época eu pensei que, após um período intenso de acumulação de capital teórico sobre a ideia de cultura e política – e aí, naturalmente, Raymond Williams era meu ponto de referência original – existia um perigo de isso tudo ser pedido. E isso não estava ocorrendo simplesmente por causa de uma tendência acadêmica; o motivo era que o próprio capitalismo estava em transição. Com a crescente globalização do capitalismo – o domínio cada vez mais forte desse sistema e o aparente fracasso ou colapso de vários antagonistas – parecia haver um enorme deslocamento de atenção para o conceito de cultura. Eu achava que devíamos dar um tapa na mão da ideia de cultura, por assim dizer, e colocá-la em seu devido lugar. Foi assim que concluí o livro. Desde então, inventei um novo slogan: "As pessoas matam pela cultura". Desse modo, o problema com a cultura é que ela é imensamente importante em um sentido, mas em outro sentido sua importância não é de forma alguma primária. É por isso que é tão difícil dar o foco e a proporção adequada a ela. Nesse sentido, ela é como a sexualidade.

*O capítulo final, "Rumo a uma cultura comum", torna a dívida intelectual com Williams ainda mais explícita. O que você estava tentando fazer com o legado dele em* A ideia de cultura?

Não era apenas sobre seu legado. Quando Williams leu meu antigo ensaio, "The Idea of a Common Culture" [A ideia de uma cultura comum] [1968] – e eu fiquei muito contente com isto –, ele me disse que o ensaio havia lhe esclarecido algo na ideia de cultura comum. Acho que ele quis dizer da distinção entre a cultura comumente compartilhada e a cultura comumente criada. Essa é na prática a distinção que ele vinha defendendo entre, digamos, Eliot e ele próprio, mas ele não havia formulado a questão nesses termos para si mesmo. Acho que tudo o que meu ensaio fez foi descobrir essa crucial distinção. Ele havia enfatizado que a expressão "cultura comum" podia ser desconcertante porque ela era aberta a significados diferentes – alguns dos quais eram inteiramente aceitáveis para a direita cultural, para a tradição da *Kulturkritik*, e alguns dos quais não eram. Na tradição da *Kulturkritik*, como Eliot ou Leavis, a ideia de uma cultura comum podia ser bastante compatível com a estratificação, a hierarquia, a subordinação. Williams estava tentando ir além disso para enfatizar o processo da criação comum, que por acaso envolve uma diversidade muito maior. Acho que meu ensaio ajudou-o a fazer essa formulação, e eu fiquei contente com isso.

*Você acha que essa noção de fazer ou produzir uma cultura comum tornou-se particularmente útil novamente, em face dos conceitos de cultura que possuem uma fixação pelo consumo?*

Acho que sim. Também havia existido uma tentativa de radicalizar a ideia de consumo na forma da tendência *New Times* dos anos 1990, que sempre me deixou um pouco cético. O ponto interessante da ênfase de Williams na produção é que ele não era, de modo algum, um esquerdista fetichista em relação à produção. Em vez disso, o conceito de produção era, para ele assim como Marx, extraordinariamente amplo. Repetidas vezes, em toda a sua obra, ele usa expressões como "produção ativa" para tirar a ênfase da ideia de uma recepção passiva de uma cultura primariamente definida em outro lugar. Acho que ele também insistiu nisso em *Culture and Society* [Cultura e sociedade] [1958]. A cultura não é decidida e só então disseminada; ela não preexiste sua criação ativa e coletiva.

*E ele insistiu nesse ponto em oposição à noção de tradição de Eliot, por exemplo?*

A TAREFA DO CRÍTICO    281

Sim, mas acho que Williams defende a tese de que a tradição é um conceito vital, mesmo que tenhamos permitido que ele fosse apropriado. A certa altura na conclusão de *Cultura e sociedade*, ele fala da tradição como sendo uma seleção ou resseleção dos nossos antepassados, que por um lado dá ênfase na criação ativa, mas que por outro lado é quase uma tradução da ideia de tradição de Eliot.

*O que você defende em* A ideia de cultura *é efetivamente uma política da cultura, em oposição a uma política cultural. Você poderia esclarecer essa distinção?*

Fiquei muito grato em ver a convergência entre minha linha de pensamento e o pensamento de Francis Mulhern. Ele é um dos pensadores culturais britânicos que mais respeito, porque seu nível de rigor e reflexão é consideravelmente mais alto do que o de muitas pessoas do campo, em parte por causa das suas origens marxistas, e em parte porque ele não chegou a esse ponto apenas por meio da mídia contemporânea. Mulhern também tem tentado colocar uma noção um tanto inflada de cultura de volta em seu lugar – a acultura como um descolamento do político.

*Eu ia comentar sobre a coincidência de* Culture/Metaculture *de Mulhern e* A ideia de cultura*, que foram ambos publicados em 2000. Seu livro, assim como o de Mulhern, examina e ao mesmo tempo exemplifica ou coloca em prática o que ele chama de "discurso metacultural", um discurso "em que a cultura trata da sua própria generalidade e condições de existência".*

Foi interessante que os dois livros coincidiram dessa maneira. Como eu disse antes, era hora de enfocar novamente essa palavra-chave ou frase de efeito, que tinha sido um campo de batalha político para a geração de Williams, mas que agora estava correndo o risco de se tornar substituta disso. Para reverter a distinção que você mencionou, havia ocorrido uma transição de uma política da cultura para uma política cultural. De modo curioso, o conceito em si não só havia sobrevivido à sua história, mas também se tornado ainda mais insistente, ainda mais parte da agitação do discurso intelectual; mas ao mesmo tempo ele tinha se tornado cada vez mais

## 282 TERRY EAGLETON E MATTHEW BEAUMONT

despolitizado. Era a relação entre esses dois momentos que interessava tanto a mim quanto a Mulhern.

*Como é que o CCCS\* em Birmingham e o trabalho de Stuart Hall em geral encaixam-se nessa narrativa?*

Escrevi um artigo na *London Review of Books* em 1996, na qual examinei uma coletânea de ensaios sobre Stuart Hall. Essa foi uma tentativa breve e inadequada de oferecer uma visão geral da sua obra – seria necessário dizer muito mais – mas quanto mais eu penso no papel seminal de Stuart Hall naquele período, mais eu o vejo definido, repetidas vezes e de diferentes formas, por um relacionamento ambíguo com o marxismo. Não estou dizendo que a contribuição de Stuart se resume a isso, mas se observarmos vários momentos de contato ou confronto ou mutação teórica, acho que todos eles envolvem um relacionamento ambíguo entre o marxismo e algo mais – seja ele a cultura, o populismo, a etnia, o feminismo, a democracia, o pós-estruturalismo ou os estudos culturais. Imagino que isso possa ser remontado às suas experiências como imigrante pós-colonial. Isto é, desde o início, o marxismo foi profundamente relevante a Stuart Hall e, simultaneamente, nunca foi relevante o suficiente. Havia facetas da sua experiência que o marxismo simplesmente não conseguia capturar. Acho que se você for se distanciar do marxismo, como Hall acabou fazendo, esse é um motivo muito mais respeitável para fazê-lo do que achar que a moda passou e que é hora de abandoná-la.

*Você acredita que até um livro como o de Jameson sobre a "lógica cultural" do pós-modernismo cedeu demais para a despolitização da cultura?*

Do nosso ponto de vista europeu, penso que podemos ver o quanto as preocupações dos americanos nessa área – incluindo Jameson, o mais eminente e inteligente deles – foram moldadas pela despoliti-

---

\* Centre for Contemporary Cultural Studies, ou Centro de Estudos Culturais Contemporâneos. (N.T.)

zação, pela falta de disponibilidade da memória socialista, quem dirá das atividades socialistas contemporâneas ativas. Isso é mais uma crítica do sistema do que deles. Ocorreu o mesmo com o feminismo nos anos 1970 e 1980, no sentido de que aqueles que vinham da Europa presumiam que o feminismo fazia parte de um contexto socialista ou radical, ao passo que isso não podia ser tomado como verdade nos Estados Unidos. Esse era um grande problema de comunicação. Além disso, a teoria do pós-modernismo de Jameson é primariamente econômica em vez de política. É provável que isso seja outro reflexo do ambiente social americano – da insistência na mercadoria, na mídia e assim por diante, juntamente com os problemas da esquerda política. Mas, ao mesmo tempo, essas condições desfavoráveis permitem que ele produza uma visão da cultura pós-moderna intensamente totalizadora, distanciadora e fundamentada materialmente, que – junto com o trabalho de David Harvey sobre o assunto – faz com que muitas das outras discussões pareçam simplistas e superficiais. Jameson e Harvey recusam-se a situar o fenômeno apenas no nível da cultura ou das ideias.

A ideia de cultura *é o primeiro dos seus livros a registrar os efeitos da sua leitura de Slavoj Žižek, que você descreve em certo momento como "um dos nossos principais técnicos da alteridade". Você se recorda de lê-lo pela primeira vez?*

Žižek detestaria essa expressão, e muito justamente – eu a usei mesmo? Isso porque ela faz com que ele pareça um discípulo de Levinas, que é a última coisa no mundo que ele seria. Talvez minha compreensão naquele momento fosse limitada. Lembro-me de ler *O sublime objeto da ideologia* [1989] com muita empolgação, e tenho seguido sua carreira de perto desde então. Fiquei intrigado pela maneira como ele parecia se mover, um tanto anacronicamente, do pós-marxismo para o marxismo. Uma das chaves para entendermos o pensamento de Žižek é a incorreção – incorreção em um sentido mais profundo do que o de ser simplesmente inadequado, de ser parte da turma inadequada. Assim como Wilde, Žižek adora virar ao avesso as ideias socialmente aceitas, virar as ortodoxias de ponta-cabeça. Em *Trouble with Strangers* [2008], eu discuto sua relação de nação pequena com a Europa, que entendo muito bem através da Irlanda. Acabei de chegar às pressas de uma conferência organizada por Žižek, na qual eu falei entre outras coisas sobre Oscar Wilde, com sua relação extraordinariamente ambígua com a cultura metropolitana. Acho que também há muito disso em Žižek. Uma vez visitei a Eslovênia, e uma das poucas palavras que eu não ouvi foi "Žižek". Talvez essa seja a maneira como as nações pequenas reagem aos seus cidadãos que se tornam famosos. Na Irlanda, isso pode tomar a forma de: "Aquele canalha realmente foi aceito pela Faber?".

*Ocasionalmente, o discurso crítico de* A ideia de cultura *parece ser compatível estilisticamente com os livros de Žižek. Por exemplo, há uma passagem sobre o medo de fumar da classe média americana, na qual você argumenta que ele é um pavor tanto de extraterrestres quanto de câncer de pulmão. "Como as repugnantes criaturas de* Alien*, a fumaça e o câncer são aquelas terríveis porções de alteridade que conseguem de alguma forma se insinuar no âmago do ser das pessoas." Há um sabor inconfundivelmente žižekiano nessa frase.*

Sim, há. Um dos elementos comuns nos nossos trabalhos é o humor, mas a diferença é que Žižek conta piadas e eu não. Outro elemento comum, creio eu, é uma mistura carnavalesca do alto e do baixo, ou do teórico e do cotidiano; mas no caso dele, isso é tão marcante que ele ganhou o título de "filósofo pós-moderno". Curiosamente, uma das suas repostas a *Trouble with Strangers*, do qual ele gostou, foi a de enxergá-lo como uma crítica anglo-saxã de um certo elitismo filosófico francês. Ele simpatizou com minha crítica dessa corrente filosófica nos capítulos sobre o Real, mas não concordou com eles completamente. Nesse livro, eu falo sobre o sentimentalismo ou rudimentarismo de certos teóricos britânicos e irlandeses. Um motivo não respeitável para isso pode ser a pressão do empirismo, mas ele também tem um efeito terapêutico. Em um sentido curioso, Žižek faz isso em seu trabalho, mas ele não o defende realmente na teoria. Sua teoria ética é muito mais elevada e elitista do que seu próprio estilo de escrita.

*No passado, Žižek elogiou a maneira como você combina a sofisticação teórica com o senso comum. O senso comum é, de maneira geral, denegrido na tradição marxista por ser o mais profundo repositório do ideológico, mas já existiram aqueles – Gramsci é uma das pessoas que vêm à mente – que tentaram resgatar o senso comum como um terreno no qual a inteligência proletária pode usar a experiência da vida cotidiana para subverter o ideológico. O senso comum pode ser resgatado?*

Existem alguns filósofos continentais esquerdistas que gostam do senso comum em moderação – como uns dois gins-tônicas – e Žižek é um deles. Mas a filosofia na Europa acumulou tanto capital cultural que há limites rígidos para sua indulgência na desmistificação do senso comum. Mesmo assim, pode-se argumentar que a maioria dos filósofos continentais mais interessantes, desde Kierkegaard, Marx e Nietzsche até Freud, Wittgenstein, Heidegger, Adorno e Derrida, são na verdade antifilósofos – pensadores que fomentam profundas desconfianças em relação a todo o empreendimento filosófico, no estado que eles o encontram em suas próprias épocas, e que de várias maneiras têm o objetivo de desconstruí-lo. Assim, isso envolve muita diminuição satírica, autoironia, releituras inflexivelmente materialistas e coisas do gênero, todas as quais são transmitidas em um estilo diferente que reflete o desejo ou compulsão de escrever o contrário. Também penso na curiosa atração de Derrida pela filosofia de Oxford. Ele gostava do humor, da descontração e da qualidade cotidiana, que seriam as últimas coisas que associaríamos a Derriba. Como digo frequentemente, a jocosidade francesa é um negócio muito solene: você precisa ter vários graus e diplomas antes de poder participar do humor francês. Então acho que pessoas como Žižek e Derrida têm um relacionamento ambivalente com essa corrente do pensamento inglês ou da sensibilidade inglesa.

Mas sim, Gramsci faz algum progresso rumo à reabilitação de um conceito que foi descartado de forma impensada demais. O conceito de bom senso em Gramsci parece dar continuidade – não necessariamente de forma consciente – a uma tradição da razão prática, do que Aristóteles chama de *phronesis*. Essa é uma forma diferente de raciocinar, uma maneira de raciocinar que é mais pró-

286    TERRY EAGLETON E MATTHEW BEAUMONT

xima da técnica material do que da abstração. E isso pode ser encontrado em pensadores tão divergentes quanto Marx e Heidegger.

*Uma das preocupações de* A ideia de cultura *é a continuidade da história humana, suas raízes no ser genérico. Você cita aquela bela passagem de* On Materialism *[Sobre o Materialismo] [1970 (1975)] de Sebastiano Timpanaro sobre as dimensões trans-históricas dos seres humanos. Aqui você está refutando a ênfase caracteristicamente pós-moderna na descontinuidade, na dissecação da experiência humana, que você identifica como uma forma de historicismo de esquerda.*

Ou talvez conjunturalismo. Isso não é tão extremo agora quanto era vinte anos atrás, quando tudo relacionado ao histórico parecia revolver em torno de uma única conjuntura ou outra. O novo historicismo é um exemplo disso: em certos significados do termo historicismo, o novo historicismo pode ser mais bem definido como um novo anti-historicismo, no sentido de que ele tem um alto nível de aversão às continuidades, metanarrativas e assim por diante. A identificação da história ou da historicização com a contextualização local fazia parte do ímpeto ideológico daquela corrente, e de fato do pós-modernismo de maneira geral. Ellen Wood criticou Quentin Skinner e outros membros da Escola de Cambridge de História que insistiram nesse tipo de historicização. Um dos seus pontos é que eles situam argumentos políticos em termos do discurso; o outro ponto é que eles sempre se referem a um contexto muito local, quase um contexto pragmático, como os argumentos no parlamento em 1689 ou algo assim. Então os argumentos políticos não sobre a historicização, mas sobre o que isso significa, o quão longe isso pode ser estendido, o quão longe isso pode ir.

Quando olho para trás, uma coisa que percebo no meu trabalho é que eu nunca fui historicista. Não digo isso apenas nos sentidos desconceituados, mas até mesmo nos mais respeitáveis, no sentido de que eu argumento de forma consciente, contra Jameson e outros, que historicizar não é necessariamente politizar ou radicalizar. O historicismo é parte da direita tanto quanto da esquerda. Pode ser que exista um universalismo católico escondido nas raízes disso. Mas também acho que a tese está correta. Eu nunca vi a ideia

A TAREFA DO CRÍTICO 287

de história com "H" maiúsculo como uma fundação, nem como aquilo que resolve uma questão conclusivamente. Que história, que tradição, que contexto histórico?

Há um sentido em que, particularmente no meu trabalho sobre a Irlanda, a continuidade histórica tem sido importante para mim. Ela tem sido importante no sentido de que os revisionistas históricos irlandeses salientam as descontinuidades de forma predominante; e apesar de eles estarem certos em desmontar os tipos mais chocantes de continuidade na Irlanda, do tipo que imagina que existe uma única luta heróica e ininterrupta contra a pérfida Grã-Bretanha desde 557 a.C., eles também tenderam a minimizar algumas afiliações históricas muito importantes para seus próprios propósitos políticos. Além disso, quando os direitistas dizem "Você não pode mudar a natureza humana", eles usam isso, entre outras coisas, como argumento contra o socialismo e muitos outros tipos de mudanças. Mas em certo sentido eu concordaria com eles. Gostaria de dizer "Sim, e isso é algo bom", porque em meio a essas continuidades existem algumas positivas, como a resistência à opressão ou o desejo por justiça. Se apagarmos todas as continuidades, estaremos apagando essas também.

*Em relação à Irlanda, o seu argumento político é em parte que existe, em um sentido ainda mais profundo, uma luta por uma Irlanda unida permeando sua história hostil?*

Há nítidas continuidades e afiliações históricas na Irlanda, desde o movimento dos Irlandeses Unidos, passando por Daniel O'Connell, a Jovem Irlanda, o movimento fundiário de Parnell e chegando a Sinn Fein. Ninguém está sugerindo que existe uma essência imutável que costura esses momentos em um só – acho que essa é uma vitória barata e caricatural que os defensores da descontinuidade às vezes alcançam, no caso da Irlanda ou em outros lugares. Mas enquanto a Irlanda estivesse sob o domínio britânico, essa seria uma questão duradoura, não importa a forma que ela tomasse historicamente. E é claro que os britânicos reclamaram que os irlandeses mudavam a questão continuamente. Esse é um bom exemplo do que eu estou dizendo: eles realmente ficavam mudando a questão, no sentido de que a questão do status colonial foi expressa de muitas maneiras diferentes – poderia ser a terra, poderia ser a revogação da União, poderia ser a Igreja, poderia ser as universidades ou os dízimos, mas ela era a mesma questão. Em uma sociedade colonial como a Irlanda, certas questões simplesmente continuam retornando, teimosamente reaparecendo e se recusando a ir embora – não é uma questão de escolha intelectual. Talvez seja por isso que Yeats, Joyce e Beckett vejam a história mais em termos cíclicos do que lineares.

*A ideia de cultura ensaia ideias sobre as relações entre a civilização e a cultura que você ampliou e elaborou recentemente, e a certa altura afirma que a desgraça do marxismo é que ele tratou a civilização como se fosse cultura. Você poderia explicar o que quis dizer com isso?*

Eu tinha a ideia de tratar a cultura antropologicamente, que é uma das reverberações que a cultura teve no século XIX; tratá-la como uma forma de vida específica e delimitada, com suas próprias leis e transformações internas. Ainda acredito, no momento em que chego para pensar no livro sobre o marxismo que estou escrevendo, que essa é uma realização do marxismo que não é suficientemente enfatizada. Pensadores como Newton e Freud descobriram algo invisível anteriormente, seja ele a gravidade ou o inconsciente. Em certo sentido, Marx faz o mesmo. O capitalismo é tão difundido e discreto que ele fica invisível como forma de vida determinável. Porém, no que diz respeito à comparação entre a cultura e a civilização, em *Reason, Faith, and Revolution* [2009], eu argumento que a oposição que está se expandindo na "guerra ao terror" não é entre a civilização e o barbarismo, mas entre a civilização e a cultura. Nós temos a civilização; eles têm a cultura. A cultura se torna um novo nome para o barbarismo.

*Voltemos à narrativa biográfica por um instante. Em 2001, você deixou Oxford e foi para a Manchester University, onde se tornou Professor John Edward Taylor de Literatura Inglesa.*

Minha intenção era a de aguentar a situação em Oxford e me mudar para Manchester após a aposentadoria, mas eu sentia cada vez mais que já havia cumprido minha pena. Um indicador específico disso foi que, se por um lado eles esperavam que eu executasse tarefas administrativas e fosse diretor sênior, por outro lado no momento em que deixei o cargo que ocupava antes da cadeira, especificamente o de professor assistente em Teoria da Literatura, eles mudaram a definição do cargo para algo mais abrangente. Achei que aquele era um sinal dos tempos. E na época eu estava envolvido em uma conversa com Manchester, e eles disseram "Bem, por que você não vem agora?" Parecia não haver nenhum motivo para não ir. Saí de Oxford sem sentir nenhuma pontada de nostalgia a mais do que teria se tivesse ido embora um dia depois de chegar – não consigo me decidir se isso é uma coisa boa ou ruim. Manchester fez uma proposta muito satisfatória em que eu apenas daria aulas, sem tarefas administrativas ou avaliativas.

*Também gostaria de levantar a questão de autobiografia neste momento. The Gatekeeper, o livro de memórias que você publicou em 2001, entrelaça relatos das suas experiências formativas com reflexões políticas e filosóficas. Que tipo de leitor você tinha em mente para esse livro? Ao contrário de muitos memorialistas contemporâneos, você não estava escrevendo para a escória que quer uma história para acalentar os seus corações, como Brecht poderia ter dito. E você problematiza e complica deliberadamente as convenções da autobiografia. Mas não há algo inerentemente comovente nesse gênero?*

Eu tinha sido notoriamente crítico das formas biográficas e autobiográficas em minha obra, e ainda defenderia essa posição. Creio que minha única defesa é que meu livro tenta ser anti ou não autobiográfico, e ele foi certamente criticado como tal. No que diz respeito ao gênero reconfortante e afável, alguns críticos, como Blake Morrison, acharam que o livro estava longe de possuir essas características de forma suficiente. Eles se sentiram privados daquilo que convencionalmente esperam encontrar no gênero. De forma um tanto obtusa, alguns críticos não perceberam que eu estava tentando fazer algo diferente com o gênero e interpretaram isso como uma deficiência. Algumas das reações mais obsequiosas vindas da direita diziam "Meu Deus, esses marxistas são mesmo seres humanos no final das contas". A minha própria humanidade foi usada como ofensa! Mas isso não durou por muito tempo. Quando critiquei Martin Amis pelos seus insultos anti-islâmicos alguns anos mais tarde, um jornal publicou um subtítulo que dizia "Onde Está o Seu Senso de Humor, Camarada?" Quer dizer, devido ao fato dos esquerdistas serem figuras austeras, com sangue frio e sem humor, eles não enxergam como é absurdamente engraçado ver homens brancos e ricos incentivando as pessoas a atormentar os pobres muçulmanos.

*O livro não tem uma epígrafe, mas suspeito que, se ele tivesse, a convicção da sua avó materna de que "o que quer tenha dito, você não deve dizer nada" poderia ter sido apropriado. Assim como outros livros de memórias,* The Gatekeeper *faz uma espécie de* striptease, *mas o leitor finalmente percebe que na realidade você não se expôs: apenas vestiu uma série de fantasias diferentes. Nesse sentido, talvez o livro seja wildeano.*

A imagem equivalente que usei em *Saint Oscar* é que descartar uma máscara apenas revela outra por baixo. Havia uma razão prática para isso quando a peça foi produzida: Stephen Rea achava que não era gordo o suficiente para interpretar Wilde, então nós o vestimos com camadas e mais camadas de fantasias e, à medida que a peça progredia, ele tirava gradualmente aqueles trajes espalhafatosos para revelar um uniforme de prisão, no qual tinha uma aparência muito magra e frágil. "Whatever you say, say nothing" é o título de um famoso poema de Seamus Heaney, do livro *North* [1975], que minha avó deve ter apreciado. Na verdade, como digo em *The Gatekeeper*, Heaney tem uma semelhança muito surpreendente com minha avó, então há até uma afinidade física entre os dois. Eles provavelmente vieram do mesmo grupo genético na Irlanda do Norte.

*Às vezes é difícil ter certeza do quão irônico o tom do seu livro é. Por um lado, você está obviamente satirizando a literatura confessional miserabilista, popularizada por pessoas como Frank McCourt em* Angela's Ashes [As cinzas de Ângela] *[1999]. Por outro lado, você enfatiza a amargura da sua infância em Salford, que descreve como uma "narrativa perpétua de sofrimento". Existe alguma tensão aí?*

A TAREFA DO CRÍTICO    291

Acho que sim. É um livro de sensibilidades ambíguas, ou, na expressão de Eliot, "de leviandade e seriedade". Acho que essa tem sido uma marca dos meus trabalhos mais recentes. Há perigos em adotar essa sensibilidade e, como as pessoas observaram no caso de *The Gatekeeper*, de parecer forçar demais para alcançar efeitos cômicos. *Saint Oscar* faz parte dessa mesma veia tragicômica. O próprio Wilde era simultaneamente hilário e infortunado, o que pode ter sido parte do que me levou a escrever sobre ele.

*Por que você decidiu não discutir seu relacionamento com Williams em* The Gatekeeper?

Não tinha me ocorrido que eu não havia feito isso. Seria interessante saber, e ainda não sei, qual foi o princípio orientador do livro – sem contar os episódios que eram interessantes, engraçados ou significativos de alguma forma. Tive que filtrar muito o conteúdo, obviamente, mas eu não estava ciente de que não havia escrito sobre Williams.

*Em contraste, o livro contém um retrato detalhado de Theodore Redpath, seu tutor na Trinity College. Curiosamente, o livro apresenta uma imagem quase arcaica da sociedade: há um capítulo chamado "Aristos" [Aristocratas], e é claro um interesse generalizado pela cultura proletária, mas praticamente nada sobre a burguesia.*

É verdade. Certamente não poderíamos descrever Redpath como burguês. Porém, a questão que isso levanta para mim não é uma questão de classe. O que me ocorre agora é que quando me formei em Cambridge – eu não digo isso no livro – Williams e Redpath estavam, em certo sentido, lutando pela minha alma. Essa é uma maneira bem dramática de expressar isso, mas Redpath queria que eu continuasse na Trinity, onde havia algum tipo de oferta de bolsa de pesquisa, ao passo que Williams queria que eu fosse para a Jesus College. Eles se encontraram pela primeira vez em consequência disso. Eu adoraria ter sido uma mosca na parede. Acho que foi um encontro cordial, e os dois pareceram se dar bem, apesar de serem grotescamente diferentes como pessoas; mas algum tipo de negociação cortês aconteceu por causa daquele jovem truculento de 21 anos de idade. Redpath sabia que eu era discípulo de Williams, e por esse motivo a decisão foi tomada nessa direção; mas acho que ele nunca chegou a aceitar isso complemente. A partir daí, Redpath tornou-se um tanto hostil comigo, e a certa altura fui informado que deveria deixar de usá-lo como examinador. Ele achava que eu tinha jogado fora a oportunidade de uma carreira literária brilhante na Trinity. Talvez ele tivesse a esperança de que me tornasse seu sucessor, herdando seu mordomo espanhol e sua governanta espanhola. Talvez eu tenha perdido meu caminho.

*Um dos conceitos religiosos que você evoca em* The Gatekeeper *e em outros livros recentes é o asceticismo. Você afirma, por exemplo, que as freiras carmelitas para as quais trabalhava como porteiro incorporavam uma recusa criptopolítica de uma sociedade capitalista centrada no consumo. Em que sentido um gesto tão remoto ou retraído como esse pode ser considerado político?*

Eu não gostaria de exagerar a natureza política da vida das freiras, mas às vezes alego de forma um pouco endiabrada que toda política radical é sobrenatural; o problema é que quando as pessoas ouvem "sobrenatural", elas pensam "lá em cima" em vez de "além daqui". As freiras também eram, bem literalmente, comunistas. Elas não possuíam nem as roupas do corpo. Em certo sentido, o gesto de desprendimento que você menciona evoca a política negativa da obra de arte modernista de acordo com Adorno. Não acho que essa seja uma relação inteiramente fantasiosa. Existe uma política da recusa que está relacionada com a ética do Real, como eu tento explicitar em *Trouble with Strangers*. Assim como Antígona ou Clarissa, essas mulheres se recusavam a entrar no mercado sexual, rejeitavam as mercadorias e aprofundavam e fortaleciam suas existências ao viverem perpetuamente sob as sombras da morte. Elas viam sua autoprivação radical como uma compensação pela nossa incapacidade de fazer o mesmo, dando suas vidas pelas dos outros. Não consigo encontrar nenhum escapismo fácil nisso. Na verdade, uma crítica mais apropriada seria que elas estavam se desprendendo de um mundo que elas mal conheciam. Isso é sacrifício? Elas eram moças irlandesas muito jovens...

Na verdade, tenho uma história sobre isso. Uma das leitoras de *The Gatekeeper* foi uma das freiras, que tem hoje 78 anos e ainda é freira carmelita, mesmo que só parcialmente reclusa. Ela escreveu uma longa carta para mim e hoje trocamos correspondências regularmente. Ela era uma noviça de dezoito anos quando eu era porteiro, e devido ao fato de ela não ter tido muita experiência de vida na época, e de não encontrar ninguém do mundo exterior além de mim e do padre, hoje ela se lembra de bem mais coisas do que eu. Eu contei a ela como a experiência havia sido assombrosa para mim. Acho que ela sabia disso mesmo naquela época. Ela disse que percebia que eu costumava recitar o latim muito rapidamente, como se eu quisesse fugir de todos aqueles olhos ocultos me fitando. Ela também tomou nota das partes do meu relato que são um pouco inexatas em termos de memória. Entre outras coisas, ela disse, "Nós nos divertíamos tanto!" Elas tinham uma hora de suposta recreação, um pouco como uma prisão, mas ela não estava falando disso. Insistiu que era muito divertido. Acho que esse é um comentário extraordinário.

*Talvez o tipo de diversão beckettiana derivada da espera por Deus...*

Tenho certeza de que esse deve ter sido o caso dela. Eu via essas pessoas como imagens de santos, mas é claro que não eram. Elas eram mulheres. E apesar de ainda saber muito pouco sobre o que ocorre no mundo – especialmente porque não podem ver televisão – ela é muito viva, astuta, engraçada e realista, o que condiz com a maioria das minhas experiências com celibatários religiosos.

*Em 2003, você publicou nada menos que três livros,* Figures of Dissent, After Theory *e* Sweet Violence. *De forma genérica, eles são bastante diferentes: respectivamente, uma coletânea de resenhas, uma polêmica político-filosófica e um estudo teórico da tragédia. Talvez eu possa começar perguntando sobre* Figures of Dissent*, que é composto em grande parte por artigos que foram publicados na* London Review of Books *[LRB] ao longo da década passada. A maioria dos artigos reproduzidos na sua pri-*

*meira coletânea desse tipo,* Against the Grain *[1986], tinha sido tirada da* New Left Review *ou de publicações acadêmicas mais especializadas. Você poderia dizer alguma coisa sobre o papel dessa espécie de "alto jornalismo" na sua obra mais recente?*

Gosto de me imaginar capaz de escrever em uma variedade de estilos, dependendo do público em questão, e valorizo imensamente escrever jornalismo intelectual. Acho que sou razoavelmente bom nisso, e gosto muito de fazê-lo. A *LRB* tem sido ótima por me oferecer uma plataforma desse tipo. Creio que chamamos de "intelectual público" aquele que às vezes sai de casa. Um intelectual público tem que descobrir esferas além do mundo acadêmico, e hoje em dia existem pouquíssimas delas por aí. Então fico sempre contente quando sou convidado para um encontro antiguerra, ou para uma sessão da *Workers' Educational Association*, ou para um grupo de escritores-trabalhadores. Não tenho o temperamento para ser ativista, então por muito tempo me senti culpado por isso de forma um pouco entediada, característica da classe média esquerdista, antes de perceber que algumas pessoas não eram capazes de *deixar* de ser ativistas, do mesmo modo que não podiam deixar de comer (ou mais provavelmente, no caso dos ativistas de esquerda, de beber). Então aproveito com gratidão toda oportunidade que tenho para fazer algo além de dar aulas sobre Flaubert ou Max Weber. Grande parte dos trabalhos iniciais da esquerda católica era do tipo não acadêmico.

Fico consternado com os intelectuais radicais que *poderiam* alcançar um público mais amplo, já tendo estabelecido suas credenciais acadêmicas – pessoas mais jovens com frequência não têm acesso aos meios institucionais para escrever dessa maneira – mas que simplesmente não têm interesse em fazê-lo, e não veem isso como parte da sua responsabilidade política. Alguns deles também não veem como responsabilidade política a tentativa de não escrever com tamanho obscurantismo barroco. Walter Benjamin certa vez observou que seu estilo de prosa teria sido aprimorado por uma revolução alemã. Creio que em nosso contexto isso significa que, se as pessoas tivessem uma noção mais nítida de urgência política do que é comum em Harvard ou Columbia, elas não escreveriam com um descaso tão flagrante pela inteligibilidade, já que elas simplesmente não poderiam arcar com as consequências ou escapar impunes. *Teoria da literatura* foi lido por muitas pessoas que nunca haviam colocado os pés em uma universidade. Não acho que seja só uma espécie de populismo sentimental que me torne orgulhoso disso.

*Talvez o artigo mais controverso a ser reproduzido em* Figures of Dissent *seja sua resenha de* A Critique of Postcolonial Reason *[Crítica da razão pós-colonial] [1999] de Gayatri Spivak, originalmente publicada na* LRB, *na qual você a ataca, entre outras coisas, por seu ecletismo e sua prosa elíptica.*

Há um aspecto interessante no meu artigo sobre Spivak – que reagiu, a propósito, de forma tipicamente cortês – que talvez valha a pena ser mencionado. Duvido que fosse possível escrevê-lo nos Estados Unidos – quer dizer, por um acadêmico do sexo masculino como eu. Lá as questões de gênero são sensíveis demais, mesmo que o tema da resenha tenha sido diferente. Seria como se um intelectual americano branco dissesse que o livro de um intelectual americano negro é um lixo completo – o que, não é preciso dizer, todos devem ter o absoluto direito de dizer. De qualquer modo, eu ainda defendo a tese de que há algo escandaloso em escrever sobre os homens e mulheres do mundo subdesenvolvido, como ele é ironicamente chamado, de tal modo que nem se espera que eles entendam o que foi escrito. Ideias inatamente difíceis são uma coisa; o obscurantismo é outra. Ninguém espera que a teoria radical seja tão evidente quanto uma passagem de ônibus, mas não há motivo nenhum para que ela pareça a Cabala. A teoria é democrática, como que já defendi. Ela promete que tudo o que você precisa fazer é aprender um certo tipo de linguagem, em vez de ter a alta cultura no seu sangue, como os meus próprios tutores de Cambridge esperavam. Então a teoria esquerdista é ainda mais revoltante. Um escritor como Žižek consegue produzir algumas ideias ferozmente exigentes, mas ele o faz de maneira lúcida e amigável. Seu humor não é exatamente brilhante, mas ele conta muitas piadas boas. Se ele é capaz de explicar com clareza assuntos tão complexos, de modo que as dificuldades pertençam ao conteúdo em vez da forma, então os outros também são capazes. É que eles têm medo de perder prestígio intelectual se o fizerem. Suspeito que nas raízes do obscurantismo teórico exista tanta insegurança quanto arrogância.

*After Theory [Depois da teoria], um dos outros livros publicados em 2003, provou estar entre os mais controversos da sua carreira, e eu gostaria de perguntar sobre ele um pouco mais detalhadamente. A premissa inicial do livro é que estamos vivendo no período após a alta teoria. Com isso você não quer dizer primariamente que estamos vivendo, em contraste, na era do que poderia ser chamado de baixa cultura, ou cultura de massa – apesar de podermos argumentar, em certo sentido, que a alta teoria foi massificada na forma dos estudos culturais. A situação que você esboça é mais memorável que isso. Poderia explicar o que quis dizer com isso e o que o título tinha a intenção de designar?*

O título foi ligeiramente infeliz, e alguns jovens acadêmicos que estavam lutando para introduzir a teoria da literatura nos cursos não ficaram satisfeitos. Acho que eu quis dizer "Depois da 'Teoria'" – "Teoria" deve ser lida entre aspas e com o T maiúsculo. Eu tentei indicar isso no livro. Acho que a essência do livro é a tentativa de conectar o ápice da teoria ao auge da esquerda. É claro, há também o sentido em que a teoria também era um deslocamento dessas crenças políticas esquerdistas – ela mantinha certas ideias radicais aquecidas – mas eu acho que a coincidência histórica era muito marcada. Então comecei a pensar na teoria mais em termos da *longue durée*. De certo modo, o que aconteceu não foi que a teoria cedeu espaço para o pragmatismo em um sentido puramente filisteu, apesar de essa também ser uma narrativa a ser contada, mas que a teoria não-pragmática cedeu espaço para o pragmatismo teórico. Isso fazia parte do culto intelectual pós-moderno. Teóricos como Rorty e Fish estavam oferecendo sofisticadas defesas teóricas da antiteoria. Eles não eram simplesmente antiteóricos no mesmo sentido em que Brad Pitt provavelmente é.

*O livro formula um balancete das perdas e ganhos da teoria cultural, como parte de uma tentativa de provocar a teoria cultural a pensar ambiciosa-*

*mente outra vez, para que ela seja de novo capaz de entender as metanarrativas nas quais, inescapavelmente, ela está enredada. Você poderia dizer algo sobre isso? Os ataques terroristas às torres gêmeas não são mencionados no texto, mas a capa da edição britânica foi ilustrada com a silhueta de um avião aparentemente mergulhando de bico...*

A decisão não foi minha, mas foi interessante que a editora viu essa relação. A narrativa que eu não relatei no livro, mas que talvez devesse ter relatado, não foi o renascimento da teoria como tal, mas o renascimento de pensamentos grandes ou grandiosos como o neoconservadorismo americano após o 11/9. Frequentemente indico a ironia de que, logo após a promulgação da morte da história, ela voltou impetuosamente na forma da chamada "guerra ao terror". Meu argumento não é apenas que isso seja irônico, que os teóricos do fim da história foram pegos no pulo; o argumento é que o ocorrido foi lógico, porque a própria promulgação da morte da história refletia um certo triunfalismo que fez parte das políticas imperialistas, e que então gerou uma reação adversa na forma de uma nova metanarrativa do terrorismo. Em certo sentido, como já aconteceu anteriormente na história, o ato de anunciar a morte da história incitou-a novamente – assim como o anúncio da morte da história feito por Hegel provocou reações de Kierkegaard, Marx e outros. Assim como no caso da vanguarda artística, você acaba abrindo a história assim que tenta fechá-la.

*A segunda metade de After Theory então reabilita alguns conceitos extremamente fora de moda: verdade, virtude, objetividade, moralidade, revolução, fundações, morte e amor. Se por um lado a primeira metade revisita, até certo ponto, as ideias de Literary Theory [1983], por outro lado a segunda metade revisita The New Left Church [1966]. Esquematicamente, ela utiliza ideias pré-modernistas como premissa para um manifesto pós-pós-modernista. Você estava retornando de maneira consciente às suas antigas preocupações?*

Não sei se eu estava mesmo voltando a elas. Em certo sentido, elas nunca haviam me abandonado completamente. Eu estava cada vez mais preocupado em destacar o ético, e estava ciente da vergonha que ele causava na esquerda. De uma forma quase programática, o livro registrou o fato de que eu estava ficando cada vez mais consciente do desejo de lutar por esses interesses ético-políticos. Mas o que aconteceu na esquerda foi na realidade um retorno à ética, manifesto em Derrida, Badiou, Agamben, Žižek e o interesse do Real. Vejo isso como parte de uma tentativa de reconciliação com uma questão fundamental que se recusava a ser protelada. No caso de pessoas como Derrida e Levinas, isso implica um certo deslocamento do político. O ético aproxima-se de vários temas que são mais propriamente políticos. Então talvez a questão que eu estava levantando desde a época daquele livro, sem realmente formulá-la, era: "E a relação entre o ético e o político?" Eu enfrento essa questão frontalmente no final de *Trouble with Strangers*.

*Vamos voltar a isso no contexto de* Trouble with Strangers. *Na nota de prefácio em* Depois da Teoria, *para nos limitar a esse livro por um instante, você afirma que "a influência do falecido Herbert McCabe é tão generalizada no meu argumento que é impossível localizá-la".* Sweet Violence, *que foi publicado no mesmo ano, foi dedicado à memória de McCabe. Você poderia esclarecer as formas como ele foi importante, especificamente para o argumento da segunda metade de* After Theory?

É interessante que eu tenha usado essa expressão, porque uma influência que é tão generalizada a ponto de ser não-localizada é uma metáfora para Deus. Não que Herbert tenha sido isso um dia. A obra de McCabe mostrou-me desde o início como o cristianismo era ou poderia ser politicamente, sem fazer qualquer concessão à moda. Isso é parte do que eu levei para os trabalhos posteriores. Ele e Laurence Bright foram as duas figuras que tornaram a teologia ética, política e humana para mim – ela certamente não era antes. O trabalho de Herbert teve uma influência tão profunda em mim não só porque ele me mostrou uma maneira de reconciliar a tradição com o radicalismo – ele era tradicionalista dos pés à cabeça, no melhor sentido da palavra – mas também em termos de sensibilidade. Laurence era uma figura wildeana vaidosa que me fascinava, mas que era muito diferente de mim; Herbert, que tinha suas origens na Irlanda e no norte da Inglaterra, e vinha da classe média baixa, era muito mais parecido comigo. Ele tinha uma noção de paradoxo positivamente chestertoniana, que eu relacionaria a certa obstinação intelectual e a certa qualidade de dissidente, estranha em alguém tão ortodoxo como ele; e parte da minha tentativa de introduzir o humor na minha obra veio dele. A forma de sua sensibilidade era espontaneamente compatível comigo.

*Na contracapa de* Depois da Teoria, *Frank Kermode escreveu "Eu ficaria surpreso se este livro não causasse uma agitação considerável." Como já sugeri, ele causou. Seu velho amigo Eric Griffiths, por exemplo, publicou um ensaio maçante sobre ele no* TLS, *atacando você por buscar cinicamente o que ele chamou de "empreendedorismo cultural", e concluindo: "Depois da Teoria é abarrotado de mercadorias de qualidade inferior, e eu recomendo que você não as compre". A maior parte desse ataque pode ser desprezada como patológica, mas qual seria a sua resposta às críticas metodológicas, às alegações de que você apresenta conclusões sem defendê-las logicamente? Ele está simplesmente exibindo hostilidade contra a polêmica porque ela ofende seus requintados preceitos de como fazer críticas? Ou ele indica, mais produtivamente, os limites do estilo do livro?*

*Depois da Teoria* certamente tem todos os tipos de defeitos, alguns dos quais refletem um momento histórico que era excessivamente animado e autoconfiante. O fracasso em apresentar uma argumentação completa para algumas das posições é um sintoma disso. Uma certa loquacidade no estilo também é. Mas o *Times Literary Supplement* atacou todos os meus livros ao longo dos últimos quarenta anos; na verdade, ele às vezes publica resenhas de edições revisadas do mesmo livro para poder atacá-lo. Suspeito que certos críticos do *TSL*, entre eles Eric Griffiths, sejam pagos por uma espécie de contrato de disponibilidade anti-eagletoniano, sendo retirados da semiaposentadoria ou pelo menos da semi-inércia toda vez que um livro meu é publicado, mas em outros contextos eles não são muito proeminentes no ramo. Mas você tem que se lembrar, Matthew, que algumas dessas pobres almas não publicam um livro desde a época em que você usava fraldas. Isso pode ter um pouco a ver com a sua ira, então devemos sentir um pouco de compaixão aqui. De qualquer modo, fico contente em poder manter pessoas como Griffiths empregadas. Considero isso uma forma de serviço comunitário.

Tenho certeza de que, se eu publicasse um trabalho anunciando minha conversão ao monarquismo e à economia de livre mercado, os periódicos conservadores como o *TLS* encontrariam algum jeito de salvá-lo. Há críticos na Irlanda que se orgulham do seu pluralismo liberal, mas que são na realidade tão virulentamente sectários que eles seriam patologicamente incapazes de fazer comentários favoráveis sobre qualquer coisa escrita por um republicano irlandês. Mesmo se concordassem com o livro, eles simplesmente não seriam capazes de fazê-lo. Devo dizer que acho isso bem deprimente. Faz parte da integridade intelectual abordar os argumentos dos nossos antagonistas onde eles são mais produtivos e persuasivos – o trabalho de Perry Anderson é um excelente exemplo disso – e eu temo que esse seja um hábito que esteja morrendo nesta cultura cada vez mais partidária, onde imperam as frases de efeito. Dawkins e Hitchens tratando da religião são um exemplo dessa morte gradual do desinteresse – uma virtude, a propósito, que os pós-modernistas obtusamente confundem com a perspectiva de Deus do mundo, ao passo que o que ela de fato significa é dar atenção aos interesses de outras pessoas em vez dos seus por um momento. Então, uma vez que tenha entendido o que eles acreditam, você pode decidir atacá-los se assim escolher. Na minha obra, eu tento descrever da forma mais desinteressada possível os argumentos com os quais discordo.

Eu valorizo muito o discernimento, mesmo sendo um pensador naturalmente polêmico e partidário. Mas o partidarismo e a equidade não são necessariamente antitéticos. E sim, eu acho que a aversão conservadora ao meu trabalho tem algo a ver com um desgosto pelo polêmico. Mas – sem essa! – a esquerda não é de modo algum dominante. Seriam essas pessoas tão medrosas, maliciosas ou inseguras que não aguentariam ouvir nem um punhado de vozes dissidentes? Elas nunca ouviram falar de democracia intelectual? Foi provavelmente a popularidade de *Teoria da literatura*, no início da década de 1980, que me condenou sob os olhos da direita política, e *After Theory* reviveu as memórias disso. *Teoria da literatura* havia feito uma lavagem cerebral e seduzido os estudantes das

A TAREFA DO CRÍTICO      301

pessoas, e eu consigo entender o quão exasperador isso deve ter sido. O livro ameaçava mostrar que as coisas deles eram menos divertidas. Entendo o sentimento, porque me lembro de tentar ensinar Mrs. Gaskell para Stephen Heath em Cambridge, quando tudo o que ele queria fazer era ler Nietzsche e o romance chinês. Ele estava, era óbvio, perfeitamente certo em fazer isso.

*After Theory também foi atacado pela esquerda, mais sensacionalmente em uma resenha de William Deresiewicz para a revista* The Nation. *A maior parte desse artigo também pode ser simplesmente ser ignorada, pois ele consiste de um flagrante* ad hominem *e é baseado em ineficazes refutações, como a alegação de que "alguém que possui três casas não deveria estar pregando a abnegação". Mas, novamente, há alguns pontos para os quais eu gostaria de ouvir sua resposta, apesar da natureza vergonhosamente grosseira desses ataques. Ele acusa você de antiamericanismo, por exemplo; e também de não fazer "praticamente nenhuma referência ao mundo presente na segunda metade do livro". Como você refutaria essas acusações?*

Na realidade, não tenho três casas, a não ser que você conte a casinha para guardar carvão e o canil do cachorro. Esse é um dos vários mitos que escuto sobre mim mesmo, mas não é tão alarmante quanto a notícia de que eu morri de Aids na China alguns anos atrás. Não sou antiamericano. Alguns dos meus melhores amigos são americanos. Minha mulher, por exemplo. E dois dos meus cinco filhos, o que representa uma porcentagem razoável – comentário que um personagem de Samuel Beckett faz em relação ao fato de que um dos dois ladrões no Calvário foi salvo. Nem todos os meus amigos nos EUA são americanos curados, apesar de eu também ter alguns destes como amigos, todos membros fiéis dos Americanos Anônimos, que começaram admitindo que eram impotentes perante a ideologia americana e que progrediram gradualmente até se tornaram seres humanos decentes. Porém, as recaídas são sempre um perigo, especialmente perto do Dia de Ação de Graças.

*Foi no ano após a publicação de* After Theory *que os EUA e a Grã-Bretanha invadiram o Iraque. Qual foi seu envolvimento no movimento antiguerra?*

De forma geral ele foi limitado à Irlanda. Participei de passeatas, e uma vez tive que impedir meu filhinho de escalar as cercas da embaixada americana em Dublin. Havia alguns fuzileiros navais de aparência sinistra à espreita, que poderiam não fazer muito bem à sua saúde. Também falei em alguns encontros públicos, inclusive um em uma vila de County Leitrim, muito distante dos centros políticos metropolitanos. Em um encontro público na Trinity College de Dublin, alguns companheiros ficaram ofendidos pela minha crítica ao fundamentalismo islâmico, alegando que a palavra fundamentalismo era apenas uma difamação ocidental. Ninguém mencionou que Saddam Hussein era um vil ditador. Esse é o tipo de radicalismo desonesto que temos que resistir.

## Leituras

ANDERSON, P. *The Origins of Postmodernity*. London: Verso, 1998.

EAGLETON, T. The Idea of a Common Culture. In: *From Culture to Revolution*: The *Slant* Symposium 1967. London: Sheed & Ward, 1968, p.35-57.

EAGLETON, T. Capitalism, Modernism and Postmodernism. *New Left Review*, 1:152, p.60-73, 1985 (reproduzido em *Against the Grain*: Essays 1975-1985. London: Verso, 1986, p.131-47).

EAGLETON, T. *Ideology*. Longong: Longman, 1994.

EAGLETON, T. Terry Eagleton. In: *Conversations with Critics*. London: Carcanet, 1994, p.126-45.

EAGLETON, T. *The Illusions of Postmodernism*. Oxford: Blackwell, 1996.

EAGLETON, T. *Marx and Freedom*. London: Phoenix, 1997.

EAGLETON, T. *The Idea of Culture*. Oxford: Blackwell, 2000.

EAGLETON, T. *The Gatekeeper*: A Memoir. London: Allen Lane, 2001.

EAGLETON, T. *After Theory*. London: Allen Lane, 2003.

EAGLETON, T. Stuart Hall. In: *Figures of Dissent*: Essays on Fish, Spivak, Žižek and Others. London: Verso, 2003, p.207-15.

EAGLETON, T. *Trouble with Strangers*: A Study of Ethics. Oxford: Blackwell, 2008.

GERAS, N. *Marx and Human Nature*: Refutation of a Legend. London: Verso, 1983.

GRIFFITHS, E. The Pedlar's Wares. *Times Literary Supplement*, p.6-8, 17 out. 2003.

JAMESON, F. Postmodernism, or the Cultural Logic of Late Capitalism. *New Left Review*, 1:146, p.53-92, 1984.

JAMESON, F. *Postmodernism; or, the Cultural Logic of Late Capitalism*. London: Verso, 1991.

MULHERN, F. *Culture/Metaculture*. London: Routledge, 2000.

TIMPANARO, S. *On Materialism*. Trad. Lawrence Garner. London: New Left Books, 1975.

WOOD, E. M. Why It Matters. *London Review of Books*, p.3-6, 25 set. 2008.

# CAPÍTULO DEZ
## Morte/Amor

*Em termos puramente literários, Sweet Violence [2003], seu recente livro sobre "a ideia do trágico", talvez seja o mais ambicioso da sua carreira, especialmente porque suas referências são tão cosmopolitas e a obra é tão abrangente historicamente. Essa foi uma transição significativa?*

Creio que, com *Sweet Violence*, me tornei pela primeira vez o que poderiam chamar de comparatista, investigando obras literárias de diferentes culturas. Antes, eu havia sido teoricamente cosmopolita, mas em termos literários eu era um tanto provinciano – mesmo que o meu excurso nos anos 1990 na cultura irlandesa, sobre a qual tive que aprender quase tudo sozinho, possa contar como uma exceção. A ideia de tragédia se estende por muitas – mas, curiosamente, não por todas – civilizações. Eu dediquei muito de mim – do meu eu de meia-idade até a tardia, por assim dizer – àquele livro. Era um livro que eu inevitavelmente iria escrever desde a minha época de aluno em Cambridge, onde, nas palavras de Raymond Williams no primeiro parágrafo de *Tragédia Moderna* [1996], a tragédia como ideia, como um conjunto de obras de arte, e como uma realidade pessoal, convergiram dolorosamente em minha vida. Por acaso, apesar da minha enorme admiração por *Tragédia Moderna* – eu estava presente em sua produção, por assim dizer, como Edward Thompson diz da classe trabalhadora inglesa – sempre pensei que o livro de Raymond sofria de um alcance artístico e filosófico muito provinciano. Não havia realmente nenhum grego antigo; não havia Racine, Corneille, Goethe ou Schiller; havia uma mera noção dos teóricos alemães. Raymond sempre patinava em uma camada surpreendentemente fina de pesquisa. Era como se os seus próprios pensamentos fossem tão profundos e engenhosos que ele não precisava pesquisar.

*Em* The Body as Language *[1970], você já perguntava, "Até que ponto o marxismo ou o humanismo socialista é capaz de enfrentar, e resolver, o problema da tragédia?" Por que retornou a essa questão naquele momento?*

A tragédia permitia-me exteriorizar todos os tipos de coisas. Vista em conjunto com obras como *Holy Terror* [2005] – da qual eu *gosto* mais do que *Sweet Violence*, apesar de não a considerar tão importante – fui capaz de articular o que estava se tornando uma visão de mundo cada vez mais coerente. Naquela altura eu havia superado uma certa timidez materialista, e fui capaz de falar abertamente sobre certas questões metafísicas ou teológicas que me interessavam; e isso fui muito inspirado pela franqueza teológica de ateus como Badiou, Agamben e Žižek. Quer dizer, se eles podiam fazer isso, um ex-coroinha também não poderia? A tragédia para mim diz respeito ao paradoxo através do qual nós podemos começar a ir além da nossa desesperada condição no próprio ato, e pelo próprio poder, de confessar que este estado de catástrofe permanente é como as coisas funcionam fundamentalmente conosco.

*Sweet Violence* também foi uma tentativa de me apropriar da ideia de tragédia – como críticos como Jonathan Dollimore haviam feito antes – das garras ciumentas da direita pós-nietzscheana, daqueles para os quais a tragédia, em sua forma sagrada, heroica, hierárquica e mitológica, era na verdade um ataque indireto contra a modernidade como tal. Ela representava um vestígio de valor absoluto em mundo monotonamente secularizado, um indício de deuses, destinos, rituais religiosos, sacrifícios de sangue, o poder disciplinador do sofrimento e assim por diante. A tragédia havia se tornando, nas mãos desses comentaristas, um codinome para a rejeição da democracia, da igualdade, do materialismo, do reformismo, do humanitarismo e de coisas do gênero. Era uma forma de *Kulturkritik* – uma teologia *ersatz* para estudiosos que detestavam o mundo moderno, mas que não tinham o ânimo de se arrastar para a sinagoga ou a pia batismal, e que então tiveram que se conformar contrariados com esse substituto secular da transcendência. De todas as formas literárias, ela era talvez a mais carregada ideologicamente. Era um território bastante exclusivista. Então eu tinha a impressão de que nós materialistas tínhamos que colocar nela nossas encardidas mãos plebeias, e não apenas rejeitar todo o gênero como se fôssemos Brecht. Em vez disso, no próprio estilo de Brecht, a função da ideia de tragédia deveria ser redefinida, colocada à disposição de outro tipo de política e estética.

*O lema político do livro é "realismo sóbrio", em oposição ao pessimismo ou fatalismo. O que isso implica na prática? Ele pode acomodar o "utopianismo", um otimismo da vontade assim como um pessimismo do intelecto?*

Espero que sim. No linguajar popular, o realismo significa algo como "Fica frio", "Relaxa", ou "Seja moderado..." Seria interessante investigar a história cultural dessa etimologia, na qual o real se torna sinônimo de concessão política. Para os jovens hegelianos, em contraste, ser realista significava ser revolucionário. É essa a posição que eu defenderia. Quando os parisienses de 1968 gritavam "Seja realista: exija o impossível!", eles estavam sendo precisos. Como é que alguém pode observar o mundo moderno de forma sóbria e desencantada e concluir que justiça, liberdade e felicidade podem surgir sem que passemos pela mais completa das transformações, transformação tal que atualmente parece ser impossível? Quem são esses sonhadores idealistas conhecidos como liberais sagazes e direitistas cínicos que parecem capazes de acreditar no oposto? São os pragmatistas teimosos e os reformistas sensatos que são os antirrealistas.

A tragédia, assim como a psicanálise, nos faz lembrar de que o real é em certo sentido impossível, mas não menos digno dos nossos desejos. Roland Barthes disse algo muito parecido sobre a arte realista: sua fome pelo real é por algo essencialmente impossível, já que nunca vamos conter o mundo em palavras; mas é isso que a mantém operando. Sem isso ela cairia em silêncio. Quanto à utopia, creio que o realismo acomoda certas versões dela e exclui outras. Uma sociedade genuinamente livre seria de certa forma mais conflituosa do que a que temos hoje, porque mais homens e mulheres teriam conhecimento das discussões. E ainda seríamos animais frágeis e mortais, andando sob as sombras da doença, morte e ferimentos mútuos. Só capitalistas, atores e atrizes mais famosos querem viver para sempre. O infinito é uma trama burguesa, de forma até mais óbvia do que a cirurgia estética. Mesmo assim, uma gama completa de pensadores radicais franceses, de Deleuze a Badiou, foi enganada por essa ilusão, de sua própria maneira vanguardista e dissidente.

Para a visão trágica do mundo, a redenção só pode surgir se nos curvarmos perante a nossa própria mortalidade. É isso o que venho chamando de humanismo trágico, em oposição ao humanismo liberal, que não vê – nas palavras de Yeats – que nada pode ser único ou completo sem antes ter sido lacerado. Para o humanismo liberal, há essencialmente uma continuidade entre o que somos e aonde vamos. Para o humanismo trágico, há uma profunda ruptura entre os dois, uma fissura onde nasce algo novo e estranho. Na vida política, isso é conhecido como revolução. O termo cristão para essa ruptura é conversão. Para alguns pensadores, a tragédia e a utopia são antitéticas. Para mim, uma implica a outra constantemente. Sem uma noção fundamental de valor, a tragédia não poderia existir. Por que consideraríamos *Macbeth* e *Hedda Gabler* trágicas se as coisas simplesmente não pudessem ser diferentes?

*Então por que a tragédia nos dá prazer? Um das respostas para essa perene questão poderia ser que, de modo muito complexo, ela é inseparável do sonho de redenção, que se encontra em uma dialética do "ser" e do "tornar-se"?*

Bem, outra resposta para essa questão poderia ser que a tragédia nos dá prazer porque somos todos uns canalhas sádicos. De acordo com David Hume, ficamos tristes em presenciar as aflições dos outros, mas também ficamos contentes com isso, em especial porque isso permite que nos sintamos superiores a eles. Assim como o sublime, a tragédia permite que aproveitemos os deleites da pulsão de morte indiretamente, com o gratificante entendimento de que não podemos ser feridos de verdade. E por ela ser arte, sabemos que os personagens também não estão sendo feridos, o que evita nosso sentimento de culpa. Sentimos satisfação em saber que sobreviveremos, mesmo se Lear morrer. Também há uma certa culpa envolvida, e se acreditarmos em Freud, essa é uma fonte extra de gratificação.

A tragédia é um prazer com um quê de terror, como naquela forma moderna do sublime conhecida como filme de terror. Ela nos permite confrontar e ensaiar a nossa própria morte, e assim, em certo sentido, desarmá-la. E isso, também, é uma fonte de satisfação para nós. Também temos prazer em ver uma catástrofe que é delimitada, restrita por sua forma estética e portanto subjugável – de modo que, como Yeats escreve em um poema espantosamente bruto chamado "Lapis Lazuli", ela não possa crescer uma polegada ou onça. Colhemos uma alegria maliciosa ao vermos os grandes sendo levados ao chão; mas também nos deleitamos com o poder do protagonista de se elevar acima dos seus problemas, o que sugere uma capacidade para a transcendência que ecoa dentro de nós. Há vários outros motivos – motivos demais, na verdade, em vez de poucos demais. A tragédia pode satisfazer nosso senso de justiça assim como nosso desejo pela ordem. Ela supre o nosso sadismo, masoquismo e consciência moral, todos ao mesmo tempo. Queremos ver as pessoas sofrerem para que possamos fomentar o nosso masoquismo ao sofrermos junto com elas, mas continuar esse masoquismo significa mantê-las sofrendo, o que é uma forma de sadismo. Acima e além de tudo isso, há a gratificação da própria arte, quaisquer que sejam suas fontes obscuras.

*Como você caracterizaria a relação entre o marxismo e a tragédia hoje? Para Steiner, o marxismo é antitrágico, na prática porque ele o considera utópico. Em* Trouble with Strangers *[2008], você descreve o socialismo como um "projeto trágico".*

O tipo mais imaturo de marxismo simplesmente macaqueia o progressivismo nesse aspecto – refiro-me ao progressivismo burguês de Hitchens e Dawkins, por exemplo. É um longo "Hurra pela Humanidade!". Simplesmente tire do caminho vários obstáculos opressores – tradições, religiões, a classe dominante, superstições, as relações sociais de produção e assim por diante – e poderemos avançar a todo vapor ao socialismo, ao Iluminismo, à humanidade liberta, à liberdade do indivíduo de classe média. Essa ridícula história da carochinha, tão impressionante em sua arrogante ingenuidade quanto o americano quieto de Graham Greene, tem se tornado uma espécie de sabedoria liberal ortodoxa após o islamismo e o 11/9. Possuímos liberdade, mas aqueles canalhas querem tirá-la de nós – baboseiras tipo A. C. Grayling, em resumo.

O esplêndido capítulo de Williams sobre tragédia e revolução em *Tragédia moderna* mostra como a transformação socialista é de fato um projeto trágico, no sentido mais tradicional da palavra. Apenas aqueles que não têm noção de tal legado pensam que isso significa que ela não funcionará. Ou que isso se resume a dizer que no passado a revolução envolveu um enorme banho de sangue. Que a nossa condição precise ser destruída para que possa ser recriada não é um processo impossível, mas é um processo trágico. Quando Marx fala da perda total da humanidade em nome de um ganho total da humanidade, ele se expressa como um humanista trágico. Ele não se expressa como um anti-humanista trágico, como George Steiner, ou como um humanista não trágico, como John Stuart Mill. Isso não quer dizer que Marx é assim pessimista; quase o contrário, na realidade. Ninguém seria capaz de sentir a miséria humana tão profundamente sem uma noção igualmente profunda das possibilidades humanas.

Quem dera que isso – essa revolução ou transformação – não fosse necessário. Quem dera que nossa condição não fosse tal que apenas nos desapropriando de nós mesmos podemos florescer. A forma mais difícil de emancipação é a autoemancipação, como sabem as feministas, os teóricos psicanalistas e os teólogos, mas muitos marxistas (mesmo após Gramsci) não parecem saber disso. Alguns deles consideram tal conversa "espiritual" embaraçosa. Mas por outro lado alguns materialistas possuem um conceito de espiritualidade tão tolo quanto o da Madonna. A diferença é que eles rejeitam o conceito e ela o adota. Salvo isso, são praticamente iguais. Mas como Wittgenstein certa vez observou, "Se você deseja uma imagem da alma, olhe para o corpo".

*Você critica Williams pela contradição entre a tese de que a tragédia é uma ocorrência ordinária, que implicitamente nunca pode ser transcendida, e a tese de que "ela assumiu em nossos tempos a forma de uma luta épica que pode, em princípio, ser resolvida". Você poderia dizer algo sobre os limites do humanismo socialista de Williams nesse sentido?*

Williams é um humanista trágico – na minha opinião algo excelente para ser, como venho sugerindo – mas ele retém características demais de uma tendência diferente do humanismo liberal ou socialista para o meu gosto. Às vezes essa tendência do humanismo idealiza a vida comum – um erro nobre, ao contrário do oposto – e assim gera a contradição que eu discuto, especificamente que a tragédia para Williams é simultaneamente cotidiana e capaz de ser transcendida. Eu não vejo como isso pode ser possível. Minha visão é que a tragédia é de fato cotidiana, mas que ela não pode ser transcendida como tal – em contraste com a resolução dessa ou daquela forma de tragédia – sem a humanidade transcender a si mesma. E se isso não for possível, então a tragédia está infelizmente aqui para ficar. Para o evangelho cristão, a tragédia não é épica ou heroica, mas cotidiana; ou ainda, ela é comum e catastrófica ao mesmo tempo, um caso com o qual os socialistas podem se compadecer. Mas isso, na minha opinião, significa que nunca poderemos ir totalmente além da tragédia enquanto formos animais históricos. Então você democratiza a tragédia e paga o preço de confessar que em certo sentido ela está aqui para ficar. Freud sem dúvida faria alegações paralelas em um idioma diferente.

Em sua generosidade de espírito humanista, Williams relutava em pensar o pior dos seres humanos. Lembro-me de uma vez que ele disse para Joy, sua esposa, "Você tem que tentar pensar bem das pessoas". Muitas delas certamente não retornaram o elogio. Mas às vezes você tem que pensar o pior. Sob meu ponto de vista, nenhuma transformação da humanidade vale a pena se você não estiver pelo menos preparado para cogitar a veracidade da visão do rei de Brobdingnag de Swift – a visão de que a espécie humana é uma raça de vermes odiosos. É só quando você aceita que os seres humanos podem se comportar dessa maneira – quer dizer, reconhece o fato plenamente, não apenas em termos intelectuais – que o seu desejo de vê-los agir de outra forma se torna mais do que uma ilusão fantasiosa e sentimental. E é só confrontando o pior que podemos liberar a capacidade de vislumbrar algo melhor, o que chega a ser quase uma definição instantânea do espírito trágico.

Permita que eu defina a ideia mais nitidamente. Em *Tragédia Moderna*, Williams diz daqueles para quem, como Steiner, o Holocausto representa a verdade simples e absoluta da humanidade: "Olha, se por um lado existiram pessoas que fizeram essas coisas, por outro também existiram homens e mulheres que deram suas vidas para impedi-las; e dizer uma coisa sem dizer a outra é, a sua própria maneira, um sacrilégio". Eu concordo plenamente com isso. Mesmo assim, não acho que Williams está preparado para dizer para si mesmo, do modo que o grande humanista trágico John Milton estava: "Se as pessoas forem capazes de fazer essas coisas inomináveis, elas ainda podem se redimir um dia?" Em nome de qual paradoxo impensável podem os seres humanos fazer tais coisas e ainda assim ter esperança? Acho que Williams hesitaria em aceitar isso – ao passo que minha ideia sobre o humanismo trágico é a de que, a menos que você esteja preparado para fitar os olhos dessa Medusa, não chegará a nenhum lugar politicamente. A menos que comece a partir do "muito melhor nunca ter nascido" de Sófocles e Schopenhauer, você não terá consciência da miséria que ocasiona essa visão. E se não estiver ciente da miséria, não poderá transformá-la. Nesse sentido, apenas a visão trágica é, em última análise, esperançosa. Mas há uma diferença entre esperança e otimismo...

*O livro de Williams começa com um gesto abertamente pessoal: "Numa vida comum, transcorrida em meados do século vinte, conheci o que eu acredito ser a tragédia, sob diversas formas" – uma forma de tragédia "ao mesmo tempo mais pessoal e mais geral" do que a morte de príncipes. Esse é um gesto necessário?*

Como sugeri anteriormente, estou de acordo com ele. Eu me deparei com uma tragédia pessoal, a morte do meu pai, quando estava prestes a entrar em uma instituição, a Cambridge University, onde fui convidado para investigar o significado da tragédia. Eu não pude dissociar esse estudo da vida interrompida e irrealizada do meu pai, não mais do que Williams pôde dissociá-lo da vida do seu próprio pai, Harold Williams, um sinaleiro galês e militante socialista. Williams e eu fomos surpreendidos pela discrepância entre o significado literário da palavra "trágico" e seu sentido comum – o imenso abismo entre eles, como eram as coisas no meio acadêmico da época. Nós dois tentamos fazer algo para reparar essa situação. Todas as palavras que escrevo têm sido em nome do meu pai e de pessoas como ele. Falando por mim mesmo, essa não é de maneira nenhuma uma situação inteiramente saudável ou desejável. Buscar compensar os mortos significa permanecer atrelado a eles. Permanecer preso a um diálogo no qual o outro é eternamente silencioso não configura a mais produtiva das conversas. Mas ele não é uma situação que eu possa evitar.

*Tragédia Moderna termina com uma peça, uma tragédia de dois atos chamada Koba, na qual Williams vinha trabalhando desde o final da década de 1950. O que você achou dessa inovação formal?*

Achei que a inclusão da peça foi um ato caracteristicamente corajoso por parte de Williams. Também achei que foi atipicamente imprudente. A peça era bastante fraca; na realidade, era praticamente impossível de se encenar. A linguagem é dolorosamente artificial, mesmo que as abstrações enfadonhas de Williams exibam uma estranha e característica melodia. Williams tinha uma consciência tão monumental da sua identidade, que era tão profundamente enraizada em seu próprio estilo idiossincrásico de ser, que sua capacidade de se projetar nas vidas de outras pessoas era às vezes um tanto limitada. Existia assim algo irônico, assim como bastante apropriado, no fato dele ocupar uma cadeira de drama.

*Em* Sweet Violence*, você critica o silêncio da esquerda em relação à religião, e argumenta que, apesar da religião contemporânea "representar uma* *das formas mais odiosas de reacionarismo político no planeta", esse livro tem o interesse de explorar as "ideias teológicas que possam ser esclarecedoras politicamente". Você tinha alguma consciência de estar retornando às preocupações de* The Body as Language?

Eu estava ciente de que estava concluindo uma volta completa em meu trabalho, apesar do percurso não ter sido inteiramente sem desvios. Os interesses teológicos dos primeiros trabalhos diferem muito dos posteriores, e isso reflete uma transição política e histórica mais ampla. Nos tempos do *Slant* e da esquerda católica, o contexto em que *The New Left Church* [1966] e *The Body as Language* surgiram, a ênfase era forte em uma teologia afirmativa, na comunidade, irmandade, libertação e assim por diante – tudo muito anos 1960. Ela não levava muito em conta as dimensões mais sombrias da fé cristã: decaída, morte, sofrimento, mortalidade, sacrifício, finitude e coisas do gênero. Eu também era muito jovem para conhecer muitas dessas realidades desagradáveis em primeira mão. Você não pode ser um filósofo trágico aos 21 anos de idade. Nas minhas primeiras obras, por exemplo, a missa dizia respeito à comunidade, ao passo que posteriormente ela dizia respeito ao sacrifício e à abnegação, uma transição turbulenta da morte para a vida. Talvez qualquer filosofia que não contenha esses dois momentos, que não mostre o sentido de um em relação ao outro, não valha muita coisa.

Assim, esses primeiros e eufóricos trabalhos refletiram uma esquerda política que sentia que o mundo estava aos seus pés – nesse caso, mais especificamente a teologia da libertação na América Latina, apesar das notícias só terem chegado a mim depois do *Slant* ter saído de circulação. Posso ver, de forma muito parecida, como as preocupações do meu trabalho posterior refletem um mundo político mais sóbrio e crepuscular. Poderíamos alegar, por exemplo, que apesar de todos os seus *insights*, a teoria lacaniana, com seu desdém pelo mundo comum, provavelmente teria uma aparência muito diferente se tivesse surgido de uma história política mais afirmativa.

As próprias obras de Freud também teriam. Mesmo assim, declínios dessa natureza iluminam ideias que em outros contextos

A TAREFA DO CRÍTICO     315

poderiam estar indisponíveis. Podemos às vezes pescar certas vitórias intelectuais nas profundezas de uma derrota política.

*Você poderia explicar o que quis dizer com o termo "demoníaco" nesse livro, que usa em contradistinção ao satânico ou mal?*

Eu me referia à condição em que alguém está preso entre a vida e a morte, incapaz de morrer de verdade, nutrindo uma espécie de pseudoexistência espectral a partir de um prazer mortal envolvido na destruição dos outros, ou às vezes na autodestruição. É só em virtude dessa destruição que os maus conseguem se persuadir de que ainda estão vivos. O demoníaco é assim o oposto daquela outra condição de vida-na-morte, na qual você pode alcançar um tipo de vida autêntico através da "morte" de uma abnegação para os outros. Esse é um dos motivos pelos quais os santos e pecadores são às vezes tão parecidos para o olhar leigo. Os santos ou mártires são aqueles que têm a coragem de abandonar sua condição atual, com a fé – mas de modo algum com a certeza presunçosa – de que isso irá resultar em uma existência transfigurada e intensificada. É isso que o sujeito revolucionário é invocado para fazer – transformar sua própria dissolução e desconstrução em uma reconstrução da sociedade, sem absolutamente nenhuma garantia além do fato de que é improvável que o futuro seja muito mais intolerável do que o presente. Ele tem que fazer algo criativo com a sua "morte". Os demoníacos, em contraste, são aqueles que estão nas mãos da pulsão da morte – aqueles que se agarram morbidamente à *jouissance* que ela lhes concede para se iludirem e viverem uma vida em segunda mão. Os demoníacos estão em agonia, mas eles não podem renunciá-la porque ela é tudo o que eles têm. Em *Mulheres Apaixonadas* de D. H. Lawrence, Rupert Birkin e Gerald Crich ilustram respectivamente essa forma positiva e negativa de vida-na-morte, mesmo que eles tenham mais em comum do que o romance possa imaginar, e a oposição entre eles é eminentemente passível de desconstrução.

*De forma autoconsciente, você identificou seu livro seguinte,* Holy Terror *[2005], com "a virada metafísica ou teológica" que você se referiu agora há pouco, e observou que essa transição foi "bem recebida por alguns, mas vista com alarme e resignação por outros".*

Como disse em *Depois da teoria* [2003], há certas ideias que a esquerda – sobretudo a esquerda masculina – tem se mostrado tipicamente recatada para discutir. Isso inclui o amor, a morte, o mal, a fé, a ética, a tragédia, o não ser, a mortalidade, o sacrifício e o sofrimento. Vejo meus trabalhos mais recentes como uma tentativa deliberada de provocar esses esquerdistas – imagino que o nome de Fredric Jameson, um crítico que eu admiro muito, possa representar muitos deles – que em minha opinião evitam tais questões "espirituais", "éticas" ou "metafísicas" em grande parte porque concebem seu caráter erroneamente, de uma forma bastante convencional e não muito inteligente. Em primeiro lugar, não acho que nossa situação política seja tal que a esquerda esteja particularmente bem posicionada para olhar os dentes do cavalo intelectual que lhe foi dado. Em segundo lugar, esses e outros assuntos parecem nos oferecer uma chance de aprofundar e enriquecer nossos pensamentos, e indiretamente nossas práticas, no momento em que enfrentamos o mais formidável dos desafios políticos. Nenhuma das ideias que eu acabei de relacionar estão tão na moda junto à esquerda cultural atual quanto o poder, o gênero, o corpo e a etnia. É exatamente por isso que a esquerda cultural deve levá-las a sério, se não quiser permanecer presa a caminhos políticos batidos e cada vez mais repetitivos.

Então espero que esteja sendo suficientemente heterodoxo aqui, em uma longa tradição do pensamento marxista ocidental. E me sinto genuinamente triste em relação aos companheiros que acham que, ao levantar essas questões, eu esteja fazendo sondagens arriscadas junto a certas escolas de pensamento duvidosas. Algumas pessoas na esquerda acham que essa é uma excelente ideia, outras são perfeitamente neutras ou indiferentes, e outras estão muito preocupadas. Eu só quero dizer que lamento muito por alarmar meus colegas e companheiros, pelos quais tenho muito respeito. E também que não tenho nenhuma intenção de parar de alarmá-los.

*Você usa esse livro para desenvolver mais detalhadamente sua noção do* pharmakós. *Poderia explicar o que quis dizer quando concluiu que "o terrorista não é o* pharmakós, *mas é causado por ele, e só pode ser derrotado quando justiça for feita a ele"?*

Os terroristas não são bodes expiatórios ou *pharmakói*, porque eles são culpados de crimes horrendos; ao passo que o *pharmakós* é, nas palavras de Paul Ricœur, "o inocente culpado". O bode expiatório carrega o fardo da culpa comunal, e assim se torna, como Édipo, um fragmento terrivelmente desfigurado da humanidade. Ele é o foco da violência e do ódio da comunidade como um todo, do mesmo modo que o proletariado para Marx incorpora essa deformação e perda total da humanidade. Mas, assim como o proletariado, ele é inocente em si mesmo. Se ele se envolve em violência, essa violência é direcionada a ele, e não cometida por ele. E assim como Cristo, quanto mais deliberadamente o bode expiatório se transforma em um furioso significante da privação universal, mais repulsivo – e justamente por isso abnegado e abençoado – ele se torna. "Sagrado" nos tempos antigos significava tanto abençoado quanto amaldiçoado. Nesse sentido, o *pharmakós* ofusca distinções e subverte lógicas sociais convencionais. Ele representa a maneira na qual a dissolução significa poder, à medida que a escória da Terra se torna mais poderosa através da sua própria abnegação. Aqueles que não podem mais cair são perigosos porque não têm nada a perder. Estou argumentando que o bode expiatório antigo é assim um arauto do sujeito revolucionário moderno.

*Apesar de naturalmente existir o perigo, ao identificar "a merda do mundo" com o proletariado, de exagerar implicitamente a importância revolucionária do* lumpenproletariat, *ou de simplesmente idealizá-lo. Pode-se defender essa tese, expressa de forma um pouco diferente, contra o influente conceito de multidão de Hardt e Negri.*

Acho que isso é provavelmente verdade.

Holy Terror *é outro de seus livros recentes que provocam a direita. Em um extraordinário ataque contra você escrito para a* Social Affairs Unit, *David*

318   TERRY EAGLETON E MATTHEW BEAUMONT

*Womersley acusou-o de ser uma espécie de incendiário intelectual: "É perigoso brincar com um assunto sério; e* Holy Terror *é um livro perigoso e pernicioso".*

Fico muito satisfeito em ver que a cadeira de Professor Thomas Warton, após minha breve e aberrante posse dela, tenha voltado a exercer sua devida função de promulgar valores antigos e atrasados de Oxford. Se Womersley acha que o livro é perigoso porque romanceia o terrorismo, ele simplesmente não o leu, já que rejeita tal obscenidade moral. O título do livro se refere não a esse, mas a toda uma série de fenômenos – o Jeová bíblico judaico, o deus pagão Dionísio, o conceito estético de sublime, o inconsciente, o Real, o *pharmakós* ou bode expiatório e assim por diante – que são facas de dois gumes com o seu poder de criar e destruir. (Shakespeare teria acrescentado: álcool.) Esse tipo de terror tanto intensifica quanto aniquila, e portanto não é de maneira nenhuma ratificado inequivocamente. O sagrado tem um poder perigoso de renovar e negar, parecido com o do bode expiatório ou da miséria do mundo. Mas eu não esperaria que o professor Womersley soubesse alguma coisa sobre esses assuntos arcanos. Ele provavelmente acha que *pharmakós* é uma palavra chique para o farmacêutico local.

*Como você veio a escrever seu livro seguinte,* The English Novel *[2005], um livro introdutório sobre a história da ficção em prosa direcionado a estudantes? No momento, as energias libidinosas da sua escrita, se posso chamá-las assim, parecem estar voltadas para as ideias elaboradas em* Depois da teoria, Holy Terror, Trouble with Strangers...

Escrevi porque parecia ser a hora certa de produzir outro livro popularizador que direcionasse ideias radicais para os estudantes de literatura. Porém, até agora ele parece não ter alcançado exatamente um sucesso estrondoso. A editora esperava que ele acabasse sendo adotado como livro-texto nos Estados Unidos, como *Teoria da literatura* e, de forma mais modesta, *How to Read a Poem*, mas até agora isso não aconteceu muito. Meu editor, que também foi meu aluno em Oxford, disse que o livro é semelhante a uma longa sessão tutorial na Wadham College. Creio que isso tenha sido um elogio...

*Você se desculpa no prefácio por se manter atrelado ao cânone literário, e dá a desculpa de que esses são os autores que os estudantes têm mais chances de encontrar. Mas acha que isso é verdade, dada a prevalência dos estudos culturais? Em* Depois da teoria, *você evoca a imagem de "quietos estudantes de classe média que se debruçam diligentemente nas bibliotecas, trabalhando com tópicos sensacionalistas como vampirismo e extração de olhos, ciborgues e pornografia". Por que você sentiu a necessidade de pedir desculpas em vez de defender o cânone, a canonicidade?*

O livro foi escrito para estudantes de literatura, e portanto tinha que agir no território que eles ocupam, que em termos acadêmicos é predominantemente o cânone. Mas às vezes fazem estardalhaço demais sobre o cânone. Na escrita inglesa, essa maneira supostamente elitista, hierárquica e conservadora de enquadrar as coisas abarca o regicídio revolucionário de John Milton, assim como radicais políticos como Blake, Shelley, Wollstonecraft, Morris, Orwell e muitos outros. A escrita não canônica inclui muitas baladas racistas e fantasias sexistas, além de materiais mais valiosos. A maior parte dos valores promovidos pelas principais obras canônicas está à esquerda da ordem política estabelecida dos dias de hoje. De qualquer modo, é possível tratar obras canônicas de forma radical e obras não canônicas conservadoramente. Tendo dito isso, é verdade que meu trabalho sobre a literatura inglesa tem tido a tendência de se limitar aos nomes canônicos, o que reflete a maneira como fui criado academicamente. Isso é muito menos verdade quanto ao meu trabalho sobre a escrita irlandesa, como já lhe disse antes; apesar de um crítico irlandês ter observado ironicamente: "Está tudo muito bem para vocês ingleses desconstruírem o seu cânone. Nós ainda não temos nenhum".

*Outra crítica poderia ser que o cânone só vai até Joyce e Woolf. Seu curto posfácio, "After the Wake" ["Após o Velório", ou "Após* Finnegan's Wake*"], parece um jogo literário diabólico em que você sumariza os avanços subsequentes do romance inglês no espaço de algumas frases ou parágrafos (o que, como pelo menos um crítico indicou, você faz com extrema perícia).*

O posfácio foi ideia da editora, não minha; e se pudesse fazer as coisas do meu jeito, eu o cortaria. Se por um lado um crítico descreveu-o como habilidoso, por outro ele também foi chamado de "absurdo". Minha opinião, própria de alguém cuidadosamente moderado, é a de que a verdade está em algum lugar entre os dois extremos; mas sem dúvida nenhuma ela pende para o absurdo.

*Seu primeiro capítulo é chamado "O que é um romance?". Não seria necessário outro capítulo chamado "O que é ser inglês?"...? Até certo ponto, o livro aceita uma noção de espírito inglês sem questioná-la. E, mesmo que em tom semissatírico, referências a características supostamente inglesas não são poucas – os ingleses "adoram um 'personagem'", você afirma a certa altura, e na mesma página você se refere à "reticência tipicamente inglesa" dos romances de Woolf. Você faria isso se estivesse escrevendo sobre os irlandeses? Outra maneira de expressar essa questão seria perguntar se esse é um livro sobre o romance inglês escrito sob uma perspectiva irlandesa.*

Sou defensor ferrenho dos estereótipos, que obviamente não são todos negativos: "Os árabes são um povo hospitaleiro", por exemplo. Para um materialista, seria surpreendente se grupos de indivíduos que compartilhassem basicamente as mesmas condições materiais e históricas por séculos não manifestassem certos traços psicológicos e padrões de comportamento em comum – qualquer que seja a hipocrisia liberal ou pós-moderna de que "somos todos indivíduos". Que espécie de antimaterialismo ingênuo é esse? Misteriosamente as pessoas não são pelas suas condições comuns? Uma crença na realidade (parcial) de (alguns) estereótipos não é necessariamente racista ou essencialista. De qualquer forma, também sou defensor de uma forma branda de essencialismo, que é uma outra história, e que me coloca em conflito com algumas crenças esquerdistas dissimuladas dos dias de hoje. É verdade que os protestantes de Ulster não são notáveis pelo seu humor engenhoso e pelos seus jogos de palavra fantásticos, extravagantes e surreais. Eu vivo entre eles por grande parte do tempo e posso atestar o fato. Isso não tem nada a ver com essências étnicas, e tudo a ver com condições históricas e culturais. Isso também não significa que alguns protestantes de Ulster não fujam do padrão.

*Por que você não discute a ficção de Beckett nesse livro? É estranho para mim que, apesar de* Crazy John and the Bishop *incluir um ensaio sobre sua obra dramática, você nunca tenha escrito em detalhes sobre seus romances.*

É verdade que nunca escrevi sobre a ficção de Beckett. Porém, eu fiz algo quase tão importante, que foi escrever uma ficção ao seu estilo, um romance não publicado sobre a guerra nuclear que produzi anos atrás, chamado *The Last Days* [Os últimos dias]. Mesmo se eu soubesse onde o manuscrito está agora, algo do qual eu não me recordo com muita certeza, não sonharia em inflingi-lo ao mundo. Ele é, porém, muito parecido com os primeiros escritos de Beckett, mas de maneira alguma conscientemente. Alguém teve que me indicar o fato. É que eu acabei me pegando escrevendo naquele estilo de humor negro, surreal, cara-de-pau e pedante. Talvez isso tenha a ver com o essencialismo étnico. Beckett não era irlandês ou algo assim?

*Em uma recente monografia sobre seu trabalho, James Smith sugere que o tema de* The English Novel *não "leva a crítica a novas interações, e em vez disso apresenta uma certa inquietação em relação à direção que [seu] projeto crítico-literário sente que deve tomar em seguida". Essa é uma crítica relevante? Seu projeto crítico-literário como tal chegou ao fim ou a um impasse?*

Acho que não. Agora estou escrevendo um livro que tenta refutar, uma por uma, as principais objeções-padrão ao marxismo, mas depois disso tenho a intenção de escrever um livro sobre teoria literária "pura", um projeto que, curiosamente, quase me saiu de vista. Ninguém escreve mais sobre narratologia ou recepção do leitor ou semiose, mas essa é a minha intenção. Eu acho – e pelo amor de Deus, não deixe isto sair dessas quatro paredes – que eu talvez tenha me deparado com o equivalente literário da Teoria de Tudo da física. Ou então finalmente entrei em psicose. Mas ela não será relevada por mais alguns anos, já que tenho um ou dois projetos políticos mais urgentes, como a defesa do marxismo.

How to Read a Poem *[2006], ao qual você já se referiu brevemente, é em certos sentidos um suplemento para* The English Novel, *especialmente devido ao seu compromisso pedagógico e ao seu tema comparativamente fora de moda. O que inspirou esse livro?*

Basicamente minha sensação, ao dar aulas em Manchester, de que os estudantes haviam praticamente perdido o hábito de analisar a linguagem de forma minuciosa – não porque não são inteligentes, mas porque ninguém ensina mais isso a eles. Como comento no livro, eles simplesmente não podem dizer coisas como "O exuberante tom do poema está curiosamente em conflito com sua sintaxe bamboleante". Em certo sentido isso é algo bobo de se dizer, mas em outro sentido é vitalmente importante. Você precisa conseguir ouvir o tom, sentir a textura e perceber uma mudança de ritmo ou de disposição para ler bem. Pelo que posso ver, os estudantes de literatura nos dias de hoje só são ensinados o que é tradicionalmente conhecido como análise de conteúdo. Eles acham que dar atenção à forma significa apenas saber se o poema rima e qual é a métrica dos versos. A análise de conteúdo é legal até certo ponto, mas na minha opinião ela não é crítica literária. A crítica investiga a densidade e a complexidade do meio em que nos realizamos como sujeitos: a linguagem. Apesar desse projeto não ser tudo, também não podemos torcer o nariz para ele.

Já que a poesia é o verdadeiro teste da sensibilidade à linguagem como discurso ou retórica, em vez de como *langue*, eu a adotei como tema do livro. De qualquer forma, foi divertido trabalhar com finais de versos e sinédoques para variar, em vez de ideologia e classe. Como disse em uma discussão anterior, a retórica na antiguidade clássica significava duas coisas abrangentes, uma com respeito à outra: a arte ou ciência da linguagem figurada; e a prática da oratória pública eficaz. Em outras palavras, a forma mais antiga de crítica registrada – a retórica – era textual e política. A maior parte da crítica do século XX inclinou a balança para o lado do textual, o que por sua vez, a partir da década de 1970, inspirou um alinhamento para o lado da política. Ambos, de maneiras diferentes, fazem perder o entrelaçamento do textual e do político que é típico não só da retórica antiga, mas da maioria dos principais momentos da crítica

A TAREFA DO CRÍTICO 323

desde então. A atenção às lendárias palavras na página deve ser também uma atenção às forças históricas que as constituem.

A teoria da literatura tentou, à sua própria maneira, reinventar essa conjunção, já que ela levanta questões políticas imensamente gerais e abrangentes, mas também lida com detalhes textuais de forma muito minuciosa. A ideia tradicional de que os teóricos não analisam os textos de perto – isso seria verdade de Bakhtin, Adorno, Benjamin, Jameson, Kristeva, Hartman, Derrida, De Man? – dificilmente sobrevive à leitura atenta de um único exemplar dos principais teóricos, mesmo que isso seja verdade de muitos dos seus imitadores. Esse é um clichê batido, bem parecido com a alegação de que os terroristas são pessoas de aparência surpreendentemente normal que são sempre educados com os vizinhos, mas que evitam qualquer tipo de intimidade. Cuidado com qualquer pessoa que se comporte desse jeito.

*A contribuição mais específica e autoconsciente do livro para a tradição da crítica prática é o conceito de "falácia encarnativa". Você poderia explicar isso?*

A poesia pode ser uma fonte de mistificação, pois parece existir dentro dela uma identidade contínua entre a linguagem e a realidade – uma linguagem que não apenas denota a realidade, mas que de alguma forma a "pratica" ou a "encarna", sendo icônica dela. Nessa teoria, a linguagem poética lhe proporciona a experiência diretamente, com todas as suas particularidades sensuais, e então convenientemente ignora a maneira como todas essas experiências são mediadas socialmente. Assim, essa identidade também é uma forma de ideologia – como Paul de Man, um crítico que tinha excelentes motivos para se sentir envergonhado quanto à ideologia, reconheceu tão bem. Minha hipótese nesse livro é que ela surge através de um deslizamento do associativo para o encarnativo. A poesia realmente presta muita atenção à materialidade do significante, o que então nos encoraja a imaginar que as palavras "incorporam" as coisas de algum modo. Mas isso ocorre somente porque o materialismo semântico traz à mente, de forma associativa, um materialismo mais ontológico. De forma mais simples, quero dizer que, embora para F.

R. Leavis uma expressão keatsiana como "mossed cottage trees"*
nos ofereça uma sensação das próprias árvores ásperas e densas, isso
só ocorre por causa do que poderíamos chamar de materialismo semântico. A proeminência das vogais na expressão, o trabalho físico
envolvido em sua pronúncia, nos faz lembrar a materialidade como
tal – nesse caso as árvores – e assim fomenta a ilusão de que as palavras encarnam as coisas de algum modo. É o que poderíamos chamar de estética sacramental, icônica ou simbólica, em vez de
semiótica.

*Existe um sentido em que sua atenção aos detalhes sensuais dos poemas
nesse livro, como a de Leavis em sua época, seja uma reação a uma sociedade governada pela abstração e pela utilidade, e especificamente a uma
cultura de ensino superior que é cada vez mais governada pelos valores de
mercado? A poesia, então, agiria como um discurso não pragmático, e consequentemente como um repositório em potencial de valor de uso?*

Com certeza. Sinto atração pelo paradoxo alto modernista de que a
obra de arte é política em sua própria autonomia, útil e instrutiva
em sua rejeição da utilidade e do didatismo – apesar de eu não querer elevar essa visão histórica muito específica à condição de teoria
geral da arte e da política. Em primeiro lugar – com o devido respeito aos críticos liberais – não há nada de errado, esteticamente falando, com o didatismo como tal. Pense nos sermões de Donne... Como
Adorno enxerga de forma tão esplêndida, a autonomia estética é
tanto uma espécie de fetichismo, uma recusa da história e da política, quanto uma política negativa em si mesma. A gloriosa inutilidade do trabalho, sua resistência silenciosa à utilidade e à forma de
mercadoria, é precisamente seu objetivo político. A obra de arte
autodeterminante prefigura o homem ou a mulher livre e
autodeterminamente do futuro. Onde a arte estava, a humanidade
estará. Não é por acaso que Oscar Wilde era esteta e socialista ao

---

\* No contexto do poema, *mossed cottage trees* refere-se às macieiras cobertas de
musgo sobre um chalé. (N.T.)

mesmo tempo. Não há contradição alguma aqui, o que quer que pense a espécie mais utilitária de marxista.

*Você conclui esse livro afirmando que "escrever a história das formas poéticas é uma maneira de escrever a história das culturas políticas", já que o poema media a política ao materializar uma estrutura prevalente de sentimento. Como seria tal história? Como o período presente participaria dela?*

Foi Roland Barthes quem observou que levar a forma até seu limite derradeiro significa emergir no domínio do histórico. Os formalistas são simplesmente pessoas que não levaram a forma longe o bastante. A forma sempre vem saturada de conteúdo histórico e ideológico, e o conteúdo histórico ou político já está sempre formado, moldado, significativamente organizado, antes que o artista ou o crítico venha colocar suas mãos nele. As pessoas que acreditam que a arte dá forma ao caos da realidade, ou alguma banalidade modernista desse tipo, não enxergam isso. Quem já viu uma realidade sem forma? Salvo talvez Gilles Deleuze, no que ele chama de empirismo transcendental, uma condição interessante para a qual podemos precisar de uma pequena ajuda de certos estimulantes facilmente adquiridos.

*The Meaning of Life [O Sentido da Vida] [2007], que seguiu How to Read a Poem, foi outro livro deliberadamente populista, mesmo que escrito em registro filosófico em vez de crítico-literário. Esse livro foi ideia sua, ou a Oxford University Press o procurou com ele?*

A OUP perguntou se eu poderia contribuir com um volume para a série Very Short Introductions, e como não consegui pensar em mais nada para escrever, propus esse tema. Acho que no início eles acharam que eu estava brincando, e obviamente escrever um livro sobre o sentido da vida *é* uma piada, não importa o quão sério você tenha a intenção de ser. O tema é tão profundo que se torna importante e ridículo ao mesmo tempo, tão profundo que é potencialmente sem sentido – mais Monty Python que Merleau-Ponty, alguém poderia dizer. Mas foi exatamente esse fato que atraiu um certo traço genioso e surreal dentro de mim.

*Você argumenta nesse livro que "é o esporte, e não a religião, que é hoje o ópio do povo". Qual é o papel do esporte na sociedade capitalista? Ele é tanto ideológico quanto utópico, por assim dizer?*

O esporte combina os mais impressionantes tipos de habilidade com o apelo mais extraordinariamente popular. Ele é assim a solução mais óbvia para o conflito entre a alta e a baixa cultura, da mesma maneira que o cinema pode ser, ou que gêneros como a ficção científica também podem. Ao mesmo tempo, como sugiro no livro, ele oferece uma versão substituta de certos valores políticos: solidariedade, tradição, festividade, competição, lealdade, um panteão de heróis e assim por diante. Nesse sentido, ele confisca uma enorme quantidade de energia que poderia ser politicamente produtiva. Sem o esporte, as sociedades capitalistas contemporâneas estariam em uma profunda crise política. O argumento do pão e circo realmente se aplica aqui, pelo menos no caso do futebol. Em que outro lugar em uma sociedade alienada as pessoas comuns poderiam obter essas experiências preciosas? Se o esporte é uma válvula de escape única para as energias políticas de massa – e obviamente eu não digo isso de maneira conspiratória – talvez a melhor maneira de garantir a saída às ruas de milhões de pessoas seja aboli-lo. O único problema é que elas provavelmente só inundariam as ruas para protestar a abolição. Eu digo isso, devo acrescentar, como alguém que foi forçado a jogar rúgbi na escola quando preferiria estar lendo Albert Camus. Mas até o ponto de vista de um *nerd* tem alguma validade.

*Nesse livro, você acaba pegando uma ideia de Gerry Cohen e argumentando que o jazz oferece uma metáfora para a boa vida, ou mesmo uma solução para o intratável problema do sentido da vida, por causa da sua dialética entre o individual e o coletivo. Talvez você possa elaborar mais essa ideia.*

John Gray mostrou-se crítico dessa metáfora em uma resenha para o *Independent*. Ele disse que só podia acreditar na minha palavra que os grupos de jazz alcançam esse estado de felicidade, e indicou que a sua distância de qualquer encarnação política é notável. Suspeito que o estado de felicidade de alguns grupos de jazz surge de algo um pouco mais tangível do que o fato de ser um modelo para a boa vida. A imagem é na realidade uma maneira de concretizar o pronunciamento de Marx no *Manifesto comunista* sobre o comunismo, no qual ele diz que o desenvolvimento de cada um se torna a condição do desenvolvimento de todos. Já escrevi antes que não consigo imaginar qualquer ética mais profunda do que essa. Em termos cristãos, poderíamos chamá-la de eucarística. Cada músico de jazz executa suas próprias ações, mas descobre que elas são aprimoradas, e não inibidas, pelos outros membros do grupo que estão agindo da mesma maneira. Então o que temos aqui não é nem individualismo nem uniformidade, mas uma terceira condição que atualmente não tem nome e que não pode ser contida em nenhuma dessas duas lógicas. John Gray está certo em sugerir que essa imagem é utópica. Eu só não entendo o motivo dele imaginar que isso representa uma crítica. Ou talvez eu esteja sendo insincero – dada a jornada de Gray como um exaltado jovem thatcherista até virar um mal-humorado misantropo de meia-idade, consigo enxergar exatamente a razão dele pensar assim.

*Simon Jenkins, outro liberal de direita, escreveu uma resenha bem mais positiva do que a de Gray para o* Guardian. *"Como eu considerava Eagleton o Dave Spart do jargão crítico ininteligível, me aproximei do livro com trepidação", ele escreveu. "Tudo o que posso dizer é que as surpresas nunca cessam. Isso aqui é filosofia popular escrita por um amador no melhor sentido da palavra, um homem que claramente ama o tema e que escreve em linguagem simples e acessível."*

Não tenho certeza se ser elogiado pelo ex-editor do *Times* por escrever em linguagem simples seja o clamor que eu estava buscando. Espero que meu estilo seja claro, mas não simples. Mas Jenkins está certo em dizer que existe uma quantidade preocupante de baboseiras críticas por aí: "símbolo", "alegoria", "verdades eternas da natureza humana", "riqueza metafórica" e assim por diante. Por que as pessoas que falam de "pontos de vista narrativos" ou "personagens multidimensionais" não usam uma linguagem simples? Eu nunca ouvia esse tipo de conversa lá em Salford. Pensando bem, por que

328    TERRY EAGLETON E MATTHEW BEAUMONT

os médicos não fazem anotações como "um tiquinho de problema na velha pança" em vez de utilizarem todo aquele bárbaro jargão médico?

*Você recentemente consolidou e estendeu seu compromisso com a reconstrução de uma ética materialista na forma de* Trouble with Strangers *[2008]. Esse livro é provavelmente sua publicação de maior porte desde* A ideologia da estética *[1990], um livro que ele complementa em muitos aspectos importantes. Por que a ética é tão importante para você?*

Creio que aqui minha origem católica coloca a cabeça para fora. Talvez por causa dela eu sempre tenha sido impaciente com esquerdistas que pensam que a política pode tomar o lugar da ética. Essa é meramente uma inversão da crença liberal de que a ética pode tomar o lugar da política. Para ambos os pontos de vista, o lugar da ética é o quarto em vez da sala de reuniões. Em vez disso, o livro tenta explorar as relações entre as duas esferas, que não é de maneira alguma uma relação do pessoal com o público, do interior com o exterior, do individual com o institucional e assim por diante. Esse é um erro de classe média que muitos esquerdistas cometem. Para ver o porquê, porém, você tem que colocar entre parênteses toda aquela ideologia desastrosamente equivocada da ética que chega até nós de Kant, que é realmente bastante antipolítica, e que vê a ética primariamente em termos de deveres, obrigações, responsabilidades e assim por diante. Eu não alego demonstrar qualquer originalidade nesse sentido: Bernard Williams passou a vida lidando com essa tarefa, assim como Alasdair MacIntyre. Creio que a originalidade do meu livro está, em vez disso, na maneira que ele aplica à ética a trindade lacaniana do imaginário, simbólico e real. Só quero dizer que, por causa dessa linhagem letal, agora é difícil recuperar o legado alternativo, de Aristóteles a Aquino a Hegel, Marx e Nietzsche, para os quais a ética diz respeito à abundância de vida, a autorrealização rica e diversa, o poder, o prazer, a riqueza de capacidades e assim por diante. Marx é um pensador absolutamente ético nesse sentido, mesmo que ele não perceba sempre que é.

Ainda existe um puritanismo protestante que tenta negar tudo isso, mas seus nomes agora não são Calvino e Lutero, mas Badiou,

Derrida, Lacan, Žižek e outros. Esses filósofos vanguardistas resistem à escandalosa noção judaico-cristã de que a ética é ordinária, prosaica e cotidiana, defendem-se da sua alegação de que a única lei que importa é a lei do amor, e reformulam noções clássicas de obrigação em termos mais modernos, relativos a uma espécie de lei, real ou imperativo absoluto, assim buscando reviver uma linhagem basicamente descreditada. Porém, *Trouble with Strangers* tenta também avaliar o que há de positivo e precioso na chamada ética do real, e isso se relaciona com que estávamos falando sobre a tragédia. Para mim, os âmbitos da ética e da política não podem ser nem divididos nem combinados. A ética lida com questões como valores humanos, propósitos, relacionamentos, qualidades de comportamento e motivações, enquanto a política levanta a questão de quais condições materiais, relações de poder e instituições sociais nós precisamos para fomentar alguns desses valores e qualidades e não outros. Isso não tem nada a ver com a relação entre o espiritual e o material, ou o pessoal e o público.

*Ocasionalmente, apesar de todo o seu interesse pelo corpo como base da ética assim como da estética, os argumentos nesse livro parecem ser estranhamente desincorporados; e apesar de toda a sua noção de história, ele também parece ser estranhamente desistoricizado. Por exemplo, há comparativamente pouco sobre a modernidade capitalista. A certa altura você acusa Hume de lidar com questões de direito e propriedade "como conceitos em vez de realidades sociais". Isso também não poderia ser dito das suas preocupações aqui?*

Parece bastante justo. A dimensão histórica precisa de gradações mais sutis. Há uma espécie de narrativa oculta no livro, do início do capitalismo ao seu período intermediário ao capitalismo tardio; e a jornada do imaginário ao simbólico ao real é em certo sentido alegórica disso. Em um sentido mais amplo, você poderia talvez correlacionar cada uma dessas fases históricas a cada um desses registros culturais e psicológicos. Eu faço um levíssimo gesto em direção a essa metanarrativa, mas não a desenvolvo – não sei bem por quê. Talvez simplesmente porque já tinha o bastante no meu prato. Não podemos, afinal, dizer tudo ao mesmo tempo – uma expressão que pode soar menos banal se nos lembrarmos daqueles marxistas que se levantam após a apresentação de um excelente artigo feminista sobre a metáfora em Adrienne Rich, e perguntam por que não foi dito nada sobre a luta de classes na França do século XIX; ou aquelas feministas que ficam de pé após uma interessantíssima apresentação sobre os modos de produção feudais e perguntam por que ninguém disse nada sobre os direitos reprodutivos.

*O discurso ético parece ser um discurso predominantemente masculino nesse livro...*

Não tenho tanta certeza disso. O imaginário, com toda a sua ênfase no corpóreo e no empático, é muito relevante a certas noções de feminidade. Também, de forma menos previsível, é o Real, cujas heroínas são figuras como Antígona, Clarissa de Samuel Richardson (a Antígona inglesa, como argumento no livro) e as personagens de Emily Brontë. Eu discuto essas e outras "ficções do Real" – *O Mercador de Veneza*, por exemplo – no livro, e agora vejo que essas obras sempre exerceram uma fascinação em mim sem que eu jamais tivesse percebido isso direito. Escrevi um livro sobre Richardson, quando isso não era algo nem popular nem rentável, uma obra sobre as Brontës, e assim por diante. Nesse livro mais recente também retorno a uma "ficção do Real", como gosto de chamá-la, que me atraía já em *The New Left Church: A Morte do Caixeiro Viajante* de Arthur Miller. Grande parte do meu trabalho anda em círculos nesse sentido, assombrada por certos espectros que se recusam a se deitar e morrer. Sob certos aspectos, minha obra tem sido extraordinariamente consistente, mas eu não quero dizer isso como um elogio a mim mesmo. A consistência não é sempre uma virtude, como Brecht e Barthes reconheciam.

A ideia de uma ficção do real é uma ideia elusiva, que eu explicito no livro, mas ela envolve entre outras coisas certas figuras que se encontram entre a vida e morte, presas em uma postura obstinada e inflexível, compelidas por uma espécie de *jouissance* mortal e provedora de vida, por uma compulsão ou compromisso que é mais seu eu real do que elas mesmas. É uma incapacidade de se afastar do que Lacan chamaria de lei do próprio ser. Em meu pensamento, isso

A TAREFA DO CRÍTICO 331

está ligado ao protagonista trágico, e mais particularmente ao mártir – outro fantasma que, como você indicou em outra ocasião, nunca parou de assombrar minha escrita, particularmente meu trabalho ficcional sobre a Irlanda, de Oscar Wilde a James Connolly. Isso não é algo que eu entendo muito bem. O Real é simultaneamente íntimo e estranho ao eu, mais próximo de nós do que a respiração, mas implacavelmente impessoal e até anônimo; ele é terrível e traumático, mas ainda assim é algo que temos que reconhecer em vez de repudiar. Ele teve muitos nomes na história cultural, como eu argumento em *Holy Terror*: Deus, o sublime, a vontade, o inconsciente, *jouissance*... Mas ele é sempre ao mesmo tempo vivificante e potencialmente aniquilador. Ele é apaixonado pela morte com um espírito que pode ser tanto mórbido quanto transformador.

Essa coisa, que é terrível e ainda sim necessária de se observar, e que não é nem bem viva nem morta, e que é então profundamente inquietante, também tem figurado na minha obra desde *Sweet Violence*, na forma do bode expiatório ou *pharmakós*. Por um lado, essa criatura com rosto de Jano é a merda do mundo – absoluto fracasso, colapso e fraqueza mortal – porque ela carrega o fardo dos crimes da comunidade como um todo. Por outro lado, precisamente por causa dessa fraqueza mortal, o bode expiatório – de Édipo e Cristo a Lear e figuras posteriores – apresenta um poder sagrado, violento e potencialmente transformador. Então no meu trabalho recente as ideias de sacrifício, bode expiatório, revolução política, pulsão de morte, o sublime e um tipo simultâneo de santidade e desfiguração começam a se mesclar. A maioria das pessoas na esquerda entende a ideia de sacrifício em seu reduzido sentido cotidiano; em vez disso, eu tento traçar uma linha do sacrifício antigo à revolução moderna. Essa não é a linguagem ortodoxa da esquerda política – você não encontraria muitas referências ao *pharmakós* na imprensa trotskista – mas espero que possa proporcionar um enriquecimento da linguagem. Ela realmente precisa disso.

*Você poderia explicar mais precisamente o que quis dizer nesse livro quando defende o "amor político", uma ideia que havia invocado na conclusão de* A ideologia da estética *[1990]?*

O amor, depois de resgatarmos esse conceito vital da sua limitação e empobrecimento por parte daqueles que o veem primariamente como uma relação erótica, romântica, sexual ou interpessoal, significa uma espécie de reciprocidade na qual cada um representa a base para a autorrealização do outro. O correlativo político disso é a frase do *Manifesto comunista* que citei anteriormente, sobre o desenvolvimento livre de cada um como condição necessária para o desenvolvimento livre de todos. O comunismo é apenas o conjunto de arranjos institucionais, qualquer que ele seja, que nos permitiria chegar mais perto dessa condição absolutamente impossível. É esse o motivo pelo qual eu acho difícil entender por que alguém decidiria não ser comunista. Que forma de vida mais recompensadora poderia existir? Os cristãos também acreditam nisso, é claro, mas eles também defendem que essa vida está além do nosso poder sem a revolução carnal conhecida como a ressurreição do corpo. Na sua visão, aquilo que é mais necessário historicamente é também o menos possível historicamente. Os cínicos e céticos concordam com essa visão através de uma perspectiva bastante diferente, ao passo que alguns esquerdistas consideram tal condição historicamente alcançável. Os liberais e conservadores tendem a considerar o amor um assunto privado que não afeta a política – essa é uma das perdas catastróficas da modernidade – então eles não fazem parte dessa disputa específica. O amor para eles é um conceito tão político quanto cortar as unhas. Isso também é verdade da grande massa de esquerdistas, mesmo que não devesse ser. Também para eles o amor é algo que você faz após um cansativo dia de panfletagem. Ele só é uma questão política na proporção que a sexualidade é uma questão política. Um dos grandes pontos cegos da nossa era tem sido imaginar que é só em virtude da sexualidade que qualquer coisa relacionada ao amor tem alguma relevância política.

## Leituras

COHEN, G. A. *Self-Ownership, Freedom, and Equality*. Cambridge: Cambridge University Press, 1995.

A TAREFA DO CRÍTICO     333

DELEUZE, G. *Difference and Repetition*. Nova edição. Trad. Paul Pattron. Columbia: Columbia University Press, 1995.

DOLLIMORE, J. *Death, Desire and Loss in Western Culture*. London: Routledge, 2001.

EAGLETON, T. *The Body as Language*: Outline of a "New Left" Theology. London: Sheed & Ward, 1970.

EAGLETON, T. *Sweet Violence*: The Idea of the Tragic. Oxford: Blackwell, 2003.

EAGLETON, T. Jonathan Dollimore. In: *Figures of Dissent*: Critical Essays on Fish, Spivak, Žižek and Others. London: Verso, 2003, p.121-8.

EAGLETON, T. Foreword. In: DOLLIMORE, J. *Radical Tragedy*: Religion, Ideology and Power in the Drama of Shakespeare and his Contemporaries. Durham: Duke University Press, 2004, p.x-xiii.

EAGLETON, T. Political Beckett? *New Left Review*, 2:40, p.64-74, 2006.

EAGLETON, T. *Holy Terror*. Oxford: Oxford University Press, 2005.

EAGLETON, T. *The English Novel*: An Introduction. Oxford: Blackwell, 2005.

EAGLETON, T. *The Meaning of Life*. Oxford: Oxford University Press, 2007.

EAGLETON, T. *How to Read a Poem*. Oxford: Blackwell, 2007.

EAGLETON, T. *Trouble with Strangers*: A Study of Ethics. Oxford: Blackwell, 2008.

EAGLETON, T. *Reason, Faith, and Revolution*: Reflections on the God Debate. New Haven: Yale University Press, 2009.

SMITH, J. *Terry Eagleton*: A Critical Introduction. Cambridge: Polity, 2008.

STEINER, G. *The Death of Tragedy*. (Com um novo prefácio). Oxford: Oxford University Press, 1980.

WILLIAMS, R. *Modern Tragedy*. London: Chatto & Windus, 1966.

# CONCLUSÃO

*Desde que você foi forçado a se aposentar prematuramente na Manchester University em 2008, em um vergonhoso episódio que gerou protestos por parte dos estudantes e cartas fervorosas a jornais de circulação nacional, você assumiu vários outros cargos acadêmicos, incluindo um em Galway e outro em Lancaster...*

Ao passo que Madonna coleciona bebês africanos, eu pareço ter colecionado vários cargos acadêmicos desde que fui forçado a deixar Manchester por estar ficando gagá. Acho que o placar é de três ou quatro no momento, na Grã-Bretanha, Irlanda e Estados Unidos. Nenhum deles, porém, envolve uma quantidade excessiva daquele fenômeno desagradável conhecido como presença física. Eu posso simplesmente chegar de tempos em tempos e lecionar para alunos de pós-graduação, estando livre de obrigações administrativas ou avaliativas, o que é uma posição invejavelmente privilegiada para se estar. Mas eu passei trinta anos conduzindo sessões tutoriais em Oxford, que é um baita trabalho pesado, e oito anos antes disso fazendo o mesmo em Cambridge. Acho que mereço liberdade condicional.

*Poderíamos voltar para concluir a questão sobre a sua assim chamada virada teológica? Em seu recente livro* From Marxism to Post-Marxism

336 TERRY EAGLETON E MATTHEW BEAUMONT

*[Do Marxismo ao Pós-Marxismo] [2008], Göran Therborn esboça um "amplo ambiente cultural" caracterizado por uma "difundida fascinação com a religião e com exemplos religiosos". "À medida que um futuro alternativo desaparece ou se ofusca, o que se torna importante são as raízes, experiências e formações", ele escreve. "Uma educação europeia clássica, uma maturação em um ambiente social não secular, e uma meia-idade a uma distância segura de qualquer demanda da fé torna o cristianismo uma experiência histórica natural para se observar". Ele cita você como um excelente exemplo desse fenômeno, caracterizando-o como "um teórico literário e cultural forte e impenitente" que retornou ao catolicismo de esquerda da sua juventude.*

O motivo pelo qual de repente todos parecem estar falando sobre Deus, após sua longa ausência forçada do palco histórico, é uma questão que eu abordo em *Reason, Faith, and Revolution* [2009]. Duvido que houvesse conversas tão intensas sobre Deus se as Torres Gêmeas ainda estivessem de pé, mas o medo do fundamentalismo islâmico não é de maneira nenhuma a razão da incrível volta do Todo-Poderoso tão tarde na sua decadente carreira. Acho que Therborn não está exatamente correto em ver uma inversão tão dramática na minha trajetória intelectual, já que a teologia e o seu potencial emancipatório são interesses meus há muito tempo. Se eu me tornei mais explícito em relação a eles, isso ocorreu parcialmente por causa de um clima intelectual no qual esse tipo de discussão parece mais fácil do que na década de 1970 – apesar de Althusser ter sido, é claro, um ex-católico, como fica evidente em grande parte da sua obra e sensibilidade (como dizem, gambá cheira gambá...). Uma maneira hostil de expressar isso seria dizer que quando há um grande declínio político, do tipo que a esquerda sofreu por bastante tempo, as pessoas têm a tendência de olhar saudosamente para as alternativas, para as soluções falsas ou substitutas de vários tipos. Acho que isso pode ser muito revelador; mas também já argumentei que um dos poucos benefícios de um declínio como esse é uma noção mais sóbria dos limites da esfera política, que é muito mais difícil quando a esquerda está em ascensão.

Assim como um materialista feito Sebastiano Timpanaro estava bem ciente, há aspectos vitais da existência humana com os quais a política não se envolve muito, e ninguém deveria esperar que ela fizesse isso. O marxismo não é uma espécie de teoria de tudo, exceto para aqueles que andam precisando sair mais de casa. Ele também é um projeto estritamente provisional e autoabolidor, não uma verdade eterna. Uma visão inflada da política tem sido um erro característico da esquerda, da mesma maneira que a subestimação da política tem sido um erro característico da direita e do centro. Creio que minha obra recente tem argumentado que, longe de oferecer algum tipo de retiro reconfortante do mundo político real, a fé cristã faz as demandas políticas mais duras e inflexíveis. Isso obviamente não a torna verdadeira, mas certamente faz com que ela seja algo mais do que o ópio do povo. Abri meu livro de memórias, *The Gatekeeper,* com um relato sobre uma ordem de freiras carmelitas para a qual servi como coroinha – já falamos disso – e eu insinuei que ela funcionava como uma espécie de comuna de mulheres. Para mim nada poderia ser mais banal do que alegar, empregando uma cômoda sabedoria liberal ou esquerdista, que essas jovens mulheres estavam "escapando do mundo real". Pelo contrário, em certo sentido, elas estavam jogando suas vidas fora por amor, em um encontro zeloso e contínuo com o real. Esse não é o tipo de coisa que um bom e *bien-pensant* liberal aprovaria. Não se vê muito disso na Londres literária, por exemplo. Mas um liberal bom e sensato também não aprovaria se você jogasse sua vida fora em uma guerra de guerrilha.

*Em* Trouble with Strangers*, você cita Eric Santner: "Não [...] precisamos de Deus pelas coisas divinas, mas pela devida atenção às coisas seculares". A expressão "devida atenção" parece-me uma concessão um pouco dissimulada, mas essa é também sua posição de forma aproximada?*

Com certeza. Se você acredita em Deus, o único Deus no qual vale a pena acreditar é aquele irremediavelmente apaixonado pelas coisas finitas criadas, como é caracterizado o Deus do Novo Testamento. Eu entendo a noção de "infinito" não como aquilo que se eleva além da condição de criatura, mas como característica de uma atenção potencialmente inexaurível a ela – e, em primeiro lugar, àquela forma de criatura conhecida no judaísmo como nossos vizinhos. Aqui o infinito significa simplesmente que nossa preocupação com nossos vizinhos – um termo que, no evangelho de Lucas, significa acima de tudo os membros necessitados e desprovidos da comunidade – deve ser em princípio ilimitada. Qualquer outro tipo de infinito é apenas coisa de ficção científica, ou de filosofia parisiense equivocada.

*O que, então, "Deus" significa para você?*

A ideia de Deus é absolutamente impossível. Quer dizer, a própria ideia de algo ou alguém que o ama e acolhe simplesmente e inteiramente pelo que você é, com toda a sua mesquinhez, violência e cegueira! Como Groucho Marx talvez tenha dito, "Você realmente gostaria de passar a eternidade com um trouxa como esse?"

*De acordo com Roland Boer, que investigou em algum detalhe o seu pensamento teológico recente, você tem se mostrado notavelmente omisso em relação ao pecado. Qual é o motivo?*

Não sou omisso de forma nenhuma em relação ao pecado, exceto pelos meus. Escrevo repetidas vezes em minha obra recente sobre o egoísmo, a ganância, a violência, a dominação, a exploração, a agressão, e até o mal. Meu livro *An Essay on Evil* [Ensaio sobre o mal] [lançamento em 2010] tem muito a dizer sobre a ideia da queda do homem, que eu tento desmitificar. Ou isso não conta como "conversa sobre pecado" se sexo não for mencionado? Parte do que tenho contra Dawkins e Hitchens é exatamente que eles não falam sobre o pecado – ou qualquer que seja a tradução secular adequada do termo. Eles parecem não perceber que há algo basicamente errado com a nossa situação, que clama por uma mudança fundamental, como discuti em *Reason, Faith, and Revolution*. As pessoas realmente perigosas são aquelas que pensam que tudo está basicamente certo. Como Adorno observou, os pessimistas como Freud servem mais a causa da humanidade com seu realismo desolador do que os líderes de torcida doutrinários.

*Em sua introdução a uma edição recente dos evangelhos, publicada pela Verso como parte da série "Revolutions", você indaga: "Jesus era um revolucionário?" Como responde a essa pergunta?*

Jesus não tinha muita noção de política, porque ele não deve ter tido muita noção de história – no sentido de história secular, no sentido moderno de projeto de autodeterminação coletiva, em contraste com a assim chamada história de salvação, da qual ele teria muita noção. Então seria anacrônico ver Jesus como um protótipo de Trotsky. Se você acredita, como Jesus provavelmente acreditava, que o fim do mundo é iminente, não há tempo para se preocupar em revolucionar o lugar. Você tem que se entregar em fé a Jeová, que tornará a Criação completa – como alguns cabalistas acrescentam, fazendo certos pequenos ajustes. Por outro lado, Jesus teve um estilo de vida parecido com o revolucionário – como Che, ele não podia ter empecilhos como uma hipoteca ou uma existência estabelecida. E no Calvário, ele é apresentado muito deliberadamente como a vítima torturada e lacerada do poder político imperial que ameaça os poderes deste mundo ao clamar destemidamente por amor e justiça. A mensagem do evangelho é que qualquer um que seja idiota o suficiente para fazer isso será eliminado pelo Estado. De fato, esse é o aviso explícito de Jesus aos seus companheiros, muitos dos quais acabaram exatamente nessa posição desagradável. Em princípio, o reinado dos poderes vigentes chegou ao fim nesse corpo executado, derrubado por aquilo que Lacan chama de amor sem limites. Isso, para os evangelhos, não é uma questão reformista de despejar vinho novo em garrafas antigas. Pelo contrário, isso demanda uma dissolução inimaginável de tudo que sabemos em benefício de algo inconcebivelmente diferente, e tudo isso demanda uma passagem aterrorizante pela morte, pelo nada e pela autoprivação. Então creio que, em certo sentido, isso é suficientemente revolucionário. Pode ser uma linguagem pouco conhecida para Lênin ou Mao, mas ela parece estar bem à esquerda do Banco Mundial.

*Para Herbert McCabe, em* Law, Love and Language *[1968], o marxismo e o cristianismo divergem na questão da morte e ressurreição: "Se o marxista está correto e não existe um Deus que despertou Jesus da morte, a preocupação cristã com a morte como o ato revolucionário derradeiro é um desvio das demandas verdadeiras da história; se o cristão está correto, o marxista está lidando com a revolução apenas em um nível relativamente superficial, sem tocar a revolução máxima envolvida na própria morte, e por esse motivo sua revolução trairá a si mesma; a libertação erguerá um novo ídolo". Sua concepção de morte compromete você, pelo menos em um sentido simbólico, com a ressurreição do corpo assim como a abolição do capitalismo?*

Antes de tudo, acho que McCabe está correto em ver que a crença tradicional cristã está na ressurreição do corpo em vez da noção profundamente não-judaica de imortalidade da alma. Como Tomás de Aquino talvez tenha dito, se uma forma de existência renovada não envolve meu corpo, ela não me envolve. Ele identificava as pessoas com os seus corpos – como Wittgenstein fez naquela observação de que se quisermos uma imagem da alma, devemos observar o corpo humano. A linguagem da alma é apenas uma maneira de explicar o que torna corpos criativos, históricos e autotransformativos como os humanos distintos ontologicamente de corpos materiais como aparelhos de CD ou clipes de papel. Uma vez que tenhamos uma explicação suficientemente fenomenológica do corpo, tal linguagem pode sair de cena. Ela não é mais útil na batalha contra os materialistas mecanicistas.

McCabe também está correto – e inteiramente de acordo com a tradição judaico-cristã – em ver que não há algo chamado "vida após a morte" (talvez como recompensa pela infernalidade desta vida). Essa é uma concepção pagã, não judaico-cristã. Para citar Wittgenstein mais uma vez, se há algo chamado vida eterna – e ele não imaginava que havia – ela tem que existir aqui e agora. Ele analisa a impossibilidade lógica de alegações como "a vida eterna começará quando eu morrer às 15h33min". A vida eterna não pode *começar*. A vida eterna tem que ser um relato *desta* vida, em toda sua profundidade visionária. Pense em William Blake – essa é uma doutrina ortodoxa cristã. É uma visão de como nossa vida realmente é ou poderia ser se ela fosse libertada de certas ilusões, opressões e limitações. E uma coisa que sabemos que ela deveria ser é uma vida que tem como finalidade seu próprio deleite perpétuo. É por isso que ela é tradicionalmente vista como a vida de Deus, que é puro autodeleite e que, ao contrário de escravos e chinelos, existe apenas pelo prazer da sua própria existência. Para a fé cristã, não é o corpo que impede esse tipo de vida, já que o corpo é bom. É o pecado – ou seja, as formas de dano e destrutividade mútuas das quais o fato de termos, ou sermos, corpos permite que participemos. O oposto do pecado é o amor. Mas o pecado só pode ser superado completamente se a característica humana que nos permite ferir uns aos outros for transformada com base no reconhecimento. E essa é a doutrina da ressurreição do corpo.

Acredito eu, como McCabe talvez sugira, que a revolução política teria que apresentar uma penetração tão profunda para que ela não fosse em vão? Não, não acredito. Isso significaria minimizar as questões políticas e históricas. Em que sentido a obtenção da paz e a extinção da fome seriam superficiais? Podemos abolir as principais injustiças que nos afligem sem termos que nos levantar dos nossos túmulos. Mas, ao mesmo tempo, precisamos ser realistas quanto o que não é possível alcançar com uma revolução política. Ela não pode acabar com o sofrimento, com a tragédia ou com a mortalidade humana, nem com todas as formas de crueldade e exploração. Enquanto tivermos, ou formos, corpos, essas coisas serão parte de nós, com uma relação íntima com a nossa carne. Isso, creio eu, é o que a doutrina da ressurreição está tentando articular. Não há nenhuma utopia, nenhum paraíso na Terra; mas isso não deve nos impedir de estirar cada nervo e torcer cada tendão para trazer à luz essa condição estritamente impossível.

*Queria finalmente perguntar sobre a função da crítica e a tarefa do crítico esquerdista. Talvez eu possa introduzir o assunto levantando a questão do público do crítico marxista. Há um artigo de Edward Said, "Opponents, Audiences, Constituencies, and Community" [1982], no qual ele o critica por aceitar implicitamente que você também está limitado à esfera elitizada do meio acadêmico, já que você criticou Fredric Jameson e Frank Lentricchia por habitá-la. Said escreve: "Eagleton, Jameson e Lentricchia são marxistas literários que escrevem para marxistas literários em reclusão claustral, longe do mundo inóspito da política verdadeira. Tanto a 'literatura' quan-*

*to o 'marxismo' são com isso firmados em seu conteúdo e metodologia apolíticos". Como você interpreta essa crítica?*

Creio que isso depende do que Said quis dizer com "marxista literário". Acho que não há problemas em ser um marxista literário, desde que isso não seja tudo o que você é. Said parece sugerir que isso é tudo o que você pode ser... Na verdade, eu respondi essa crítica, embora não diretamente, em um artigo que escrevi para o *Critical Quarterly*. Ao longo do artigo, comentei que desejava que Said estivesse presente quando fui rejeitado pela segunda vez ao tentar me afiliar ao Partido Trabalhista local, com a justificativa de que eu tinha uma identificação muito próxima com uma organização trotskista. Suponho que, em um sentido específico, Said teve sorte de poder unir sua cultura e sua política. O tipo de política com o qual ele estava envolvido conduziu a certos tipos de atividade cultural ou literária. No meu caso, as coisas eram ligeiramente mais problemáticas; mas eu também não tinha nenhuma grande convicção de que coisas distintas deveriam ser sempre unidas.

Gostaria de acrescentar que, como muitos intelectuais, meu temperamento não é o de um ativista – talvez Said tenha sido uma exceção. O ativismo político não me dá nenhum prazer especial; e nos diversos grupos dos quais participei, eu rapidamente percebi que não deveria me sentir mal por isso, pois muitas pessoas não conseguiriam *não* ser ativistas. Aquelas pessoas viviam, respiravam e dormiam a política. Ao mesmo tempo, eu sempre mantive em mente a imagem do marxista limitado ao acadêmico, como aviso contra os perigos envolvidos na "reclusão claustral".

*Então qual é a tarefa do crítico?*

Escrevi em meu estudo sobre Benjamin em 1981 que a tarefa primária do crítico socialista era a de participar do que eu chamava de emancipação cultural das massas; e relacionei atividades como a organização de oficinas de redação e teatro popular, o negócio de design público e arquitetura e assim por diante. Tudo isso, não é preciso dizer, descreve a tarefa do crítico socialista em tempos muito mais esperançosos politicamente do que os dias de hoje. Estou

A TAREFA DO CRÍTICO    343

me recordando da enorme reviravolta cultural e empolgação nas eras bolchevista e weimariana. Mas acho que devemos manter esse objetivo em mente para nos impedir de imaginar que a tarefa do crítico socialista seja simplesmente a de escrever ensaios sobre Henry James sob a ótica marxista. Nesse sentido, as verdadeiras tarefas do crítico ainda estão por vir. Não é literalmente verdade, como Benjamin escreveu, que qualquer momento seja o portão estreito pelo qual o Messias possa entrar. Mas o futuro tem de fato o hábito de nos pegar de surpresa; e pensar na tarefa do crítico nesses termos é uma das maneiras de não estarmos desarmados na sua chegada.

## Leituras

BENJAMIN, W. Theses on the Philosophy of History. *Illuminations*. Trad. Harry Zohn. London: Fontana, 1973, p.245-55.

BOER, R. Terry Eagleton and the Vicissitudes of Christology. *Cultural Logic* 8, 2005. Disponível em: http://clogic.eserver.org/2005/boer.html.

EAGLETON, T. *Walter Benjamin; or Towards a Revolutionary Criticism*. London: Verso, 1981.

EAGLETON, T. The Idealism of American Criticism. *New Left Review*, 1:127, p.53-65, 1981. (reproduzido em *Against the Grain*: Essays 1975-1985. London: Verso, 1986, p.49-64).

EAGLETON, T. Literature and History. *Critical Quarterly*, 27:4, p.23-6, 1985.

EAGLETON, T. *The Gatekeeper*: A Memoir. London: Allen Lane, 2001.

EAGLETON, T. Tragedy and Revolution. In: *Theology and the Political*: The New Debate. Durham: Duke University Press, 2005, p.7-21.

EAGLETON, T. Lunging, Flailing, Mispunching. *London Review of Books*, p.32-4, 19 out. 2006.

EAGLETON, T. Introduction. In: *Jesus Christ, The Gospels*. London: Verso, 2007, p.vii-xxx.

EAGLETON, T. *Trouble with Strangers*: A Study of Ethics. Oxford: Blackwell, 2008.

EAGLETON, T. *Reason, Faith, and Revolution*: Reflections on the God Debate. New Haven: Yale University Press, 2009.

EAGLETON, T. *An Essay on Evil*. Yale: Yale University Press, No prelo.

MCCABE, H. *Love, Law and Language* London: Sheed & Ward, 1968.

SAID, E. W. Opponents, Audiences, Constituencies, and Community. In: *Reflections on Exile and Other Essays*. London: Granta, 2000, p.118-47.

SANTNER, E. L. Miracles Happen: Benjamin, Rosenzweig, Freud, and the Matter of the Neighbor. In: *The Neighbor*: Three Inquiries in Political Theology. Chicago: Chicago University Press, 2005, p.76-133.

THERBORN, G. *From Marxism to Post-Marxism*. London: Verso, 2008.

# REFERÊNCIAS BIBLIOGRÁFICAS

## Obras citadas na introdução

BENJAMIN, W. *Selected Writings*. Trad. Rodney Livingstone et al. Cambridge, MA: Belknap Press, 1999.

BERMAN, M. *Adventures in Marxism*. London: Verso, 1999.

CORREDOR, E. (Ed.) *Lukács after Communism*: Interviews with Contemporary Intellectuals. Durham: Duke University Press, 1997.

ELIOT, T. S. The Function of Criticism. In: *Selected Prose*. London: Faber & Faber, 1975.

HALL, S. Politics and Letters. In: *Raymond Williams*: Critical Perspectives. Cambridge: Polity, 1989.

JAMESON, F. *Fables of Aggression*: Wyndham Lewis, the Modernist as Fascist. Berkeley: University of California Press, 1979.

JAMESON, F. Introduction: On Not Giving Interviews. In: *Jameson on Jameson*: Conversations on Cultural Marxism. Durham: Duke University Press, 2007.

SMITH, J. *Terry Eagleton*: A Critical Introduction. Cambridge: Polity, 2008.

WOMERSLEY, D. Overrated: Terry Eagleton. *Standpoint*, abr. 2009. Disponível em: http://www.standpointmag.co.uk/overrated-april-09-terry-eagleton.

ŽIŽEK, S. *The Fragile Absolute, Or, Why Is the Christian Legacy Worth Fighting For?* 2.ed. London: Verso, 2008.

## Obras de Terry Eagleton

### Livros

*The New Left Church*. London: Sheed & Ward, 1966.

*Shakespeare and Society*. London: Chatto & Windus, 1967.

*The Body as Language*: Outline of a "New Left" Theology. London: Sheed & Ward, 1970.

*Exiles and Émigrés*: Studies in Modern Literature. London: Chatto & Windus, 1970.

*Myths of Power*: A Marxist Study of the Brontës. London: Macmillan, 1975.

*Criticism and Ideology*: A Study in Marxist Literary Theory. London: New Left Books, 1976.

*Marxism and Literary Criticism*. London: Methuen, 1976. [*Marxismo e crítica literária*. Porto: Afrontamento, 1978.]

*Walter Benjamin; or, Towards a Revolutionary Criticism*. London: Verso, 1981.

*The Rape of Clarissa*: Writing, Sexuality and Class Struggle in Samuel Richardson. Oxford: Blackwell, 1982.

*Literary Theory*: An Introduction. Oxford: Blackwell, 1983. [*Teoria da literatura*: uma introdução. 4.ed. São Paulo: Martins Fontes, 2006.]

*The Function of Criticism*: From The *Spectator* to Post-Structuralism. London: Verso, 1984. [*A função da crítica*. São Paulo: Martins Fontes, 1991.]

*Against the Grain*: Essays 1975-1985. London: Verso, 1986.

*William Shakespeare*. Oxford: Blackwell, 1986.

*Saints and Scholars*. London: Verso, 1987.

*Saint Oscar*. Derry: Field Day, 1989.

*The Ideology of the Aesthetic*. Oxford: Blackwell, 1990. [*A ideologia da estética*. Rio de Janeiro: Jorge Zahar, 1993.]

*The Significance of Theory*. Eds. Michael Payne e M. A. R. Habib. Oxford: Blackwell, 1990.

*Ideology*: An Introduction. London: Verso, 1991. [*Ideologia*: uma introdução. São Paulo: Boitempo, 1997.]

*The Crisis of Contemporary Culture*: An Inaugural Lecture Delivered before the University of Oxford on 27 November 1992. Oxford: Clarendon Press, 1993.

*Heathcliff and the Great Hunger*: Studies in Irish Culture. London: Verso, 1995.

*The Illusions of Postmodernism*. Oxford: Blackwell, 1996. [*As ilusões do pós-modernismo*. Rio de Janeiro: Jorge Zahar, 1998.]

*Marx and Freedom*. London: Phoenix, 1997.

*Saint Oscar and Other Plays*. Oxford: Blackwell, 1997.

*Crazy John and the Bishop and Other Essays on Irish Culture*. Cork: Cork University Press/Field Day, 1998.

*The Eagleton Reader*. Ed. Stephen Regan. Oxford: Blackwell, 1998.

*Scholars and Rebels in Nineteenth-Century Ireland*. Oxford: Blackwell, 1999.

*The Truth about the Irish*. Dublin: New Island, 1999.

*The Idea of Culture*. Oxford: Blackwell 2000. [*A ideia de cultura*. São Paulo: Editora Unesp, 2005.]

*The Gatekeeper*: A Memoir. London: Allen Lane, 2001.

*After Theory*. London: Allen Lane, 2003. [*Depois da teoria*. São Paulo: Civilização Brasileira, 2005.]

*Sweet Violence*: The Idea of the Tragic. Oxford: Blackwell, 2003.

*Figures of Dissent*: Critical Essays on Fish, Spivak, Žižek and Others. London: Verso, 2003.

*Holy Terror*. Oxford: Oxford University Press, 2005.

*Myths of Power*: A Marxist Study of the Brontës. Basingstoke: Palgrave Macmillan, 2005.

*The English Novel*: An Introduction. Oxford: Blackwell, 2005.

*The Meaning of Life*. Oxford: Oxford University Press, 2007.

*How to Read a Poem*. Oxford: Blackwell, 2007.

*Trouble with Strangers*: A Study of Ethics. Oxford: Blackwell, 2008.

*Reason, Faith, and Revolution*: Reflections on the God Debate. New Haven: Yale University Press, 2009.

*An Essay on Evil*. Yale: Yale University Press, No prelo.


## Coletâneas de Ensaios Editadas

*The Slant Manifesto*: Catholics and the Left. Eds. Adrian Cunningham, Terry Eagleton et al. London: Sheed & Ward, 1966.

*Directions*: Pointers for a Post-Conciliar Church. Ed. Terry Eagleton. London: Sheed & Ward, 1968.

*From Culture to Revolution*: The Slant Symposium 1967. Eds. Terry Eagleton e Brian Wicker. London: Sheed & Ward, 1968.

*Raymond Williams*: Critical Perspectives. Ed. Terry Eagleton. Oxford: Polity Press, 1989.

348    TERRY EAGLETON E MATTHEW BEAUMONT

## Antologias Editadas

*Ideology*. Ed. Terry Eagleton. London. Longman, 1994. (Longman Critical Reader)

*Marxist Literary Theory*. Eds. Terry Eagleton e Drew Milne. Oxford: Blackwell, 1995.

## Edições

HARDY, T. *Jude the Obscure*. Ed. Terry Eagleton. London: Macmillan, 1974.

DICKENS, C. *Hard Times*. Ed. Terry Eagleton. London: Methuen, 1987.

WILDE, O. *Plays, Prose Writings and Poems*. Ed. Terry Eagleton. London: Everyman, 1991.

## Artigos Selecionados

Language and Reality in *Twelfth Night*. *Critical Quarterly* 9, p.217-28, 1967.

History and Myth in Yeats's "Easter 1916". *Essays in Criticism* 21, p.248-60, 1971.

Thomas Hardy: Nature as Language. *Critical Quarterly* 13, p.155-62, 1971.

Class, Power and Charlotte Brontë. *Critical Quarterly* 14, p.225-35, 1971.

Nature and the Fali in Hopkins: A Reading of "God's Grandeur". *Essays in Criticism* 23, p.68-75, 1973.

Capitalism and Form. *New Left Review*, 2:14, 2002.

William Hazlitt: An Empiricist Radical. *New Blackfriars* 54, p.108-17, 1973.

Thomas Hardy: The Form of his Fiction. *New Blackfriars* 55, p.477-81, 1974.

Ideology and Literary Form. *New Left Review* 1:90, p.81-109, 1975.

Pierre Macherey and the Theory of Literary Production. *Minnesota Review* 5, p.134-44, 1975.

The Poetry of Peter Dale. *Agenda* 13:3, p.85-91, 1975.

Criticism and Politics: The Work of Raymond Williams. *New Left Review* 1:95, p.3-23, 1976.

First-Class Fellow Travelling: The Poetry of W. H. Auden. *New Blackfriars* 57, p.562-6, 1976.

*Sylvia's Lovers* and Legality. *Essays in Criticism* 28:1, p.17-27, 1976.

Marxist Literary Criticism. *Sociological Review Monograph* 25, p.85-91, 1977.

A TAREFA DO CRÍTICO 349

Marx, Freud and Morality. *New Blackfriars* 58, p.21-9, 1977.

*Aesthetics and Politics. New Left Review* 1:107, p.21-34, 1978.

Translation and Transformation. *Stand Magazine* 19:3, p.72-7, 1978.

Form, Ideology, and *The Secret Agent. Sociological Review*, Monograph 26, p.55-63, 1978.

Liberality and Order: The Criticism of John Bayley. *New Left Review* 1:110, p.29-40, 1978.

Literature and Politics Now. *Critical Quarterly* 20:3, p.65-9, 1978.

Irony and Commitment. *Stand Magazine* 20:3, p.24-7, 1979.

The Poetry of E. P. Thompson. *Literature and History* 5:2, p.139-45, 1979.

Radical Orthodoxies. *Oxford Literary Review* 3:3, p.99-103, 1979.

Marxism and Deconstruction. *Contemporary Literature* 22:4, p.477-88, 1981.

The End of Criticism. *Southern Review* 14:2, p.99-106, 1981.

The Idealism of American Criticism. *New Left Review* 1:127, p.53-65, 181.

Fredric Jameson: The Politics of Style. *Diacritics* 12:3, p.14-22, 1982.

Pierre Macherey and Marxist Literary Theory. *Philosophy* 14, p.145-55, 1982.

The Revolt of the Reader. *New Literary History* 13:3, p.449-52, 1982.

Wittgenstein's Friends. *New Left Review* 1:135, p.64-90, 1982.

Power and Knowledge in "Lifted Veil". *Literature and History* 9:1, p.52-61, 1983.

The Task of the Cultural Critic. *Meanjin* 42:3, p.445-8, 1983.

Nature and Violence: The Prefaces of Edward Bond. *Critical Quarterly* 26:1/2, p.127-35, 1984.

Brecht and Rhetoric. *New Literary History* 16:3, p.633-8, 1985.

Capitalism, Modernism and Postmodernism. *New Left Review* 1:152, p.60-73, 1985.

Literature and History. *Critical Quarterly* 27:4, p.23-6, 1985.

Politics and Sexuality in W. B. Yeats. *Crane Bag* 19:2, p.138-42, 1985.

Marxism and the Past. *Salmagundi* 66-8, p.271-90, 1985.

Marxism, Structuralism, and Post-Structuralism. *Diacritics* 15:4, p.2-12, 1985.

Politics and Sexuality in W. B. Yeats. *Crane Bag* 9:2, p.138-42, 1985.

New Poetry. *Stand Magazine* 26:1, p.68-72, 1985.

The Subject of Literature. *Cultural Critique* 2, p.95-104, 1985-1986.

The Poetry of Radical Republicanism. *New Left Review* 1:158, p.123-8, 1986.

Frère Jacques: The Politics of Deconstruction. *Semiotica* 63:3/4, p.351-8, 1987.

The End of English. Textual Practice 1:1, p.1-9, 1987.

Estrangement and Irony in the Fiction of Milan Kundera. *Salmagundi* 73, p.25-32, 1987.

Two Approaches in the Sociology of Literature. *Critical Inquiry* 14:3, p.469-76, 1988.

Resources for a Journey of Hope: The Significance of Raymond Williams. *New Left Review* 1:168, p.3-11, 1988.

Rereading Literature: or, Inside Leviathan. *Antithesis* 1:1, p.11-14, 1988.

The Silences of David Lodge. *New Left Review* 1:172, p.93-102, 1988.

J. L. Austin and Jonah. *New Blackfriars* 69:815, p.164-8, 1988.

The Ideology of the Aesthetic. *Poetics Today* 9:2, p.327-38, 1988.

Aesthetics and Politics in Edmund Burke. *History Workshop Journal* 28, p.53-62, 1989.

Modernism, Myth and Monopoly Capitalism. *News from Nowhere* 7, p.19-24, 1989.

Schopenhauer and the Aesthetic. *Signature* 1, p.3-22, 1989.

Saint Oscar: A Foreword. *New Left Review* 1:177, p.125-8, 1989.

Defending the Free World. *Socialist Register* 26, p.85-94, 1990.

Shakespeare and the Class Struggle. *International Socialism* 49, p.115-21, 1990.

Unionism and Utopia: *The Cure at Troy* by Seamus Heaney. *News from Nowhere* 9, p.93-5, 1991.

The Crisis of Contemporary Culture. *New Left Review* 1:196, p.29-41, 1992.

Emily Brontë and the Great Hunger. *Irish Review* 12, p.107-19, 1992.

The Right and the Good: Postmodernism and the Liberal State. *Textual Practice* 8:1, p.1-10, 1993.

Memorial to the Great Famine. *Actes de la Recherche en Sciences Sociales* 104, p.18-23, 1994.

Oscar and George. *Nineteenth-Century Contexts* 18:3, p.205-23, 1994.

My Wittgenstein. *Common Knowledge* 3:1, p.152-7, 1994.

Ireland's Obdurate Nationalisms. *New Left Review* 1:213, p.130-6, 1995.

Where do Postmodernists Come From?. *Monthly Review* 47:3, p.59-70, 1995.

Marxism without Marxism. *Radical Philosophy* 73, p.35-7, 1995.

Cork and the Carnivalesque: Francis Sylvester Mahony (Fr. Prout). *Irish Studies Review* 16, p.2-7, 1996.

The Irish Sublime. *Religion and Literature* 28:2/3, p.25-32, 1996.

Priesthood and Paradox. *New Blackfriars* 77, p.316-19, 1996.

The Contradictions of Postmodernism. *New Literary History* 28:1, p.1-6, 1997.

Nationalism and the Case of Ireland. *New Left Review* 1:234, p.44-61, 1999.

Things I'd Gladly Leave Behind. *Neue Rundschau* 110:4, p.17-19, 1999.

A Note on Brecht. *Pretexts: Studies in Writing and Culture* 1, p.89-92, 1999.

Self-Realization, Ethics and Socialism. *New Left Review* 1:237, p.150-61, 1999.

Defending Utopia. *New Left Review* 2:4, p.173-6, 2000.

Base and Superstructure Revisited. *New Literary History* 31:2, p.231-40, 2000.

Subjects and Truths. *New Left Review* 2:9, p.155-60, 2001.

God, the Universe, and Communism. *New Literary History* 32:1, p.23-32, 2001.

Capitalism and Form. *New Left Review* 2:14, p.119-31, 2002.

Irony and the Eucharist. *New Blackfriars* 83, p.513-16, 2002.

Norman Feltes. *English Studies in Canada* 28:3, p.473-7, 2002.

Commentary ["Rethinking Tragedy"]. *New Literary History* 35:1, p.151-9, 2004.

Evil, Terror and Anarchy. *Salmagundi* 148/149, p.148-9, 2005.

On Telling the Truth. *Socialist Register* 42, p.307-26, 2006.

Political Beckett?. *New Left Review* 2:40, p.67-74, 2006.

Comrades and Colons. *Antipode*, 40:3, p.351-6, 2008.

The Art of Medicine: Literary Healing. *The Lancet* 371:9621, p.1.330-31, 2008.

Must We Always Historicize?. *Foreign Literature Studies* 30:6, p.9-14, 2008.

Introduction: The View from Judgment Day ["Devalued Currency"], *Common Knowledge* 14:1, p.29-33, 2009.

Culture and Socialism. *International Socialism* 122, p.91-9, 2009.

Jameson and Form. *New Left Review*, No prelo.

## Capítulos Selecionados

The Idea of a Common Culture. In: *From Culture to Revolution*: The *Slant* Symposium 1967. London: Sheed & Ward, 1968, p.35-57.

Eliot and a Common Culture. In: MARTIN, G. (Ed.) *Eliot in Perspective*: A Symposium. London: Macmillan, 1970, p.279-95.

Myth and History in Recent Poetry. In: SCHMIDT, M.; LINDOP, G. (Eds.) *British Poetry since 1960*: A Critcal Survery. Oxford: Carcanet, 1972, p.233-9.

Lawrence. In: GREGOR, I.; STEIN, W (Eds.) *The Prose for God*: Religious and Anti-Religious Aspects of Imaginative Literature. London: Sheed & Ward, 1973, p.86-100.

Marxist Literary Criticism. In: SCHIFF, H. (Eds.) *Contemporary Approaches to Literary Studies*. London: Heinemann, 1977, p.94-103.

Tennyson: Politics and Sexuality in *The Princess* and *In Memoriam*. In: BARKER, F. et al. (Eds.) *1948*: The Sociology of Literature. Colchester: Essex University Press, 1978, p.97-106.

Text, Ideology, Realism. In: SAID, E. W. (Ed.) *Literature and Society*. Baltimore: Johns Hopkins University Press, 1980, p.149-73.

Psychoanalysis, the Kabbala and the Seventeenth Century. In: PARK, F. et al. (Eds.) *1642*: Literature and Power in the Seventeenth Century. Colchester: University of Essex, 1981, p.201-6.

Macherey and Marxist Literary Theory. In: PARKINSON, G. H. R. (Ed.) *Marx and Marxisms*. Cambridge: Cambridge University Press, 1982, p.145-55.

Ineluctable Options. In: MITCHELL, W. J. T. (Ed.) *The Politics of Interpretation*. Chicago: Chicago University Press, 1983, p.373-80.

Ideology and Scholarship. In: MCGANN, J. J. (Ed.) *Historical Studies and Literary Criticism*. Madison: University of Wisconsin Press, 1985, p.114-25.

Political Criticism. In: CAWS, M. A. (Ed.) *Textual Analysis*: Some Readers Reading. New York: Modern Languages Association, 1986, p.257-71.

The God that Failed. In: NYQUIST, M.; FERGUSON, M. (Eds.) *Remembering Milton*: Essays and the Texts and Traditions. Nova York: Methuen, 1987, p.342-9.

Reception Theory. In: BARRY, P. (Ed.) *Issues in Contemporary Literary Theory*. Basingstoke: Macmillan, 1987, p.119-30.

The Critic as Clown. In: *Marxism and the Interpretation of Culture*. GROSSBERG, L.; NELSON, C. (Eds.) Urbana: University of Illinois Press, 1988, p.619-32.

History, Narrative and Marxism. In: PHELAN, J. (Ed.) *Reading Narrative*: Form, Ethics Ideology. Columbus: Ohio State University Press, 1989, p.272-81.

Joyce and Mythology. In: DICK, S. (ed.) *Omnium Gatherum*: Essays for Richard Ellmann. Gerrards Cross: Smythe, 1989, p.310-19.

Nationalism: Irony and Commitment. In: DEANE, S.; JAMESON, F.; SAID, E. W. (Eds.) *Nationalism, Colonialism and Literature*. Minneapolis: University of Minnesota Press, 1990, p.23-39.

A TAREFA DO CRÍTICO     353

Marxism and the Future of Criticism. In: WOOD, D. (Ed.) *Writing the Future*. London: Routledge, 1990, p.177-80.

The Politics of Postmodernism. In: ZADWORNA-FJELLESTAD, D.; BJORK, L. (Eds.) *Criticism in the Twilight Zone*: Postmodern Perspectives on Literature. Estocolmo: Almqvist & Wiksell, 1990, p.21-33.

Aesthetics and Politics in Edmund Burke. In: KENNEALLY, M. (Ed.) *Irish Literature and Culture*. Gerrards Cross: Smythe, 1992, p.25-34.

Value: *King Lear, Timon of Athens, Antony and Cleopatra*. In: DRAKAKIS, J. (Ed.) *Shakespeare Tragedy*. London: Longman, 1992, p.388-98.

Bakhtin, Kundera, Schopenhauer. In: HIRSCHKOP, K.; SHEPHERD, D. (Eds.) *Bakhtin and Cultural Theory*. Manchester: Manchester University Press, 1989, p.178-88.

Free Particulars: The Rise of the Aesthetic. In: MULHERN, F. (Ed.) *Contemporary Marxist Literary Criticism*. London: Longman, 1992, p.55-70.

The Ideology of the Aesthetic. In: REGAN, S. (Ed.) *The Politics of Pleasure*: Aesthetics and Cultural Theory. Buckingham: Open University Press, 1992, p.17-32.

Deconstruction and Human Rights. In: JOHNSON, B. (Ed.) *Freedom and Interpretation*. Nova York: Basic Books, 1993, p.122-45.

Introduction to Wittgenstein. In: *"Wittgenstein"; The Terry Eagleton Script/ The Derek Jarman Film*. London: BFI, 1993, p.5-13.

Self-Authoring Subjects. In: BITIOTTI, M.; MILLER, N. (Eds.) *What is an Author?* Manchester: Manchester University Press, 1993, p.42-50.

The Flight to the Real. In: LEDGER, S.; MACCRACKEN, S. (Eds.) *Cultural Politics at the Fin de Siècle*. Cambridge: Cambridge University Press, 1995, p.11-21.

Ideology and its Vicissitudes in Western Marxism. In: ŽIŽEK, S. (Ed.) *Mapping Ideology*. London: Verson, 1995, p.179-226.

Self-Undoing Subjects. In: PORTER, R. (Ed.) *Rewriting the Self*. London: Routledge, 1996, p.262-9.

Where do Postmodernists Come From? In: WOOD, E. M.; FOSTER, J. B. (Eds.) *Defense of History*: Marxism and the Postmodern Agenda. Nova York: Monthly Review Press, 1997, p.17-25.

Edible Écriture. In: GRIFFITHS, S.; WALLACE, J. (Eds.) *Consuming Passions*: Food in an Age of Anxiety. Manchester: Manchester University Press, 1998, p.203-8.

Prout and Plagiarism. In: FOLEY, T.; RYDER, S. (Eds.) *Ideology and Ireland in the Nineteenth Century*. Dublin: Four Courts, 1998, p.13-22.

354   TERRY EAGLETON E MATTHEW BEAUMONT

Five Types of Identity and Difference. In: BENNETT, D. (Ed.) *Multicultural States*: Rethinking Difference and Identity. London: Routledge, 1998, p.48-52.

Postcolonialism: The Case of Ireland. In: BENNETT, D. (Ed.) *Multicultural States*: Rethinking Difference and Identity. London: Routledge, 1998, p.125-34.

Marxism without Marxism. In: SPRINKER, M. (Ed.) *Ghostly Demarcations*: A Symposium on Jacques Derrida's *Specters of Marx*. London: Verso, 1999, p.83-7.

Ideology, Discourse and the Problem of Post-Marxism. In: MALPAS, S. (Ed.) *Postmodern Debates*. Basingstoke: Palgrave Macmillan, 2001, p.79-92.

Aesthetics and Politics. In: GLOWACKA, D.; BOOS, S. (Eds.) *Between Ethics and Aesthetics*: Crossing the Boundaries. Nova York: State University of New York Press, 2002, p.187-94.

Changing the Question. In: CONNOLLY, C. (Ed.) *Theorising Ireland*. Basingstoke: Palgrave Macmillan, 2003, p.76-90.

Tragedy and Revolution. DAVIS, C.; MILBANK, J.; ŽIŽEK, S. (Eds.) In: *Theology and the Political*: The New Debate. Durham: Duke University Press, 2005, p.7-21.

The Decline of the Critic. In: HADJIAFXENDI, K.; MACKAY, P. (Eds.) *Authorship in Context*: From the Theoretical to the Material. Basingstoke: Palgrave Macmillan, 2007, p.185-93.

Lenin in the Postmodern Age. In: BUDGEN, S.; KOUVELAKIS, S.; ŽIŽEK, S. (Eds.) *Lenin Reloaded*: Towards a Politics of Truth. Durham: Duke University Press, 2007, p.42-58.

Heretic Adventures. In: GRATTON, P.; MANOUSSAKIS, J. (Eds.) *Traversing the Imaginary*: Richard Kearney and the Postmodern Challenge. Evanston, Illinois: Northwestern University Press, 2007, p.138-41.

Commentary. In: FELSKI, R. (Ed.) *Rethinking Tragedy*. Baltimore: Johns Hopkins University Press, 2008, p.337-46.

"All Truth with Malice in it": Fictions of the Real. In: BEAUMONT, M. (Ed.) *A Concise Companion to Realism*. Oxford: Blackwell, No prelo.

## Entrevistas

Interview: Terry Eagleton (com James H. Kavanagh e Thomas E. Lewis). *Diacritics* 12:1, p.53-64, 1982.

A TAREFA DO CRÍTICO 355

The Question of Value: A Discussion (com Peter Fuller). *New Left Review* 1:142, p.76-90, 1983.

Politics, Theory and the Study of English: An Interview with Terry Eagleton (com Richard Freadman). *English in Australia* 70, p.32-7, 1984.

Criticism and Ideology: Andrew Milner interviews Terry Eagleton. *Thesis Eleven* 12, p.130-44, 1985.

Interview with Terry Eagleton (com Andrew Martin e Patrice Petro). *Social Text* 13/14, p.83-99, 1986.

Action in the Present: An Interview with Terry Eagleton (com Richard Dienst e Gail Faurschou). *Polygraph* 2/3, p.30-36, 1989.

The Politics of Hope: An Interview (com Raymond Williams). In: EAGLETON, T. (Ed.) *Raymond Williams*: Critical Perspective. Cambridge: Polity, 1989, p.176-83.

Criticism, Ideology and Fiction (com Michael Payne). In: Terry Eagleton. *The Significance of Theory*. Oxford: Blackwell, 1990, p.71-89.

Terry Eagleton on the Concept of the Aesthetic: An Interview by Maryse Souchard. *Recherches Sémiotiques/Semiotic Inquiry* 10:1-3, p.4-7, 1992.

Terry Eagleton: In Conversation with James Wood. *Poetry Review* 82:1, p.4-7, 1992.

Doxa and Common Life: Pierre Bourdieu and Terry Eagleton in Conversation. *New Left Review* 1:191, p.111-21, 1992.

Terry Eagleton. In: TREDELL, N. (Ed.) *Conversations with Critics*. London: Carcanet, 1994, p.126-45.

Interview with Terry Eagleton. In: CORREDOR, E. L. (Ed.) *Lukács after Communism*: Interviews with Contemporary Intellectuals. Durham: Duke University Press, 1997, p.127-50.

A Grim Parody of the Humanities: An Interview with Terry Eagleton (com John Higgins). *Pretexts: Literary and Cultural Studies* 9:2, p.215-23, 2000.

A Conversation with Terry Eagleton (com José Manuel Barbeito Varela). *Atlantis: Revista de la Asociación Española de Estudios Anglo-Norteamericanos* 23:2, p.169-85, 2001.

Talking after Theory: An Interview with Terry Eagleton (com Matthew Jarvis e Liz Oakley-Brown). *English* 53:207, p.177-90, 2004.

Edward Said, Cultural Politics and Critical Theory (An Interview) (com Ibrahim Fathy, Ferial Ghazoul, Barbara Harlow, Rana El Harouny, Dalia Mostafa e Andrew Rubin). *Alif: Journal of Comparative Poetics*, 2005. Disponível em: http://www.thefreelibrary.com/_/print/PrintArticle.aspx?id=135888177.

On the Importance of Not-Being Earnest: A Dialogue with Terry Eagleton (com Patrick O'Connor e Seán Daffy). *Irish Studies Review* 16:1, p.55-69, 2008.

## Obras sobre Terry Eagleton

### Livros e capítulos

ALDERSON, D. *Terry Eagleton*. Basingstoke: Palgrave Macmillan, 2004.

ANDERSON, P. A Culture in Contraflow. In: *English Questions*. Basingstoke: Palgrave Macmillan, 2004.

ANDERSON, P. *The Origins of Postmodernity*. London: Verso, 1998.

BENNETT, T. *Formalism and Marxism*. London: Routledge, 1979.

BENNETT, T. *Outside Literature*. London: Routledge, 1990.

BENNINGTON, G. Demanding History. In: ATTRIDGE, D.; BENNINGTON, G.; YOUNG, R. (Eds.) *Post-Structuralism and the Question of History*. Cambridge: Cambridge University Press, 1987, p.15-29.

FROW, J. Marxism and Structuralism. In: *Marxism and Literary History*. Oxford: Blackwell, 1986, p.18-50.

GOLDSTEIN, P. *The Politics of Literary Theory*: An Introduction to Marxist Theory. Tallahassee: Florida State University Press, 1990.

HABIB, M. A. R. Marxism. In: *A History of Literary Criticism*: From Plato to the Present. Oxford: Blackwell, 2005, p.527-54.

HASLETT, M. *Marxist Literary and Cultural Theories*. Nova York: St. Martin's Press, 2000.

HASLETT, M. Terry Eagleton. In: WOLFREYS, J. (Ed.) *Modern British and Irish Criticism*: A Critical Guide. Edimburgo: Edinburgh University Press, 2006, p.89-94.

HIGGINS, J. *Raymond Williams*: Literature, Marxism and Cultural Materialism. London: Routledge, 1999.

JOHNSON, P. *Marxist Aesthetics*: The Foundations Within Everyday Life for an Enlightened Consciousness. Balmain: Law Book Co. of Australasia, 1984.

MULHERN, F. (Ed.) *Contemporary Marxist Literary Criticism*. London: Longman, 1992.

MULHERN, F. *The Present Lasts a Long Time*: Essays in Cultural Politics. Cork: Cork University Press/Field Day, 1998.

A TAREFA DO CRÍTICO      357

PAANANEN, V. N. Terry Eagleton: Sifting and Winnowing. In: *British Marxist Criticism*. London: Routledge, 2000, p.291-363.

PARRINDER, P. The Myth of Terry Eagleton. In: *The Failure of Theory*: Essays in Criticism and Contemporary Fiction. Hemel Hempstead: Harvester Wheatsheaf, 1987, p.30-8.

REGAN, S. (Ed.) *The Eagleton Rader*. Oxford: Blackwell, 1998.

SAID, E. W. Opponents, Audiences, Constituencies and Community. In: *Reflections on Exile and Other Essays*. London: Granta, 2000, p.118-47.

SLAUGHTER, C. *Marxism, Ideology and Literature*. London: Macmillan, 1980.

SMALLWOOOD, P. Terry Eagleton. In: *Modern Critics in Practice*: Critical Portraits of British Literary Critics. Hemel Hempstead: Harvester Wheatsheaf, 1990, p.7-40.

SMITH, J. *Terry Eagleton*: A Critical Introduction. Cambridge: Polity Press, 2008.

SPRINKER, M. *Imaginary Relations*: Aesthetics and Ideology in the Theory of Historical Materialism. London: Verso, 1987.


## Artigos

ACZEL, R. Eagleton and English. *New Left Review* 1:154, p.113-23, 1985.

BARNETT, A. Raymond Williams and Marxism: A Rejoinder to Terry Eagleton. *New Left Review* 1:99, p.47-64, 1976.

BERGONZI, B. The Terry Eagleton Story. *PN Review* 2:2, p.15-21, 1984.

BIRCHALL, J. Terry Eagleton and Marxist Literary Criticism. *International Socialism* 2:16, p.114-24, 1982.

BOER, R. Terry Eagleton and the Vicissitudes of Christology. *Cultural Logic* 8, 2005. Disponível em: http://clogic.eserver.org/2005/boer.html.

BURNS, W. Marxism, Criticism and the Disappearing Individual. *Recovering Literature: A Journal of Contextualist Criticism* 12, p.7-28, 1984.

CLIFFORD, J.; SCHILB, J. A Perspective on Eagleton's Revival of Rhetoric. *Rhetoric Review* 6:1, p.22-31, 1987.

CRAIB, I. *Criticism and Ideology*: Theory and Experience. *Contemporary Literature* 22:4, p.489-509, 1981.

CONNOR, S. Poetry of the Meantime: Terry Eagleton and the Politics of Style. *Year's Work in Critical and Cultural Theory* 1:1, p.243-64, 1991.

CONNOR, S. Art, Criticism and Laughter: Terry Eagleton on Aesthetics. Ensaio inédito, 1988. Disponível em: http://www.bbk.ac.uk/english/skc/artlaugh.htm.

CRONIN, R. Politicizing Literature. *Modern Age* 32:4, p.311-7, 1988.

CUNNINGHAM, A. The December Group: Terry Eagleton and the New Left Church. *Year's Work in Critical and Cultural Theory* 1:1, p.210-5, 1991.

DONOGHUE, D. I Am Not Heathcliff. *New Republic*, p.42-5, 21-28 ago. 1995.

DUPRÉ, J. Comments on Terry Eagleton's Base and Superstructure Revised. *New Literary History* 31, p.241-5, 2000.

EASTHOPE, A. On an Aside by Eagleton. *New Left Review* 1:110, p.95-6, 1978.

EASTHOPE, A. Iron on the Shoulder: For Young Terry at 50. *Year's Work in Critical and Cultural Theory* 1:1, p.288-93, 1991.

ELLIOT, J. H. Schlegel, Brecht, and the Jokes of Theory. *MLN* 113, p.1056-88, 1998.

FREADMAN, R.; MILLER, S. R. Three Views of Literary Theory. *Poetics* 17:1/2, p.9-24, 1988.

GALLAGHER, C. The New Materialism in Marxist Aesthetics. *Theory and Society* 9:4, p.633-46, 1980.

GOODE, J. For a Pilgrim of Hope. *Year's Work in Critical and Cultural Theory* 1:1, p.294-301, 1991.

HARVEY, J. R. Criticism, Ideology, Raymond Williams and Terry Eagleton. *Cambridge Quarterly* 8:1, p.56-65, 1978.

HELMLING, S. Marxist Pleasure: Jameson and Eagleton. *Postmodern Culture* 3:3, 1993. Disponível em: http://muse.uq.edu.au/journals/postmodern_culture/v003/3.3helmling.html.

HENDERSON, G. Eagleton on Ideology: Six Types of Ambiguity. *University of Toronto Quarterly* 61:2, p.280-8, 1991-1992.

HOGAN, P. C. The Persistence of Idealism. *Social Scientists* 24-1, p.84-92, 1994.

KAVANAGH, J. Marxism's Althusser: Towards a Politics of Literary Theory. *Diacritics* 12:1, p.25-45, 1982.

KIMBALL, R. The Contradictions of Terry Eagleton. *New Criterion* 9:1, p.17-23, 1990.

LARISSY, E. The Sign of Value: Reflections on Eagleton and Aesthetic Value. *Year's Work in Critical and Cultural Theory* 1:1, p.230-42, 1991.

MCNEILL, D. Sounding the Future: Marxism and the Plays of Terry Eagleton. *Cultural Logic* 8, 2005. Disponível em: http://clogic.eserver.org/2005/mcneill.html.

A TAREFA DO CRÍTICO    359

MCQUILLAN, M. Irish Eagleton: Of Ontological Imperialism and Colonial Mimicry. *Irish Studies Review* 10:1, p.29-38, 2002.

MALEY, W. Brother Tel: The Politics of Eagletonism. *Year's Work in Critical and Cultural Theory* 1:1, p.270-87, 1991.

MULHERN, F. "Ideology and Literary Form": A Comment, *New Left Review* 1:91, p.80-7, 1975.

MULHERN, F. Marxism in Literary Criticism. *New Left Review* 1:108, p.77-87, 1978.

NAKANO, Y. Terry Eagleton as Critic. *Studies in English Language and Literature* 37, p.27-51, 1987.

PALMER, R. B. Philology and the Material, Dialogical Word: Bakhtin, Eagleton, and Medieval Historicism. *Envoi* 1:1, p.41-57, 1988.

PFEIL, F. Portable Marxist Criticism: A Critique and a Suggestion. *College English* 41:7, p.753-68, 1980.

POOLE, R. Generating Believable Entities: Post-Marxism as a Theological Enterprise. *Comparative Criticism: A Yearbook* 7, p.49-77, 1985.

ROONEY, E.; Caraher, B. Going Farther: Literary Theory and the Passage to Cultural Criticism. *Works and Days* 3:1, p.51-77, 1985.

REGAN, S. (Ed.) Barbarian at the Gate: Essays for Terry Eagleton. *Year's Work in Critical and Cultural Theory* 1, p.207-301, 1991.

ROLLESTON, J. The Uses of the Frankfurt School: New Stories on the Left. *Diacritics* 21:4, p.87-100, 1991.

RYAN, M. The Marxism-Deconstruction Debate in Literary Theory. *New Orleans Review* 11:1, p.29-35, 1984.

SEGAL, A. Language Games and Justice. *Textual Practice* 6, p.210-24, 1992.

SHUMWAY, D. R. Transforming Literary Studies into Cultural Criticism: The Role of Interpretation and Theory. *Works and Days* 3:1, p.79-89, 1985.

SOPER, K. The Ideology of the Aesthetic. *New Left Review* 1:192, p.120-32, 1992.

SPEIRS, L. Terry Eagleton and "The Function of Criticism". *Cambridge Review* 15:1, p.57-63, 1986.

SPRINKER, M. After the Revolution: Eagleton on Aesthetics. *Contemporary Literature* 32:4, p.573-9, 1991.

WADE, G. Changes: A Critical Survey of Terry Eagleton's Work. *Year's Work in Critical and Cultural Theory* 1:1, p.219-29, 1991.

WADE, J.-P. "The Humanity of the Senses": Terry Eagleton's Political Journey to *The Ideology of the Aesthetic. Theoria* 77, p.39-57, 1991.

# ÍNDICE REMISSIVO

A Note on Violent Revolution (Middleton), 74
Adorno, Theodor, 24, 86, 142, 182, 198, 249, 250, 254, 255, 285, 292, 323, 324, 338
*Aesthetics and Politics* (Bloch et al.), 142, 156, 234, 244, 273, 349, 350, 353, 354
*Aesthetics and Subjectivity* (Bowie), 252, 273
*Against the Grain* (Eagleton), 139, 156, 187, 188, 244, 294, 302
Agamben, Giorgio, 216, 298, 306
Ali, Tariq, 9, 74, 173, 238, 242
*Alma do Homem Sob o Socialismo, A* (Wilde), 100, 101, 240
althusserianismo, 139, 163, 165, 216
em *Criticism and Ideology*, 65, 110, 145, 165, 166, 169, 171, 172, 175, 216, 249
e ideologia, 65, 176
Amis, Kingsley, 41
Amis, Martin, 18, 259, 260, 261, 290

amor, 20, 22, 40, 114, 257, 297, 305-333, 337, 339, 341
Anderson, Lindsay, 41
Anderson, Perry, 51, 121, 126, 142, 154, 182, 196, 208, 300
sobre o exílio, 121
sobre Macherey, Pierre, 153, 154
sobre Walter Benjamin, 179
Anscombe, Elizabeth, 53
Aparelhos Ideológicos de Estado (AIEs), 163-164
Aquinas Society, 59, 76
Aquino, Tomás de, 43, 71, 72, 115, 126, 328, 340
Armstrong, Isobel, 252
Arnold, Matthew, 225
Art after Auschwitz (Eagleton), 249
asceticismo, 292
ateísmo, 75
Atlas, James, 141
Auerbach, Erich, 125, 177, 208
Austin, J. L., 89
autobiografia, 289

autor (es), 14, 99, 114, 115, 123, 133, 145, 148, 154, 161, 168, 174, 175, 222, 223, 227, 265, 276, 319

Badiou, Alain, 22, 97, 216, 298, 306, 308, 328

Bakhtin, Mikhail, 159, 179, 199, 200, 208, 210, 211, 232, 323

Banaji, Jairus, 112

Barker, Francis, 161

Barnett, Anthony, 173

Barrell, John, 58

Barthes, Roland, 63, 114, 130, 164, 175, 178, 201, 220, 307, 325
  sobre o autor, 175
  sobre o realismo, 121

Bayley, John, 119, 130, 184, 185, 264

Beckett, Samuel, 210, 233, 255, 270, 288, 301, 321

Beer, Gillian, 185

Belton, Neil, 231

Benjamin, Walter, 11, 12, 14, 15, 17, 19, 24, 25, 142, 166, 173, 179, 181, 182, 190, 193, 194, 195, 196, 197, 198, 199, 200, 201, 202, 203, 204, 205, 206, 207, 208, 209, 210, 211, 216, 224, 226, 231, 235, 294, 323, 342, 343
  sobre os críticos, 15, 19, 22, 97, 210, 211, 214, 220, 221, 228

Bennett, Tony, 165

Berlin, Isaiah, 117

Berman, Marshall, 24

Bernal, Martin, 62

Bernstein, Jay, 185, 252

Bhabba, Homi, 160

Billington, Michael, 195

Blackwell (editora), 100, 209, 227, 250, 277, 278

*Blade Runner* (filme), 21

Blake, William, 106, 289, 319, 340

Bloch Ernst, 17, 78, 79, 123, 142, 143

Bloom, Harold, 178

*Body as Language, The* (Eagleton), 20, 88, 112, 113, 114, 116, 306, 314

Boer, Roland, 338

bolsa de pesquisa na Jesus College, 59

Bourdieu, Pierre, 144

Bowie, Andrew, 251, 252

Bowlby, Rachel, 227

Bowra, Maurice, 117, 118, 119

Bradbury, Malcolm, 147

*Brecht and Company* (Eagleton), 194, 195, 199

Brecht, Bertolt, 13, 24, 142, 146, 161, 179, 180, 181, 194, 210, 213, 234, 239, 289, 307, 330

Brenton, Howard, 238

Bright, Laurence, 69, 71, 298

Brontë(s), 114, 133, 145, 147, 148, 151, 269, 330

Bucknell University, 249, 250

Burke, Edmund, 268, 269, 270

Butler, Ken, 243

Callinicos, Alex, 190

Cambridge Left Forum, 63, 107

Cambridge, 24, 27-55, 57, 61, 62, 63, 64, 66, 67, 68, 69, 70, 76, 85, 86, 87, 88, 94, 96, 101, 102, 107, 108, 109, 110, 113, 116, 117, 118, 199, 121, 123, 124, 133, 135, 139, 144, 146, 148, 164, 167, 200, 201, 202, 208, 212, 229, 230, 231, 243, 261, 286, 291, 295, 301, 305, 313

Campo e a Cidade, O (Williams), 68, 143, 144

cânone, 120, 122, 148, 174, 175, 204, 266, 270, 319
  autores canônicos, 133, 145, 174, 227

capitalismo, 15, 17, 20, 23, 80, 96, 183, 239, 248, 259, 275, 276, 277, 279, 288, 329, 340
  modelo de administração, 84
  e esporte, 326
Carey, John, 264
Carpenter, Edward, 63, 96, 101, 102, 103, 104, 107
Carpenter, Philip, 227
Carroll, Lewis, 87
*Catholic Workers' Movement*, 70
catolicismo, 30, 38, 42, 44, 72, 75, 78, 81, 84, 87, 90, 203, 204, 233
  movimento esquerdista, 42, 336
CCCS, 282
Cecil, David, 94, 117
Chatto & Windus (editora), 99
Chomsky, Noam, 62, 177
Churchill, Caryl, 238
ciência, 27, 165, 166, 167, 172, 322
Cinzas de Ângela, As (McCourt), 290
Clark, T. J., 86
CND, 39, 70
Cohen, Gerry, 326
colonialismo, 150, 270
comédia, 210, 241
Companhia das Índias Orientais, 270
Components of the National Culture (Anderson), 121, 208
comunismo, 93, 258, 327, 332
Concilio Vaticano II, 68, 72
*Condição Pós-Moderna, A* (Harvey), 276
conferências de Essex, 185, 229
Connolly, James, 230, 231, 232, 235, 331
Connor, Steven, 227
Conrad, Joseph, 118, 122, 176
conservadorismo, 270

Considerações sobre o Marxismo Ocidental (Anderson), 142
Cooper, David, 73
cooptação, 179
corpo, 20, 21, 58, 61, 80, 88, 115, 117, 118, 131, 182, 210, 215, 224, 256, 257, 269, 270, 292, 311, 316, 329, 332, 340, 341
Corredor, Eva L., 12, 13
Cowley (fábrica de carros), 112, 189, 190
Cowling, Maurice, 116
Craig, David, 145
Crazy John and the Bishop (Eagleton), 269, 270, 271, 321
Cristianismo, 17, 78, 79, 82, 90, 298, 336, 339
  marxismo e o, 339
Critical Idiom (série), 160
*Critical Quarterly* (periódico), 137, 148, 342
*Criticism and Ideology* (Eagleton), 65, 110, 113, 133, 137, 139, 145, 152, 153, 160, 161, 162, 163, 164, 166, 167, 168, 169, 171, 172, 173, 174, 176, 193, 194, 197, 198, 203, 216, 219, 249
  e althusserianismo, 139, 163, 216
  e Williams, 110, 171, 173, 249
Criticism as the Fundamental Discipline of Literary History (Benjamin), 11
Critique of Postcolonial Reason, A (Spivak), 295
Crowley, Bobby, 239
cultura de Oxbridge, 119
*Cultura e Sociedade* (Williams), 64, 76, 84, 94, 101, 102, 103, 125, 160, 170, 181, 206, 280, 281
cultura, 15, 16, 20, 24, 31, 32, 40, 41, 42, 44, 49, 50, 64, 66, 74, 76,

81, 84, 85, 86, 88, 89, 90, 94, 95, 100, 101, 102, 103, 111, 119, 120, 121, 124, 125, 137, 139, 143, 153, 160, 163, 169, 170, 178, 179, 181, 184, 185, 189, 205, 206, 208, 222, 225, 230, 233, 237, 249, 254, 267, 270, 272, 275-303, 324, 326, 342
popular, 85, 86, 205, 234
*Culture and Liturgy* (Wicker), 76
*Culture/Metaculture* (Mulhern), 281
Cunningham, Adrian, 80
curso dos moralistas, 53, 63

*Daily Mail* (jornal), 192
Davie, Donald, 50, 147
Davis, Charles, 59
Dawkins, Richard, 17, 260, 300, 310, 338
Day Lewis, Cecil, 99
Day, Dorothy, 70
De La Salle College, 41
de Man, Paul, 106, 323
*De Profundis* (Wilde), 235
Deane, Seamus, 237
Debord, Guy, 259
December Group, 68, 69, 70, 72, 76
*Declaration* (Maschler ed.), 41
Delaney, Shelagh, 40
Deleuze, Gilles, 97, 308, 325
demoníaco, 315
*Depois da Teoria* (Eagleton), 18, 296, 298, 299, 316, 318, 319
Deresiewicz, William, 301
Derrida, Jacques, 106, 130, 144, 154, 175, 199, 200, 201, 285, 298, 323, 329
desconstrução, 154, 199, 315
desinteresse, 14, 16, 183, 224, 225, 261, 300
Deutscher, Isaac, 62

dialética, 13, 17, 22, 24, 73, 88, 122, 180, 200, 235, 252, 262, 263, 278, 308, 326
Dickens, Charles, 28, 31, 32, 33, 227
*Disappearances* (Eagleton), 236
discurso, 14, 15, 20, 40, 63, 65, 89, 125, 140, 146, 169, 171, 178, 180, 187, 207, 208, 214, 225, 251, 252, 253, 254, 255, 259, 265, 268, 269, 278, 281, 284, 286, 322, 324, 330
da estética, 254
metacultural, 281
Dollimore, Jonathan, 229, 306
Domingo Sangrento (1972), 138
Domínio, 80, 148, 268, 270, 277, 279, 287, 325
Donne, John, 324
Donoghue, Denis, 50, 100
*Drama from Ibsen to Brecht* (Williams), 133
*Drama from Ibsen to Eliot* (Williams), 133
Dunkin, William, 271

Eagleton, Terry
infância, 33, 36, 37, 83, 136, 290
educação, 28, 39, 43, 47, 209, 336
emprego, 44, 45, 60, 93, 102, 117, 138, 201
família, 27, 28, 29, 30, 32, 33, 37, 41, 45, 47, 54, 132, 220
compromisso marxista, 101
ativismo político, 107, 181, 192, 342
transformação política, 22
com Redpath, 63
relação com Williams, 79, 95, 125, 291
estilo(s) de escrita, 284
Edgar, David, 238
Edinburgh Fringe (festival), 194, 195

Eliot, George, 50, 60, 174, 175
Eliot, T. S., 17, 40
Ellmann, Maud, 186, 215
empirismo, 284
Empson, William, 42, 208
*English Novel from Dickens to Lawrence, The* (Williams), 60, 123
*English Novel, The* (Eagleton), 120, 318, 321, 322
Ernst, Cornelius, 72
Escola de Frankfurt, 24, 79, 142, 182, 202
*Escritos* (Lacan), 202
*Espectros de Marx* (Derrida), 200
*Esperando Godot* (Beckett), 44
esporte, 326
*Essay on Evil, An* (Eagleton), 338
*Essays in Criticism* (periódico), 137
essencialismo, 221, 320, 321
estética, 20, 21, 22, 36, 68, 129-157, 168, 169, 182, 183, 204, 250, 251, 252, 253, 254, 255, 256, 257, 258, 267, 269, 307, 324, 328, 329, 331
  e o corpo, 269
  debates (décadas de 1930-1940), 142
  e ética, 20, 149
  estetas marxistas, 197
esteticismo, 226, 252
estruturalismo, 24, 140, 146, 148
ética, 21, 22, 80, 82, 83, 149, 203, 216, 241, 257, 278, 284, 292, 298, 316, 327, 328, 329
  e a estética, 20, 149
  e política, 21, 251
Eu Dividido, O, (Laing), 98
*Evangelhos, Os* (série Revolutions), 339
*Exiles and Émigrés* (Eagleton), 68, 112, 118, 119, 121, 123, 124, 125, 133, 134, 148

exílio, 121, 122, 123, 125, 126, 148
existencialismo, 88

*Fate of Art, The* (Bernstein), 252
*Feira das Vaidades, A* (Thackeray), 32
Feltes, Norman, 166
feminismo, 13, 15, 102, 130, 189-217, 282, 283
fenomenologia, 98, 115, 116, 269
Festschrift, 80
Field Day (editora), 237, 238, 271
Field Day Group, 237
*Figures of Dissent* (Eagleton), 19, 229, 293, 295
Finney, Albert, 34, 40
Fischer, Ernst, 168
Fish, Stanley, 205, 226, 296
Forgacs, David, 211
forma, 16, 17, 19, 20, 21, 25, 36, 54, 65, 67, 68, 78, 85, 95, 119, 123, 129, 141, 142, 146, 152, 153, 167, 178, 180, 183, 195, 196, 197, 207, 209, 212, 221, 226, 228, 232, 234, 235, 250, 253, 258, 261, 268, 269, 272, 285, 299, 307, 312, 323, 324
formalismo, 153, 172
Foster, Aisling e Roy, 29
Foucault, Michel, 144, 152, 172, 175, 177, 178, 186, 229
Freiras carmelitas, 292, 337
Freud, Sigmund, 152, 154, 197, 285, 288, 309, 311, 314, 338
Friel, Brian, 237
*From Culture to Revolution* (Eagleton e Wicker), 74, 75, 76
*From Marxism to Post-Marxism* (Therborn), 335
*From Militancy to Marxism* (Thornett), 190
Fromm, Erich, 78, 80

Frye, Northrop, 149
Fukuyama, Francis, 262
*Função da Crítica, A* (Eagleton), 16, 209, 223, 224, 225, 226
Função da Crítica, A (Eliot), 17, 248, 341
fundamentalismo, 261, 302, 336

Gable, Robin, 132, 143
Gardner, Helen, 118
*Gatekeeper, The* (Eagleton), 30, 31, 36, 88, 290, 291, 292, 293, 337
Geach, Peter, 53
Geras, Norman, 278
Gérin, Winifred, 148
Gilbert, Sandra, 151
*God's Locusts* (Eagleton), 236
Goldmann, Lucien, 24, 78, 140, 146, 147, 171, 194
Goode, John, 130, 133
*Gramatologia* (Derrida), 154, 203
Gramsci, Antonio, 79, 108, 185, 189, 190, 271, 285, 310
Grant, Peter, 42
*Granta* (revista), 67
Gray, John, 326, 327
Gray, Simon, 104
Grayling, A. C., 310
Greenblatt, Stephen, 229
Greene, Graham, 119, 122, 239, 310
Greenwood, Walter, 40
Gregson, Justin, 195
greve dos mineradores (1984), 191
Griffiths, Eric, 237, 261, 299
Griffiths, Trevor, 238
*Guardian* (jornal), 18, 63, 66, 85, 100, 327
Gubar, Susan, 151

Habermas, Jürgen, 224
Habib, M. A. R., 250

Hall, Stuart, 25, 49, 73, 109, 130, 282
Hammond, David, 237
Hardt, Michael, 317
Hardy, Thomas, 137
Hare, David, 101
Harris, Nigel, 74, 190
Harvey, David, 276, 283
Heaney, Seamus, 237, 290
Heath, Stephen, 58, 59, 164, 301
*Heathcliff and the Great Hunger* (Eagleton), 267, 269, 270, 275
Heidegger, Martin, 88, 114, 285, 286
hermenêutica, 15, 115, 176, 204
Hindess, Barry, 165
Hirschkop, Ken, 132
Hirst, Paul, 165
*História e Consciência de Classe* (Lukács), 121
historicismo, 141, 153, 180, 206, 223, 229, 230, 286
Hitchens, Christopher, 17, 112, 260, 261, 300, 310, 338
Hoggart, Richard, 66
*Holy Terror* (Eagleton), 68, 92, 306, 315, 317, 318, 331, 333, 347
Hough, Graham, 105, 147
*How Far Can You Go?* (Lodge), 81
*How to Read a Poem* (Eagleton), 135, 157, 194, 209, 217, 318, 322, 325, 333
humanismo, 15, 43, 78, 79, 140, 184, 249, 306, 308, 311, 312
 socialista, 78, 140, 306, 311
 liberal, 15, 43, 184, 308, 311
 trágico, 308, 312
Hume, David, 44, 308, 329
*Hunger Artists, The* (Ellmann), 215

Ibsen, Henrik, 53
Idea of a Common Culture, The (Eagleton), 279

idealismo, 23, 149, 204, 211

*Ideia de Cultura, A* (Eagleton), 177, 249, 278, 279, 281, 283, 284, 286, 288

identidade, 22, 43, 46, 47, 95, 119, 150, 208, 213, 228, 238, 241, 266, 278, 313, 323. *Ver também* colonialismo

*Ideologia da Estética, A* (Eagleton), 21, 22, 169, 250, 255, 256, 257, 258, 267, 269, 328, 331

ideologia, 16, 19, 21, 22, 23, 43, 53, 65, 86, 124, 140, 143, 148, 149, 152, 153, 159-188, 199, 213, 224, 249, 250, 252, 253, 255, 256, 257, 258, 259, 261, 267, 269, 277, 283, 301, 322, 323, 328, 331

*Ideologia: uma Introdução* (Eagleton), 258

Ideology and Literary Form (Eagleton), 152, 180

*Ilusões do pós-modernismo, As* (Eagleton), 221, 275

imaginação, 100, 149, 150, 239

Imaginário/simbólico/real, 164, 203, 328

imprudência, 83, 96

*Inconsciente Político, O* (Jameson), 141, 204

*Independent* (jornal), 52, 260, 326

individualismo, 43, 149, 241, 256, 327

intelectual, 9, 16, 17, 18, 19, 23, 24, 32, 33, 34, 35, 41, 42, 43, 48, 49, 50, 51, 52, 54, 60, 61, 63, 69, 71, 72, 77, 78, 81, 85, 89, 94, 98, 103, 106, 109, 114, 115, 118, 119, 125, 130, 131, 137, 139, 146, 160, 166, 170, 172, 177, 186, 187, 190, 198, 205, 208, 209, 212, 222, 225, 226, 230, 231, 234, 242, 251, 254, 255,

262, 267, 271, 276, 279, 281, 288, 294, 295, 296, 299, 300, 316, 318, 336

desinteresse, 225

Gramsci e a teoria do, 271

International Marxist Group (IMG), 74, 110, 111, 129, 161

*International Socialists* (IS), 74, 78, 107, 110, 111, 136, 189

Irlanda, 29, 32, 38, 54, 69, 75, 86, 87, 108, 136, 174, 211, 215, 230, 232, 233, 235, 238, 239, 240, 266, 267, 268, 269, 270, 271, 272, 284, 287, 288, 290, 298, 300, 302, 331, 335

colonialismo na, 270

romance *Saints and Scholars*, 230, 232, 233, 235, 236, 242, 251

Jackson, Brian, 62

Jacobson, Howard, 50

Jameson, Fredric, 21, 22, 23, 24, 85, 122, 141, 142, 143, 152, 159, 160, 169, 174, 176, 178, 179, 204, 205, 221, 251, 275, 282, 283, 316, 323

Eagleton sobre, 141, 204, 221

sobre a linguagem, 232

sobre pós-modernismo, 22, 275

Jarman, Derek, 52, 86, 242, 243

jazz, 326, 327

Jenkins, Gareth, 58

Jenkins, Simon, 327

Johnson, Karl, 244

*jouissance*, 213, 315, 330, 331

Jovens Irados, 37, 39, 40, 42

Joyce, James, 118, 201, 232, 233, 270, 288, 319

*Jude, o Obscuro* (Hardy), 137

Kant, Immanuel, 251, 253, 328

*Karl Marx and World Literature* (Prawer), 182

Keats, John, 150
Kermode, Frank, 137, 201, 257, 299
Kettle, Arnold, 145
Kidron, Mike, 74, 190
Kilroy, Tom, 237
Kingsley, Ben, 34
*Koba* (Williams), 313
Kraus, Karl, 177
Kristeva, Julia, 130, 164, 323
Kulturkritik, 280, 307

Labour Committee on Ireland, 107
Laclau, Ernesto, 187
Laing, R. D., 73, 97, 98, 114
Lapis Lazuli (Yeats), 309
*Law, Love and Language* (McCabe), 114, 339
Lawrence, D. H., 71, 102, 103, 123, 124, 175, 176, 177, 192, 315
Leavis, F. R., 42, 50, 52, 64, 93, 102, 123, 124, 185, 226, 280, 324
obituário de, 185
leavisismo, 50, 63, 87, 93, 145, 203
e Lawrence, 102
Lefebvre, Henri, 180
Leitor, 14, 25, 154, 167, 168, 289, 290, 321
Lênin, Vladimir, 18, 19, 21, 51, 62, 63, 155, 163, 339
Lentricchia, Frank, 341
*Ler o Capital* (Althusser), 139
Lessing, Doris, 41
Lévi-Strauss, Claude, 114, 148, 213
liberalismo, 43, 52, 84, 247, 261, 272
linguagem, 19, 20, 23, 24, 32, 57, 65, 79, 87, 88, 95, 112, 114, 115, 152, 155, 204, 207, 209, 222, 225, 253, 295, 313, 322, 323, 327, 331, 339, 340
*Literary Theory* (Ryan), 14, 179, 297

*Literatura e Revolução* (Trotsky), 22, 181, 183
*Literature and History* (periódico), 106
liturgia, 76, 77. *Ver também* catolicismo
Lodge, David, 81, 159, 201, 233
*London Review of Books* (*LRB*), 18, 257, 282, 293
London Weekend Television (LWT), 238
Long, Mike, 58
*Love on the Dole* (Greenwood), 40
Lowry, L. S., 40
Lukács, Georg, 12, 24, 68, 121, 142, 194, 204

Macbeth, 96, 97, 308
MacCabe, Colin, 96, 201, 205
MacColl, Ewan, 40
Macherey, Pierre, 146, 153, 154, 155, 185
MacIntyre, Alasdair, 190, 328
Makers of Modern Marxism (Eagleton), 190
mal, 22, 41, 61, 65, 96, 204, 234, 239, 254, 257, 260, 270, 278, 293, 315, 316, 338, 342
Manchester University, 30, 288, 335
*Manifesto Comunista* (Marx), 79, 327, 332
Manifestos (série da Blackwell Publishing), 278
Mann, Thomas, 204
*Manuscritos Econômico-Filosóficos* (Marx), 20, 257
Marcuse, Herbert, 72, 78, 160, 168, 256
Marowitz, Charles, 195
Marsh, Jan, 58
*Martin Chuzzlewit* (Dickens), 31
mártir, 215, 216, 331

A TAREFA DO CRÍTICO    369

*Marx and Human Nature* (Geras), 278
*Marx e a Liberdade* (Eagleton), 277
Marx, Groucho, 21, 62, 63, 72, 89, 90, 95, 105, 115, 338
Marx, Karl, 182, 228, 240, 255, 256, 257, 258, 277, 278, 280, 286, 288, 297, 310, 317, 327, 328
*Marxismo e Crítica Literária* (Eagleton), 142, 148, 160, 176, 178, 179, 180, 181, 182, 183
*Marxismo e Forma* (Jameson), 141, 142, 152
*Marxismo e Literatura* (Williams), 140, 144, 183
marxismo ocidental, 63, 142, 190
marxismo, 13, 14, 15, 20, 23, 24, 50, 63, 79, 80, 88, 90, 117, 139, 140, 141, 142, 144, 145, 147, 148, 152, 154, 160, 164, 165, 170, 176, 178, 179, 180, 181, 182, 183, 184, 185, 186, 187, 189-217, 221, 249, 257, 263, 276, 277, 282, 283, 288, 306, 309, 310, 321, 333, 337, 339, 342
    compromisso com, 13, 22
    e feminismo, 189-217
*Marxist-Feminist Literature Collective*, 150, 185
Maschler, Tom, 41
materialismo, 13, 22, 116, 166, 172, 184, 203, 204, 214, 229, 230, 249, 256, 286, 307, 323, 324
    cultural, 166, 172, 184, 214, 229, 230
    histórico, 13, 22, 116, 204
*May Day Manifesto* (1968), 105, 109, 110
McCabe, Herbert, 39, 71, 87, 114, 115, 138, 298, 339, 340, 341
McCourt, Frank, 290
*Meaning of Life, The* (Eagleton), 325
*Memórias de Brideshead* (Waugh), 69

*Mercador de Veneza, O* (Shakespeare), 330
Merleau-Ponty, Maurice, 114, 115, 150, 325
*Middlemarch* (Eliot), 60, 61
Middleton, Neil, 69, 72, 74, 98
Mill, John Stuart, 53, 90, 310
Miller, Arthur, 330
Milne, Drew, 277
*Mimesis* (Auerbach), 125
*Minnesota Review* (periódico), 153
mito, 97, 139, 148, 149
modernismo, 68, 118, 120, 170, 234, 235, 254
*Modes of Production of Victorian Novels* (Feltes), 166
Moi, Toril, 197, 212, 223
Moltmann, Jürgen, 79
*Montanha Mágica, A* (Mann), 204
Morris, William, 101, 102, 104, 105, 240, 319
Morrison, Blake, 289
*Morro dos Ventos Uivantes, O* (Brontë), 148
*Morte do Caixeiro Viajante, A* (Miller), 330
morte, 29, 31, 35, 37, 45, 47, 51, 63, 65, 66, 107, 113, 161, 175, 177, 214, 215, 224, 236, 248, 292, 297, 300, 305-334, 339, 340. *Ver também* mártir.
movimento History Workshop, 207
*Mulheres Apaixonadas* (Lawrence), 315
Mulhern, Francis, 96, 153, 281, 282
Müntzer, Thomas, 143
Myth and History in Recent Poetry (Eagleton), 139
*Myths of Power* (Eagleton), 19, 114, 133, 145, 147, 148, 149, 150, 151, 153

narrativa, 23, 46, 49, 180, 205, 206, 213, 234, 235, 268, 282, 288, 290, 296, 297, 329. *Ver também* historicismo; pós-modernismo; totalidade; tradição

*Nation, The* (periódico), 59, 75, 301

*Nature and Spirit* (Eagleton), 103

Negri, Antonio, 317

*New Blackfriars* (periódico), 71, 85, 134, 138

*New Left Books* (editora), 153, 196

*New Left Church, The* (Eagleton), 20, 24, 54, 81, 82, 83, 84, 86, 87,88, 89, 90, 93, 100, 112, 297, 314, 330

*New Left Review* (periódico), 19, 25, 63, 66, 72, 142, 152, 171, 173, 180, 184, 234, 294

Williams em, 171, 173

New Oxford Theatre Group, 195

Norris, Chris, 130

*North* (Heaney), 290

*Notes and Queries* (periódico), 138

novo esteticismo, 252

novo historicismo, 180, 223, 229, 230, 286

O'Brien, Flann, 232, 233

*On Materialism* (Timpanaro), 286

Open Space Theatre, 195

Open University, 145

Opponents, Audiences, Constituencies, and Community (Said), 341

organicismo, 146, 174, 176

*Origem do Drama Barroco Alemão* (Benjamin), 203

*Orwell* (Williams), 120, 122, 124, 125

Orwell, George, 124

Osborne, John, 34, 41

*Outsider, The* (Wilson), 41

Oxford English Limited, 129, 131, 132, 143, 202, 264, 267

*Oxford Literary Review* (periódico), 200

Oxford University Press, 265, 325

Oxford, 9, 18, 49, 50, 61, 62, 63, 69, 101, 107, 108, 111, 116, 117, 118, 119, 120, 129, 130, 131, 132, 133, 134, 135, 136, 137, 138, 139, 143, 148, 153, 161, 164, 165, 167, 174, 181, 182, 183, 184, 189, 190, 192, 199, 200, 203, 237, 247-274, 285, 288, 289, 318, 335

ativismo, 192

*Ver* também seminários marxistas

Parrinder, Patrick, 226

Parsons, Ian, 99

*Passagens* (Benjamin), 198

Pater, Walter, 53, 226

Paulin, Tom, 237

Payne, Michael, 250

PC (Partido Comunista), e *Slant*, 145

*pharmakós*, 21, 216, 317, 318, 331

poesia, 67, 68, 84, 134, 135, 138, 139, 209, 322, 323, 324

polêmica, 16, 101, 106, 173, 174, 197, 223, 276, 293, 299

*Politics and Letters* (Williams), 25, 60, 64, 65, 68

*Politics of Modernism, The* (Williams), 170

pós-estruturalismo, 13, 130, 164, 165, 192, 201, 204, 223, 241, 261, 262, 276, 282

nos seminários marxistas, 152

pós-modernismo e o, 276

pós-marxismo, 12, 165, 283, 336

pós-modernismo, 12, 19, 22, 169, 206, 221, 263, 275, 276, 277, 278, 282, 283, 286

Jameson sobre o, 22

*Pós-modernismo: a Lógica Cultural do Capitalismo Tardio* (Jameson), 275

Poulantzas, Nicos, 163

*Pour Marx* (Althusser), 139

Prawer Jhabvala, Ruth, 182

Prawer, S. S., 182, 183

presentismo, 180, 181

*Prison-House of Language, The* (Jameson), 204

*Private Eye* (revista), 202

Prose for God, The (Eagleton), 102

Próspero, 97

protestantismo, 204

psicanálise, 139, 177, 202, 203, 307

*Rape of Clarissa, The* (Eagleton), 13, 87, 197, 212, 215, 223, 235

*Raymond Williams: Critical Perspectives* (Eagleton), 248

Rea, Stephen, 237, 238, 292

Real, 9, 22, 78, 84, 87, 140, 164, 203, 216, 233, 261, 284, 292, 298, 307, 308, 318, 328, 329, 330, 331, 337

ética do, 22, 216, 292, 329

Clarissa de Richardson e, 330

realismo, 65, 68, 121, 134, 232, 233, 234, 235, 236, 307, 308, 338

*Reason, Faith, and Revolution* (Eagleton), 17, 83, 88, 260, 288, 336, 338

*Red Shift* (periódico), 169

Redpath, Theodore, 51, 52, 53, 54, 63, 104, 119, 291, 292

Regan, Bernard, 38

Regan, Stephen, 9, 80

Reich, Wilhelm, 202

religião, 17, 51, 59, 77, 89, 90, 300, 313, 326, 336

republicanismo, 37

*Rereading Literature* (Eagleton), 227

ressentimento, 21, 48, 243

retórica, 174, 207, 208, 209, 259, 322. *Ver* também linguagem; polêmica

*Review of English Studies* (periódico), 138

Revolt of the Reader, The (Eagleton), 168

Revolutions (série da Verso Books), 339

Richardson, Samuel, 13, 166, 212, 213, 214, 215, 330

Ricks, Christopher, 264

Ricoeur, Paul, 317

Robinson, Joan, 62

Rogers, Pat, 58

romantismo, 90, 101, 211, 236

Rorty, Richard, 296

Rowbotham, Sheila, 106

Rowthorn, Bob, 62, 63

Rushdie, Salman, 261

Ryan, Frederick, 271

Ryan, Michael, 179

sagrado, 36, 68, 87, 317, 318, 331

Said, Edward, 125, 126, 177, 178, 208, 341, 342

*Saint Oscar* (Eagleton), 83, 210, 236, 237, 238, 239, 241, 290, 291

*Saints and Scholars* (Eagleton), 230, 232, 233, 235, 236, 242, 251

San Diego, 142, 159, 160

Sands, Bobby, 215

Santner, Eric, 337

Santo Agostinho, 53

Sartre, Jean-Paul, 82, 88, 89, 114, 190, 194

*Saturday Night and Sunday Morning* (filme), 41

*Scholars and Rebels* (Eagleton), 270, 271

Scott, Ridley, 21
*Screen* (periódico), 130, 164
*Scrutiny* (periódico), 96
seminários marxistas, 129, 134, 139, 141, 142, 143, 145, 148, 152, 160, 161, 189
semiótica, 87, 106, 172, 203, 204, 249, 324
senso comum, 137, 285
Ser e o Nada, O (Sartre), 88
Ser e Tempo, O (Heidegger), 88
ser genérico (*gattungswesen*), 256, 277, 286
sexualidade, 13, 153, 212, 223, 230, 241, 257, 279, 332
*Shakespeare and Society* (Eagleton), 82, 90, 93, 94, 96, 97, 98, 99, 100, 101, 114, 227, 240. *Ver também William Shakespeare* (Eagleton)
Sharratt, Bernard, 58
Shaw, George Bernard, 104
Sheed & Ward (editora), 69, 70, 74
Showalter, Elaine, 212
*Significance of Theory, The* (Eagleton), 249
Silkin, Jon, 67, 134
Sillitoe, Alan, 40
simpósio *Slant* (1967), 73, 74
sindicalismo, 29
Sinfield, Alan, 227, 229
Skinner, Quentin, 286
*Slant* (periódico), 58, 68, 69, 70, 71, 72, 73, 74, 75, 76, 77, 78, 79, 80, 81, 84, 87, 89, 94, 98, 107, 108, 112, 114, 119, 134, 138, 145, 164, 314
   artigos publicados no, 81
   com *New Blackfriars*, 138
   e Williams, 75
*Slant Manifesto, The*, 59, 72

Smith, Dai, 45, 46
Smith, James, 15, 321
Smith, Stan, 277
socialismo, 15, 38, 79, 81, 100, 101,. 106, 198, 204, 240, 247, 287, 309, 310
Socialist Workers Party (SWP), 74, 110
*Sociedade do Espetáculo, A* (Debord), 259
*Sociological Review* (periódico), 176
sociologismo, 153, 182
Spivak, Gayatri, 295
stalinismo, 13, 163
*Stand* (periódico), 67, 134
Steiner, George, 50, 78, 113, 309, 310, 312
Storr, Anthony, 202
*Sublime Objeto da Ideologia, O* (Žižek), 283
Swann, Charles, 58, 62, 100
*Sweet Violence* (Eagleton), 53, 82, 100, 113, 204, 210, 239, 293, 298, 305, 306, 313, 331
Swift, Jonathan, 233

Tallis, Raymond, 221
Tarefa do Crítico, A (Benjamin), 9, 11, 12, 16, 17, 24, 25, 341, 342, 343
Tavistock Press, 97
Tawney Group, 62
Taylor, Charles, 73, 82
teatro, 34, 35, 40, 41, 84, 85, 86, 95, 134, 172, 195, 213, 236, 238, 239, 342
*Tempestade, A* (Shakespeare), 97
teologia da libertação, 18, 69, 314
teologia, 18, 25, 69, 81, 87, 114, 115, 119, 138, 203, 215, 216, 233, 298, 307, 314, 336

A TAREFA DO CRÍTICO   373

*Teoria da Literatura* (Eagleton), 14, 15, 18, 87, 114, 129, 196, 207, 208, 219, 220, 221, 222, 223, 265, 289, 295, 296, 300, 318, 323
*Teoria da Produção Literária, Para uma* (Macherey), 153, 155
teoria da recepção, 167, 168
*Teoria Estética* (Adorno), 182
teoria, 14, 15, 16, 17, 18, 22, 23, 80, 87, 105, 111, 114, 115, 118, 129, 140, 145, 147, 152, 153, 155, 163, 165, 176, 170, 171, 177, 178, 179, 180, 182, 186, 187, 196, 201, 202, 207, 208, 209, 210, 212, 219-245, 249, 251, 258, 259, 263, 264, 265, 267, 269, 271, 277, 279, 283, 284, 289, 295, 296, 297, 298, 299, 300, 314, 316, 318, 319, 321, 323, 324, 337
Thackeray, William M., 31, 32, 51
thatcherismo, 193, 238
Therborn, Göran, 336
Thompson, E. P., 101, 105, 106, 109, 172, 305
Thornett, Alan, 189, 190, 191
Timpanaro, Sebastiano, 286, 336
*TLS* (*Times Literary Supplement*), 85, 299
*Történelmi Regény, A* (Lukács), 68, 121
totalidade, 13, 121, 122, 141, 262
tradição, 13, 22, 23, 34, 38, 42, 70, 76, 78, 79, 80, 84, 87, 90, 94, 101, 102, 103, 107, 113, 116, 125, 136, 140, 141, 142, 143, 144, 145, 167, 177, 190, 199, 202, 204, 205, 206, 207, 208, 212, 233, 238, 241, 255, 263, 266, 280, 281, 285, 287, 298, 316, 323, 326, 340
*Tragédia Moderna* (Williams), 305, 310, 312, 313

tragédia, 45, 53, 57, 82, 83, 100, 112, 113, 210, 236, 293, 305, 306, 307, 308, 309, 310, 311, 312, 313, 316, 329, 341
trotskismo, 190
Trotsky, Leon, 22, 62, 181, 182, 193, 205, 206, 339
*Trouble with Strangers* (Eagleton), 20, 21, 22, 25, 82, 83, 149, 202, 203, 204, 216, 257, 283, 284, 292, 298, 309, 318, 328, 329, 337
sobre a ética, 203
*Truth About the Irish, The* (Eagleton), 271
Tynan, Kenneth, 41

União Soviética, 247, 248
utilitarismo, 36, 78, 83
*Utilizações da Cultura, As* (Hoggart), 66
utopianismo, 307

valor, 36, 43, 83, 95, 96, 97, 109, 119, 134, 135, 152, 161, 162, 167, 169, 221, 228, 249, 263, 277, 306, 308, 324
vanguardismo, 155
Vaticano II, 68, 72, 74, 76, 77
Very Short Introductions (série da OUP), 325
Volpe, Galvano della, 78

Wadham, sala de aula da. *Ver* seminários marxistas
*Walter Benjamin* (Eagleton), 11, 179, 193, 194, 205, 211, 294
Waugh, Evelyn, 119, 122
Wellek, René, 183
Wesker, Arnold, 41
*Whatever you say, say nothing* (Heaney), 290

*White, the Gold and the Gangrene, The* (Eagleton), 235, 236
Wicker, Brian, 74, 76
Wilde, Oscar, 36, 83, 100, 101, 210, 226, 233, 235, 237, 239, 240, 241, 242, 278, 283, 284, 290, 291, 324, 331
*William Shakespeare* (Eagleton), 95, 97, 196
Williams, Bernard, 2328
Williams, Joy, 62
Williams, Raymond, 24, 25, 43, 45, 57, 65, 66, 93, 116, 160, 185, 201, 248, 279, 305
  dívida intelectual com, 94, 98, 279
  sobre Lawrence, 123
  e o May Day Manifesto, 105
  em *Politics and Letters*, 60, 64, 65
  sobre a tragédia, 113
  estilo de escrita, 284
Willis, Susan, 159
Wilson, Colin, 109
Winnifrith, Tom, 148

Wittgenstein, Ludwig, 24, 51, 52, 53, 72, 86, 95, 116, 220, 228, 230, 231
Womersley, David, 18, 19, 318
Wood, Ellen Meiksins, 286
Woolf, Virginia, 119, 120, 227, 319, 320
Wordsworth, Ann, 44, 84, 161, 165
*Workers' Socialist League* (WSL), 63, 189, 191
Working-Class Movement Library (Salford), 40
*World, the Text and the Critic, The* (Said), 125

*Year's Work in Critical and Cultural Theory* (periódico), 16, 80
Yeats, W. B., 105, 148, 233, 270, 288, 308, 309
*Young Socialists*, 38, 39, 52
Young, Robert, 265

Žižek, Slavoj, 17, 183

SOBRE O LIVRO

*Formato*: 14 x 21 cm
*Mancha*: 23,2 x 39,8 paicas
*Tipologia*: SchneidlerLt 10/13
*Papel:* Pólen Soft 80 g/m² (miolo)
Cartão Supremo 250 g/m² (capa)
*1ª Edição*: 2010

EQUIPE DE REALIZAÇÃO

*Edição de Texto*
Gabriela Trevisan (Copidesque)
Tatiana Pavanelli Valsi e Lucas Puntel Carrasco (Revisão)

*Capa*
Estúdio Bogari

*Editoração Eletrônica*
Studio Lume

Impressão e acabamento